LUCIFER 루시퍼

The Devil in the Middle Ages

중세의 악마

LUCIFER

루시퍼

The Devil in the Middle Ages

중세의 악마

제프리 버튼 러셀 지음, 김영범 옮김

르네상스

CONTENTS

차례

서문

이 책은 『데블(The Devil)』(1977)과 『사탄(Satan)』(1981)에 이어 악마의 개념사를 다루는 세 번째 책이다. 첫 번째 책은 신약시기에 있어서의 그 개념을 추적했고, 두 번째 책에서는 5세기 중반까지의 개념을 다루 었는데, 그 시기까지 기본적인 노선이 이어져 내려왔다. 이 책에서는 중세에 만연했던 악마에 관한 관념을 서술하고 있다. 이 책은 동방 정 교나 이슬람교의 관점을 포함하지만, 악마를 다룬 서구의 기독교 사상 에 집중한다. 이슬람을 세밀하게 연구하기 위해서 필수적인 언어에 대 해 문외한이기 때문에, 악마에 대한 이슬람의 견해에 대해서는 비교적 간단하게 서술할 수밖에 없었다. 중세기의 기독교 악마론을 구성하는 주요한 요소들은 교부적이고 스콜라 철학적이며, 신비주의적인 신학 론과 예술, 문학, 극예술, 대중 종교, 설교학, 그리고 성인의 삶, 민속학 등이다.

　몇몇 중세의 문헌들은 사탄과 루시퍼를 구별하고 있지만, 일관된 전통은 그들을 하나의 존재로 단정하며 서로 구별하지 않고 단지 악이

의인화된 악마라는 단일개체로서 그 이름들을 사용한다. "루시퍼"라는 이름은, 「이사야서」 14장의 위대한 왕, 새벽 별, 자신의 자만심 때문에 하늘에서 떨어진 헬렐 벤 샤하르(Helel-ben-Shahar)와, "창조된 날로부터 죄악을 저지를 때까지 나름대로 완벽했던" 「에제키엘서」 28장의 거룩과, 이 세상의 왕이며 하나님 왕국의 방해자인 사탄과의 연합으로 생겨났다. 이 세 개의 개념들이 정확하게 언제 합쳐졌는지는 확실하지 않지만, 오리겐은 3세기경에 하나로 합쳐진 것으로 간주했다.

나는 이 저작들을 통해서 개념의 역사를 그려왔다. 나의 철학적인 입장이 관념론적인 것이라는 데에 부끄러움을 느끼지는 않는다. 나의 입장을 통해서 관념들은 그 자체로도 중요하고, 그런 관념들이 배태된 사회적인 맥락은 관념들을 이해하는 데 다른 여러 방식들보다 더 중요하다고 생각되지는 않는다. 나는 현재 역사적인 선언 속에 난무하는 유물론과는 달리, 최근의 유물론이 관념들을 판단할 만한 객관적인 틀을 가지고 있다는 생각을 거부한다. 오히려, 역사의 가장 기본적인 역할은, 우리의 정신이 무한히 풍요로운 가능한 세계관을 향해 열리게 되고, 우리 자신의 관점이 어떻든지 간에 불완전하고 제한적이라는 것을 이해하게 해주면서 갑작스럽고 급격한 변화를 받아들이게 해준다는 데에 있다.

사회적인 맥락은 넓은 의미에서만 악마론에 영향을 주었다. 수도원 제도에 의해 지배되어왔던 중세 초기의 문화는 사막의 교부들에 의해 발전되어왔던 악마에 대한 전통적인 견해를 따랐다. 이후, 도시가 부흥하고 대학이 발달하면서 악마론이나 신학 전반에 학문적인 접근이 가능해졌다. 악마에 대한 기독교의 관념이나 이슬람의 관념들이 비슷하고, 17세기 기독교의 견해와 13세기 스콜라 철학의 견해가 근접한 것으로 미루어보아 매우 다른 사회적 환경에서도 거의 유사한 사상이 나올 수 있는 것이다.

이 시기에 전반적인 악마론은 주요한 부분들보다는 미묘한 세부 사항에서 변화를 보였다. 이 점은 중세 기독교 신학에서 일관되게 나타나는 특이한 양상인데, 이로 인해 기독교 신학은 새로운 사상의 위협으로부터 적절하게 문화적으로 격리되고 보호될 수 있었다. 기독교가 근본적인 방향에서 자체적인 견해를 수정할 수밖에 없도록 폭넓은 비판에 직면했던 시기는 유럽에 새로운 사상이 넘쳐난 17세기 후반에 서부터였다. 악마론은 신학의 다른 측면들보다 더욱 일관성을 띠었는데, 아마도 반대자들을 탈인간화하는 효율적인 수단은 그들을 사탄의 도구로 몰아세우는 것이었기 때문이었다. 악마론이 심각한 공격을 받을 수밖에 없었던 것은 비로소 16, 17세기의 마녀 광란이 악마의 존재에 기반하고 정당화되었던 견딜 수 없는 잔인함을 보여주었을 때였다.

이전 시기의 악마론보다 중세의 악마론에 관한 자료는 훨씬 더 광범위하기 때문에, 이 책에서는 합리적으로 골라내야만 한다. 어떤 주제들은 그 자체로 중요하지만 악의 인격화라는 문제에서 벗어나기 때문에 제외되거나 간단하게만 다루어졌다. 예를 들면, 지옥, 연옥, 죽음, 천년왕국설, 사소한 악령들, 적그리스도, 원죄, 그리고 예술사나 문헌 비평에 관한 모든 기술적인 세부 사항들이다.

나는 이 책을 만드는 데 기여해준 사람들, 특히, 다음 분들에게 감사를 드린다. 카메론 에어하트, 조셉 애머토, 밀턴 애너토스, 시어도어 앤트리, 캐슬린 애슐리, 히로몬크 오켄티오, 데이비드 버거, 카를 T. 버크호트, 앨런 번스타인, 펠리페 케버라, 리처드 콤스톡, 스펜서 코스모스, 데이비드 다르워즈, 핼 드레이크, 케슬린 E. 딥스, 알베르토 페레이로, 에이브러햄 프리슨, 낸시 캘라거, 조이스 M. 갤펀, 로버트 그리핀, 바바라 햄블리, 웨이런드 핸드, 크리스틴 E. 헤니, 리처드 호먼, 워렌 홀리스터, 존 호위, 케렌 졸리, 헨리 A. 켈리, 모턴 켈시, 모셰 라자르, 루스 멜린코프, 찰스 뮤제스, 레이먼드 패니카, 로버트 포터, 카산드라 포츠, 케릴 릭스, 로이 릭스, 러셀 릭스, 케빈 로디, 제니퍼 러셀, 엘렌 시펠, 패트리시아 실버, 케슬린 버딘, 팀 비비안, 딕 비저드, 고(故) 찰스 웬델, 마크 윈덤.

이 세 권의 책을 통해서 나는 역사가이면서 동시에 한 사람의 인간으로서 이야기한다. 개인적으로 접근하지 않고 악을 너무나 근본적인 문제로 다룬다면 주제넘고 무익할 것이다. 관념들을 진지하게 다루려면, 우리는 우리의 모든 인성을 다해 그 문제들과 맞서야 한다. 역사, 그리고 인문학이든 자연학이든 모든 학문의 역할은 우리의 안락하고 비좁은 서재와 연구실을 넘어서서 우주나 영혼을 사랑으로 통찰하게 하는 것이다. 하지만 항상 세상의 어둠을 향해 쏘아올린 불타는 화살과 같은 사랑으로 희미하지만 잠깐 동안이라도, 우리 앞에 펼쳐진 푸르고 빛나는 풍경을 환히 밝힐 수 있기를 소망한다. 앞의 두 책과 마찬가지로 이 책 여기저기에도 많은 오류들이 나타날 것이고, 세 권의 책은 서로 모순되기도 할 것이다. 나는 첫 번째 책을 시작할 때보다 세 번째 책을 마무리하는 지금 더 많은 것을 깨닫는 데 실패한 천박한 역사가 혹은 더 비천한 인간이 된 것 같다.

캘리포니아 주, 샌타바바라
제프리 버튼 러셀

지적 활동이 삶으로부터 분리되면, 무력하고 인간을 소외시킬 뿐 아니라,
해롭고 결국은 죄를 범하는 것이 될 것이다…… 확신컨대, 우리는 사소한 일에서
즐거움을 누리기 힘든, 인간성의 비상사태 속에 살고 있다.

— 레이먼드 패니카

주의 역사가들이 하는 말은 악마에게 입힌 상처이다.

— 카시오도루스

1
루시퍼의
삶

악은 실재하며, 바로 우리 곁에 있다. 1981년 3월 8일, ≪로스앤젤레스 타임스≫지는 살인죄로 유죄판결을 받은 스티븐 주디의 범죄행각을 다음과 같이 보도했다.

주디의 삶을 오늘로 마감하게 한 잔인한 살인사건은 1979년 4월 28일 토요일, 8시쯤에 발생했다. 인디애나폴리스 슈퍼마켓에서 일하는 23세의 테리 리 채스틴은 출근길에 다섯 살박이 미스티 앤과 네 살 난 스티브, 그리고 두 살박이 마크를 보모에게 데려다주던 길이었다. 그때 한 남자가 그녀의 차에 이상이 있다고 신호하며, 주간(州間) 고속도로의 옆길에 차를 세우도록 했다. 착한 사마리아인 행세를 하고 있던 그 남자는 무장강도 혐의로 고발된 뒤 750달러의 보석금을 내고 불과 닷

새 전 감옥에서 나온 주디라는 사람이었다. 그는 슬며시 돕는 척하면서, 차를 완전히 고장을 낸 후, 그녀의 가족들을 태워다주겠다고 제안했다. 화이트 릭 크릭까지 차를 몰고간 주디는 차도에서 조금 떨어진 곳에서 여자를 강간하고, 여자의 옷을 찢어 목을 졸랐다. 아이들이 비명을 지르기 시작하자, 주디는 아이들을 한 명씩 차례로 강물 속에 침묵시켰다.[1]

1981년 4월 29일, 《타임스》지는 33세의 루이스 노리스와 그의 파트너인 40세의 로렌스 지그먼드 비태커의 유죄판결을 보도했다.

노리스-비태커 사건은 미국 형사법원 기록에서도 가장 충격적인 증언들을 포함하고 있었다. 1979년 6월에서 10월까지, 두 사람은 '머더 맥'이라고 이름붙인 방음장치가 된 소형트럭을 타고 사우스 베이 지역과 샌프란시스코 밸리 주변을 배회했다. 희생자로 알려진 다섯 명은 13세에서 18세 사이였다. 어린 희생자들은 반복적으로 강간을 당했으며, 두 명은 이틀 동안 계속해서 강간을 당했다. 몇몇은 에어 매트리스와 고문장비들을 차로부터 글렌도라 위쪽 산에 있는 풀로 덮인 언덕으로 운반해야 했는데, 희생자들 중 4명이 그곳에서 살해당했다. 살인자들은 어린 소녀들을 펜치로 잡아찢고, 큰 쇠망치로 때렸으며, 얼음송곳을 두개골에 박아넣고, 철사옷걸이로 목을 졸랐다. 첫 번째 희생자인 16세의 루신다(신디) 셰퍼는 교회에서 토란스의 집으로 걸어오던 길에 납치당했는데, 노리스와 비태커는 그녀를 살해하기 전, 기도할

시간을 달라는 그녀의 간청을 거절했다. 그들은 철사옷걸이로 즉시 그녀의 목을 조르기 시작했다.[2]

악은 실재하며, 절대적이며, 명확하다. 악은 우리의 관심을 요구한다. 악은 우리들 개개인과 우리 모두를 위협한다. 악을 조사하는 일은 심각한 위험이 따르므로, 우리는 악에 대해 조사하기를 꺼린다. 우리는 결코 악을 평범하게 여기는 법이 없다. 악마가 진정한 악의 화신으로 여겨지지 않는다면, 악마는 아무런 의미를 지니지 않는다.

악의 본질은 폭력이다. 해리스(J. Harris)는 그의 저서 『폭력과 책임』에서 폭력을 "자신의 행동이 발생시키게 될 해를 아는(혹은 당연히 알아야 하는) 어떤 행위자가 다른 사람이나 사람들에게 상처나 괴로움을 가할 때 발생하는 것"[3]이라고 정의한다. 괴로움은 고통의 한 모습으로, 뚜렷한 세 가지 요소를 지닌다. 첫째, 자연스러운 폭력이든 고의적인 폭력이든, 고통을 일으키는 원인이 있다. 해악을 끼치는 이 행동은 적극적인 의미의 악이다. 사탄이 머무르는 곳은 바로 여기이다. 두 번째, 감각적인 자극에 대한 격렬한 신체적 반응으로 엄격하게 정의되는 고통이다. 이러한 의미의 고통은 도덕적으로 중립적이다. 만약 그러한 고통이 당신의 발에 불이 붙었다는 것을 경고해준다면, 그것은 유용한 것이다. 세 번째는 공포, 불안, 놀라움, 전멸에 대한 두려움 등을 포함하는 고통에 대한 반응으로서의 괴로움이다. 괴로움은 수동적인 악이며, 적극적인 악의 결과이다.[4]

폭력은 악의적으로 괴로움을 가하는 것으로 정의될 수 있다. 의사의 수술용 칼같이, 고통을 일으키더라도 폭력적인 것으로 분류할 수 없는 몇몇 예들이 있다. 그 의도가 괴로움을 주기 위한 것이 아니라, 치료를 위한 것이기 때문이다. 의식적이고 고의적으로 괴로움을 가하는 것이 폭력의 본질이며 도덕악이다. 홍수나 근이영양증(筋異營養症) 같은 "자연적인 악" 또한 폭력의 예가 된다. 그러한 것들은 도덕적으로 중립적이라거나, 우주론의 측면에서 보면 필연적인 것이라고 간단히 치부할 수 없다. 만약 신이 이 세상을 책임지고 있다면, 이러한 자연적인 악과 그에 수반하는 괴로움에 대해서도 책임이 있다. 이중효과의 원칙이 신의 책임을 면제해줄 수는 없다. "이중효과"란 개인이 행위를 할 때 정확히 의도하는 바와 그 행위의 예측가능한 결과와의 사이에서 빚어지는 차별성을 뜻한다. 예를 들면, 어떤 이가 두 사람이 동일한 거리에서 물에 빠져 허우적거리는 것을 본다면, 그는 나머지 한 사람이 익사할 것이라는 것을 알면서도, 한 사람을 구하러 갈 것이다. "이중효과"의 한계는 또 다른 예에서 명백히 드러난다. 어떤 사람이 세계를 불의로부터 구하기 위해 핵무기를 발사한다. 전지하신 신이 그 결과를 뻔히 알고 있으면서도 그것을 의도하지 않았다고 보는 것은 불가능하다. 신은 우주를 만들면서, 자신이 만든 우주에서 아이들이 고통받게 될 것임을 틀림없이 알고 있다.

오늘날 두 가지 믿음의 흐름이 서로 충돌하고 있다. 그중 하나는 우리를 악에 대한 관념으로부터 멀어지게 만든다. 우리 시대의 모호한 평등주의는 어떤 질적인 기준도 존재하지 않는다고 주장한다. 만약 개인의 선호를 넘어선 가치의 기준이 존재하지 않는다면, 어떤 것도 진정으로 선하거나 악하지 않다. 심지어 노리스와 비태커의 행위조차도 말이다. 그와 반대되는 나머지 흐름은 악에 대한 새로워진 인식이다. 때로 그것은 악마에 대한 관심의 부활과도 관련되어 있다. 이러한 흐름의 한 요소는 복음주의적인 기독교의 성장이다. 비록 이것은 교황 바오로 6세의 경고[5]에도 불구하고, 악마의 존재에 대해 회의를 품는 가톨릭교도들의 증가로 인해 상쇄되었지만 말이다. 악에 대한 새로워진 인식은 20세기에 벌어진 일련의 사건들로부터 비롯되었다. 1914년 이래로, 세계대전, 사회불안과 범죄, 정치범 수용소, 전체주의 국가, 유태인과 캄보디아인들의 대량학살, 그리고 풍요의 세상에 만연된 기아는 지속되는 진보주의의 가정들을 산산조각냈다. 군용기와 미사일, 네이팜탄은 우리 시대의 악마들이 물질적으로 구체화된 것이다. 20세기의 참사들은 진보에 대한 가정을 재평가하도록 요구했고, 악이 근본적으로 인간 본성과 우주 안에 내재해 있다는 믿음을 증가시켰다.[6]

악마는 악에 대한 이러한 근본적인 인식에 뿌리내리고 있다. 악마에 대한 믿음을 시대에 뒤떨어진 미신으로 여기는 것은 잘못된 것이다. 우리는 어떤 관념에 대해, 그것이 시대에 뒤떨어진 것인지 여부가 아니라, 그것이 사실인지 여부를 질문해야 한다. 새로운 관념이 오래된 것보다 반드시 낫다는 견해는 근거 없고 모순된 가정이다. 그리고 일관된 세계관에 부합하는 생각을 미신적이라고 일컫는 것은 옳지 못하다. 자신의 믿음을 세계관과 조화시키지 않은 채 악마를 믿는 사람들은 미신적일지 모른다. 그러나 그 개념을 받아들이는 일관된 구조를 가지고 있는 사람은 미신적이지 않다. 자신의 믿음을 일관된 세계관과 조화시키지 못하는 사람이 가지고 있는 믿음이라면 어떤 것이든 미신이 될 수 있다. 이러한 정의는 미신을 무지에 기반한 믿음이라고 정의하는 일반적인 사전적 정의와 차이가 있다. 사전의 정의는 옳지 못하다. 한 사람의 무지는 다른 사람의 지혜이기 때문이다. 마르크스주의자들은 예수회 수도사들이 가지고 있는 믿음을 미신적이라고 여겼으며, 현상학자들은 마르크스주의자들의 믿음을 미신적이라고 여기는 등, 이러한 현상은 끊임없이 이어진다. 누구도 절대적이거나 객관적인 지식을 가지고 있다고 주장할 만한 근거를 가지고 있지 않다.

악마가 존재하는지에 대한 질문에 앞서, 악마란 무엇인가라는 질문이 존재한다. 이 질문에 답하기 위해 이 책에서는 개념의 역사를 연구하는 방법을 사용했는데, 이것은 역사적인 사고의 기초를 조사하고, 인간이 가지고 있는 개념에 대한 일관된 역사적 설명체계를 구성한 후, 적어도 과학적인 체계만큼이나 확실하게 그 체계의 정당성을 입증하는 것이다. 대략적으로 보면, 다른 모든 체계가 그렇듯이, 이 방법은 인식론적 회의론으로부터 출발한다. 이것은 아무것도 알려져 있지 않으며, 어떤 것도 절대적이며 확실하게 알려질 수 없다는 암묵적인 합의이며, 니체의 'es denkt', 즉 '사유한다'는 것만이 유일한 예외가 된다. 절대적인 지식(지식1)은 얻을 수 없다. 우리는 경험을 통해 어느 정도의 지식을 획득할 수 있다(지식2). 그러나 지식2는 사적인 것이므로, 반드시 정당성이 입증되거나 사회적으로 인정된 것일 필요는 없다. 우리의 경험을 타인의 경험과 비교하고, 그들로부터 배움으로써 우리는 마침내 지식3을 구성하게 되는데, 지식3은 공공연하게 정당성이 입증된 지식이다. 만약 지식3으로 가정된 지식이 논리적인 체계 내에서 정당한 것으로 입증되지 못하면, 이것은 지식이 아닌 미신이 된다. 우리 모두는 때때로 미신적이며, 일부는 항상 미신적이다. 지식3은 그것이 논리적인 세계관의 일부일 때에만 지식이라고 불릴 수 있다. 많은 논리적인 사고체계가 존재해왔으며, 지금도 존재하고 있다. 그러한 논리체계의 상대적 가치는 그것이 갖는 논리적 일관성의 정도와 현상을 수용할 수 있는 능력에 의해 판단될 수 있다. 코페르니쿠스의 태양계는 프톨레마이오스의 지구중심적 세계보다 낫다. 이것은 프톨레마이오스의 체계가 논리적으로 일관되지 않기 때문이 아니라, 코페르니쿠스의 체계가 현상을 좀더 쉽고 간단하게 포용할 수 있기 때문이다. 그러나 절대적으로 어떤 체계를 판단할 수 있는 지식1은 존재하지 않는다.[7]

특정 체계는 특정 문제에 가장 적합하다. 어떤 질문은 물리학을 통해, 어떤 것은 시를 통해 가장 잘 다룰 수 있다. 헌법이나 악마와 같은 인간의 구성개념들을 정의하고 설명하기 위한 가장 좋은 체계는 개념의 역사이다. 이 체계는 검증되지 않은 가정에 기반하는 일이 거의 없을 뿐 아니라, 모든 인간의 개념을 충분한 설득력을 지닌 가장 경제적인 방식으로 수용한다는 점에서 가장 뛰어나다. 그것이 제공하는 정의는 가장 광범위한 동시에 가장 함축적이다. 악마를 정의하는 다른 접근방식에는 유아론(唯我論), 선험적 추론, 교회의 권위나 다른 이데올로기적 권위들이 있지만, 모두 타당성에서 문제가 있다.[8] 만약 당신이나 당신의 삼촌, 혹은 목사가 가지고 있는 악마에 대한 견해가 일관된 양식에 부합하지 않는다면, 왜 다른 사람이 그 견해를 받아들여야 하는가? 반면, 역사적 정의는 모든 이데올로기적 관점에서 수용가능하다. 신교도, 구교도, 무신론자, 이슬람교도, 마르크스주의자들 모두 그 개념이 발전해온 일반적인 방향에 대해서 동의할 수 있어야 한다(물론 세부적인 사항에 대해서는 의견차이가 있을 것이다). 악마는 악마라는 개념의 역사이다. (지식3의 측면에서는) 악마에 대한 다른 어떤 것도 알 수 없다. 그러면 우리는 악마를 믿거나 믿지 않기로, 혹은 그 개념을 다른 어떤 문제를 설명하기 위해 이용하기로 결정할 것이다. 예를 들면, 마르크스주의자들은 악마를 통해 사회의 역사를 설명할 때에만 그것에 관심을 보일 것이다. 그러나 우리 모두는 악마를 역사적으로 정의한 것에 동의할 수 있어야 한다.

개념의 역사는 악마에 대한 개인의 인식(지식2)에 주목한다. 그것

양과 염소를 구분하고 있는 예수. 이것은 최초로 알려진 악마의 그림이다. 악마는 주의 왼쪽에 염소와 함께 앉아 있고, 천사는 주의 오른쪽에 양과 함께 앉아 있다. 악마는 파란색인데, 이는 악마가 쫓겨난 천상의 하층의 색을 나타낸다. 천사는 붉은 색으로, 이것은 불의 색이자 천사가 사는 천상의 영역을 나타낸다(6세기 모자이크, 산 아폴린레 누오보(San Apollinre Nuovo), 라벤나(Ravenna). 뮌헨, 히르머 출판사 제공).

은 이러한 개개인의 인식들이 한데 모여, 사회적 타당성을 획득하고, 지식3이 되는 과정을 설명한다. 또한 이러한 인식의 총합이 시간에 따라 증가하고, 점차 일반적인 것에서 벗어난 것을 제외시키면서 전통의 경계를 형성하는 것을 보여준다. 개념의 역사는 또한 이러한 전통을(누구나 악마에 대한 직관적인 인식을 가지고 있는 한) 언제나 미완성인 것으로 간주한다. 그 개념은 4차원적인 것으로, 현재에 이르기까지의 시간과 공간상에서 계속해서 존재해왔다.

악마의 개념의 역사는 역사신학과 밀접한 관련이 있다. 신과 천사, 악마는 그들 자신의 역사를 가지고 있지 않다. 만약 그들이 객관적으로 존재한다면, 역사가들은 그들을 조사하기 위해 접근할 수 없을 것이기 때문이다. 역사가들은 단지 인간이 가지고 있는 악마의 개념을 확립할 수 있을 뿐이다. 그러나 신학자들은 역사가들과 달리, 악마에 대한 역사의 개념이 실재와 일치하는지, 혹은 적어도 실재와 정합적인지 질문하고자 한다. 역사가나 과학자들과 마찬가지로, 신학자들도 자신들이 지식1을 획득할 수 없다는 것, 그들 자신의 인식은 사적인 것이며, 어떤 체계를 그들이 만들어내거나 받아들이더라도 다른 체계들과 마찬가지로, 그것은 불확실한 체계라는 것을 알고 있다. 이러한 제한을 염두에 둔 채, 신학자들은 인간의 정신이 인간의 인식을 능가하는 신과 악마에 대한 지식을 적어도 일부는 얻을 수 있다는 가정으로부터 시작한다(모든 신학과 역사와 과학의 체계들은 가정들에 기반한다). 개념의 역사는 신학자들에게 역사적 실재와 명백히 조화되는 악마에 대한 유일하게 일관된 그림을 제공한다. 역사신학자들은 개인적으로는 역사적 전통에 동의하거나 동의하지 않을 수 있다. 그러나 그들은 이와 다른 방법으로 악마를 의미있게 정의할 수 없다.

역사가들은 개념의 종교적 진실에 대해서는 언급하지 않고서 개념의 발전방향을 그린다. 역사신학자들은 개념의 발전방향을 이용하여 정당한 발전과 위법한 발전을 구분하고, 영구적인 관념을 전통 속으로는 결코 편입될 수 없는 관념들과 구별한다.[9] 교리의 발전에 대한 지식에는 난점이 있다. 우리는 더 이상 뉴먼(J. H. Newman)이 기대한 것과 같은 명확한 답을 기대할 수 없다. 전통 전체가 객관적으로 거짓일 가능성은 항상 존재하며, 거짓된 가정에 기반한 전통은 어떠한 타당성도 갖지 못한다. 그러나 악마를 정의할 수 있는 유일한 방법은 그 전통을 통해서이며, 전통이 지나치게 난해하거나, 일관되지 못하거나, 궤도에서 벗어나게 되면, 그것은 허위가 된다. 그러나 만약 전통이 거짓이라면, 우리는 악마에 대한 관념을 전혀 갖지 못하며, 악마에 대한 어떤 진술도 사실상 무의미하다. 이러한 방법은 잘못 사용하면 동어반복을 만들어낸다. 즉, 우리는 믿기 때문에 믿는 것이다. 그러나 이러한 믿음의 정당성을 입증하는 것은 믿음 그 자체가 아니라, 공간과 시간 속에서 공동체가 왜곡과 불필요한 세부사항을 제거하는 데 특별한 주의를 기울이면서 믿어온 논증 가능한 전통이다.

진리에 도달하기 위한 매체로서, 회의론, 유아론, 동어반복 외에 전통에 대한 믿음의 신학적 대안으로는 다음과 같은 것들이 있다. 즉, ① 경험적 관찰. 이것은 악마와 같이 일반적으로 감각기관을 통해 관찰할 수 없는 존재에는 적용할 수 없다. ② 학자들간의 민주적 합의. 이것은 항상 변하기 쉽다. ③ 성서에만 의존하는 것. 이것 자체가 또한 성서는 객관적인 진실이며, 유일한 계시의 원천이라는 입증 불가능한 가정에 기반하고 있다.[10] ④ 계시에 변증법을 적용하는 것. 이것은 학자들이 사용하는 방법으로서 그 자체가 시간의 경과에 따라 성서 해석과 그 논리의 기능 모두를 변화시킨다. ⑤ 사도의 승계를 통한 교회의 권위. 이 역시 논리적으로 입증 불가능한 가정을 전제로 하는 것이다. 오로지 역사적인 접근만이 비이성적인 사고에 집착하지 않는 모든 사람에 의해 검증 가능하고 받아들여질 수 있다.

오늘날 우리는 시간의 끝에 서 있는 것처럼 보인다. 그런 점에서 우리는 악에 대해 더 많은 관심을 가져야 할 이유가 있다. 19세기의 사람들은 비록 어떤 일이 때때로 그리고 일시적으로 잘못되더라도, 그 어려움을 해결하고 마침내 바로잡을 수 있는 시간이 있다고 생각할 수 있었다. 마르크스주의자들이나 영원한 진보를 믿는 다른 진보론자들은 미래가 더 나은 세상을 가져다줄 것이라고 생각할 수 있었다. 그러나 이제 우리에게는 시간이 없다. 로버트 오펜하이머(J. Robert Oppenheimer)와 그의 동료들은 시간과 영원한 진보에 종지부를 찍기 시작했다. 100억 년의 시간 후인 20세기에 우리는 진화와 전진, 생에 대한 종지부를 찍는 과정을 시작했다. 분명한 시각과 용기를 가지고 지금 당장 악과 맞붙어 싸우는 것만이 다가오는 멸망을 피할 수 있는 유일한 기회가 될 것이다.[11]

2

비잔티움의
악마

서방의 가톨릭교, 동방정교회, 이슬람교, 이 세 문명에서 악마에 대한
논의는 교부철학의 사상으로부터 비롯되었다. 1453년 콘스탄티노플
의 함락은 비잔티움의 신학을 근대 그리스 신학으로부터 분리시킨다.[1]
악마론은 다른 두 문명보다 가톨릭교에서 좀더 광범위하고 정교했으
며, 서방교회와 동방교회의 차이점을 반영했다. 서방에 비해 더 신비
적이고 통합적인 동방정교회의 신학에서는 악마에 대한 관심이 덜했
다. 비잔티움의 교회는 금욕생활, 신비주의와 더불어 신학에 대한 무
념적(apophatic) 관점을 강조했다. 무념적 관점은 신에 이르는 암흑의
통로(via negativa), 즉 '부정의 방법'으로, 우리가 신에 대해 알 수 없음
을 강조하고, 이해에 이르기 위한 왕도로서, 중세 서구사상의 경향인
이성에 대립하는 묵상과 기도를 중시했다.[2]

비잔티움 악마론의 가정은 초기 5세기 동안 선조들의 가정에 근거한 것이다. 여기에, 비잔티움의 이설(異說), 설교, 민간 전설 등이 악마의 모습에 "살을 붙인" 세부 묘사를 더했다. 비잔티움 사람들은 악마가 독립된 요소이기보다는 신의 창조물이라 믿었으며, 악마가 아닌 신이 물질세계와 인간의 육체를 만들었다고 믿었다. 또한, 악마와 다른 타락한 천사들은 선한 것으로 창조되었으나 자만 때문에 타락했고, 악마와 그 정령들은 우리를 유혹하여 신으로부터 멀어지게 함으로써 우리의 고통과 타락을 기뻐한다고 믿었다.[3]

이러한 근본주의적 가정들에 아레오파고스의 위(僞) 디오니시우스(디오니시우스 혹은 성 드니)가 최초로 기독교에 순수한 신비주의적 신학을 도입한 것으로 보인다. 디오니시우스는 중세시대에는 바로오가 개종시킨 사람과 아테네 최초의 주교와 혼동되었으며, 더 나아가 서방에서는 갈리아의 순교자 성 드니와 혼동되었지만, 사실은 500년경 저작활동을 했던 시리아의 수도사였다.[4] 필론, 오리게네스, 그리고 니사의 그레고리우스와 카파오키아인들로부터 전수받은 중세 플라토니즘의 영향을 받아 디오니시우스는 긍정적 신학과 부정적 신학을 구분한 후, 무념적·부정적 방법을 강조하고, 개인과 신은 밀접한 관계라는 생각과 신은 절대 타자라는 이해를 결합하였다. 즉, 신은 전적으로 우리가 이해할 수 있는 것 너머에 있으므로, 우리는 신에 대해 아무것도 알지 못한다. 한편으로 그것은 우리의 이성이 보잘것없고 제한되어 있기 때문이지만, 그보다는 신 자체가 모든 이성을 초월하기 때문이다. 만약 우리가 어렴풋이라도 알고자 한다면, 우리는 우리의 지성을 능가하는 이해와 우리를 모든 것인 동시에 모든 것의 원천으로 자석처럼 끌어당기는 저항할 수 없는 욕망을 특징으로 하는, 신으로부터 주어지는 이해로써 그를 이해해야만 한다. 그러나 디오니시우스가 이성을 부정한 것은 아니었다. 신의 본질은 영원히 숨겨져 있더라도, 신의 현시(顯示)─신의 에네르게이아(energeia), 에너지, 활동─는 알려질 수 있기 때문이다. 아무리 굴절되고 왜곡된 신의 모습일지라도, 우리는 사물 안에서 신을 볼 수 있다. 이성은 우리에게 신에 대한 어떤 진술들은 다른 것보다 더 잘못되어 있으며, 잘못된 진술을 부정하는 것이 신을 알고자 하는 노력의 첫 번째 시작이어야만 한다. "우리는 궁극적인 목적으로부터 가장 벗어난 특성들을 부정함으로써 시작해야 한다. 신은 생명이며 선이라고 주장하는 것은 신이 공기, 혹은 돌이라고 주장하는 것보다 분명 진실에 더 가까운 것이며, 술 취하는 것이나 분노가 신의 탓이라는 주장을 부인하는 것은 우리가 신에게 인간 사고의 범주를 적용할 수 있다는 주장을 부인하는 것보다 더욱 올바른 것이다."[5] 그러나 우리가 신에 대해 이야기할 수 있는 것은 단지 은유일 따름이다. 그리고 디오니시우스는 대체로 섬세한 비유보다는 어렴풋한 비유들을 더 선호했는데, 이것이 혼동의 위험이 더 적기 때문이다. 신을 불이라고 부르는 것은 신을 영원한 존재라고 부르는 것보다, 우리가 절대적

인 무언가에 대해 이야기하고 있다고 생각하도록 잘못 인도할 가능성
이 적다.

삶의 목적은 이 숨겨진 신과 하나가 되도록 가능한 가까이 끌어올
려지는 것이다. 신비주의자들은 신에 대한 이해보다는 신과의 합일에
더 많은 관심을 보인다. 이러한 결합을 디오니시우스는 테오시스
(theosis), 신격화라고 불렀다. 이제, 신은 그에게서 나온 모든 것, 그리
고 그에게 돌아가기를 소망하는 모든 것이다. "만물은 미(美)와 선(善)
에 대한 갈망에 의해 움직인다."[6] 의지나 지혜가 없는 것들은 자연적
인 과정을 통해 그를 찾고, 의지와 지혜를 가진 존재는 의식적인 갈망
에 의해 그를 찾는다. 전 우주는 신과 하나가 되기를 소망하고, 신은
우주가 그에게로 모이기를 희망한다. 우주란 이런 것이다. 그것은 매
우 단순하지만, 우리의 혼란된 정신으로 인해 복잡한 것으로 왜곡된
다. "일반적으로 인류는 하나의 성스러운 소망이라는 단순함을 이해하
지 못한다."[7] 소망은 우리를 신에게로 이끈다. 소망은 우리를 개방시
켜, 신을 받아들이도록 만든다. 신성한 소망은 우리를 소망 그 자체로
이끈다. 현상태의 우리는 신으로부터 멀리 보내져 무한히 먼 곳에 떨
어져 있으며, 금이 간 유리컵 안에 갇힌 왜곡된 형상의 신의 모습만을
닮는다. 우리는 선행이나 연구, 이해를 통해서는 신과의 합일을 이룰
수 없으며, 단지 그것을 선물로서 받아들일 수 있을 뿐이다. 우리가 신
에 대해 알고 있는 어떤 것도 "무지함", 즉 지적인 지식을 얻고자 하는

희망을 버리는 것을 통해서만 얻을 수 있다. 무지의 장막을 통과함으로써, 우리는 비로소 모든 존재와 모든 이해를 초월하는 신에게 가까이 갈 수 있다. 이것은 마술적인 암호가 아니다. 구름과 그림자는 모든 사람의 의식, 일상적인 경험의 일부이다. 왜냐하면 우리 자신의 정신은 신과 세상, 다른 사람들, 그리고 우리 자신의 참된 본질을 알지 못하는 상태로 영원히 지속하기 때문이다. 어둠으로 통하는 이 통로는 디오니시우스를 오리게세스를 비롯하여 좀더 철저한 플라톤 학파의 사상가들로부터 갈라놓는다. 이에 반해, 플라톤 학파의 철학자들은 지속적으로 증가하는 지식과 빛의 영역을 통해 서서히 신을 향해 올라가기를 희망한다. 디오니시우스는 안다는 것은 우리가 모른다는 사실을 아는 것임을 이해했다.[8] 만약 우리가 자신의 무지함을 완전히 이해한다면, 우리는 파테(pathē, 혼란한 감정과 정념)와 싸워서 아파테이아(apatheia, 영적인 평온)을 향해 나아갈 것이다. 이것은 다시 에이레네(eirēnē, 평화)와 신에 대한 무조건적인 사랑으로 우리를 이끈다. 이러한 방식으로 우리의 삶은 신과 닮아가게 될 것이다.[9]

신은 우주의 모든 형상을 만들어내며, 그것들을 다시 그에게로 되돌린다. "우주는 신 안에 있는 모든 사물의 융화를 표현하고, 융화를 달성하도록 기능하는 모든 것을 화려하게 계층적으로 배열해놓은 것이다."[10] 신의 최초의 창조적 행위는 우주를 만들어내는 의지의 행위이며, 두 번째 창조적 행위는 그가 의지를 가지고 만들어낸 것을 다시 그에게로 불러들이는 것이다. 신에게 가장 가까운 존재들은 천상에서 가장 높은 계급에 속한다. 신으로부터 가장 멀리 떨어진 깃들은 가장 낮은 계급이다. 그러나 이 계급은 고정된 것이 아니라 움직이는 저울 혹은 사다리이다. 지성적 존재나 형상들은 신과 동화[11]되려면 그 길을 따라 올라가야 한다. 디오니시우스의 설명은 천상의 계급조직을 최초로 상세히 기술한 것으로, 그 안에서 천사들은 각각 세 개의 계급으로 이루어진 세 개의 등급에 속하게 된다. 가장 높은 세 계급인 세라핌, 케루빔, 트론즈는 우주를 비추어주는 신적 원리, 아르키아(archia)와 가까이 접하고 있다. 가운데 세 계급인 도미네이션스, 버츄즈, 파워스는 위의 세 계급을 통해서 전달된 신성한 빛을 받아들이고, 다시 아래 세 계급인 프린시펄리티스, 아켄젤스, 앤젤스에 그 빛을 전달한다. 그리고 나면, 아래 세 계급이 인간에게 세상을 통치하기 위한 신의 섭리를 전달한다. 이러한 위계적 배열에 관한 설명은 동방에서 매우 큰 세력을 떨쳤으며, 교황 그레고리우스 1세에 의해 채택되어 서방에도 널리 퍼졌다.[12]

서방의 작가들은 세라핌이 천사계급의 정점에 있다는 점을 악마가 천사들 중 가장 위대한 자라는 전설과 연결하여, 루시퍼가 세라핌 계급이었던 것으로 여겼다. 디오니시우스 자신은 그러한 가정을 할 수 없었는데, 이는 그가 만들어낸 제도에서, 천사들의 최상 계급은 지구와 접촉하지 않았기 때문이다. 디오니시우스의 사상에서 악마는 주도적인 역할을 하지 않았으며, 그는 하늘이나 땅의 계급을 반영하는 악마의 계급은 만들지 않았다.[13] 극도로 신비적이고, 통합된 종교적 사고방식에서는 우주 속의 만물이 신으로부터 나와 신에게로 돌아가므로, 악령이 활동할 공간이 거의 남아 있지 않다. 신비주의 신학이 서방보다는 동방에 더 큰 영향을 미쳤기 때문에, 동방의 악마 연구는 서방에서처럼 정교하고 완전하게 이루어지지 못했다. 또 다른 이유는 전체적으로 "부정의 방법"이 영향을 미쳤기 때문이다. 즉, 누구도 단지 신이나 악마에 대해서 확실히 이야기할 수 없다는 것이다.

신격화—신에게로 돌아가는 과정—는 모든 형태를 포함한다. 신은 물론 존재하는 모든 것을 알고 있지만, 신이 알기 전에 그들이 존재하거나 신이 알지 못하는 채로 존재하다가 신이 그들을 알게 되는 것은 아니다.

사물은 신 이전에 존재하거나 신과 분리되어 존재하지 않는다. 사물에 대한 신의 지식은 그보다 앞서 존재하며, 엄밀히 말하면 그로부터 사물이 탄생하는 것이다. 존재하는 모든 것은 신이 그것을 알고 있기 때문에 존재하는 것이며, 존재하지 않는 것들은 신이 그것을 모르기 때문에 존재하지 않는 것이다. 모든 것은 그것이 신 안에 존재하므로 비로소 존재하는 것이다. 신이 무(無)에서 세상을 창조했다고 말하는 것보다는 신이 존재 자체로부터 세상을 창조했다고 말하는 편이 진실에 더 가까울 것이다. 이렇듯 신비주의적 사고를 '무로부터의 창조'

'그리스도의 유혹'에서 화가는 악마를 짐승이 아니라 인간에 가까운 모습으로 나타내는 중세 초기의 전통을 부활시켰다. 도판에서는 「마태복음」 4: 1–11을 따라, 서로 다른 화면에서 그리스도의 세 가지 유혹을 모두 보여준다(슐로스 리히텐슈타인 그림, 캔버스에 유화, 15세기, 비엔나 오스트리아 미술관).

에서 멀리 떼어놓는 것은 4세기 이후 지배적인 경향이다. 그러나 이것은 자칫 범신론이 될 수 있는 위험이 있다. 그러나 디오니시우스는 만유내재신론(萬有內在神論)을 주장했는지는 몰라도, 범신론자와는 거리가 멀었다. 모든 것은 신 안에, 그리고 신의 사랑과 지식으로부터 존재한다. 어떤 점에서 모든 것은 신이지만 신은 또한 모든 것을 완전히 초월한다. 신은 내재하는 동시에 초월적인 존재이다.

신은 그가 아는 모든 것을 만들어내거나 실현하지 않는다. 그러나 신은 자신이 실현하지 않기로 선택한 상황을 알고 있으므로, 그것은 신의 권능이나 지식, 혹은 의지를 제한하지 않는다. 그럼에도 불구하고, 신의 의지는 신의 지식과 마찬가지로 역동적인 동시에 고정되어 있는 불변의 것이므로 현실화된 우주와 실현된 사건들은 절대적으로 고정된다. 논리적으로 신은 또 다른 우주를 창조할 수 있다. 그러나 논리적으로만 가능할 뿐, 실제로는 그렇지 않다. 신의 본질은 영원히 불변의 것이기 때문이다. 따라서 신의 마음은 그러한 상황들을 영원히 받아들이고, 어떤 것은 실현하기로, 어떤 것은 실현하지 않기로 영원히 선택한다. 신이 또 다른 우주를 창조할 수도 있었다고 이야기하는 것은 잘못된 것이다. 왜냐하면, "할 수도 있었다"는 것은 신의 불변의 의지와 절대적 지식을 변하기 쉽고 제한된 것처럼 보이도록 하는 불가능한 모순을 암시하기 때문이다. 우주의 지금 모습은 절대적인 것이며, 신이 전적으로 우주를 책임진다.

그러나 이제 악에 대해 얘기해보자. 어떻게, 신의 의지로 만들어진 세상에서, 만물이 신 안에 존재하는 세상에 악이 존재할 수 있단 말인가? 신은 사랑이다. 그러나 신은 커스터드 과자가 아니다. 신은 우리가 생각할 수 있는 한, 온순하고 부드러운 것과 가장 거리가 먼 존재이다. 신은 사랑이다. 그러나 신의 사랑은 사정없이 몰아치고, 뼈 속을 스며들며, 우리를 뒤흔들어놓고, 위협하고, 죽이는 차가운 겨울바람과도 같다. 신은 바로 그런 존재이다. 신이 우리가 바라는 신의 모습에 따라주길 바라는 것은 우리 자신의 한계이다. 디오니시우스의 신은 부분적으로는 신플라톤주의자들이 바라보는 평온한 빛의 신이다. 그러나 그는 또한 아브라함, 이삭, 야곱의 신이기도 하다. 우리는 그의 얼굴을 바라보며 살 수 없다.

신은 선하며, 신으로부터 나온 모든 것은 선하기 때문에 존재하는 모든 것은 그에게로 돌아갈 것이다. 여기에서 디오니시우스는 딜레마에 부딪힌다. 악도 신의 일부이므로, 아무리 변형되었더라도 결국은 신에게로 돌아가야 한다고 주장하는 철저한 일원론의 입장은 신의 선함을 해칠 것이다. 반면, 악은 신으로부터 독립된 존재라고 주장하는 이원론적 입장은 신의 전능함을 해칠 수 있다. 어떤 입장도 기독교의 전통에 들어맞지 않는다. 악은 신과 모순되기 때문에, 신에게서 나올 수 없다. 그리고 동시에 그것은 독립된 존재일 수 없다. 왜냐하면 모든 것은 신으로부터 비롯되었기 때문이다. 따라서 악은 사실상 그 자체로 아무것도 아니다. 그것은 단지 존재하는 것 안에 있는 부족함, 결함, 어떤 성질의 결여에 불과하다. 악은 선의 결핍이므로, 그것은 실체를 가진 존재가 아닌, 존재의 그림자에 불과하다. 디오니시우스가 남긴 수많은 말 중에서, 그는 다음과 같이 악을 정의한다. 악은 "부족함, 결핍, 약함, 불균형, 과실이며, 무의미하고, 추하고, 생명이 없고, 어리석고, 무모하고, 불완전하고, 실재하지 않으며, 이유 없고, 불확실하고, 황폐하고, 무기력하고, 무능하고, 혼란하고, 부조화하며, 애매하고, 음울하며, 실체가 없고, 그 자체로는 어떤 존재도 결코 소유하지 못한다."[14]

우주는 거룩한 신의 뜻인 탁시스 히에라(taxis hiera), 즉 신성한 질서에 따라 배열된다. 이것은 불변하며 절대적이다. 무질서한 것(atakton)은 존재하지 않는다. 조화는 모든 신의 창조물이 신의 섭리에 따르는 것이다. 우주의 본질적인 통합은 여기에 달려 있다. 이러한 합일은 모든 창조물이 테오시스, 즉 신격화의 과정을 통해 점차 신에게로 가까이 올라감에 따라 실현된다. 우주의 목적과 계급의 기능은 세상을 신 가까이로 끌어가는 것이다. 먼저 왜 신은 다양성을 창조하는가? 왜냐하면 그의 본질 속에 무한한 창조적 에너지가 있기 때문이다. 그는 에너지로 가득 차서, 창조력이 풍부한 다양성과 힘, 빛을 방출한다. 생명이라는 선물을 아낌없이 무한정 주는 것은 신의 본성의 일부이다. 신은 우주를 다스릴 섭리에 여러 성질의 결핍을 포함시켰다. 비

록 우리의 제한된 지식으로는, 어떻게 그랬는지 알지 못하지만 말이다.[15]

"악마들이 신으로부터 나왔다면, 어떻게 그들 자신은 선하지 않을 수 있는가?" 디오니시우스는 자신의 질문에 다음과 같이 답한다. 악마는 본성이 악한 것이 아니라, 그들 자신의 의지를 통해 악하게 된 것이다. 타락한 천사들은 우주의 다른 모든 것과 마찬가지로 선하게 창조되었다. 그리고 천사로서, 그에 걸맞은 모든 훌륭한 재능이 선사되었다. 악은 물질과 육체, 동물, 혹은 존재하는 어떤 것에도 본래부터 주어져 있지 않다. 악은 타락한 천사와 타락한 인간들의 사악한 의지로부터 비롯되며, 그들은 자신의 자유의지를 마음껏 이용하여 선하지 않고 실재하지 않는 것을 탐한다. 그렇게 그들은 스스로를 타락시키고 약화시키며 강등시킨다. 이러한 악은 본성이 만들어낸 것이 아니라 본성을 왜곡한 결과이며, 실체로부터 본성을 뺀 것이다. 우리는 이러한 결핍된 성질(악)이 그 자신의 힘으로 선과 싸운다고 말할 수조차 없는데, 그것은 문자 그대로 존재하지 않기 때문이다. 그러나 이러한 비존재는 마치 진공처럼, 창조물을 비존재의 공간으로 빨아들인다.

악의 본성은 선하고 실재한다. 신이 그것을 창조했기 때문이다. 그러나 악마는 자유롭게 자신의 의지를 실재하지 않는 것으로 향하게 한다. 이러한 행위를 하는 만큼, 악마는 선이자 존재이며 실재하는 신에게서 멀어져가고, 결핍이자 비존재이자 악으로 향해간다. 모든 창조물 중에서, 악마는 신에게서 가장 멀어지며, 무(無)에 가장 가까워진다. 그러나 토네이도의 중심에 있는 저기압처럼, 텅 빈 악마는 실재하는 것들을 무시무시하게 파괴한다.

귀족의 신분으로 수사이자 수도자가 된 고백자 막시무스(c. 580-662)는 디오니시우스의 사상을 발전시키고 해석하여, 다시 서방과 동방 교회 모두에 영향을 미쳤다.[16] 디오니시우스와 마찬가지로, 막시무스는 신의 의지를 통한 우주의 신격화를 강조한 신비주의자였다. 또한 막시무스는 신은 모든 존재와 실체에 앞서는 단자(單子)임을 주장했는데, 이는 디오니시우스보다는 신플라톤주의에 가깝다. 단자는 그 자체로서 알 수는 없지만, 활동과 작용을 통해 알려진다. 신과의 합일은 지식을 통해서는 결코 이룰 수 없으며, 오직 신의 은총을 통해서만 가능하다. 신의 은총은 우리 인간의 본성을 그리스도와 같이 좀더 완벽한 신의 형상에 가깝게 변화시킨다. 악마의 존재는 선하다. 그의 악은 자신의 자유의지를 무지하게 오용한 결과이다. 악마의 동기는 신과 인간에 대한 질투이다.[17] 그러나 악마가 신의 적인 것만은 아니다. 그는 또한 신의 "노예"이자 "옹호자"이기도 하다. 신은 악마로 하여금 우리를 유혹하도록 함으로써, 우리가 미덕과 죄악을 구분하도록 도우며, 우리로 하여금 투쟁을 통해 미덕을 성취하도록 하고, 우리에게 겸손을 가르치며, 우리로 하여금 악을 분간하고 증오하도록 하며, 우리가 신의 권능에 의지하고 있음을 알게 한다. 악마는 누구에게도 죄를 짓도록 강요하지 않는다. 우리는 우리 자신의 자유의지로 죄를 짓는다. 그러나 신은 사탄으로 하여금 우리를 유혹하도록 허락한다. 그러나 어떻게 이것이 가능한가? 막시무스는 질문한다. 어떻게 하늘에서 추방된 악마가 하느님과 연락을 지속하는 것이 가능한가? 어떻게 사탄이 하늘나라에 있는 신의 법정에 서서 욥을 유혹하도록 허락해달라고 간청할 수 있단 말인가? 막시무스의 답은 사탄이 천상에 있는 신 앞에 나타나는 것이 아니라, 신이 우주 안의 어느 곳에 서 있기 때문에, 사탄이 나타나는 곳마다 신이 있다는 것이다. 지금은 잠시 동안 우주 내에서 활동하도록 허락받았지만, 사탄과 그 추종자들은 최후의 심판 후에 존재이자 실재하는 신으로부터 영원히 분리될 것이다. 나머지 우주가 신과 재결합하여 신격화될 때, 실재하지 않는 비존재에 매달렸던 이들은 영원히 그 축복된 재결합으로부터 제외될 것이다.[18]

은둔자인 요한 클리마쿠스(c. 570-649)는 수도사의 덕목에 관한 논문인 「천국의 사다리」를 썼는데, 그 논문에서 그는 신과의 합일을 향해 위로 올라가기 위한 30개의 계단, 혹은 단계를 설명하고 있다. 악마와 악령들은 하늘나라에서 떨어질 때 천사의 자질을 간직하고 있었기 때문에, 그들의 본질 혹은 존재는 항상 선하게 남아 있다. 다만 세상에서 하는 활동만이 타락하고, 악하다. 악령들은 우리를 파멸시키고자, 우리를 유혹하고, 구원으로 가는 길에 세 개의 함정을 판다. 첫 번째 함정은 우리가 선한 행동을 취하는 것을 막기 위해 판 것이다. 두 번째는 우리가 어떤 선행을 하든지, 그것을 신의 의지에 따라서 하지 않도록 하기 위한 것이다. 만약 첫 번째 두 함정에 우리를 빠뜨리지 못하면, 세 번째 함정은 우리로 하여금 자신의 훌륭한 삶을 자랑스러워하도록 한다. 우리 자신은 아무것도 할 수 없고, 모든 선한 것은 신으로부터 나온다는 사실을 깨달아야만 우리는 가장 위험한 이 함정을 피할 수 있다.[19)]

동방에서 가장 영향력 있는 유일한 신학자는 다마스쿠스의 요한, 즉 요한 다마센(c. 675-c. 750)이었다.[20)] 아리스토텔레스는 물론, 디오니시우스의 전통을 물려받은 고백자 막시무스와 요한 클리마쿠스의 영향을 받은 그는 악마론을 포함하여 모든 교리의 주요 쟁점에 대한 교부들의 논의를 정리하고 요약하였다. 그의 백과사전적 저작은 이후 정교회의 신학자들에 의해 방대하게 이용되었으며, 서방의 스콜라 철학 전통에도 영향을 미쳤다. 요한의 악마론은 이원론에 대한 공격에 뿌리를 두고 있는데, 그는 이원론이 본질적으로 비논리적이라고 생각했다. 만약 두 개의 우주적 질서가 공존하려면, 그 둘은 서로 상반되는 것이어야 할 것이다. 그렇지 않다면, 그 둘은 그들보다 선행하는 존재의 어떤 특성을 공유하고 있을 것인데, 그것은 그 자체로 두 개의 우주를 발생시키는 제1원리가 된다. 즉, 만약 두 개의 우주가 함께 존재한다면, 그 둘은 적어도 존재적 특성을 공유해야 하며, 바로 그 특성이 선행하는 제1의 원리가 될 것이다. 그러므로 오직 하나의 원리만이 존재하고,

그를 우리는 신이라 부른다.

그러나 만약 하나의 신만이 존재한다면, 악은 어디에서 생겨나는 가? 그것은 신의 창조물의 일부이거나 신으로부터 나온 것이어야 한 다. 그렇지 않다면 그것은 신이 없는 상태로, 본질적으로 비존재이다. 다른 선택은 존재하지 않는다. 다마센은 교부신학에 근거하여, 신이 결핍된 상태를 선택했다. 즉, "악은 선의 결여일 뿐이다." 선과 악은 공 존하지만, 오직 선만이 실재하는 것이다. 악의 존재는 선이 결여된 상 태로 이루어진다. 악은 자연적인 질서의 혼란일 뿐이다. 존재하는 모 든 것은 선하다. 창조물에 존재하는 모든 악은 그들 자신의 자발적인 행위에 의해 창조된 선의 결여이다. 신은 선의 결여가 자유의지의 잘 못된 사용으로부터 비롯된다는 사실을 알고 있으며 또한 '예견하고' 있었다. 그러나 선의 결여를 가져오는 단 하나의 원인은 신이 아니라 신으로부터 멀어진 자유의지의 독립적인 활동이다. 신은 자유의지가 도덕적 악을 발생시킨다는 것을 알고 있다. 그러나 자유가 존재하지 않는 우주는 도덕적으로 선한 우주일 수 없으며, 선을 위한 가능성은 필연적으로 악의 가능성을 수반한다는 사실 또한 알고 있다. 신은 악 이 존재하는 우주의 탄생에 대해 책임이 있다. 그러나 그는 악을 뜻하 지도, 선택하지도 않았다. 사실상, 그는 악의 영향을 제거하기 위해 고 난을 겪고, 죽으셨다.

마니교도들과의 논쟁에서, 요한에 반대하는 마니교도들은 신은 왜 악마가 악할 것이라는 사실을 알면서도 그를 창조한 것인지 설명해 줄 것을 요구했다. 요한의 대답은 다음과 같았다. 악마를 포함한 모든 창조물은 선하게 창조되었다. 악마의 사악함은 선을 버리기로 한 자신의 자유로운 선택이다. 악을 행하려는 그의 자유를 빼앗기 위해서는 선을 행하려는 자유까지 빼앗아야 한다. 그가 자유로이 악을 선택함으로써 그는 도덕적 실재를 박탈당했다. 타락과 동시에, 악마는 천사의 본성을 잃어버리고, 텅 빈 그림자가 되었다. 사도 요한의 영향을 받아, 다마센은 선과 악에 대한 빛과 어둠의 비유를 강조했다. 존재와 실재의 결여인 악은 빛의 결여인 그림자와 어둠과 유사하다. 악마는 자만심으로 인해 타락했다. 그리고 다른 천사들과 사람들을 이끌어, 그를 따르도록 했다. 악을 따르면서, 우리는 실재하는 것, 밝은 것으로부터 등을 돌려, 실재하지 않는 그림자를 향하게 된다.[21] 이전에 천사들 사이에서의 계급이 어떠했든 간에, 악마와 그 추종자들은 이제 그들을 선한 천사들로부터 갈라놓는 거대한 심연의 반대편에 있었다.[22]

세상에 있는 모든 죽음과 고통의 원인인 악마는 그리스도에 의해 정복되어 그를 추종하는 인간과 천사들과 함께 영원한 죽음과 불 속으로 내던져질 것이다. 악마는 순전히 영적 존재이므로 회개할 수 없다. 인간의 영혼 또한 일단 죽음에 의해 자신의 육체를 떠나면, 회개할 수 없다. 악마의 회개 불능성에 대한 이러한 설명은 서방의 스콜라 철학 사상으로 전해졌다. 그러나 이것은 설득력 없는 주장이다. 순전히 영

그리스도가 죽은 자 가운데서 나사로를 소생시킨다. 나사로의 영혼이 짐승의 모습을 하고 지옥의 쇠사슬에 묶여 있는 악의 손아귀에서 빠져나오는 것이 보인다. 이때 꼬마 악령들이 이를 방해하려 한다(비잔티움 바바리니 그림. 사도전승 도서관 사진).

적인 존재인 천사가 애초에 자유의지를 행사할 수 있다면, 그들의 영적인 특성이 이제 와서 왜 자유의지의 사용을 가로막는가? 다른 기독교 신학자들은 다음과 같은 설명을 제시했다. ① 그리스도가 인류 전체를 대신하여 스스로를 희생했기 때문에, 인간은 하나의 속(屬)으로써, 구원될 수 있었다. 그러나 각각의 천사는 그 자체가 하나의 속이므로, 모든 천사들의 대표는 존재하지 않는다(이러한 주장은 천사의 본질에 대한 지식이나 적어도 동의를 가정한다. 그러나 둘 중 어떤 것도 존재하지 않는다). ② 인간들은 다른 종류의 존재인 사탄에 의해 유혹을 받은 후 타락했다는 점에서 정상에 대한 참작을 간청할 수 있다. 그러나 악한 천사들은 그러한 정상 참작을 요구할 수 없다(정상 참작이 없다고 해서 왜 그것이 영원히 지옥에 떨어지는 것을 의미하는지에 대해서는 논리적 이유가 없다). ③ 악마는 실제로 구원받을 수도 있다. 신이 아직까지 악마를 구하지 않았다면, 미래에 그를 구원할 수도 있다. 혹은, 좀더 정확히 말하면, 영원한 세계의 섭리 속에 신이 사탄을 구원하기 위한 여지를 남겨두지 않았다고 가정할 필요는 없는 것이다. 악마를 구원하는 수단은 전혀 다른 것일 수도 있으며, 인간을 구원하는 수단과 마찬가지로 기적적이고 신기한 것일 수도 있다.[23]

궁중의 영향력 있는 고문이자, 11세기 콘스탄티노플의 대학과 고전, 철학의 부활을 선도한 미가엘 프셀로스(1018-1078)는 철학 교수였다. 그는 수많은 저작에서 비조직적이고, 산만하고, 때로는 일관되지 못하게 악마론을 논했으며, 자신의 관점을 설명하고 자신이 반대하는 이교도들의 관점을 폭로했다. 그의 신플라톤적 견해는 비잔티움에서뿐 아니라 서구 르네상스에도 영향을 미쳤는데, 여기에서는 피치노가 그의 견해를 이용하고 장려했다.[24]

악마와 악령들은 자신들의 자유의지로 인해 타락했으며, 자신들의 파멸이 유혹에 의한 것이라는 정황증거를 제시할 수 없기 때문에 용서받을 수 없다. 일단 타락하면, 그들은 여섯 개의 집단, 유형, 혹은 서열을 이룬다. 여기에서 프셀로스는 신플라톤주의자들의 사상을 독창적인 방식으로 기독교에 적용했다. 그는 전통적인 타락천사나 디오니시우스의 계급체계와 전혀 다른 악령의 분류학을 제시했다. 그의 분류학은 오히려, 이교도인 플라톤주의자들의 자연적인 악마론에 깊이 뿌리를 두고 있다. 그들은 악령이 타락한 천사라기보다는 인간과 신 사이에서 도덕적으로 양쪽 모두의 가치를 지니는 존재로 생각했다. 프셀로스는 이러한 자연적인 악마들을 기독교의 타락천사들로 바꾸고, 그들을 기독교의 악마론에 끼워맞추기 위해 어느 정도의 노력을 기울였다. 가장 높은 계급의 악령은 레리워리아로, 빛나거나 타오르는 악령들로, 달 너머의 공기가 희박한 영역인 에테르(靈氣)에 산다. 그 다음은 아에리아로, 달 아래의 공기중에 사는 악령들이다. 다음은 땅 위를 배회하는 쿠트니아, 수중에 사는 휴드리아 혹은 애널리아, 지하세계에 사는 히포크트니아 순이며, 가장 낮은 지위인 미소파에스는 빛을 싫어

하고, 지옥의 가장 깊숙한 곳에 거주하는 가장 무감각한 악령이다.[25]

악령들은 그들 자체는 물질이 아니지만, 그들이 거주하는 영역의 물질적 특성에 크게 영향을 받는다.[26] 악마와 악령들은 우리를 구원하려는 신의 계획을 방해하기 위해, 우리를 공격하고 유혹한다. 그들은 땅 위나 바다 위, 공기중 어디서든 무리지어 다닌다. 높은 계급의 악령들은 인간의 감각에 직접적으로 작용하며, 그들의 "상상적 행동"을 이용하여 우리 마음속의 심상을 자극함으로써 간접적으로 인간의 지성에 작용한다. 낮은 계급의 악령들은 동물과 같은 정신을 갖는다. 이 야비하고 으르렁거리는 악령들은 그들 스스로 우리를 거칠게 공격하여, 질병과 치명적인 사고들을 일으키고, 우리를 지배한다. 악령에 사로잡힌 사람들이 종종 동물처럼 행동하는 것은 이런 이유이다. 낮은 계급의 악령들은 지성이나 자유의지가 전혀 없다. 그들은 본능에 의해 행동하고, 단지 우리가 따뜻하고 살아 있다는 이유로 마치 벼룩처럼 인간에게 뛰어오른다. 그들은 특정 장소를 배회하다가 누구든 그 장소에 들어서는 사람은 가리지 않고 공격한다. 악령에 들린 사람은 정상적인 성격이 변화되기 때문에 알아볼 수 있다. 귀신 들린 동물들은 소가 더 이상 우유를 주지 않는 등, 그들의 정상적인 행동이 변화함으로써 알아볼 수 있다. 프셀로스는 귀신 들리는 것과 질병과의 잠재적인 혼란에 대해서도 놓치지 않았다. 그는 우리에게 귀신 들렸다고 생각하기에 앞서, 항상 비정상적인 행동의 육체적 원인을 살펴볼 것을 주장했다.

낮은 계급의 악령들은 때로 거짓된 계시를 내리거나 말할 수 있다. 그러나 가장 낮은 계급의 악령들인 미소파에스, 혹은 "빛을 싫어하는 자들"은 전체가 다 의사소통을 할 수 있는 것은 아니므로, 그들이 지배한 사람들을 장님이나 벙어리, 귀머거리로 만든다. 악령은 예수의 이름을 부르거나 성호를 긋거나, 성인에게 기도를 하거나, 복음을 읽거나 성유나 성수, 성골을 뿌리거나, 고해를 하거나, 안수를 함으로써 물리칠 수 있다. 악령들은 그들로 하여금 귀신 들린 사람의 육체를 벗어나서 고통으로 절규하도록 만드는 성인이나 성녀, 특히 수도자들의 힘을 느낄 수 있다.[27]

프셀로스의 기묘한 분류는 조잡하며 일관되지 못했다. 이교도의 철학적 관념을 통속 악마론의 전통과 결합함으로써, 그것이 생생하고 지속적인 영향력을 갖기에는 기독교의 전통과 전혀 조화가 되지 않았다. 첫째로, 그러한 악령들을 타락한 천사와 동일시하는 것에는 어려움이 따르며, 프셀로스의 분류는 천사의 계급구조가 타락 후에 강등되는지 반전되는지에 대해 답해주지 않는다. 즉, 타락 이전에 가장 높은 계급이었던 천사들이 이후에도 계속해서 가장 계급이 높은 악마로 남아 있는지, 혹은 가장 높은 계급의 천사들이 반대로 가장 낮은 계급의 악령이 되는지에 대해서 말이다. 또한 그 분류 내에서는 악마 자신의 위치를 지정하기가 불가능하다. 그런 복잡한 분류는 경험으로 느껴지는 생생한 지각에 반응하지 못했으며, 실제 문제와는 거리가 먼 세부

사항들에 대한 형이상학 고찰의 비실제성을 보여주는 일례가 된다.

동방의 이원론적 이단은 그들만의 고유한 악마론을 만들어냈다. 8세기에 이르러, 기독교의 중심이 되는 교의에 대한 거대한 신학적 논쟁의 시대는 끝났지만, 아리우스주의자, 네스토리우스교도, 그리고 단성론자 같은 이교도들은 멀리 떨어진 곳에서 살아남았다. 중세의 이교도들은 거대 이교도들보다 덜 지적이며, 형이상학보다는 도덕과 실천에 더 많은 관심을 보이는 경향이 있었다. 대체로, 중세의 이단은 동방교회에서보다는 서방교회에서 더 문제가 됐다. 동방에서는 무념적, 신비적 접근에 대해 강조함으로써, 교의를 상대적으로 덜 정확하게 정의했으며, 다양성을 위한 여지가 더 많이 있었다. 교회 기구는 로마 교회의 가르침을 따르지 않는 모든 교의를 이단으로 정의했던 11세기에서 13세기까지의 입장과는 대조적으로, 좀더 광범위한 의견과 실천의 다양성을 용인했다. 그러나 중세의 이원론적 이단은 동방에서 맨 처음 나타났다. 10세기에서 15세기 터키의 정복에 이르기까지, 비잔티움의 교회는 끊임없이 목소리를 내고 있던 이원론자들의 견해에 직면하게 되었다.

이원론적 이단은 아시아의 영지주의에 뿌리를 두고 있으며, 소아시아를 통해 트라키아와 불가리아까지 퍼져나갔다. 비잔티움에서 이원론이 어떻게 처음 생겨났는지에 대해서는 논쟁이 있으며, 바울파, 메잘린파(유키트파), 불가리아의 보고밀파와 비잔티움의 보고밀파의 연대기와 그들 상호간의 관계는 여전히 불명확하다. 불가리아의 이단은 약 950년경 "신의 사랑을 받는 자"라는 뜻의 이름을 가진 보고밀에 의해 처음 발견되었는데, 그는 영지주의, 마니교, 그리고 아마도 바울주의와 메잘린주의에서 기존의 사상을 취한 후 그것들을 엮어 새로운 이교를 만들어냈다.[28] 보고밀파는 불가리아에서 강력한 지지를 얻었는데, 이는 아마도 불가리아 사람들 사이에 존재하는 비잔티움에 대한 저항감이나, 슬라브족 백성들 사이에 존재하는 불가리아인들에 대한 저항감 때문이었을 것이다. 그리고 11세기에 이르러, 보고밀파는 비잔티움 제국 내에서도 강력한 추종자들을 갖게 된다. 12세기에 보고밀주의는 비잔티움에서는 쇠퇴하기 시작했으나, 세르비아, 러시아, 서유럽으로 퍼져갔다. 나머지 이단들은 15세기 터키의 정복이 있을 때까지 마케도니아에 잔존했다. 12세기 동안 보고밀주의는 두 개의 집단으로 나뉘었다. 하나는 절대적 이원론을 가르치는 집단(드러건시아, 드라코비차, 혹은 드라코비치 교단)이었으며, 다른 하나는 수정된 이원론을 설교하는 집단(불가리아 교단)이었다. 보고밀로부터 생겨난 전설들은 공식적인 이단이 자취를 감춘 후에도 오랫동안 지속되었다.

악마론은 보고밀 사상의 중심이었다. 절대적 이원론자들에게, 악마는 선과 빛의 신과는 다른, 어둠과 악의 신이었다. 수정된 이원론자들에게는, 악마는 신에게 종속되어 있으면서, 지구에 대해 막대한 권력을 준독립적으로 행사했다. 절대적 이원론자들의 관점에 따르면, 참된 신은 성령으로 이 물질적 우주로부터 매우 멀리 떨어져 있다. 그에게는 두 명의 아들이 있는데, 큰 아들은 악마이며, 작은 아들은 그리스도이다.[29] 큰아들인 사타나엘은 그리스도에 앞서 존재했다. 다른 모든 천사들과 마찬가지로 선하게 창조되어, 가장 큰 공을 세운 그는, 신의 관리인으로 아버지의 오른팔에 앉았다. 그러나 사타나엘은 불공평한 관리인이었으며(「누가복음」 16:1-9), 자신의 종속적 지위에 대해 불만을 품기 시작했다. 자만심에서, 그는 자신의 왕좌를 신의 왕좌와 같은 높이에 두기를 갈망했고, 이러한 목적으로 반란을 일으켰다. 천사들 중 3분의 1이 그의 높은 위엄에 대한 경의와 그의 지시를 따르는 데 익숙해져 있었으므로, 그에게 가담했다. 그는 또한 신의 왕좌 앞에서 행해야 하는 지루한 예배의 의무를 면해주겠노라고 그들에게 약속했다. 반역의 결과, 신은 사타나엘과 그 추종자들을 하늘나라에서 쫓아냈다. 텅 빈 공간을 배회하며, 악마는 앞으로 살아갈 새로운 세상을 만들기로 결심했다.

신의 창조를 흉내내어, 그는 "신이 하늘과 땅을 만들었으므로, 이제 나는 제2의 신으로서, 제2의 하늘을 만들겠다"고 선언했다.

이 '제2의 하늘'이 바로 이 우주이다. 우리가 사는 이 우주의 창조자인 사타나엘은 구약성서의 창조자 신이다. 왜냐하면 이 물질세계를 야비함과 고통, 괴로움으로 가득하도록 창조할 정도로 사악한 존재는 틀림없이 악이기 때문이다. 모세의 주인인 악마는 모세 5경을 스스로

최후의 만찬에서, 그리스도는 유다에게 성찬용 빵을 권한다. 유다가 그것을 받았을 때, 악마가 그에게 들어와 그의 주인을 배반하도록 부추긴다(「요한복음」 13:26–27). 여기에서 악마는 검은 악령, 혹은 유령으로 나타난다(헨리 3세 복음서의 채식. 루드비히 라이헤르트 출판사).

썼으며, 구약성서 전체는 사탄에게서 영감을 받았다(몇몇 보고밀파들은 시편과 예언자들의 신성한 영감을 받아들였다). 자신의 창조물을 둘러보고 충분히 불쾌감을 준다는 사실을 확인한 사타나엘은 계속해서 흙과 물을 가지고 지각이 있는 존재인 아담을 만들었다. 그러나 그것을 똑바로 세워본 사타나엘은 결함이 있는 것을 발견하고 노했다. 생명이 아담의 오른발에서 새어나가고 있었으며, 집게손가락은 뱀의 형상을 띠고 있었다. 사타나엘은 아담에게 영혼을 불어넣었으나, 다시 새어나가서 이번에는 그 자체가 뱀이 되었다. 절망한 사타나엘은 그의 오랜 적인 신에게 인간의 창조를 도와달라고 간청하며 도움을 구할 수밖에 없었다. 그리고 도와주면, 함께 인간을 지배하도록 해주겠다고 약속했다. 신은 오래 전의 반역으로 인해 비어버린 천사의 계급을 채우길 원했으므로 이에 동의했다. 이 이야기의 좀더 으스스한 형태는 다음과 같다. 사타나엘이 생명을 불어넣는 데 실패한 후 아담의 육체가 300년 동안 생명이 없는 상태로 누워 있었다. 아담이 의식 없이 누워 있는 동안, 사타나엘은 자신이 창조한 세상을 배회하며, 불결한 짐승의 살점으로 배를 채운다. 아담에게 되돌아간 그는 아담의 몸에 있는 모든 구멍을 손으로 막고, 그를 더럽고 감금된 상태로 유지시키기 위해 자신이 먹은 고기를 아담의 입 속에 토해냈다. 전혀 교훈적이지 못한 이러한 시나리오는 보고밀파의 인간학의 주안점을 보여주기 위한 목적을 가진다. 참되고 선한 신에 의해 창조된 인간의 영혼은 거짓된 신인 사타나엘이 창조한 인간의 육체에 갇혀 있다는 것이다. 사타나엘은 신을 속여 그를 돕도록 한 후 이제 영혼을 혐오스럽고 불결한 육체에 죄수로 가두고 있다.

아담 이후에, 신은 또한 악마로 하여금 이브를 창조하도록 도왔다. 뱀의 형태를 띤 사타나엘은 꼬리를 가지고 이브와 육체관계를 가져서, 쌍둥이를 낳았는데, 그들이 바로 카인과 그 여동생 칼로메나이다.[30] 이후, 아담과의 자연적인 결합을 통해, 아담은 아벨을 잉태하는데, 카인은 아벨을 살해함으로써 살인을 세상에 처음 들여오게 된다. 신은 이브를 유혹한 벌로 신의 형체와 창조의 힘을 빼앗음으로써 사타나엘을 벌했다. 따라서 이제 그는 어두컴컴하고 추한 모습이 되었다. 그렇다 하더라도, 신은 사타나엘이 일곱 시대 동안 물질세계를 지배하도록 남겨두었다. 사타나엘은 인간에 대한 지배를 지속하기 위한 수단으로 모세에게 율법을 주었다. 신과 악마는 서로 우주에 대한 지배권을 갖기 위한 투쟁에 얽히게 되며, 특히 인간이 주요한 투쟁의 장이었다. 악마는 우리로 하여금 신보다는 악마를 숭배하고 흠모하도록 설득하기 위해 노력했으며, 우리를 그림자 속에 가두기 위해 각각의 인간 영혼마다 악령이 살도록 할당했다. 사타나엘의 인류에 대한 억압이 너무나 강했으므로, 우리는 우리의 물질적 외피를 뚫고 나와 신이 사타나엘을 도와 우리를 만들기로 했을 때 의도했던 대로 천사의 빈 계급을 채우지 못하게 되었다.

그러나 신은 우리를 구원하기로 결심했다. 5,500년 후에 그는 성자와 성령을 만들어, 그리스도를 이 땅에 보냈다. 그리스도는 신의 말씀에 따라, 동정녀 마리아의 오른쪽 귀를 통해 들어갔으며, 또한 그녀의 오른쪽 귀를 통해 태어났다. 천사장 미가엘과 동일시되는 그리스도는 세속적인 육체는 가지고 있지 않았으며(아마도 그 상황에 처한 마리아로서는 다행이었을 것이다) 완전한 신의 육체만을 가지고 있었으므로 십자가 위에서 진정으로 고통을 받거나 죽지 않았다. 그의 사명은 인류에게 그들이 처한 진정한 상태를 알림으로써 그들로 하여금 그와 하나가 되게 하고, 그들을 구속하는 육체로부터 벗어나도록 하기 위한 것이다. 의기양양하게 하늘로 올라 이전에 사타나엘의 자리였던 신의 오른편을 차지한 그리스도/미가엘에게 패배한 사타나엘은 하늘나라로부터 내던져져, 신을 나타내는 신성한 접미사 –el을 잃고, 단지 사탄이 되었다. 사탄의 이 "두 번째" 추방은 첫 번째 타락과 세상의 종말에서 최후의 파멸과 모두 구조적으로 동일하다.

　　그리스도의 구원행위에 동참하고, 우리 자신이 그와 하나가 되기 위해, 우리는 악의 창조물이자 함정인 물질을 거부하고 경멸해야 한다. 보고밀파는 물과 포도주, 빵과 같은 물질을 사용하는 그리스도의 성찬을 거부하고, 세례식과 성찬식 모두를 단지 안수 행위로 대신한다. 그들은 십자가를 거부했는데, 그것은 물질일 뿐만 아니라, 그리스도가 결코 죽은 적이 없으므로, 그릇된 관습이기도 하다. 그들은 교회

건물을 경멸했다. 그들이 말하기를, 악령들은 모세가 장려한 사교(邪敎)의 중심인 예루살렘의 교회당에 살다가 현재는 콘스탄티노플에 있는 정통 기독교의 사기행위의 중심인 하기아 소피아에 살고 있다. 성직은 아무런 소용 없는 것이다. 신이 성인들을 통해서 물질에 작용하는 것이라고 가톨릭교도들이 주장하는 기적은, 실제로는 물질을 이용하여 우리를 당황스럽게 만들기 좋아하는 악령들의 장난이다. 고기와 포도주, 결혼과 성생활, 출산을 거부하는 금욕생활을 통해서만 우리는 물질로부터 등을 돌리고, 진정으로 영적인 실체를 향해 나아갈 수 있다. 최후의 시간이 왔을 때, 사탄은 다시 한 번 이 세상에 풀려날 것이다. 그러나 잠시 후면 그리스도/미가엘이 돌아와 인간의 육체와 물질 세계 전체를 사탄과 더불어 멸망시킬 것이다. 그러면 하느님의 나라, 정의, 기쁨과 비물질적인 완전한 영성이 이 우주에 영원할 것이다.[31]

보고밀파의 신앙은 보고밀파가 사라지고 난 후에도 오랫동안 특히 슬라브족의 전설에 남아 있었다. 신과 사탄은 동료, 형제, 혹은 친구로 자주 나타난다. 신은 그 자신의 그림자로부터 사탄을 창조한다. 신과 사탄은 세계 창조 이전부터 함께 존재한다. 사탄과 신은 누가 인간을 만들어낼 것인지를 두고 다투다가 마침내 신이 영혼을 창조하고 악마가 육체를 창조하기로 합의한다. 따라서 우리가 죽으면, 우리의 영혼은 하늘로 올라가지만, 우리의 몸은 악마의 손아귀로 떨어진다.[32]

왜 보고밀파의 신앙은 기독교 전통에 의해 7세기 동안이나 저항을 받았음에도 불구하고 그 힘을 유지하거나 적어도 회복하고 있는가? 그들이 가진 괴기스러움 때문인가, 혹은 괴기스러움에도 불구하고 그 힘을 유지하는 것인가? 11세기의 사회·정치적 상황들은 분명 로마 가톨릭이든 비잔티움의 가톨릭이든, 정통 기독교 체제에 대한 반란을 장려했으나, 상황은 때로 기독교 체제보다는 반란에 더 호의적이었다. 특히 왜 이원론인가? 무엇보다도, 보고밀파의 이원론은 그 모든 무시무시한 과장들에도 불구하고, 주류 기독교에 내재한 이원론과 크게 다르지 않다. 절대적 일원론에서 절대적 이원론까지 펼쳐진 스펙트럼에서 보면, 정통 기독교는 보고밀주의보다 일원론 쪽에 더 가깝다. 그러나 주류 기독교는, 이 세계의 물질을 불신하고 금욕주의를 장려하는 점, 일시적이고 실체가 없을지라도 사탄의 권능을 인정하는 것 등을 비롯한 많은 이원론적 가정들을 공유한다. 보고밀파의 이원론은 대개 이러한 정통 기독교 관점을 과장하고 왜곡한 것으로, 기괴한 신화로 이것들을 가리고 있다. 둘째로, 우리는 미와 진실, 빛의 실재로부터 근본적으로 괴리되어 있다는 인식이 인간의 경험에 깊이 뿌리를 두고 있다. 인간이 존재하는 내내, 사실상 모든 사회와 모든 시공(時空)에서, 몇몇 사람들은 그들이 느끼는 거리감을 메워줄 가교역할을 하고, 소외감을 없애주며, 우리를 현실에서 올바른 자리로 복귀시켜 줄 것이라는 희망을 제시하는 여러 종교와 철학에 강한 매력을 느껴왔다.

비잔티움의 통속 악마론은 마술을 포함한 이단의 잔재들로부터 비롯된 것일 뿐만 아니라, 수도사와 성인들의 삶과 신학으로부터 유래되었다. 결국, 통속 악마론은 철저히 기독교적이며, 특히 사막의 교부들이 남긴 문헌에 깊이 뿌리를 두고 있다. 이단적 요소들은 초기 기독교 교부학의 전통을 잘 모르는 사람들이 과장한 것이다.[33] 악령들은 모습을 바꾸어, 남성과 여성, 동물, 괴물의 형태를 취할 수 있다. 때때로 그들은 결여의 상징으로, 변형된 형태를 띤다. 예를 들면, 그들은 머리가 없거나, 일반적으로 그림자 또는 빛의 결여를 연상시키는 검은 사람의 모습으로 나타날 수 있다. 비잔티움의 미술에서, 악령들은 일반적으로 인간의 모습을 닮았으며, 때로 더 작거나, 검은 사람이거나 뿔이나 꼬리를 가지고 있을 때가 있기는 해도 천사처럼 보인다. 그러나 대부분은 분명 인간의 모습에 가깝다. 15세기와 16세기에 그리스와 루마니아, 러시아에서는 악마의 모습이 인간의 모습에서 괴물 같은 형태로 변화했다. 악령들은 점차 짐승의 형태를 취했다. 신화에서 가장 흔한 동물의 형태는 양, 개, 소, 까마귀, 돼지이다. 악령들은 형태뿐 아니라 행동을 통해서 자신들의 혐오스런 특성을 드러낸다. 그들은 지독한 악취를 풍기거나, 배설물을 먹거나 아니면 그들이 포획한 다른 이들에게 그러한 행동을 강요한다. 악령들의 이름은 그들이 유래한 문화의 다양성을 보여준다. 어떤 악령들은 귀에 거슬리는 영문 모를 말을 이름으로 갖고, 어떤 것들은 "언덕의 아름다운 여인"과 같은 오래된 민간 전설로부터 비롯되며, 어떤 것들은 "권능"이나 "격노"처럼, 그들의 활동을 암시한다. 어떤 악령들은 옛 신들이 실제로는 악령이라는 초기 기독교 교부학의 전통을 따라, 제우스나 아르테미스 같은 고대 신들의 이름을 유지하고 있고, 어떤 것들은 바알세불이나 아자젤 같은 전통적인 유대-기독교의 이름이다. 악령들은 지구 어느 곳에나 살지만, 특히 이교도의 사원이나 아무도 없는 특정 장소에 다른 곳보다 더 자주 출몰하며, 특정 시간대—예를 들면 정오에서 자정까지—에 다른 때보다 더 강하다. 그들은 지구상 곳곳을 떼지어 몰려다닌다.[34]

악령들은 우리를 해치고자 악마를 추종한다. 그러나 그들은 또한 패배를 두려워하여, 조심성 많고 과묵하다. 예를 들면, 일단 어떤 사람을 지배하면, 그들은 대개 그 사람 안에 숨어 있으려 한다. 그곳에서 편안함을 느끼고 엑소시즘의 고통을 두려워하면서, 성인(聖人)이 그들의 정체를 강제로 드러내지 않는 한, 자신들의 활동을 위장하거나 축소시킨다. 정신병을 비롯한 질병을 유발하는 한편, 그들은 폭풍을 일으키고, 배를 난파시키며, 다른 재난들을 가져온다. 때때로 대담해져서, 눈에 보이는 형체로 나타나 몽둥이, 돌멩이, 철퇴 등으로 희생자들을 공격하기도 한다. 가장 좋아하는 공격방법은 사람들을 절벽으로 내던지는 것이다. 환영을 만들어 내는 능력을 이용하여, 그들은 도끼와 횃불을 가지고 은둔자의 오두막을 공격했다가, 마침내 오두막의 기둥을 밧줄에 묶어 끌고간다. 그들은 고함을 지르고, 도움을 요청하며, 다른 소리들을 낸다. 그리고 우리를 괴롭히기 위해 벼룩이나 이 같은 벌레들을 이용한다.

어떤 육체적인 공격보다도 유혹에 성공하는 것이 악령에게는 가장 만족스럽다. 왜냐하면, 영혼의 타락은 육체의 고통보다 훨씬 더 월등한 것이기 때문이다. 악령들은 죄악을 일으킬 뿐 아니라 죄악이 존재하는 곳으로 이끈다. 따라서 죄인들은 더 큰 유혹과 심지어 악마의 지배에 스스로를 드러낸다. 각각의 악령들은 특정한 악에 대해 전문이며, 그런 능력을 장려시키기 위해 노력한다. 마법, 마술, 예언은 가장 좋아하는 장기이다. 비록 비잔티움의 신화들은 서방의 신화들과 마찬가지로, 마술에 대해 양면적인 가치를 부여하기는 하지만 말이다. 고대와 신플라톤주의에서는 마술을 초자연적인 것보다는 자연적인 힘을 조작하는 것으로 인식하는 전통에서 마술의 뿌리를 끌어오고 있다. 그러한 가정들은 죄를 짓지 않으면서 마술을 실행하도록 허락했으므로, 많은 사제들은 신도들을 위해 마술과 기도, 주문, 기원을 결합했다. 그러한 마술은, 마술의 도움에 의존하기보다는 악령을 쫓는 능력을 지닌 것으로 여겨졌다. 반면, 아리스토텔레스로부터 유래한 우주에 대한 좀 더 자연주의적인 관점에서는, 마술이 주장하는 초자연적이고 관찰 불가능한 관련성을 인정하지 않으며, 기독교의 가정들과 결합하여, 마술은 반드시 악령의 대리인에 의한 것이라는 생각으로 귀착된다. 마술에 반대하는 모든 구약과 신약 성서의 명령에 의해 뒷받침되는 이 관점에서는, 모든 마술과 예언은 악한 것이며, 악마의 작용이다.[35]

우리 스스로를 악령으로부터 보호하기 위해, 우리는 신의 은총에 의지해야 한다. 주의 이름을 소리내어 부를 수도 있으며, 악령에게 "주께서 너를 처단하시길"이라고 말하며, 구체적으로 악령의 타파를 요청할 수도 있다. 성호를 긋거나 다른 성스러운 몸짓을 할 수도 있다. 우리는 악령을 직접 처리하려는 것을 가급적 삼가고, 대신 신이나 성인들에게 도움을 요청하는 한편, 악령을 경멸로 대해야 한다. 우리는 그들에 대항하여 마술을 사용할 수 있고(비록 신학자들이 이에 대해 경고하고 있기는 하지만), 만약 그들에게 손댈 수 있으면, 그들을 채찍질하고, 때리고, 불태울 수 있다. 그들은 극도로 불을 두려워하기 때문이다. 성인들은 악령에 대해 비범한 힘을 갖는다. 성인의 존재는 악령으로 하여금 자신의 의지와는 상관없이 스스로를 드러내도록 한다. 그리고 일단 모습을 드러내면, 악마를 파멸시킬 수 있다. 초자연적인 현상을 다루는 데 있어, 기독교인들은 이러한 통찰력을 사용하여 성령과 악령을 구분하도록 조심해야 한다. 악령을 성령으로 착각했던 한 수도사는 영으로 하여금 성호를 긋거나 "거룩 거룩 거룩" 같은 찬송가를 부르는 등 성령의 증거를 보여주도록 요구했어야 했다는 이야기를 들었다.[36]

그러한 믿음은 비잔티움 대중들의 사고에서, 악마적 힘에 대한 인식이 만연해 있었음을 보여준다. 그것은 서방의 대중들의 생각과 마찬가지로, 신학자들의 관점을 전달한다. 소수 악마 연구에서와는 달리, 악마론에서는 이단적 요소들이 드물다. 왜냐하면 악마는 이교도의 신앙에서는 존재의 여지가 없다. 따라서 악마는 적어도 암시적으로나마 기독교적인 환경에서 항상 나타난다.

이러한 대중들의 신화나 믿음은 대체로 하찮고 이치에 맞지 않는 경향이 있다. 악과 괴로움의 문제에 진지하게 맞서지 못함으로써, 이들은 중요치 않는 세부사항에 빠진 나머지, 중요한 논점들을 회피하는 인간 성향의 증거가 된다.

3

이슬람교의
악마

악마에 대한 이슬람의 전통은 서방의 또 다른 거대 종교인 유대교와 기독교의 전통과 밀접하게 관련되어 있다. 이슬람의 원칙은 엄격한 일신교이자, 신의 뜻에 대한 절대적인 복종이다. 이슬람교도들에게 있어, 구약성서의 계시는 신약성서의 계시에 의해 대체되었으며, 그것은 다시 마호메트에게 전해진 『코란』에 나타난 신의 계시에 의해 대체되었다. 마호메트는 전세계적인 무역도시인 메카에서 태어났다. 그곳에서, 청년 마호메트는 이교도인 아랍인의 사상뿐 아니라 유대인과 기독교인들의 사상을 접하게 된다. 610년경, 대천사 가브리엘이 한 책, 즉 『코란』의 내용을 계시했는데, 그 원형은 제7천국에 있었다. 역사가들은 『코란』의 지적인 요소들을 밝혀내지만, 이슬람교도들에게 그 신성한 책은 인간 정신이나 문화적 환경의 산물로서 이해할 수 있는 것이 아니다. 왜냐하면 그것은 신께서 직접 하신 말씀이며, 하늘나라에서 씌어져, 천사장이 선지자로 하여금 받아 적도록 한 것이기 때문이다. 기독교에서, 성서는 예수 그리스도의 존재에 수반되는 것으로, 예수 그리스도 자신이 바로 말씀이다. 이슬람교에서는 성서가 마호메트의 존재보다 훨씬 더한 권위를 지닌다. 마호메트는 말씀의 전달자일 뿐이다.

622년, 마호메트가 메카를 떠나 메디나로 간 헤지라―이슬람력(曆)은 이때부터 시작된다―이후 1세기 동안, 이슬람교는 중동과 지중해를 휩쓸면서, 세계에서 가장 큰 문화적 힘의 하나로 자리잡는다. 압바스 칼리프가 시작된 750년부터 950년까지 2세기 동안, 기독교의 기본 교리가 450년경 확립된 것과 대략 같은 방식으로 이슬람교의 기본적인 교리가 확립되었다.[1]

이슬람 사상은 주로 『코란』을 기본으로 하며, 두 번째로는 마호메트의 실천과 생각을 말이나 글로 전하는 전통인 하디스에 바탕을 두고 있다. 『코란』과 하디스에 대한 논평들이 제시되었고, 그 다음에는 랍비와 학자들의 문헌과 비슷한 방식으로 비평에 대한 비평이 나왔으며, 마침내 광범위하고 상세한 신학이 생겨났다. 더 나아가, 행위에 대한 법적 결정 및 사법적 판단과 관련된 다수의 판례들이 형성되었다. 『코란』과 하디스는 유대교 및 기독교의 성서, 계시적 문헌, 그리고 랍비및 교부학의 신학과 밀접한 유사성을 보여준다. 이들의 영향력은 이슬람의 교리뿐 아니라 특정의 모순점들과 혼란의 양상들에까지 미치고 있다. 예를 들면, 『코란』은 교부학의 저서와 마찬가지로, 사탄이 타락 이전에 높은 지위였는지, 낮은 지위였는지에 대해 불명확하다.[2]

악의 문제는 유대교 및 기독교와 마찬가지로, 이슬람교에 본질적으로 내재된 것이다. 세 종교 모두 단 하나의 전지전능한 신을 주장한다. 이 문제에 있어, 이슬람교도들은 단호한 입장을 취한다. 알라신의 전능함은 절대적이며, 그의 의지와 별개로 일어날 수 있는 일은 없다. 그러나 그렇다면 고난도 신으로부터 비롯되어야만 한다. 하디스는 신의 전능함을 강조하고 우주를 결정론적인 것으로 설명한다. 신은 항상, 모든 고난을 알고, 그것을 완벽하게 통제할 수 있어야 한다. 만약 우리가 고난을 올바르게 이해한다면, 그것을 신의 의지의 일부로서 찬미해야 한다. 처벌과 시험이라는 두 가지 방식을 통해 『코란』은 고난을 신의 자비와 일치시킨다. 고난은 우리의 죄악에 대한 처벌이다. 신은 동정심 많고 자비롭지만, 또한 공정하다. 그러므로 죄가 많은 사람이 고난을 겪는 것은 공정하다. 자신의 삶을 신에게 헌신한 사람들조차 고난을 시험으로 견뎌낸다. 고난에 대한 적절한 반응은 이슬람(Islam), 즉 복종이다. 『코란』에는 기독교적 의미에서의 원죄에 대한 교리가 없다. 아담의 도덕적 타락에 대해 설명하고 있기는 하지만, 그의 죄악은 후손들에게 전승되지 않았다. 그러나 인간이 잘못된 방향을 향해 가고 있는 것은 분명하다. 『코란』이 말하길, "인간의 영혼은 정말이지 악을 향하기 쉽다."[3]

선능한 신은 그 자신의 목적을 위해 악마의 존재와 활동을 허용하고 있다. 이슬람은 결코 이원론적이지 않으며, 악마는 스스로 독립된 존재가 아니다. 신은 악마를 창조했으며, 악마로 하여금 타락하도록 하고, 이 세상에서 활동하도록 허락했다. 이 모든 과정이 우주에 대한 신의 계획의 일부이다.[4]

『코란』에서 악마는 두 개의 이름을 가지고 있다. 하나는 이블리스(Iblis)이다.[5] 항상 단수이며, 개인의 이름인 "이블리스"는 『코란』에서 아홉 번 나타나는데, 그중 일곱 번은 하느님의 은총으로부터 그가 타락하는 장면에서 나온다. 몇몇 비평가들은 이블리스가 반역의 결과로 그의 다른 이름, 샤이탄(Shaytan)을 얻었다고 주장했고, 어떤 이들은 『코란』이 악마와 신의 관계를 설명할 때는 이블리스라는 이름을 사용하고, 인간과의 관계를 설명할 때는 샤이탄을 사용한다고 주장했다. 이블리스와 샤이탄이 동일한 악마적 존재를 나타내는 두 이름이라는 것만은 분명하다.[6] 샤이탄은 아마도 "멀리 있는" 혹은 "분노를 가지고 태어난"이라는 어근으로부터 온 이교도 아라비아의 단어일 것이다. 유대교와 기독교의 영향 아래, 모하메트는 그 단어를 히브리어에서 "적수" 혹은 "장애물"을 의미하는 같은 어원인 사탄과 관련지어 정의했다. 『코란』은 또한 그를 저주받고, 거부되었으며, 돌로 치는 형벌을 받은 존재로 묘사한다. 그는 신에 대항한 반역자이다. 샤이탄이라는 이름은 『코란』에서 대개 인간을 유혹하고 꾀는 것과 관련하여 이블리스보다 훨씬 더 자주 나온다. 샤이탄의 복수형인 샤이아틴(Shayatin)이라는 단어 또한 기독교의 악령에 상응하는, 사악한 지도자의 추종자인 악령들로 나온다.[7]

『코란』은 악마가 어떤 존재인지에 대해 명확히 밝히지 않는다. 『코란』 18.50에서는 다음과 같이 말하고 있다. "그는 정령의 하나로, 그의 주인의 명령을 어겼다." 정령은 신이 불로 만들어낸 영들이며 도덕적 양면성을 가지고 있어서, 천사의 계급으로 여겨지기도 하고, 그렇지 않기도 하다.[8] 정령은 그리스 로마의 이교도에 나타나는 다이모네스(daimones), 혹은 다이모니아(daimonia)와 대략 비슷한 것으로 보이며, 고대의 이교도 아랍 사회가 신들과의 차별성을 두기 위해 하위 영혼들을 정령이라 명명한 데서 유래하였다. 이슬람 이전의 아랍은 정령들을 동굴, 묘지, 어둠, 지하와 관련지어 생각했다. 이슬람 이전의 정령은 때때로 신들과 교제하기도 했으나, 이슬람의 저술가들은 그들의 지위를 상당히 강등시켰다. 천사가 정령보다는 항상 높은 계급이기는 하지만, 『코란』은 천사와 정령, 인간의 상대적인 존재론적 지위에 대해서 명확히 밝히고 있지 않다. 존재론에 상관없이, 알라신은 모든 영혼들로 하여금 아담 앞에 절하도록 함으로써 인간을 천사와 정령 모두의 위에 두었다. 존재론상의 계급은 신 · 천사 · 정령 · 인간 혹은 신 · 천사 · 인간 · 정령 또는 신 · 인간 · 천사 · 정령의 순일 것이다. 대부분의 이슬람교도들은 신이 인간을 천사 위에 두었다고 말할 것이다. 그러나 몇몇 사람들은 천사들로 하여금 인간에게 절하도록 시킨 것은 단지 시험이었을 뿐이라고 주장한다. 수피교도들은 심지어 이블리스가 아담에게 절하지 않은 것은 신에 대한 극도의 경외심이 신으로부터 창조된 존재에 절하는 것을 금지했기 때문이라고 주장하기도 한다.[9]

『코란』에서는 아담에게 절하도록 요구한 것이 이블리스의 타락을 재촉했다고 가르친다. 이 신성한 책에서는 이 이야기를 다양한 형태로 일곱 번이나 반복하고 있다. 신은 흙으로 아담을 빚은 후 천사들을 불러 아담 앞에 엎드리도록 했다. "그러자, 천사들은 모두 함께 엎드렸다. 그러나 이블리스는 엎드리지 않았다. 그는 다른 천사들처럼 엎드리기를 거부했다."[10] 불의 정령, 이블리스는 흙으로 만든 인간을 경멸하여, 신이 자신으로 하여금 그렇듯 낮은 창조물 앞에 엎드리도록 명령한 것에 대해 분개했다.[11] 그가 지은 죄악의 본질은 자만심으로 인해 신에게 대항한 것이다.

이블리스는 정령 혹은 천사였을까? 이 이야기를 담고 있는 모든 구절에서는 이블리스가 절하기를 거부한 것을 신이 천사에게 내린 명령이라는 맥락에서 설명하고 있다. 이러한 이유로, 그리고 기본적인 계시록과 기독교의 전통으로 미루어볼 때, 이블리스는 천사였던 것으로 보인다. 『코란』의 26.85에서는 이블리스의 세력 아래 들어온 다른 천사들을 가리켜 명백하게 "이블리스의 무리들"이라고 일컫는다. 그리고 만약 이블리스가 단순한 정령이었다면, 신은 그가 아담을 숭배하도록 만드는 것을 그토록 중요하게 여기지 않았을 것이다. 이블리스가 정령이라는 사실을 뒷받침할 만한 구절로는 『코란』 18.50의 "그는 정령의 하나였다"와 그가 (정령과 마찬가지로) 불로 만들어졌다고 기술하는 『코란』 7.12와 38.76이다. 신은 『코란』 7.13에서 그에게 다음과 같이 외친다. "너는 모든 창조물 중에서 가장 비천하다." 그리고 전통적인 관념에서 보면 정령은 도덕적 양면성을 가지고 있는 반면, 천사들은 죄 없이 태어났으므로 타락할 수 없었다. 이 마지막 견해는 또한 정령을 갖가지 천사로 만드는 데 방해가 될 수 있다.[12] 이 의문은 해결되지 않는다. 그리스 로마의 철학과 유대교, 기독교와 마찬가지로 이슬람교에서도 다양한 유형의 영들간의 관계는 모호하다.[13]

이슬람교에서는 이블리스의 타락을 설명하는 데 있어, 물질세계가 창조되기 이전, 자만심과 신에 대한 시기로 인해 타락했다고 보는 이후 기독교의 합의를 따르기보다는, 악마가 인간에 대한 질투심으로 타락했다고 주장했던 이레니우스의 입장을 채택한다. 이슬람교도들로서는 어떤 창조물이든 감히 완전무결한 신을 질투할 수 있었다는 것은 생각조차 어려웠다. 이블리스의 타락과 아담의 유혹을 포함한 극적인 사건 전체는 하늘에서 일어났다. 이블리스가 아담에게 절하기를 거부한 후에, 신은 그를 하늘나라에서 내쫓았다. "여기에서 나가라, 너 거부당하고 저주받은 존재여! 내가 너에게 내리는 저주는 심판의 날까지 계속될 것이다." 이블리스가 간청했다. "저에게 죽은 자가 살아나게 될 최후의 날까지 유예기간을 주십시오." 신이 동의하자, 이블리스는 계속해서 이야기했다. "그때까지, 당신의 힘으로, 나는 모든 인간들을 나쁜 길로 이끌겠습니다. 물론 당신의 종들은 제외하고요. 나는 기필코 아담의 후손들을 거의 다 내 세력하에 두겠습니다." 신은 이블리스에게 인간을 유혹하고 유혹에 굴한 자들을 파괴하도록 허락했다. 그러나 신을 사랑하는 자들에 대해서는 악마는 아무런 영향력도 없다. 신은 다음과 같이 이야기를 끝냈다. "나는 틀림없이 너와 너를 따르는 자들로 지옥을 채울 것이다. 그러나 너는 나의 종들에 대해서는 아무런 권한도 갖지 못할 것이다"(『코란』 17.61-65; 38.77-85).

사탄은 하늘로부터 이와 같은 명령을 받았지만, 신은 사탄에게 즉시 떠나도록 강요하지 않았다. 그에게 아담과 이브를 유혹하도록 허락했기 때문이다. 동정심 많은 조언자인 체하면서, 악마는 그들로 하여금 금단의 나무 열매를 먹도록 설득했다. 그리고 "그렇게 속임수를 써서, 그들을 파멸시켰다." 이제 신은 사탄과 최초의 인간에게 천국을 떠나도록 명령했다(『코란』 2.35-36; 7.19-31; 20.117-121). 사탄은 세상을 떠돌아다니면서, 최후의 날까지 우리를 유혹하고 속이도록 허락받았다. 그는 우리의 무자비한 적이다. 그러나 우리는 언제나 자유의지를 가지고 있다. 사탄 자신은 우리를 비난한다. "내가 너희를 부를 때만 제외하면, 나는 너희들에게 아무런 힘도 갖지 못했다. 그러나 너희들은 내

말을 들었다. 그러니, 나를 비난하지 말고, 너희 자신의 영혼을 책망해라"(『코란』 14.22). 누구도 악마가 시켰다는 이유로 스스로를 변명할 수 없다. 왜냐하면 사탄은 오직 유혹할 힘만이 있을 뿐, 억지로 강요하지는 못하기 때문이다.[14] 기독교의 전통에서처럼, 사탄은 우리를 이단과 배교, 우상숭배로 유혹한다. 그는 탐욕과 싸움, 음주, 폭식, 도박을 하도록 우리를 격려한다. 그는 우리로 하여금 신에 대한 우리의 의무를 게을리 하고 거짓된 예언자들을 따르도록 인도한다. 유혹이 실패하면, 그는 감언뿐만 아니라 두려움을 이용하여 우리를 굴복하도록 위협한다. 그의 배반행위는 무한하며, 결국은 자신의 추종자들마저 멸망하도록 버려둔다. 왜냐하면, 신은 사탄을 따르는 모든 자들이 그와 함께 지옥에서 괴로움을 겪게 될 것이라고 미리 정해두었기 때문이다. 사탄으로부터 스스로를 지키기 위해, 우리는 우리 자신의 힘에만 의존할 수 없다. 오직 기도와 코란, 그리고 신의 자비를 통해서만 스스로를 지킬 수 있다.[15]

이것이 이슬람교의 전통이 기반하고 있는 악마에 대한 이야기였다.[16] 그러나 기독교에서와 마찬가지로, 경전은 전능하고 자비로운 신이 지배하는 세계에 존재하는 악의 본질에 대한 중심적인 질문에 대해 답해주지 못하고 있다. 일신교 신자들은 항상 신의 전능함을 유지하기 위해 신의 선함을 제한하든지, 혹은 그의 선함을 유지하기 위해 그의 전능함을 제한하는 경향이 있다. 결론적으로 질문은 신은 악이 악하기 때문에 악을 증오하는가, 아니면 신이 미워하기 때문에 악은 악이 되는 것인가의 여부이다. 8세기, 하산 알 바스리는 우주의 모든 악한 것을 악마와 그를 따르는 인간들의 탓으로 돌림으로써 신의 선함을 보존했다. 그러나 그러한 해석을 논리적으로 발전시키면, 우주의 원칙은 신과 분리된 것으로 존재하게 되는데, 이러한 생각은 이슬람교와 같은 엄격한 일신교에서는 용납할 수 없는 것이다. 알 아샤리(Al-Ashari, 873-935)는 신의 전능함이 우리로 하여금 모든 것은 신으로부터 나왔으며, 모든 행동은 간접적으로라도 신이 의도한 것이라는 것을 믿도록 요구한다고 주장했다. 따라서 신은 악의 직접적인 원인은 아니더라도, 간접적인 원인은 될 수 있다 알 마투리디(Al-Maturidi)는 신의 의지와 신의 소망을 구분했다. 모든 행위는 신이 의도한 것이지만, 어떤 것들은 신이 기뻐하는 행위가 아니다. 고난의 목적은 인간을 시험하고, 경고하거나 벌하기 위한 것이다. 무타질라파는 신의 권능이 스스로의 정의에 의해 제한되며, 이러한 제한은 신의 힘 외부에서 오는 것이 아니라 신이 가지고 있는 본연의 힘에서 비롯된다. 만약 신의 힘 외부에서 제한이 가해진다면, 이는 모순적일 것이다. 바스라의 압바드 이븐 술라이만은 신이 악을 지배하고 있기는 하지만, 악의 원인은 아니라고 주장했다. 신은 원하지 않으면서도 악을 허락한다. 그러나 이것은 왜 신이 악을 허락했는지 묻는 질문에 답을 주지 못한다. 자비와 정의, 선함과 전능함을 일치시키는 데 있어서의 복잡한 난점들은 잘 알려진 다음

이야기에 잘 나타나 있다.

참된 신앙을 가지고 죽은 한 아이와 어른이 하늘나라로 갔다고 상상해보자. 그러나 어른은 아이보다 하늘에서 더 높은 자리를 차지한다. 아이는 신에게 물을 것이다. "왜 저 남자에게 더 높은 자리를 주셨나요?" "그는 좋은 일을 많이 했단다." 신이 대답한다. 그러면 그 아이는 이렇게 말할 것이다. "왜 저를 이렇게 빨리 데려오셔서 제가 좋은 일을 하지 못하도록 하셨나요?" 신이 대답한다. "나는 네가 자라서 죄인이 될 것을 알고 있었다. 그렇기 때문에 너는 어린 아이 때 죽는 편이 나았단다." 그 순간 지옥의 심연 속에 떨어진 이들의 외침이 들려올 것이다. "오, 신이여, 왜 우리가 죄를 짓기 전에 진작 우리를 데려오지 않으셨나이까?"[17]

선과 악을 둘러싼 질문의 또 다른 측면은 인간의 책임에 관한 것이다. 만약 신이 선하고 전능하다면, 왜 인간은 악행을 하는가? 만약 그들이 자유의지를 가졌기 때문이라고 대답한다면, 자유의지와 결정론을 조화시키는 것이 문제가 된다. 이러한 질문은 기독교도들이 그랬던 것과 마찬가지로 이슬람교도들 사이에서도 격렬한 논쟁을 촉발시킨다. 비록 이슬람교에서 쓰는 용어는 기독교와 달라서 인간의 자유는 신의 권능에 맞서는 인간의 쿼드라(qudra), 즉 힘으로 표현되더라도 말이다. 『코란』과 하디스는 신성한 힘의 절대성을 주장한다. 따라서 신의 결정은 항상 이슬람교를 지배해왔다. 그러나 카다리야(Qadariyya)를 비롯한 몇몇 신학자들은 신이 행위에 대한 책임을 인간에게 위임함으로써 인간으로 하여금 스스로의 운명을 만들어가거나, 적어도 변화시키도록 허락했다고 주장했다. 이러한 해결책─우주에 대한 신의 의지는 인간의 자유 영역에서 자신의 전능함을 유보함으로써 자유롭게 선택된 더 큰 선행을 할 수 있도록 하는 것을 포함한다는 내용─은 기독교뿐 아니라 이슬람 내에서 필연적으로 나타나는 논리적 반응이다. 우리가 우리의 죄에 대해서 어느 정도 책임을 갖지 않는다면, 신이 인간의 죄를 비난하고 처벌하는 것은 도덕적으로 모순일 뿐 아니라 신의 정의를 심각하게 제한하는 것으로 여겨졌다.[18] 한 가지 측면에서, 이슬람교는 기독교와 뚜렷한 차이가 있다. 비록 최초의 인간들이 금단의 열매를 먹음으로써 최초로 인간의 죄를 범했지만, 그 원죄는 결코 후손들에게 전승되지 않는다. 우리는 아담의 불복종을 물려받거나, 거기에 신비적으로 참여하는 것을 통해 죄를 짓는 것이 아니라, 대부분 육체적 욕망과 영혼의 욕망 간의 갈등으로 인해 비롯되는 우리 개개인의 영혼의 활동으로 인해 죄를 짓는다. 악마는 이러한 영혼의 동요를 부추기지만, 악마나 아담의 죄가 그것의 원인은 아니다.[19]

이슬람교도들은 『코란』에 나타난 악마의 초상을 완성하기 위한 추론을 시도했다. 예를 들면, 자마크샤리(1075-1144)는 이블리스가 아담에게 절하기를 거부한 이유는, 신을 제외한 누구에게도 그러한 경의를 표하기를 거부했기 때문이며, 또한 불로 이루어진 자신이 흙으로 만든 아담보다 더 우월하다고 믿었기 때문이라고 설명했다. 하디스에 대한 그러한 해석은 때로 상상적이 되었으며, 이슬람교를 넘어선 다른 것들의 영향을 얼핏 드러냈다. 이블리스가 신을 도와, 알라가 최초로 인간을 만든 재료인 땅의 달고 짠 물질을 모아 아담을 창조했다는 14세기 시리아의 이야기는 기독교의 이원론자들의 전설과 시아파의 어떤 신화들과 흡사하다. 주류는 『코란』의 해석을 좀더 신중하게 따랐다. 자만심과 책략으로 동기화된 악마는 항상 세상을 구하려는 신의 계획을 방해하려고 시도한다. 그러나 이러한 시도는 완전히 헛된 것이다. 왜냐하면, 사탄은 오직 신의 허락에 의해서만 존재하고 활동할 수 있기 때문이다. 신은 시험하고 처벌하기 위한 신성한 목적을 위해, 자신의 의지에 반하여 악마를 이용한다. 악마는 영리하다. 그는 자신의 형체를 바꿀 수 있고, 자신의 존재와 계략이 어리석은 인간들에게 매혹적으로 보이도록 만든다. 그는 인간의 육체, 특히 성기에 영향력을 행사한다. 그는 신과 인간, 그리고 인간 중에서도 이슬람 신도들을 특히 미워한다. 그는 굉장히 영리하지만 또한 아주 바보이기도 하다. 왜냐하면, 그는 신과 우주, 그리고 그 안에서의 자신의 위치를 이해하지 못하기 때문이다. 그의 시야는 왜곡되고 굽어 있다. 그의 파멸과 몰락은 확실하다.[20]

신학적 고찰은 전통의 의미를 더욱 깊게 할 수 있다. 알-가잘리(Al-Ghazali)는 실천적이고 신비주의적인 신학자로, 기독교 일원론자들과 마찬가지로, 신학적 주장의 한계를 지적했다. 그는 위(僞) 디오니시우스의 부정의 방법과 유사한 방법을 따랐다. 신의 실재는 우리가 이해할 수 있는 것보다 훨씬 더 위대하고 광범위해서, 신은 은유와 유추를 통해서 우리에게 말하지 않을 수 없다. 『코란』은 절대적인 진실이다. 그러나 그것이 우리에게 주는 진실은 신성한 것이기는 하지만 신의 마음속에 존재하는 진실의 희미한 그림자에 불과하다. 『코란』의 계시는 인간이 이해할 수 있는 한 완전하다. 그러나 그것은 인간의 말과 개념이 충분하지 못하기 때문에 제한된다. 신은 우리와 이야기할 때 우리를 선으로 끌고가는 천사 가브리엘과 악으로 끌고가는 악마와 같은 개념을 이용한다. 왜냐하면 우리는 그러한 개념 없이는 실제를 이해할 수 없다. 사탄은 은유이다. 우리는 심리적 경험을 통해 악마의 활동을 이해한다. 왜냐하면 그들은 우리의 마음속에서 스스로를 드러내기 때문이다. 아담 앞에 엎드리기를 거부한 사탄의 이야기는 정념이 이성의 지시에 굴복하기를 거절한 것을 비유한 것으로 가장 잘 이해할 수 있다. 사탄은 신에게서 인간을 가로막는 장애물을 의인화한 것으로, 우리의 어리석음과 죄악을 나타낸다.

그러나 부정의 방법의 의미를 이해하지 못한 알-가잘리의 해석자들은 이 방법이 은유와 상징을 초월한다는 사실을 이해하지 못했다.

알-가잘리는 사탄이 우리 마음의 한 요소에 불과한 은유일 뿐이라고 말하고 있는 것이 아니다. 은유인 동시에 또한 은유가 아니다. 그는 실재하는 인격적 존재이다. 알-가잘리는 우리가 실재에 대해 이야기하는 것은 모두 너무나 불확실하고 제한되어 있어서, 우리는 감히 그것을 궁극적인 실재로 여기지 못한다는 사실을 알고 있다. 우리가 만약 "사탄은 존재하는 것이다"라고 말한다면, 우리는 우리가 말하는 것이 무엇인지 어느 정도 알고 있을지 모르지만, 존재성에 관한 우리의 생각이 바로 하나님의 마음속에 있는 생각과 동일하다고 가정할 권리는 없다. 따라서 우리는 사탄이 정말로, 객관적으로, 궁극적으로 무엇인지 알지 못한다. 그는 존재하는 동시에 존재하지 않는다. 우리가 알 수 있는 것은 그가(그가 어떤 존재이든 간에) 우리 마음속에서 어떻게 작용하고 있는지에 대한 것이다. 따라서 우리는 우리가 알 수 없는 궁극적인 것보다는 우리가 알 수 있는 은유에 대해 생각하는 편이 낫다. 우리는 사악한 생각이 우리 마음속에 떠오르는 것을 직접 지각한다. 이 사악한 생각들이 사탄인가? 사탄이 사악한 생각을 만들어내는가? 그가 그러한 생각들을 부추기는가? 우리는 알지 못한다. 우리가 아는 것은 악한 생각들이 악의 원리에서 생겨나며, 우리를 신으로부터 갈라놓는 악한 행동과 악한 마음으로 이끌어갈 수 있다는 것뿐이다.[21]

수피교의 신비주의적 전통 또한 부정의 방법에 뿌리를 두는데, 이는 우주에서 이블리스의 목적과 역할이 우리의 이해를 넘어선다는 점을 강조했다. 알-할라즈(Al-Hallaj, 857-922)는 이블리스가 아담에게 절하기를 거부한 것은 오직 알라신만이 경배의 대상임을 알고 있었기 때문이라고 말했다. 알-할라즈는 심지어 전 세계에서 이블리스만큼 신에 대한 존경이 깊고, 그토록 완전한 일신론자는 마호메트뿐이라고 선언하기까지 했다. 어떤 이유인지는 몰라도 신은 이블리스에게 불가능한 과업을 내렸다. "신은 그의 두 손을 묶은 채 그를 바다에 던지고는 그에게 말했다. 젖지 않도록 조심하라." 신은 자신이 이블리스에게 하지 말라고 엄격히 명령한 것을 또한 하도록 명령했다. 유일한 경배의 대상이 되어야 할 신이 그에게 아담 앞에 무릎을 굽히라고 명령했다. 이후의 신비주의 사상에서, 이블리스는 심지어 신의 의지에 반하여 신과 합일을 이루기보다는 차라리 신과 신의 의지로부터 분리되고 마는 완벽한 경배자의 귀감이 되었다. 몇몇 신비주의자들에게 그는 완전한 충성과 헌신의 귀감이 되었다.[22] 『코란』과 하디스, 그리고 알-가잘리를 비롯한 대 이슬람 신학자들을 알게 되면 기독교의 전통을 인식할 때와 마찬가지의 반향을 불러일으키며, 이를 통해 서구 일신교에서의 악마 개념의 중요성을 확인하게 된다.

4

민담

기독교에서 악마의 개념은 민속적 요소들의 영향을 받았다. 일부는 먼 옛날 지중해 연안 지역의 문화의 영향을 받았으며, 또 다른 일부는 북부의 켈트, 튜튼, 슬라브 종교의 영향을 받았다. 기독교의 관념들이 이교도의 신앙에 침투한 것과 마찬가지로, 이교도의 관념 또한 기독교에 침투했다. 예를 들면, 앵글로색슨 잉글랜드의 마술 주문은 기독교 사제들이 교인들을 위해 사용했기 때문에 주로 기독교적인 것으로 간주되었다. 그러나 때때로 주문의 내용은 솔직히 이단적이다.[1] 대중적 기독교와는 반대로, 민담은 전의식적이고, 자의식이 없는 수준의 이야기 혹은 관습으로부터 생겨나 구전으로 전해내려오다가 과거에 이따금씩 기록되거나 근대 학자들에 의해 정착된 것들에서 그 흔적을 찾을 수 있다. 민담은 차츰 대중 종교로 변화하지만, 후자가 훨씬 더 자의식이 강하고, 신중하며, 일관성이 있다. 대중 종교는 신분이 낮거나 교육받지 못한 사람들의 믿음과 관습으로 이루어지며, 교황 그레고리우스1세나 앨프릭(Alfric), 하이스터바흐(Heisterbach)의 체사리오(Caesarius) 같은 저자들이 쓴 교훈적인 이야기나, 설교, 사례(설교의 형식)에서 가장 분명하게 드러난다.

대중적 기독교는 생생하고 위협적인 악마의 모습을 보여주는 경향이 있었다. 수도사들이 초기 중세의 학문을 지배하게 되면서, 악령들이 어디에나 존재하는 실체임을 강력히 강조해온 사막의 교부들의 생생한 견해가 우위를 떨치게 되었다. 그리고 설교자들은 청중들을 겁에 질리게 하여 선행을 하도록 이끌기 위한 명백한 목적을 가지고 무시무시한 이야기들을 늘어놓았다. 반면 민담에서는 악마를 우스꽝스럽거나, 무능한 존재로 만드는 경향이 있었다. 아마도 악마를 길들여 두려움의 긴장을 완화시키기 위해서였을 것이다. 악마가 가장 무시무시하게 가까이 있었던 시대—15세기에서 17세기까지 마녀가 유행했던 시대—에 그가 광대로 흔히 무대에 등장했던 것은 우연이 아니었다. 이러한 전통의 모순으로 인해, 악마에 대한 대중들의 의견은 그를 무시무시한 지배자로 보는 것에서 광대로 보는 견해 사이를 왔다갔다 한다.[2]

민간에 전승되어온 대중들의 정의는 신학의 정의처럼(이 또한 애매하기 일쑤지만) 명백하게 규정될 수 없다. 민담에 나타난 적그리스도, 거인, 용, 유령, 괴물, 동물 인간, 그리고 "작은 요정들"과 같은 다른 개념으로 차츰 변화한다. 민담에서는 여러 세대에 걸쳐, 악마에 관한 시시콜콜한 사항들을 정의내렸다. 즉, 악마는 어떤 옷을 입고, 어떻게 춤을 추며, 얼마나 차갑고 털이 많으며, 어떻게 하면 악마를 속이거나 피할 수 있는지 등을 말이다. 이러한 세부사항들 중 몇몇은 오랫동안 널리 믿어져왔으나, 이들은 악마가 어떻게 인식되는지에 대한 핵심적인 질문을 직접적으로 다루지는 않고 있다.

4세기부터 12세기에 걸쳐, 기독교는 북부의 이교들과 충돌했는데, 이들은 다신론적이고 일원론적이라는 점에서 지중해 연안의 이교들과 유사하지만, 한편으로는 새롭고 상세한 이야깃거리들을 도입했다. 예를 들면, 켈트족의 종교에서, 풍요와 사냥, 지하세계의 신인 "서구의 뿔 달린 신", 케르눈노스가 처음 생겨났다. 케르눈노스는 특징과 외모에서도 그리스 로마의 신인 판(Pan)과 다소 비슷하지만, 판과 같은 방식으로 악마에게 동화되었다. 그러나 몇몇 근대작가들이 뿔 달린 신의 종교의 광범위성과 논리성을 주장하며, 그와 그의 배우자, 위대한 여신에 대해 열정을 보여주었음에도 불구하고, 그러한 견해는 오늘날 모든 역사가들과 인류학자들에 의해 철저히 거부되고 있다.[3] 켈트족의 종교보다는 튜튼족의 종교에 대해 알려진 바가 더 많지만, 출처들이 사실상 모두 외국―예를 들면 로마―의 것이고, 최근의 것이기 때문에, 이들 종교가 로마와 기독교에 의해 영향을 받기 이전에는 어떠한 모습이었는지 명확히 알 수 없다. 따라서 튜튼이나 켈트의 악마 개념이 기독교의 악마 개념에 미친 영향을 얘기하기보다는 기독교도 들이 북부 종교의 몇몇 주제들을 어떻게 자신들의 목적에 맞게 채택했는지를 논의하는 것이 더 적절할 것이다. 그러나 그 주제들의 힘과 특색으로 인해 악마는 사막교부들의 마음속에 존재했었던 것과 같은 수준의 위상을 다시 중세 초기에 회복할 수 있었다.[4]

튜튼족의 신은, 다른 모든 일원론의 신과 마찬가지로 도덕적 양면성을 지닌다. 인간의 지배자이자 신들의 지배자인 보탄(Wuotan) 혹은 보덴은 또한 분노와 파괴의 신이자, 유령들의 사냥을 지휘하기도 한다. 토르(Thor) 혹은 도나르(Donar)는 인간과 신들을 위해 싸우는 전사이지만 또한 쇠망치를 가지고 다니는 천둥의 신이기도 하며, 붉은 옷을 입고, 두 마리 염소가 끄는 짐마차를 운전하는 무시무시한 모습으로 나타난다. 성욕과 결혼, 다산의 여신인 힐다(Hilda) 혹은 홀다(Holda)는 죽음과 지하세계를 관장하는 지하의 신이기도 하다. 힐다는 아름다운 처녀나 뾰족한 코와 긴 이빨을 가진 무시무시한 노파로도 나타날 수 있으며, 여자 유령들의 사냥을 지휘한다. 어떤 이야기에 따르면 에시르가 힐다를 지하세계로 내던졌는데, 그곳에서 그녀는 헬(Hel)로서 지하세계와 죽은 자들을 다스리게 되었다고 한다(그녀의 이름은 영어의 "hell"과 관련되는데, 이것은 어원적으로 동굴, 구덩이와 연관된다. 독일어로는 Hölle, Hohle). 신들의 두 집단인 에시르족과 바니르족 간의 다툼은 이란, 그리스, 히타이트, 힌두의 종교에서 발견되는 것과 유사하다. 그러나 그 출처와 의미는 지극히 모호하다. 한 가지 분명한 것은 비록 바니르가 지하세계 및 죽음과 좀더 밀접하게 관련되어 있기는 해도, 그것이 "선한" 신과 "악한" 신들 간의 싸움이 아니라는 것이다.[5]

튜튼족의 모든 신들이 양면적 가치를 지니기는 하지만, 몇몇 신들은 다른 신들보다 악과 파괴를 향해 좀더 기울어 있다. 이들 중 두드러진 존재가 서리[霜]의 거인과 로키 신인데, 이들은 모두 바니르족과 관련된다. 로키는 원래 그리스 신화의 헤르메스와 비슷한, 양면적인 가치를 지닌 요술쟁이 신이었으나, 시간이 지남에 따라 특히 기독교의 영향하에서 점점 더 사악해져서 결국 사탄과 비슷해졌다. 로키와 악과의 결합은 적어도 9세기까지 거슬러올라간다. 그리고 스노리 스툴루손이 『신(新) 에다(Prose Edda)』를 쓸 때까지, 로키는 악의 화신에 가깝다. 그는 죽음의 여신 헬, 나이트, 늑대 펜리르, 세계를 둘러싸고 있는 악한 뱀 요르문간드, 그리고 오딘의 말 슬레이프니르의 아버지이다. 로키의 여러 모습 중 하나는 어마어마한 교활함과 힘을 지닌 서리 거인, 우트가르트-로키(Utgard-Loki)이다(신화에서는 종종 로키와 "외부지역의 로키", 우트가르트-로키를 뚜렷이 구분한다. 그러나 그 이름은 그들이 구조적으로 동일함을 상징한다). 로키는 이후 발데르 이야기에서 최악의 모습으로 나타난다. 아름다운 발데르는 에시르족의 빛나는 젊은 신으로 북구 기독교에서는 그를 그리스도와 동일시한다. 발데르가 태어났을 때, 그의 어머니 프리그는 모든 창조물을 불러모은 후, 각각의 창조물에게 그녀의 아름다운 아들을 해치지 않겠다고 맹세하도록 했다. 그러나 프리그는 그만 한 가지 창조물을 빠뜨리고 말았다. 바로 겨우살이였다. 프리그는 아들의 약점에 대한 비밀을 세심하게 지켰다. 그러나 로키는 속임수를 써서 그것을 알아냈다. 로키는 겨우살이로 화살을 만들어, 신들이 게임을 즐기는 동안 그것을 발데르의 눈 먼 동생 호데르에게 주었다. 신들은 무적인 발데르에게 무기를 던지며 즐거워하고 있었다. 그리고 로키는 호데르에게 그 놀이에 참가하도록 권했다. 호데르는 치명적인 무기를 던졌고, 발데르는 그 자리에 쓰러져 죽었다. 그의 죽음이 자신들의 죽음의 전조가 된다는 것을 알고 있던 신들은 깜짝 놀랐다. 에시르족은 복수를 위해 로키를 쫓았다. 그는 연어로 변신해서 즉시 그들을 피했다(악마처럼 자신의 형체를 바꿀 수 있는 그의 능력은 그의 이중성을 나타낸다). 그러나 신들은 연어를 잡아서 신들의 최후의 심판인 라그나로크가 올 때까지 쇠사슬에 묶어놓았다. 마지막 순간에 로키는 잠시 동안 풀려나서 거인들의 군대의 우두머리로서 에시르족을 공격할 것이다. 스노리 스툴루손에 따르면, 로키는 아름다운 외모를 가졌지만 비열하고 타락한 영혼을 가지고 있다. 그는 "신의 적"이자 "악의 생산자"이다. 로키와 사탄 간의 유사성은 두드러지지만, 대부분 이교도의 관습이 기독교도들에 의해 채색된 것이지, 그 반대라고는 볼 수 없다.[6]

악의 우두머리인 악마와 그의 추종자인 악령들 사이의 신학적 구분은 민담에서는 종종 모호해진다. "악령(demon)"의 동의어로 "악마(devil)", 데오폴(Deofol)을 사용한 것은 적어도 825년경의 고대 영어로까지 거슬러 올라가며, 오늘날까지도 지속된다. 독일어에서는 토이펠(Teufel)과 데온(Däon)을 종종 구분하기도 하지만, 프랑스어의 데몽(démon), 이탈리아어의 디아볼로(diavolo), 그리고 스페인어의 디아블로(diablo)는 모두 그 구분이 명확하지 않다. 민담에서는 또한 때때로 악마 자신을 하나 이상의 개체로 나눈다. 묵시문학의 시대부터 악마는 사탄, 벨리알, 바알세불 등 많은 이름을 가지고 있었으며, 묵시문학에서는 때로 그들을 독립적인 존재로 만들기도 했다. 중세의 민담과 문학에서도 이러한 극적인 장치가 때때로 재현되었다. 예를 들면, 중세의 한 연극에서, 루시퍼는 지옥의 우두머리 역할을 맡았고, 사탄은 그의 시종이었다. 그러나 대부분의 문학과 전설에서 그러한 구분은 무시되었고, 신학 역시 그러한 구분을 단호히 거부했다. 그러한 구분은 항상 모호하고, 시간과 장소에 따라 변화했으며, 일관성과 논리성을 결여하고 있었다. 가장 중요한 것은, 신학과 심리학 모두에 있어서의 현상학적 전형은 악마가 악의 힘을 조종하는 단일한 개체라는 것이다.

사탄, 루시퍼, 아바통, 아스모데우스, 트리폰, 사바타이, 사타나엘 같은 유대-기독교-그노시스주의로부터 파생된 고대의 이름들 외에도 악마는 시간이 지날수록, 수없이 많고 다양한 대중적인 별명들을 끌어들인다. 그는 뿔 달린 늙은이, 늙은 털북숭이, 검은 도깨비, 색골 딕, 딕 콘 혹은 디킨스, 신사 잭, 좋은 친구, 늙은 닉, 그리고 오래된 상처 등으로 불리며, 프랑스어와 독일어, 그밖의 다른 언어에도 유사한 별명들이 있다.[7] 그러한 이름들은 차츰 소(小) 악령들의 이름으로 변화했으며, 그들 자체가 이교도에서의 정령이나 "작은 요정들"과 동일시되었다. 그러한 이름은 수백 개가 존재하는데, 테리톱, 샤를롯, 페더비슈, 힌케바인, 하이네킨, 룸펠스틸츠킨, 함메를린, 하우시부트, 로빈 후드, 로빈 굿펠로우, 크네흐트 루프레흐트 등이 있다. 그러한 별명들은 "작은 요정들"과 관련되어 있을 뿐만 아니라, 악마에게 우스꽝스러운 이름을 붙임으로써 악마가 자아내는 두려움에 대한 해독제 역할을 한다는 이유로 인기가 있었다. 악마를 믿는 사람들이 점점 줄어들면서 20세기에 우리는 악마를 애칭으로 부르는 것을 거의 듣지 못한다. 그러한 이름들과 관련된 재미있는 글귀나 감탄사들이 수없이 많다. 악마와 깊은 바다 사이, 악마에게도 제 역할을 줘라, 악마가 주의를 기울인다, 악마에게 지불할 것, 악마에게 가버리다, 악마의 행운 등이 있다. "악마"는 또한 매우 강한 부정의 의미이다. 악마가 주의를 기울인다는 말은 전혀 주의를 기울이지 않는 사람을 묘사하는 말이다. "악마가 들었다"는 말은 아무도 우리가 하는 말을 듣지 못했다는 의미이다. 또한 "악마에게나 가보시지"라는 말은 우리는 더 이상 그것과 상관없다는 의미이다.[8]

악마의 외모는 그를 지칭하는 이름보다도 훨씬 다양하다. 초기 유대-기독교의 전통에 따라, 혹은 기독교인들이 악령과 동일시하는 이교신에게 제물로 바쳐졌다는 이유로 악마는 동물과 동일시되거나 관련될 때가 많았다. 악마는 뱀, 원숭이, 살모사, 바실리스크, 박쥐, 곰, 벌이나 벌떼, 멧돼지, 황소, 낙타, 고양이, 켄타우루스, 키메라, 악어, 까마귀, 사슴, 개, 용, 독수리, 물고기, 파리, 여우, 각다귀, 염소, 거위, 그리핀, 갈매기, 산토끼, 매, 말, 하이에나, 표범, 사자, 도마뱀, 두더지, 타조, 올빼미, 불사조, 돼지, 갈가마귀, 수탉, 도룡뇽, 양, 참새, 거미, 수사슴, 제비, 호랑이, 두꺼비, 거북이, 대머리수리, 말벌, 고래, 늑대, 벌레 등으로 나타나며, 이 중에서도 특히 뱀(용), 염소, 개로 가장 많이 나타났다.[9]

악마는 또한 노인이나 노파, 매력적인 젊은이나 아가씨, 하인, 거지, 어부, 상인, 학생, 구두수선공, 농부 등 다양한 인간의 모습으로도 나타난다. 사제나 수도사, 순례자 같은 성자의 모습으로도 자주 나타나며, 신학자, 수학자, 의사, 문법학자의 모습으로 나타나기도 하는데, 이러한 모습으로 나타날 때면 설득과 논쟁에 매우 능숙했다. 악마는 사도 바울이 경고했던 것처럼 빛의 천사로도 나타날 수 있으며, 때로는 그리스도나 성모 마리아로 감히 변장하기도 했다. 그는 거인이나, 우상, 회오리바람처럼 위협적인 모습으로 나타날 수도 있다. 그의 본래 모습은 눈에 보이지 않고 형태도 없다. 그러나 그는 자신의 목적에

따라 모습을 바꿀 수 있다.[10]

악마의 외형은 내면의 결함을 드러내어, 악마는 기형이나 불구로 흔히 나타난다. 그는 천상에서 떨어졌으므로 절름발이이다. 무릎이 덜 발달되었거나, 배나 무릎, 엉덩이에 얼굴을 하나 더 가지고 있기도 하고, 장님일 때도 있다. 뿔과 꼬리를 가지고 있거나, 콧구멍이 하나만 있거나 아예 없기도 하다. 눈썹이 없고 두 눈은 접시처럼 생겨서 이글이글 타오르거나 불을 내뿜기도 한다. 발굽이 갈라져 있거나, 유황 냄새를 풍기기도 하고, 그가 떠날 때면 악취와 소음, 연기를 동반한다. 몸은 조잡한 검은 털로 뒤덮여 있으며, 박쥐같이 생긴 기형적인 날개를 가지고 있다. 도상학적으로 보면, 그는 무뚝뚝한 판의 모습과 유사하다. 그의 모습은 뿔과 발굽이 달리고, 커다란 남근과 큰 코를 가졌으며, 염소털로 뒤덮여 있다.[11]

악마의 색깔은 대개 기독교의 전통과 거의 전세계적인 상징성에 부합하는 검은 색이다. 악마는 피부가 검거나, 검은 동물로 나타나거나 검은 옷을 입고 있다. 때때로 검은 말을 탄 검은 기수로도 나타난다.[12] 두 번째로 자주 나타나는 악마의 빛깔은 피와 불을 나타내는 붉은 색이다. 악마는 붉은 옷을 입거나 불타는 수염을 가지고 있다.[13] 이따금씩 악마는 사냥과의 관련성으로 인해 초록색을 띠기도 한다. 영혼을 사냥하는 사냥꾼으로서의 악마의 이미지는 중세 백과사전 편찬자들에게 인기있는 비유였으며, 전통적으로 사냥꾼들은 초록색 옷을 입었다. 한편, 초록색은 켈트와 튜튼족 사이에서 자주 나타나는 풍요의 상징인 녹색인간과도 관련되어 있다.[14] 악마는 불타는 칼이나 철봉을 가지고 다니거나, 쇠사슬을 달고 절거덕 소리를 내며 다닌다. 그는 돈을 가지고 다니면서 때로 나누어주지만, 금방 조잡한 물건으로 변한다.[15]

악마는 특정 장소나 하루 중의 특정 시간과 관련된다. 악마의 영역은 암흑과 가혹한 추위의 영역인 북쪽이다. 라플란드는 악마가 가장 좋아하는 장소로, 그곳에서 순록을 몬다. 모든 교회들이 동쪽을 향하도록 지어졌으므로, 우리가 교회에 들어갔을 때, 북쪽은 항상 왼쪽이며, 악마는 교회의 북쪽에 있는 벽에 숨어 있다. 따라서 사람들은 죽은 이들을 거기에 묻으려 하지 않는다.

왼쪽(라틴어로 사악하다는 의미)은 많은 문화에서 불길하고 위험한 것과 관련된다. 중세기에, 북쪽은 지옥의 방향이다.[16]

이교신들에게 바치는 것은 모두 악마에게도 바치는 것이 된다. 이교의 사원은 악마가 사는 장소라고 여겨져 헐리거나 교회로 축성(祝聖)되었다. 나무, 샘, 산, 계단, 동굴, 오래된 폐허, 담장, 작은 숲, 시내, 숲들 또한 악마가 사는 곳이다. 신비한 속성으로 인해 옛 신들에게 바쳐졌던 그러한 장소는 신비스러울 뿐만 아니라 이교적이라는 이유로 기독교인들이 더욱 두려워했다. 악마들은 또한 집에서도 살 수 있는데, '유령'이라고 불리는 것이 실은 악령이다.[17] 악마는 정오와 자정을 좋

켈트족의 뿔 달린 황야의 신, 케르눈노스가 악마에 관한 도상학 및 민담으로 통합되었다. B.C. 1~2세기 작품. 덴마크에서 발굴. 군데스트룹 가마솥의 상세도(코펜하겐, 국립박물관).

아하지만, 해질 무렵 또한 좋아한다. 그는 수탉이 우는 새벽이면 도망친다.[18] 유대-기독교의 전통에 따라, 악령들은 공중이나 지하세계에서 사는 것으로 생각된다. 그러나 그들은 인간을 괴롭히기 위해 나온다. 공중은 악령들로 꽉 차 있어서, 하늘에서 땅으로 바늘을 떨어뜨리면 악령에게 맞을 정도이다. 그들은 파리떼처럼 공기중을 떼지어 다닌다.[19] 사람들은 일반적으로 루시퍼가 지하세계에 살고 있다고 믿는다. 대개 지옥은 땅의 한가운데 위치하며, 소수 전설에 의하면 아이슬란드에 있다고 한다. 그곳의 극심한 추위와 으르렁거리는 빙하들이 사람들에게 고통의 장소를 떠올리게 한다.[20]

　　루시퍼와 그 추종자들은 언제, 어디서나 활동하고 있다. 그들은 육체적으로나 정신적으로 우리를 공격하며 괴롭힌다. 그들은 육체와 마음의 병을 일으킨다. 아이들을 훔치고, 사람들에게 화살을 쏘며, 곤봉으로 공격하거나, 심지어 그들의 등 위로 뛰어오른다. 우리 몸의 모든 구멍을 통해 몸 속으로 들어가는데, 우리가 하품을 하거나 코를 골 때 입과 코를 통해 들어간다.[21]

악마는 특히 악한 사람들과 죄인들에게 끌린다. 그는 사람들로 하여금 죄를 짓도록 유혹한 후 점차 그들을 벌주기 위한 형벌의 도구로 변화한다. 예쁜 소녀의 모습으로 변장해서 수도사나 은자들을 유혹하기를 즐기며, 잘생긴 젊은이로 나타나 소녀, 특히 하녀들을 유혹한다. 대표적인 이야기는 잘생긴 젊은 악마가 어린 소녀에게 성교를 허락하도록 졸라댄다. 더 나아가 유인책으로 돈을 주겠다고 하자, 소녀는 허락한다. 그 즉시 그는 원래의 끔찍한 모습으로 돌아가 비명을 지르는 여자를 지옥으로 데려간다. 이러한 이야기에는 특정한 성차별적 편견이 있는데, 대부분의 경우 남자들이 여자들보다 유혹을 더 잘 물리친다. 예쁜 소녀로 변장한 악마가 성 둔스탄을 유혹하려고 했을 때, 그 수도사는 집게로 여자의 코를 꼬집어서 그녀를 물리쳤다.[22] 사탄은 카드 게임, 도박, 험담을 좋아하며 동시에 자신의 전례를 따르는 인간들을 벌하는 데서 즐거움을 느낀다. 그는 안식일을 지키지 않는 사람들을 잡아가며, 일요일에 카드 놀이를 하는 성직자들을 죽이고, 허영심 많은 여자들이나 못된 아이들을 벌한다. 그는 죄인들의 육체뿐 아니라 영혼까지도 사냥한다. 이러한 이야기들은 교훈적인 목적이 두드러진다. 그러나 이들은 설교문학뿐 아니라 민담에서도 나타난다.[23]

악마가 흉포한 개들에게 둘러싸여 유령들의 사냥을 이끈다는 이야기는 널리 믿어지고 있는 이야기이다. 비슷한 주제가 여자 유령들의 회합에서도 나타나는데, 이는 마녀에 대한 민담에서 가장 중요한 요소들 중 하나가 되었다.[24] 용의 모습으로 나타나는 것에 걸맞게, 사탄은 지하세계의 보물을 지킨다.[25] 악령들은 시합이나 의회를 개최한다.[26] 악마가 쓴 편지의 일부는 보존되고 있다고 알려져 있다. 마왕은 특히 마을이나 도시에서 불화를 조장하거나 기도나 예배중인 사람들을 방해하는 것을 좋아한다.[27]

악마와 그 추종자들은 동물에 거꾸로 올라탄다.[28] 악마는 건축물을 좋아하는데, 이는 악마가 비범한 기술을 가진 건축업자인 튜튼의 거인들이 사는 장소를 사용하기 때문이다. 돌로 만든 크고 신비한 건물은 어떤 것이든, 마왕에 의해 파괴되고, 세워지고, 파헤쳐진다고 여겨졌다. 따라서 악마가 만든 수로, 제방, 다리, 협곡들이 있다. 유성은 악마가 집어던진 것이다. 그는 항구에 모래톱을 쌓아올려서 배들로 하여금 빙 돌아가도록 만든다. 모든 자연물 중에서 돌로 된 커다란 자연물에 악마의 이름을 붙이는 관습은, 특히 외딴 곳이나 황폐한 지역에서는 20세기까지 지속되어, 악마의 부엌, 악마의 사발, 악마의 미끄럼틀, 악마의 탑 등의 이름으로 남아 있다. 인공적인 건축물 중, 악마가 가장 좋아하는 것은 다리이다. 물론 이밖에도 악마는 부두와 집, 길, 심지어 (특별한 경우에는) 교회탑까지도 만든다. 악마가 결혼식에서 피리를 불면, 손님들은 돌로 변할 것이다. 다음과 같은 이야기는 매우 전형적인 이야기이다. 잭과 악마가 켄트마우스 근처에 다리를 세우고 있었다. 그들이 밤새 쌓은 것이 낮이면 모두 무너진다. 마침내, 사탄은 다리를 건너는 첫 번째 생명의 영혼을 얻을 것이라는 사실을 알고 다리를 완성한다. 그러나 잭은 다리 건너로 뼈다귀를 던져, 개로 하여금 맨 처음 다리를 건너도록 함으로써 악마를 속인다. 악마는 또한 파괴자이기도 해서 사람들이 낮 동안 지은 것을 밤새 무너뜨린다. 몇몇 교회의 건립계획이 이러한 악마의 활동에 의해 방해받았으며, 때로는 건물이 완성되기 전에 교회의 위치를 변경해야만 했다.[29]

잭이 뼈다귀와 개를 가지고 보여준 바와 같이, 우리는 영리한 기지를 이용해 악마를 속이거나 물리칠 수 있다. 이러한 이야기의 기능은 두려움을 완화시키는 것이다. 켜놓은 촛불이 다 닳아 없어지면 자신의 영혼을 주겠노라는 구두수선공의 약속에, 악마는 구두수선공을 위해 집을 지어주었다. 그러나 구두수선공은 초가 닳기 전 미리 촛불을 꺼버린다. 이러한 촛불을 이용한 속임수는 매우 인기가 있었다. 루시퍼는 하녀에게 구애를 해, 그녀와 결혼하기로 약속했다. 결혼식 동안 촛불이 켜졌고, 소녀는 초가 다 닳으면 악마가 자신의 영혼을 가질 수 있도록 허락한다. 그때 신부가 초를 삼킴으로써 소녀를 구한다. 카드 게임에서 악마를 이긴 남자가 내기에 따라, 멋진 가로수길을 심어달라고 요구했다. 악마는 남자가 죽었을 때, 그가 교회 안에 묻히든 밖에 묻히든, 그의 영혼을 갖겠다는 조건하에 그 요구를 수락했다. 남자는 몰래 자신의 유언장에 자신이 죽으면 교회 벽에 매장하도록 정해놓았다. 심지어 학생들조차 악마에게 도전하여, 모래로 밧줄을 만들거나 성경에 있는 글자수를 세도록 함으로써 악마를 속여넘겼다. 악마는 (스티븐 빈센트 베넷의 「악마와 다니엘 웹스터」에서처럼) 레슬링 경기나 풀베기 혹은 씨뿌리기 경쟁 뿐 아니라, 술마시는 내기, 내기도박, 논쟁에서도 패했다. 악마의 계획은 심지어(민담에 드물게 나타나기는 하지만) 임종의 고백이나 참회에 의해 좌절되기도 했다.

때때로 루시퍼는 매우 우스꽝스럽게 창피를 당하기도 한다. 그가 마차의 바퀴를 떼어내어 성 시어볼드가 공회에 참석하지 못하도록 방해하려고 하자, 성 시어볼드는 악마로 하여금 바퀴를 대신하도록 하고는 신나게 루시퍼를 발 아래 굴리며 자신의 길을 계속 갔다. 악마가 항상 그러한 대접을 받았던 것은 아니다. 한 젊은 농부는 악마를 속여 거름을 주는 자신의 일을 대신하도록 했다. 다음날 아침, 그는 거름이 모두 본래의 거름더미로 되돌아와 있는 것을 발견했다. 그러나 대체로 이러한 이야기가 전달하고자 하는 메시지는 명확하다. 평범한 사람도 자신의 타고난 기지를 이용해서 어둠의 제왕을 속일 수 있다는 것이다. 이러한 이야기들이 도처에 있는 것은 바로 이러한 이야기가 기본적인 필

테오필루스의 전설. 위쪽의 그림에서 테오필루스는 봉건시대의 계약을 흉내내어, 악마의 손 안에 자신의 두 손을 놓음으로써 악마에게 경의를 표한다. 사탄은 "나는 당신의 종입니다"라고 적힌 계약서를 들고 있다. 아래 그림에서, 테오필루스는 성모 마리아에게 용서와 도움을 간청하고 있다(인게보르그 여왕의 시편집의 채식, 프랑스, c. 1200. 콩테 샹티이 박물관).

요에 호소하고 있다는 증거이다. 학생, 농부, 구두수선공, 대장장이, 농장노동자, 하녀, 구두 만드는 사람, 수도사 등은 모두 이러한 이야기에 자주 등장하는 주인공들이다. 사제나 신사가 등장하는 경우는 훨씬 드물다. 성공한 사람이나 부자들은 악마가 탐욕스럽고 거만한 이들을 데려가는 이야기에 더 쉽게 등장한다. 파블리오, 동물우화시, 그밖에 사람들이 좋아하는 중세의 이야기들은 부자나 거만한 사람들을 놀리는 가난한 사람들을 등장시킨다. 그리고 루시퍼보다 오만한 이는 없다. 악마를 속이는 이야기들은 어리석은 트롤과 거인들에 대한 민담으로부터 유래되었으며, '작은 요정들'의 불행과 밀접히 관련되어 있다. 룸펠스틸츠킨, 작은 요정, 자연의 정령, 소(小) 악령을 속이는 것 역시 같은 장르에 속한다. 그러나 이러한 이야기들의 어마어마한 인기는 비천한 이들이 힘센 자들에게 느끼는 분노에 뿌리를 두고 있다. 이러한 이야기들은 어둠의 제왕조차도 용기와 상식에 의해 굴복시킬 수 있다는 것을 암시한다. 그리고 이러한 생각은 악마는 교활하기는 하지만, 근본적으로는 아무것도 이해하지 못하는 바보라는 신학의 관점과 일치한다.[30]

악마는 교회에서 구슬치기를 하거나 교회의 좌석 사이를 돌아다니는 어리석은 장난꾸러기일 수도 있다. 그는 심지어 사람들이 친절에 보답하거나 잃어버린 물건을 찾는 일을 순수하게 도울 수도 있다. 비록 그가 도와주는 사람들은 대개 이교도나 도둑과 같이 사회적으로 받아들여지지 못하는 사람들이기는 하지만 말이다.[31] 악마의 어리석음과 때때로 사람들에게 도움을 주는 행동은 '불쌍한 악마'와 같은 표현을 만들어냈다. 민담은 대부분 악마를 길들이려는 목적을 가지고 있다. 그러나 종잡을 수 없는 민담이 있는 반면에 이따금 분명한 괴담도 있다. "프랑스의 잭"은 이듬해에 죽게 될 모든 사람의 이름을 암송하고 있는 수도사를 만났다. 잭은 그가 자신의 이름을 이야기하는 것을 듣고는 겁에 질려 수도사의 고깔 달린 겉옷 속을 들여다보았는데, 거기에서 악마의 얼굴을 보게 된다. 우리는 짜증이 나거나 화가 난 상태에서 사탄을 불러서는 안 된다. 악마가 부름에 응답할 것이기 때문이다. 칭얼거리는 어린 딸 때문에 화가 난 한 남자는 악마가 딸을 데려가버렸으면 좋겠다고 소리쳤다. 그러자 악마는 딸을 데려갔다. "만약 이게 사실이 아니라면 악마가 나를 데려갈 것이다"라고 맹세한 여관 주인은 이내 자신이 한 말을 후회했다.[32]

악마에게는 조력자와 공범뿐 아니라 가족도 있다. 그의 할머니(드물게는 그의 어머니)는 민담에 지속적으로 등장하는 인물이다. 기원을 보면, 다산의 여신 키벨레, 마그나 마테르, 혹은 훌다, 악마의 할머니는 거대한 힘을 지닌 무시무시한 인물로 『베오울프』에 나오는 괴물, 그렌델의 극악무도한 어머니의 원형이다. 사탄에게는 수많은 아내가 있다. 때때로 그의 아내는 이전에 다산의 여신이었다. 혹은 몽마(夢魔)와 함께 잠을 잘 자는 여자들 중에서 자신의 신부를 데려올 수도 있다. 그러나 악마의 결혼생활이 항상 행복한 것은 아니다. 그가 구애에 성공한 여자가 무시무시한 잔소리꾼이나 바가지 긁는 여자로 변할 수도 있다. 악마의 가족은 설교문학에 종종 나타난다. 악마에게는 7명의 딸이 있는데, 이는 일곱 개의 기본 죄악을 상징한다. 혹은 사탄에게는 죽음과 죄악이라는 두 명의 자식이 있는데, 이들간의 근친상간으로 인해 7대 죄악이 생겨났다고도 한다. 손주들은 자신들의 조부를 기쁘게 했으며, 그는 아이들을 세상에 보내어 인간을 유혹하도록 했다. 악마는 예수를 흉내내어 12사도를 가지고 있다. 그에게는 또한 아들들이 있다. 그는 바빌론에 사는 댄 종족의 유대인 소녀를 임신시킴으로써, '바빌론의 창녀'로부터 적그리스도가 태어나도록 한다. 혹은 그는 또 다른 죄 많은 여인을 유혹해서 멀린, 아틸라, 악마 로버트, 캘리번, 혹은 거인을 낳았다. 악마가 인간 여성을 수태시키는 것은 그리스도의 성육신을 흉내낸 것이다. 악마에게는 성별이 없고, 원하는 어떤 형태도 취할 수 있으므로, 그/그녀는 아마 남자에게 아이를 낳아줄 수도 있을 것이다. 그러나 그러한 설정은 성육신에 대한 풍자가 되지 못할 것이다. 그리고 임신한 악마는 기괴할 뿐 아니라 지옥의 왕으로서의 위엄을 지나치게 손상시킨다. 그 너머에는 여자를 폄하하는 가정이 있다. 즉, 악마는 신과 마찬가지로 위대한 지배자이므로, 남자일 것으로 여겨진다. 악마에게 어머니나 할머니는 있지만 아버지나 할아버지가 없는 이유가 여기에 있다. 때로 릴리스라고 불리는 루시퍼의 어머니는 자신의 아들인 악마의 성공을 간절히 바랬다. 성모 마리아와 천사들을 흉내내어, 그녀는 아들의 왕좌 주위에서 찬양하는 악령들의 열에 합류했다. 남자로서, 악마는 지옥의 잠자리를 지배한다.[33]

신과 소(小) 악령들 간의 구분은 신학에서도 때로 모호하지만, 민담에서는 훨씬 더 모호하다. 양면적인 가치를 지닌 그리스·로마의 악령들은 튜튼이나 켈트, 슬라브족의 자연의 정령들과 마찬가지로 기독교 전통에서 타락한 천사로 간주되었다. 북쪽에서 가장 두드러진 무시무시한 정령인 거인들은 비록 중세의 민담("잭과 콩줄기")에서는 살아남지만, 그들 고유의 두드러진 특색을 잃었다. 악마가 그들의 역할을 차지한 듯했기 때문이다. '작은 요정들' 또한 더욱 사악한 특성을 지닌다. "하늘 높이 솟은 산 위로, 수풀이 우거진 산골짜기 아래로/ 우리는 작은 요정들이 두려워 감히 사냥을 가지 않네." 작은 요정들—레프리칸, 코볼드, 트롤, 난쟁이, 꼬마 요정, 고블린, 메어스, 브라우니 등—은 호수, 숲, 시내, 동굴, 산, 심지어 도시의 헛간이나 지하실에도 사는 작은 자연의 정령들이다. 그들은 작고, 검은 피부를 가지고 있으며, 때로는 기형이다. 원래 이들은 도덕적으로 양면적이고, 때로는 아름답기까지 했지만, 기독교에 의해 악령으로 동화되면서 그들의 부정적이고 파괴적인 특성들이 우세해졌다. 난쟁이들은 지하세계에 숨겨진 보물을 지키고, 자신들의 영역을 감히 침범하는 사람을 죽였다. 트롤(이들은 또한 죽은 자들의 유령일 수도 있다)은 다리 아래에 숨어서 아무것도 모르는 여행자가 지나가기를 기다렸으며, 꼬마 요정들은 동물이나 사람에게 화살이나 요정의 화살을 쏘아 질병을 일으켰다. 메어스는 밤에 사람들의 꿈속에 출몰했다("나이트메어"). 이들 정령들의 다양한 기원이 어디든지 간에, 민담에서 그들은 악령과 함께 하나가 되었다. 그들은 악령처럼 사람들을 위협하고, 해치고, 죽였으나, 또한 악령들과 마찬가지로 사람들에게 속고, 꾐 넘어가거나, 뇌물에 매수되기도 했다. 고대 농업에서의 풍요의 정령(녹색인간)과 황야와 사냥의 정령들(유령사냥꾼들)은 대부분의 독립성과 양면성을 간직할 수 있을 만큼 충분히 강력했다. 그러나 그들은 자신들의 초록색과 털 많은 특성, 그리고 방탕한 성행위를 악마와 악령들에게 빌려주었다.[34)]

괴물들 또한 악령들과 섞일 수 있지만, 보통 이들은 악령과 구별되었다. 괴물들이 영혼을 가지고 있는지에 대해서는 불확실하지만, 이들은 왜곡된 인간으로 여겨진다. 이들은 인간에게 육체적인 결핍이 어떤 것인지를, 그리고 사실상 신의 은총이 없다면 우리가 어떻게 되었을 것인지를 보여주기 위해 창조되었다고 생각한다. 가뇽(F. Gagnon)은 괴물들이 신으로부터 나와 점점 더 실체에서 멀어지는 방향으로 뻗어가는 존재론적인 사슬에 들어맞는다는 그럴듯한 주장을 펼쳤다. 즉, 신, 천사, 지배자인 인간, 피지배자인 인간, 야만인, 괴물, 악령, 적그리스도, 루시퍼의 순으로 존재한다는 것이다. 괴물들은 육체적인 결함이 있다. 그들은 거인이거나 난쟁이이고, 눈이 셋이거나 아예 없고, 얼굴이 배에 붙어 있다. 이러한 유형의 육체적 결함은 그들이 존재론적으로 결핍되어 있음을 나타내며, 그것은 쉽게 도덕성의 결핍으로 바꾸어 표현된다. 그들의 기형은 악마의 기형과 뒤섞여, 모든 존재 중에서 가장 일그러지고 타락한 모습이다.[35] 그러나 괴물들은 엄밀히 말해 악령이 아니며, 적어도 그들로부터 한 단계 물러나 존재한다. 신이 그들을 괴물로 만들었으므로, 비록 적기는 하지만, 얼마간의 선함과 아름다움을 가지고 있다고 주장한다. 그중 특히 끈질기고 사악한 괴물이 동물인간이다. 동물인간은 대부분의 문화에서 발견된다(예를 들면, 인도에는 호랑이인간이 있으나, 늑대가 가장 널리 번식했던 유럽에서는 늑대인간이 있었다). 흡혈귀 또한 도처에서 발견된다. 동물인간은 기괴함이 육체적 기형보다는 형태를 바꿀 수 있는 악마적 능력이 존재한다는 점에서 다른 괴물과 다르다. 또한, 괴물들은 양면적인 가치를 지닐 수 있는 반면, 동물인간들은 본질적으로 악하다. 악마는 형태를 바꾸는 이들의 우두머리이다. 늑대인간, 흡혈귀, 마녀들은 그의 뜻에 따르기 위해, 주인의 이러한 자질을 모방한다.[36]

악마의 많고 다양한 공범들 중 가장 중요한 이는 바로 적그리스도이다. 이들의 영향력은 인간사를 파고들며, 결국 선과 벌이는 최후의 필사적인 전투에서 악의 무리를 이끌고 몸소 나타날 것이다. 이교도, 유대인, 그리고 마녀들은 사탄을 돕는 인간 조력자들 중 가장 두드러진 존재들이다. 유대인들과 이교도들은 적어도 가끔씩은 자신들이 악마를 섬기고 있다는 사실을 알지 못할 것이다. 그러나 마녀들은 알면서 그의 군대에 참가하고, 공공연하게 *그*를 찬양하며, 그에게 헌신한다. 우리는 여러 가지 방법으로 악마를 불러낼 수 있다. 어두운 곳에서 휘파람을 불거나, 해가 진 후 교회 주위를 왼쪽으로 세 바퀴 달리거나, 유대인의 피로 악마에게 편지를 써 그것을 불 속에 집어던질 수도 있고, 악마의 모습을 그리거나, 밤에 거울을 보는 것, 주기도문을 거꾸로 암송하거나, 특별한 주문을 말하는 것 등의 방법이 있다.[37]

악마를 불러내는 목적 중 가장 심각한 것은 정식 계약을 맺기 위해 악마를 불러내는 것이다. 정식 계약이라는 개념은 15세기, 성 제롬에 의해 알려진 성 바질에 대한 이야기를 비롯하여 6세기부터 전해내려오는 좀더 영향력 있는 이야기인 시실리아의 테오필루스 이야기로 거슬러 올라간다.

랭스의 힝크마르에 의해 되풀이된 바질의 이야기에서는 한 남자가 예쁜 소녀의 환심을 얻고자, 마법사에게 도움을 청하러 간다. 그리고 도움의 대가로 그리스도를 버리겠다고 서면으로 선서하는 데 동의한다. 만족한 마법사는 새로운 추종자를 끌어들인 데 대해 마왕이 기뻐할 거라 기대하며 악마에게 편지를 써서 남자에게 밤에 밖으로 나가 편지를 공중으로 내밀도록 명령했다. 그가 한 행동은 악마의 세력을 불러내는 것이었다. 흉악한 정령들이 그에게 내려와 그를 루시퍼 앞으로 끌고갔다. "너는 나를 믿느냐?" 악의 지배자가 그의 자리에서 물었다. "예, 믿습니다.""너는 그리스도를 포기하느냐?""네, 저는 그리스도를 포기합니다." 이 대화는 세례식을 불경스럽게 풍자한 것이다. 그러자 악마가 불만을 터뜨렸다. "너희 기독교인들은 항상 도움이 필요할 때만 나를 찾아오고 나중에는 그리스도의 자비를 이용하여 회개하려고 한단 말이야. 여기 이 문서에 서명을 해라." 남자가 동의하자, 계약에 만족한 악마는 소녀로 하여금 이 호색가와 사랑에 빠지도록 하고, 그녀의 아버지에게는 그와 결혼하는 것을 허락하도록 요구했다. 딸이 수녀가 되기를 원했던 아버지는 그의 요청을 거절한다. 소녀는 악마의 유혹에 대항하기 위해 애쓰지만, 결국, 더 이상 저항할 수가 없어 굴복하고 만다. 마침내 계약 이야기가 나오고, 성 바질의 도움으로 남자는 회개하고, 소녀는 죽음보다 더한 운명에서 구제된다.[38]

또 다른 이야기인 테오필루스 전설은 천 년에 걸쳐 다양한 형태로 전승되었으며, 사실상 모든 유럽 언어로 수백 번씩 반복되었다. 이 이야기는 파우스트 전설의 모태가 되었으며, 르네상스 시대의 마녀광란에 간접적으로 영향을 미쳤다. 전설에 따르면, 6세기, 그리스에서 고대 아나톨리아의 전설이 최초로 기록되어 9세기에 라틴어로 반역되었다. 테오필루스는 소아시아의 성직자로, 전 주교가 죽자 주교직을 제안받았다. 테오필루스는 그 제의를 거절했는데, 이후 억울하게도 새로운 주교에 의해 관직과 작위를 박탈당하게 된다. 분노한 테오필루스는 자신의 권세를 되찾고, 복수를 하기 위한 음모를 꾸몄다. 그는 유대인 마법사를 찾아가 의논했는데, 마법사는 그를 악마에게 데려가야지만 도와줄 수 있다고 말했다. 밤에 외딴 장소로 찾아간 그들은 악마가 횃불과 촛불을 들고 있는 숭배자들에 둘러싸여 있는 것을 발견했다. 악마는 그에게 원하는 것이 무엇인지 물었고, 테오필루스는 대답하면서 자신의 잃어버린 힘을 되찾는 대가로 사탄의 종이 되는 데 동의했다. 그는 루시퍼에게 충성의 서약을 했으며, 신에 대한 자신의 신의를 포기하고, 탐욕과 경멸, 오만으로 가득 찬 삶을 영위하기로 약속했다. 그는 이러한 취지의 정식 계약서에 서명을 해서, 악마에게 넘겨주며 복종의 표시로 그에게 키스했다. 이제 그의 삶은 힘과 타락성이 넘쳐흘렀다. 그러다 마침내 악마가 대가로 그의 영혼을 요구하는 때가 왔다. 그는 악령들을 보내 부패한 성직자를 괴롭히고, 그를 지옥으로 끌고가도록 했다. 겁에 질린 테오필루스는 자신의 죄를 뉘우치고, 자신의 운명을 성모 마리아의 자비에 맡겼다. 성모 마리아가 지옥으로 내려와 사탄으로부터 계약서를 빼앗아 테오필루스에게 돌려주자, 테오필루스는 그것을 파기했다. 성모 마리아가 그를 위해 신의 왕좌로 가서 중재를 해주자, 테오필루스는 용서를 받았고, 악마는 자신의 권리를 빼앗겼다.

이 전설은 유럽 전역에 퍼져가면서, 반유대주의와 성모 마리아에 대한 숭배를 장려했다. 무엇보다 중요한 것은 이 이야기에서 계약의 개념이 시작되었다는 점이다. 교부들은 악행을 하는 자들은 그들이 의식하건, 의식하지 못하건 모두 사탄의 앞잡이 역할을 하고 있다고 주장했다. 따라서 계약은 악마에 대한 경의를 명시하는 것으로 간주되었다. 반 누펠(Van Nuffel)은 계약의 개념이 어떻게 기독교의 세례 전통과 봉건시대의 충성서약에 들어맞는지를 보여주었다. 계약의 개념은 점차 힘을 얻어갔다. 마녀광란의 시대에 이르러 그것은 엄밀한 역사적 사실로 받아들여졌으며, 17세기에는 이러한 정식 계약서라고 알려진 문서들이 법정에 선 마녀들과 마법사들에 대한 증거로 제시되었다. 마녀들이 사탄의 숭배자로, 서류상으로 명시된 계약서에 서명했다는 견해야말로 마녀광란의 핵심이었다. 근대 문학에서 파우스트라는 인물은 테오필루스로부터 비롯되었다.[39]

계약 이야기는 중세와 르네상스기에 걸쳐 상당히 흔했다. 스코틀랜드에 있는 세인트앤드류 학교의 한 학생은 자신의 숙제를 도와주고, 그 대가로 계약서를 혈서로 서명하도록 요구하는 한 "성직자"를 만났다. 프랜시스 드레이크 경은 악마의 도움으로 스페인 무적함대를 물리쳤다. 자신의 영혼을 약속한 대가로 얻는 것들은 대부분 실체가 없는 것이다. 한 학자는 금을 받기로 하고 계약서에 서명하지만, 돌로 변한다. 훌륭하고 맛있는 음식들은 쓰레기와 배설물로 변하며, 아름다운 소녀는 시끄러운 노파로 변한다. 계약서에 명시된 결과를 피하기 위해서는 지옥으로 찾아가 계약서를 되찾거나, 아니면 성모 마리아와 같이 비심판적인 성인의 중재에 의존해야 한다. 전형적인 계약 이야기는 익살맞은 요소를 포함하고 있다. 한 기사가 만약 머플이라 불리는 도시에 갈 수만 있다면 악마에게 자신의 영혼을 주겠노라고 약속했다. 그러한 도시는 존재하지 않는다고 확신한 기사는 자신이 절대적으로 안전하다고 생각했다. 그 기사는 경건한 생활로 돌아가 수도사가 되었으며, 드디어 랭스의 대주교 자리까지 올랐다. 마침내 그는 자신의 고향 겐트를 방문했다. 거기에서 그는 심하게 아팠는데, 놀랍게도 악마가 그의 침대로 찾아와—겐트의 숨겨진 이름이 머플이라는 근거로—그의 영혼을 요구했다.[40]

악마는 기독교도들에게 자신과 계약을 맺도록 조장한다. 따라서 계약은 13세기 이후부터 줄곧 설교와 시, 연극의 가장 인기있는 주제가 되었으며, 이는 마법에 관한 이론에 기여했다. 고티에 드 코앵시 (Gautier de Coinci)의 "성모마리아의 기적"과 리트뵈프의 "테오필루스의 기적" 같은 인기 있는 연극들과 성 바질 축제일과 성모 마리아의 탄생축일에 대한 자크 드 비트리(Jacques de Vitry)의 이야기, 그리고 하이스터바흐의 체사리오에 관한 수많은 이야기들은 모두 악마와의 계약이 대죄인, 특히 이교도의 뚜렷한 표시라는 관념을 확립했다.[41] 이러한 이야기들은 꾸며낸 이야기로 생각되지 않았다. 13세기 초, 브장송에서 이교도들이 체결한 계약에 관한 체사리오의 설명은 역사적 사실로 제시되었다. 이교도들은 자신들이 믿음이 타당하다는 것을 증명하기 위해 설교를 하고 기적을 일으키며 떠돌아다녔다. 그들은 밀가루가 깔린 바닥을 발자국을 남기지 않고 걸어갔으며, 물 위를 걷기도 하고, 그들이 있는 오두막을 불태우도록 한 후 아무런 상처 없이 빠져나왔다. 민중들은 이러한 것들을 보고 너무나 깊은 감명을 받아 이단을 받아들이고, 주교와 사제들을 떼지어 습격했다. 주교는 이교도들의 성공의 비밀을 알아내기 위해 한때 그 자신이 마법사이기도 했던 사제를 시켜 악마를 불러냈다. 사제는 사탄을 불러내어 만약 그들의 비밀을 알려준다면 다시금 그의 종이 되겠노라고 약속했다. 거래를 이해한 악마는 그들이 겨드랑이 아래의 피부 안에 계약서를 넣고 꿰매어 가지고 다닌다고 설명했다. 사제는 이 사실을 주교에게 보고했고, 주교는 이교도들에게 옷을 벗고 그들의 겨드랑이에 있는 상처를 열어 악마의 계약서를 꺼내도록 명령했다. 격노하고 실망한 시민들은 이전에 영웅이었던 그들을 산채로 태워 죽였다. 이교도(혹은 마녀)는 더 이상 자신도 모르게 사탄의 도구가 되는 것에 그치지 않고, 의식적으로, 일부러 그와 계약을 하는 것으로 여겨진다. 그것이 서명을 하고 봉인을 한 명백한 계약이든 혹은 적어도 어떤 도움의 대가로 봉사를 수행하도록 하도록 하는 암묵적인 것이든 말이다.[42]

계약은 소수민족들을 악마화하고, 이교도, 이슬람교도, 유대인들을 잘못 빠져든 무지한 영혼에서 의식적으로 사탄의 종이 된 사람들로 바꾸어놓는 데에 중요한 역할을 담당했다. 타인의 종교에 대한 철저한 오해(이러한 오해는 오늘날에도 마찬가지이다)는 중세의 작가들로 하여금 전혀 그럴듯하지 않은 가정을 하도록 이끌었다. 즉, 그들은 성육신과 성만찬을 믿지 않았던 유대인들이 성만찬의 주인들을 찾아내어 그들이 피를 흘릴 때까지 찌른다고 생각했다. 또한 엄격한 일신교인 이슬람교도들은 우상 앞에 절을 하는 것으로 여겨졌다.[43] 프랑스 서사문학에 나오는 전형적인 사라센인인 아골라프레는 검은 피부, 기형인 모습, 긴 코, 커다란 귀, 머리 뒤에 두 눈이 달린 모습으로 인해 인간보다 더 악마적인 것으로 간주되었다. 사라센의 한 지도자는 아비스미(지옥)로 불리며, 아이젬바르트는 커다란 갈고리를 가지고 다니는 뿔 달린 괴물의 군대를 이끈다. 또 다른 사라센의 왕자는 거대하고 날카로운 손톱으로 기독교인들을 갈기갈기 잡아 찢는다.[44] 콘라트 신부가 번역한 롤랑의 노래의 독일어 판은 훨씬 더 노골적이다. 이슬람교도들은 700개의 우상을 섬기는 이단이며, 이 중 아폴로와 마호메트가 가장 주요한 우상이다. 모든 이교도(이슬람교도)들은 악마의 권능 아래 자신을 내맡겼고, 악마는 그들의 정신과 육체를 지배한다. 샤를마뉴 대제를 배신한 가넬론은 악마의 꼭두각시와 다름없다. 순진한 프랑크 사람들은 가넬론의 마음속에 악마가 뿌리내리고 있다는 사실을 몰랐지만 말이다.[45]

타종교에 대한 악마화는 무모할 정도로 어리석게 보여진다. 이슬람교의 인간 예언자인 마호메트는, 일신교가 신성한 것의 표상을 일체 금지함에 따라, 우상 숭배적인 이슬람교도들에게 악마에 필적하는 주요 신이 된다. 많은 연극에서, 악마는 메흐메트, 마하운드, 혹은 예언자의 이름을 변형시킨 다른 이름으로 불렸다. 따라서 이슬람교도 개개인은 악마를 숭배해야 하고, 그들의 삶 전체는 악의 지배자에게 봉사하기 위한 것이다. 십자군 전쟁에 참여한 기독교인들은 자신들이 신을 위해 싸우고 있다고 확신할 수 있었다. 테오필루스 이야기, 초서의 "여수도원장 이야기", 적 그리스도는 댄 종족의 유대인일 것이라는 믿음, 유대인들을 구부러진 코와 짐승의 모습으로 묘사한 그림, 헤롯과 시나고그의 악마적 특성, 그리고 무엇보다도 때때로 발생하는 유대인의 학살과 박해, 유대인은 기독교인의 아이들을 악마에게 산 제물로 바치거나 기독교인의 우물에 독을 넣는다는 믿음에서, 유대인의 악마화는 명백하게 나타난다.

어린 아이를 훔치거나 남 몰래 바꿔치기하는 것은 항상 인간 의식 속에 깊은 두려움으로 자리잡아왔다. 이것은 아이의 실망스러운 행동이나 아이가 없어지기를 바라는 부모의 억압적인 환상에 대한 변명이다. 좀더 일반적으로 이것은 악몽의 주된 주제인, 친숙한 것이 낯선 것으로 변화하는 것에 대한 두려움으로부터 파생되었다. 아이 도둑이나 바꿔치기에 관한 이야기 중 해피엔딩으로 끝나는 것들은 못된 성격의 자녀를 둔 부모들에게 아이의 이전 성격이 남아 있어서 다시 되돌아올 것이라고 안심시킨다. 따라서 이것은 영적인 성장과 전환을 나타내는 은유가 된다.[46] 유대인들만이 기독교인의 아이를 훔치는 것이 아니라, 악마도 직접 아이를 훔친다. 성 스테파노에 관한 다음 이야기는 또한 성 로렌스와 성 바르톨로메오를 비롯한 다른 성인들에 대한 이야기로도 전해진다.

신앙심이 깊은 갈릴리 여인이 아들을 낳았다. 그녀와 그녀의 남편은 매우 기뻐하며 성찬식에 친구들을 초대했다. 부모들이 손님들에게 정신이 팔려 있는 사이, 인간으로 변장한 사탄이 집으로 살짝 들어와 요람에 있는 아기를 발견하고는 아기를 트로이로 데리고 갔다. 트로이에서 어린 스테파노는 흰 암캐의 보살핌을 받았다. 그 개는 트로이의 율리아노 주교에게 신이 아이를 보냈으므로, 아이를 보살펴야 한다고 이야기했다. 율리아노 주교는 소년의 이름을 나다니엘이라 짓고, 아이를 정성스럽게 길렀다. 어느 날 밤, 천사가 소년에게 나타나 악마가 한 짓을 이야기하고, 진짜 아버지에게 돌아가라고 말했다. 율리아노는 슬펐지만 자신의 입양된 아들이 떠나도록 허락했다. 긴 항해 끝에, 스테파노는 집으로 돌아왔다. 집에 돌아온 그는 자신의 자리에 바꿔치기한 아이가 있는 것을 발견했다. 바로 소년의 모습으로 변장한 악령이었다. 바꿔치기한 아이는 진짜 스데파노의 모습을 보고, 공포에 질려 비명을 질렀다. 그 악령을 꽉 쥐고, 스테파노는 정체를 밝히지 않으면 불에 태워버리겠노라고 다그쳤다. 악령은 끙끙거리고 으르렁대며 짖다가, 마침내 큰 소동을 일으키며 도망쳤다. 가족은 다행히도 다시 합쳐졌다.[47]

이러한 주제는 호의에 대한 감사의 표시로 부모가 아이를 자발적으로 선물하는 형태로 변형되어 나타나기도 한다. 이러한 일이 발생하면, 악마가 아이를 데리러 올 때, 성모 마리아나 천사가 아이를 돕기 위해 온다. 때때로 성모 마리아는 피고측 변호인으로 법정에 나오기도 한다.[48] 개인의 영혼뿐 아니라 인류 전체가 피고석에 나타나기도 했다. 악마가 인류에 대한 자신의 권리를 주장하면, 그리스도나 성모 마리아는 피고측을 위한 변호인으로 활동한다. 인간에 대한 재판은 대개 지옥의 정복 직후에 열린다. 악령들은 지옥에서 회의를 열고, 루시퍼는 감금된 영혼을 빼어갈 권리가 그리스도에게는 없다고 불평한다. 때때로 악마는 자신이 원죄의 결과로 영혼들에 대한 권리를 가진다고 주장한다. 그는 대리인을 지명했는데, 그의 이름은 인류의 재판에 대한 팔라디니의 설명에서 벨리알로 나온다. 벨리알은 하나님 앞으로 가서 공개 재판에서 지옥과 그리스도 간의 사건을 담판짓기 위한 청문회를 요구한다. 재판은 예루살렘에서 열리는데, 재판에 참석한 이들은 설에 따라 다양하다. 하느님이 재판관일 때에는 그리스도가 피고측 변호인으로 악마에 대항해 논쟁을 하면서 자신의 상처를 보여준다. 그리스도가 재판관일 때는 성모 마리아가 변호를 맡는다. 악마는 둘이 서로 같은 편이며, 또한 여자는 법정에서 변호인으로 적합하지 않다는 사실을 근거로 이것이 부당하다고 주장한다. 솔로몬이 재판관일 때, 피고측 변호인은 성모 마리아나 모세 중 한 사람이다. 악마는 자신의 사건에 대해 모든 법적인 속임수를 끌어들이고, 성서를 인용하고 해석하며,

부드럽고 영리하게 논쟁을 이끌어간다. 그는 원죄의 시기에, 신이 자신에게 영혼에 대한 권리를 주기로 계약을 맺었으며, 신이 직접 자신에게 사악한 이들을 유혹하고 벌하도록 허락했다고 항변한다. 그러나 재판관은 악마가 먼저 계약을 깨뜨렸다거나, 인류가 그리스도의 죽음으로 이미 죗값을 충분히 치렀다거나, 혹은 신의 자비와 공정함이 엄격한 정의를 대신한다는 사실을 근거로 인간에게 유리한 판결을 내린다. 벨리알은 평결에 항의하고, 사건이 타협으로 해결되면서, 벨리알은 악령들이 올바른 사람의 영혼을 가질 수는 없지만 유혹에 성공한 죄인들의 영혼은 계속해서 가질 수 있도록 보장받는다. 결국 벨리알은 비탄에 잠겨 지옥의 입구으로 되돌아간다.[49]

악마와 법과의 관계는 중세에 신학과 대중 종교 모두에서 나타난다. 만약 우주가 사실상 선과 악의 세력 간의 싸움터라면, 범죄자들은 사탄의 추종자로 간주되어야 한다. 그들은 사탄의 힘에 굴복해 자신의 자유의지를 잃어버린 것이다.[50] 어떤 범죄들은 특히 흉악해서 악마에 의해 고무된 것으로 생각된다. 절도, 성범죄, 살인, 해가 되는 마법 등이 여기에 속한다. 중세 초에 행해진 시죄법(試罪法)의 개념은 초자연적인 힘이 모든 법률 사건에 관련되어 있다는 가정에 기반하고 있다. 시죄법과 결투 재판의 원리는 신이 개입하여 결백한 자와 죄 있는 자를 구분한다는 것이다. 그 결과 악마의 관심사는 죄 있는 자를 보호하고, 결백한 자의 유죄판결을 확실히 하는 데 있다. 따라서 시죄법은 악마에 대한 인간의 저항의 일부이고, 재판관은 악마의 농간을 경계해야만 한다. 신과 악마가 인간의 일에 즉시 개입한다는 가정은 르네상스와 종교개혁 시기, 특히 마녀광란의 시대까지 계속해서 잘 남아 있었다. 그 시기에는 악마가 자신의 종인 마녀를 돕기 위해 자신이 쓸 수 있는 모든 책략을 이용한다고 생각되었다. 재판관들은 범죄자를 처벌하는 것이 사회에만 이로운 것이 아니라, 범죄자 자신에게도 이롭다고 생각했다. 왜냐하면 적어도 몇몇 법적 절차들은 범죄자로부터 악마를 몰아내도록 고안되었으므로, 그를 어둠의 제왕의 세력으로부터 해방시키기 때문이다. 범죄자의 재판에서 엑소시즘이 얼마나 사용되었는지는 논의의 여지가 있다.[51]

악마는 또한 편지를 썼는데, 이것은 사실상 온전한 풍자 장르를 이루기에 충분한 정도이다.[52] 12세기 이야기에 몇 줄씩 인용되기 시작한 악마의 편지는 13세기에 이르러 더욱 일반화되었고, 14세기에는 광범위하게 보급되었다. 편지의 목적은 세 가지이다. 첫째, 성직자들, 특히 로마 교황청의 도덕성 타락을 풍자하고, 둘째, 독자를 즐겁게 하기 위한 것이며, 마지막으로 나중 시기에는 수사학에서 교훈을 주기 위한 목적으로 사용되었다. 1350년 이후에, 편지의 성격은 일반적인 도덕적 풍자에서 성직자의 지배에 대한 공격으로 바뀌었다. 그리고 이것은 처음에는 종교회의운동과, 그리고 나중에는 신교와 밀접한 관련을 갖게 되었다.[53] 편지의 형식은 때로 악마가 봉사의 대가로 보상을 수여하는 허가장이나 헌장의 형식을 따랐다. 악마는 성직자들의 탐욕, 음주, 강탈, 세속적 야망, 성직자로서의 의무에 대한 관심의 결여 등에 대해 감사하며, 그 모든 것들이 아래 지옥을 채울 새로운 구성원들을 데려온다고 말한다. 14세기 후반부터, 풍자는 좀더 정치적인 성향을 띠며, 로마 교황의 교회 지배를 공격한다. 편지 첫머리는 일반적인 허가장을 교묘하게 바꾸어놓았다. "사탄, 지옥 왕국의 황제, 어둠의 제왕이자 가장 외진 지방의 공작이며, 오만함의 왕자, 그리고 모든 지옥의 망령들의 영원한 고문자가 그의 제일 가는 충실한 신하, 라구사의 대주교이자 우리의 모든 일의 교사자인 요한 도미니치(John Dominici)에게 건강과 영원한 자만심을 보낸다."⁵⁴⁾ 가장 유명한 편지는 "에피스톨라 루시페리(Epistola Luciferi)"로, 1351년 쓰여져 널리 알려지고, 번역되고, 개작되었다. "오만함의 아들이자, 특히 근대 교회의 왕자인 우리 왕국의 모든 백성들에게"라는 인사말과 함께 편지는 다음과 같이 이어진다. "우리는 뛰어난 악령들과 지옥의 귀족들을 몇 명 보내어 너희들에게 조언하고, 너희를 돕도록 하겠다. 너희들의 영리함은 그들의 제안을 받아들이고, 그들의 반역적인 발명품에 새로운 것을 더하는 방법을 잘 알 것이다." 그리고 나서, 교회의 상황에 대한 긴 풍자가 이어진 후, 편지는 다음과 같이 끝을 맺는다. "우리 어둠의 왕국에 지구의 중심이 오는 날, 우리의 반역적인 추기경 회의에 이러한 목적으로 특별히 소집된 여러 악령들 앞에서."⁵⁵⁾ 루시퍼의 편지는 사탄, 리바이어던, 바알세불로부터 온 편지로 변형되어 나타난다.

체사리오의 이야기가 보여주듯, 악마는 계속해서 우리의 허영, 호기심, 그밖의 다른 악덕들을 먹고산다. 한 이야기에서, 훌륭하지만 가난한 가문의 한 시토 수도회 수도사가 오랜 노력 끝에 마침내 글 읽는 법을 배운다. 악마는 그의 책에 대한 애정과 주교가 되고 싶은 바람을 이용하여 그를 유혹했다. 악마는 그가 열심히 공부하기만 하면, 할버슈타트의 주교가 될 것이라고 말했다. 허영심에 현혹된 수도사는 말을 훔쳐 타고, 자신의 운명을 찾아 당당하게 수도원을 떠났다. 18세기 소설에서 그러한 행동은 종종 아름다운 여인이나 재산을 일시적으로 얻는 것으로 보상되지만, 13세기에는 그 끝이 어김없이 비참했다. 그 수도사는 도둑으로 잡혀서 교수형에 처해졌다.

또 다른 이야기는 폴켄스타인의 헨리라고 불리는 한 기사에 관한 것이다. 그는 자신이 악령을 믿지 않는다고 주장하며, 자신의 말을 증명하기 위해 필립이라는 마법사에게 악령을 불러달라고 요청했다. 필립은 악령의 힘이 위험하고 무시무시할 수 있다고 경고했으나, 헨리는 끝까지 고집했다. 그러자 필립은 정오에 그를 교차로로 데리고 가서 칼로 그 주변에 마법의 원을 그리고는, 원 밖으로 나오지 말 것과 악령이 하는 말은 어떤 것에도 동의하지 말라고 주의를 주었다. 그리고 나서 그는 원 안에 앉아 있는 헨리 경을 남겨두고 떠났다. 곧 그 기사는 커다란 홍수가 자신을 향해 밀려오는 것을 보았고, 엄청난 바람소리와

돼지들이 꿀꿀거리는 소리를 들었다. 길 가까이에 있는 숲에서는 사람과 비슷하지만 나무보다 더 큰 무시무시한 그림자가 보였다. 그리고 그 형체는 그를 향해 다가오고 있었다. 그는 그 형체가 악마라는 것을 깨달았다. 악마는 원에 가까이 와서 멈춘 후, 기사에게 원하는 것이 무엇인지를 물었다. 헨리는 가까이 가서 악마를 더 면밀히 살펴보았다. 악마는 검은 피부에 검은 옷을 입은 커다란 인간의 형상을 하고 있었으며, 너무나 끔찍한 기형이었으므로 기사는 재빨리 시선을 떨구었다. 기사는 용기를 내어 말했다. "잘 오셨습니다." 그는 검은 형상에게 말을 걸었다. "저는 당신에 대해 많은 것을 들었습니다." "그래요." 악마가 대답했다. "사람들은 항상 나를 비난하고, 모든 일에 대해 내 탓을 하지요. 실은 나는 누구도 해친 적이 없어요. 당신의 망토를 좀 빌려줄 수 있겠습니까?" 친구의 경고를 떠올린 헨리는 거절했다. 그러자 악마는 그의 벨트를 요구했으며, 다음으로는 그의 농장에 있는 양 한 마리를, 그리고 마지막으로는 수탉을 요구했다. 그러나 헨리는 매번 거절하며, 자신의 질문을 계속했다. 악마에게 물었다. "어떻게 당신은 그렇게 많은 것을 알고 있죠?" 악마는 자신이 세상에서 일어나고 있는 모든 악을 알고 있다고 대답했으며, 그것을 증명하기 위해 헨리 경이 정확히 어느 집에서 언제 순결을 잃었는지, 그리고 그밖에 어떤 죄들을 지었는지 이야기했다. 악마는 계속해서 요청했으나 헨리가 어떤 것에도 응하기를 거부하자, 자신의 커다란 손을 그에게 뻗었다. 방심하고 있던 기사는 뒤로 비틀거리다가 넘어지면서 자신의 친구 필립을 불렀다. 필립이 달려왔을 때 악마는 사라졌으며, 그 순간부터 헨리는 결코 악령의 존재를 의심하지 않았다. 이 경험에 대한 영원한 표시로, 이전의 건강한 혈색은 창백해져서 일생 동안 그런 상태로 남아 있었다.[56]

일부러든 실수로든 일단 악마를 불러내면 그에게서 쉽게 빠져나갈 수 없다. 고백, 자선 행위, 주기도문이나 사도신경, 로사리오의 기도 암송과 함께 참회와 죄를 깊이 뉘우치는 마음이 도움이 된다. 때로는 문자 그대로 그를 때려서 물리칠 수도 있다.

그러나 대개는 외부의 도움을 필요로 한다. 사제가 하는 축복의 말은 효과적이다. 특히 악마가 두려워하고 피하는 성인들이야말로 가장 큰 도움이 된다. 성 갈은 악령들을 여기저기로 내몰아 잠시도 쉴 틈을 주지 않아서 악령들을 격노하게 했다. 성모 마리아는 계약서에 서명할 정도로 경솔한 이들까지도 구원한다. 기독교의 신호의 상징들은 악마를 물리친다.

여기에는 십자가, 성호를 긋는 것, 성수, 예수의 이름, 성스러운 의식(특히 성찬식), 성경의 구절, 성유, 교회 종소리 등이 포함된다. 악마에게 야유를 하거나 침을 뱉는 것(비록 사막의 교부들은 야유를 채택하기는 했지만), 청동·쇠·불·마늘·양파·돼지·소금 등의 다른 보호장치들은 본래 기독교적이 아니다. 이들은 대개 악령을 쫓는 마법으로, 마왕과 관련된 것들은 바로 그들을 쫓는 데에도 가장 효과적이다.

악령은 악취나 연기와 관련되므로, 크리스마스 전날 밤에 때는 굵은 장작, 혹은 가장 좋은 것은 회향(茴香)의 나무진을 태워 나는 향과 연기로 악령을 그을릴 수 있다.[57]

5

중세 초기의 악마론

서방에서 중세 초기의 문화는 수도원이 독점 지배하는 문화였다. 따라서 그 시기의 악마론은 사막교부들의 가르침에 깊이 영향을 받았고, 거칠고 불안정한 이 세상에 존재하는 악에 대처할 방법을 일러주는 구체적인 훈계들을 조합하였다. 5세기부터 9세기까지 관련된 문헌의 수는 교회의 첫 4세기의 자료를 크게 앞질렀으므로, 나는 독창적이거나 널리 영향을 미쳤던 사람들, 즉 6세기의 교황 그레고리우스 1세, 7세기의 세빌리아의 이시도루스, 8세기의 비드와 엘퀸, 그리고 9세기의 고트샬크와 에리게나에 대해서만 자세히 설명할 것이다.

　교황 그레고리우스 1세는 그 시기의 가장 영향력 있는 저술가이자 동방의 수도원 개념을 서방에 전한 가장 중요한 인물이다. 그의 편지, 설교, 해석 작품들인 『목회사역서(Book of Pastoral Care)』, 그리고 무엇보다도 네 권으로 이루어진 『대화편(Dialogues)』과 욥기에 대한 주석서인 『욥기 해설(Moralia)』은 중세 동안 널리 이용되었다.[1] 그레고리우스 1세는 수도사로서 최초로 교황이 된 인물로, 수도사의 관점이 그의 저작 전체에 스며들어 있어, 『대화편』은 카시아노와 동방의 수도원 전통의 영향을 보여주고 있다.[2] 수십 년에 걸쳐 저술한 그의 『욥기 해설』은 「욥기」를 바탕으로, 사실상 인류 전체의 상태에 대해 비평하고 있다. 그는 수도사들을 위해 『욥기 해설』을 썼는데, 당시는 수도사들이 신학을 지배하고 있던 때였으므로, 결과적으로 그 책은 이론적일 뿐만 아니라 구체적이고 실용적인 것이다. 『대화편』(c. 593-594)은 그보다 더 실용적이다. 그레고리우스 1세의 설교에 기반을 둔 이 책은 이 세상에서 기적을 통해 구원을 행하는 신의 활동을 보여주기 위해 쓴 것이다. 『대화편』은 이후에 "교양 있는 청중"으로 불리게 된 사람들, 즉 정통 신학자가 아닌(그 당시에는 정통한 신학자가 거의 없었다) 설교자, 수도사, 그리고 아마도 몇몇 교육받은 평신도들을 위한 책이었다. 처음 세 권은 쉬운 문체로 쓴 이야기들이며, 네 번째 책은 좀더 신학적인 특성을 띠고 있다.

560년경, 스페인의 서고트 왕국에서 태어난 이시도루스는 600년경에 세빌리아의 주교 자리에 올라, 636년 사망했다. 그의 저작들은 백과사전적이며, 비록 그의 저작 저변에 깔린 신학적 깊이에 대해서는 이후 더 높이 평가받기는 했지만, 그레고리우스 1세에 크게 의존하고

있다.[3]

그 당시 가장 뛰어난 지성의 소유자 중 한 사람인 비드는 670년대 노섬브리아에서 태어나, 수많은 역사적·과학적 저작과 해석서를 저술했으며, 735년 사망했다. 악마론에 대한 그의 견해는 아우구스티누스와 그레고리우스 1세의 사상적 전통에 의해 형성되었으나, 오히려 그레고리우스 1세보다 더욱 비판적인 특성을 가지고 있다.[4]

730년경, 역시 노섬브리아에서 태어난 엘퀸은 요크에서 공부했으며, 이후 샤를마뉴 대제의 주요 고문 역할을 하였으며, 804년 사망하기 전까지 교육제도의 개혁에 힘썼다 . 그의 수많은 저작들 또한 아우구스티누스, 그레고리우스 1세, 그리고 비드의 전통 안에 있다.[5]

교황 그레고리우스 1세의 악마론은 초기 기독교 교부들의 악마론에 기반을 두고 있으며, 그 엄청난 영향력으로 인해, 중세 사상에 그러한 견해를 확고히 정착시켰다. 모든 존재 가운데, 악마는 맨 처음 창조되었다. 그는 모든 천사들 중 가장 높은 계급인 케루빔으로, 만약 죄를 짓기로 결심하지 않았다면 모든 창조물의 꼭대기에 남아 있었을 것이다. 디오니시우스의 견해에 반대되는 이러한 생각은 중세 시대의 표준이 되었다. 대부분의 신학자들은 악마를 가장 높은 천사이거나 혹은 가장 높은 천사들 중 하나인 케루빔과 세라핌이라고 생각했다. 일단 죄를 짓고 난 후, 그는 하늘나라에서 높이 서 있던 만큼이나 멀리, 아래 깊은 곳으로 내던져졌다.[6] 이시도루스에 따르면, 천사들은 그들의 위엄과 힘을 반영하는 계급과 등급을 가진다. 천사의 계급에 대한 이시도루스의 견해는 그레고리우스와 디오니시우스로부터 비롯된 것이지만, 그는 악마가 타락 이전에 모든 천사들의 지배자였다는 점에 대해 그레고리우스와 의견을 같이했다.[7] 타락 이후, 악마는 악령들의 왕이었다.

이러한 견해는 악마를 신으로부터 독립된 존재로 간주하는 이원론에 반대하는 단호한 입장을 보여준다. 영지주의에 기반을 둔 이원론자들의 의견은 6세기에도 여전히 지속되고 있었다. 563년 브라가 공의회는 프리스킬리아누스파를 비롯한 이원론자들을 겨냥했다. 프리스킬리아누스는 381년부터 385년까지 아빌라의 주교를 지냈으며, 카리스마를 가진 금욕주의 운동의 지도자로 385년 트리어에서 이단으로 처형되었다. 프리스킬리아누스와 그의 추종자들은 이원론자라기보다는 금욕주의자에 가까웠으나, 그노시스교, 혹은 마니교의 개념이 그 운동에 침투했으며, 6세기에 이르러서는 이들이 운동을 지배하다시피 했다.[8] 브라가의 법규집은 기독교 전체의 기록 중 회의를 통해 악마를 정의한 단 세 개의 주요 정의들 중 하나이다. 나머지 둘은 1215년 제4회 라테란 공의회와 1546년 트렌트 공의회에서 제정한 것이다. 제4회 라테란 공의회의 교부들과 마찬가지로, 브라가에서 만난 스페인의 주교들은 이원론을 절대적으로 부정하는 데 관심을 기울였으며, 특히 다음과 같은 견해들을 철저히 부인했다. 즉, 악마는 신에 의해 착한 천사로 창조된 것이 아니라 신으로부터 독립된 존재라는 것, 악마가 이 세상을 창조했다거나 신의 허락 없이 사악한 것들을 이 세상으로 들여왔다는 것, 악마가 인간의 몸을 만들었다는 것, 그리고 아이의 임신은 엄마의 자궁 속에서 악마가 하는 일이라는 것 등의 견해들을 말이다. 주교들이 주장하기를, 인간의 몸을 비롯한 물질세계는 악한 천사가 만들어낸 것이 아니라, 신이 만들어낸 것이다.[9]

　브라가의 교부들과 마찬가지로, 그레고리우스 1세에 따르면, 신은 존재하는 모든 것의 원천이며, 신은 악한 것을 만들어내지 않는다. 결과적으로 악은 실제로 존재할 수 없다. 그것은 단지, 어떤 성질의 결여나 부족일 뿐이다. 악을 선택하는 사람은 존재를 외면하고, 비존재를 향해 돌아서는 것이다. 사탄의 악에 대한 의지는 그를 실재로부터 아무것도 존재하지 않는 상태로 끊임없이 이끌어간다. 결여에 대한 논의는 주제를 벗어난 것처럼 보일 수 있지만, 그 핵심을 파악하면 훨씬 더 이치에 닿는다. 즉, 신은 존재하는 모든 것이고, 신에게서 벗어날 수 있는 것은 아무것도 없다. 따라서 악은 존재하지 않거나, 신의 일부로 존재해야 한다. 그레고리우스 1세를 비롯한 기독교의 전통은 일반적으로 후자와 싸우는 것을 곤란히 여기므로, 악의 비존재성은 필연적인 교리이다. 또 다른 곤란한 질문은 자연의 악, 즉 동물이나 자유의지를 결여했지만 지각을 가지고 있는 다른 존재들이 고통을 당한다는 것이다. 만약 도덕적 악이 인간이 지은 죄의 결과라면, 자연의 악은 어디에서 비롯되는 것일까? 짐승이나 식물, 바위들은 악을 행할 수 없다. 비록 그들이 지각을 가진 동물에게 고통을 줄 수 있다 해도, 그들은 의식적으로 그러는 것이 아니다. 그럼에도 불구하고, 신은 이러한 고통이 생겨나도록 우주를 세우셨다. 따라서 신은 그 고통의 원인이어야만 한다. 한 가지 대안적 설명은 고통은 원죄, 즉 인간 자신의 타락으로부터 비롯되는 것으로, 그로 인해 전 세상이 왜곡되었다는 것이다. 몇몇 중세의 작가들은 이 대안을 제시했다. 이것은 오늘날의 진화적 관점에서 보면 불가능한 것처럼 보이며, 심지어 이전 시대에도 광범위한 지지를 얻지 못했다. 또 다른 대안적 설명은 세상이 만들어지기 시작할 때, 다른 모든 창조물들보다 앞서 창조된 또 다른 존재가 신의 계획을 왜곡하고 망쳐놓은 결과 그러한 고통이 생겨났다는 것이다. 따라서 악마는 세상의 모든 고통에 의해 비난받을 수 있다.[10] 그러나 이것은 궁극적으로 답이 될 수 없다. 왜냐하면 신은 그렇다면 악마가 우주를 고통으로 가득 채울 것을 충분히 잘 알고 있으면서 우주를 창조했을 것이기 때문이다. 따라서 신은 책임을 면할 수 없다.

그레고리우스는 천사의 타락은 신이 한 일이 아니라고 주장할 것이다. 왜냐하면, 천사들의 속성 중 어떤 것도 그들을 악으로 이끌지 않기 때문이다. 그들이 타락하게 된 유일한 전제조건, 신에게 비난을 돌릴 수 있는 천사들의 유일한 본성은 변덕스러움이다. 그러나 천사의 본성뿐 아니라 인간에게도 내재되어 있는 변화가능성은 자유의지의 필연적 결과이다. 만약 우리가 자유롭게 선이나 악을 선택할 수 있다면, 우리는 선을 악으로 자유롭게 바꿀 수 있다. 악마는 둘 중 하나를 선택할 수 있고, 선한 삶을 악한 삶으로 바꿀 수 있도록 창조되었다. 그의 선택은 절대적으로 자유로운 것이었으며, 전제조건이 되는 원인도 없었다. 악마는 자만으로 인해 타락했다. 그가 신으로부터 독립하여, 스스로가 신이 되려고 시도한 것은 자유로운 선택이었다. 그의 오만한 욕망은 모든 죄악의 원천으로, 신에 대해 온당히 지녀야 하는 존경과 두려움마저 없애버렸다.[11] 그레고리우스 1세의 지위로 말미암아, 악마는 인간이 창조된 후가 아닌, 세상이 처음 만들어질 때 타락했으며, 그의 죄악은 자만과 신에 대한 질투라는 견해가 단단히 확립되었다. 악마로 하여금 아담과 이브를 유혹하도록 한 인간에 대한 질투는 신에 대한 질투 이후 파생한 것이다.[12]

그레고리우스 1세는 악마를 다양한 이름으로 불렀는데, "인류의 오랜 적"과 같이, 모두 전통적인 교부학의 전통을 따른 이름이었다.[13] 타락 이전에, 천사들은 천상의 육체를 지니고 있었다. 그러나 이후 그들은 더 낮은 곳에 있는 음울한 공기로 이루어진 몸으로 변형되었다. 비록 그들의 몸에는 살이 없지만, 그들은 육체적인 시련의 고통을 경험할 수 있다.[14] 땅에 가까이 있는 어둡고 낮은 공기로 이루어져, 그들은 몸 안에 갇히거나, (그레고리우스는 초기의 교부들만큼이나 모순이 많다) 지구 표면을 떠돌거나, 혹은 지하에 감금된다.[15]

그레고리우스는 이 세상에서의 악마의 지속적 권능이라는 어려운 문제에 직면했다. 기초적인 기독교의 설명에 따르면, 루시퍼는 이 세계의 군주로, 원죄의 순간부터 구원의 순간까지 인류를 지배한다. 그리스도는 성육신과 수난을 통해, 악마의 세력을 쳐부수고 우리를 그의 손아귀에서 구원했다. 그러나 실제로 주위를 둘러보면, 사탄은 인류에 대한 영향력을 조금도 잃지 않은 듯하다. 어떻게 그리스도의 구원 이후에도 악마가 계속해서 그러한 영향력을 지니며, 불신자들뿐 아니라 세례를 받은 이들 가운데에서도 사악한 짓을 행하는 것일까? 이 질문은 아우구스티누스를 비롯한 교부들을 당황스럽게 했다. 아우구스티누스는 세례를 통해 개인이 과거에 지은 죄뿐 아니라 원죄로 인한 처벌을 면하는 것은 분명하지만, 그것이 모든 인간이 타고난 죄를 짓고자 하는 충동이나 경향성을 없애는 것은 아니라고 임시방편으로 대답하였다. 그렇더라도 악 자체에 대한 주요 질문에 버금가는 질문이 기독교에 가장 위험한 질문으로 남아 있다. 즉, 왜 그리스도의 사명은 실질적으로 이 세상에 그렇듯 미미한 변화만을 가져온 것처럼 보이는가?[16]

그레고리우스 1세는 거침없이 질문을 제기했으나, 오직 암시적으로만 그에 답했다. 그는 신이 죄없는 욥에 관하여 사탄에게 권력을 준 것에 답이 있을지도 모른다고 암시한다. 「욥기」 전체를 통해, 사탄은 신이 실재하는 유일한 권력이며, 자신은 신의 허락하에서만 움직일 수 있음을 어쩔 수 없이 인정한다. 「욥기」에서는 사탄이 신 앞에 나타나고 사라지는 것으로 묘사된다. 그러나 그레고리우스 1세는 이를 다음과 같이 해석한다. 악마는 어디에 있건, 신의 의지대로 행하고 있을 때는 신 앞에 있지만, 자신의 의지대로 행동할 때는 신의 존재로부터 멀어지는 것이다. 악령들은 어디에 있건—공중에 있든, 땅위에 있든, 지하에 있든—신으로부터 분리되어 고통스러운 벌을 받는 지옥에 있다.[17] "이곳은 지옥이며, 나는 지옥에서 빠져나올 수 없다"라고 수세기 후 말로의 메피스토펠레스가 말했듯이 말이다. 신은 항상 사탄을 볼 수 있지만, 사탄은 신을 비롯한 어떤 실체도 볼 수 없다. 왜냐하면 사탄은 햇빛 아래에서는 장님처럼 아무것도 볼 수 없기 때문이다. 신은 루시퍼를 보고, 그의 죄와 소원함을 알고 있지만, 그것을 진정으로 "이해하지는" 않는다. 왜냐하면, 신이 알고 있는 것은 그가 앎으로 인해 실재하는데, 사탄의 죄는 존재로부터 멀어진 것, 실재가 없는 것에 불과하기 때문이다. 사탄은 신에게 말을 걸어, 스스로를 정당화하고, 선민들을 부당하게 비난하며, 그들을 유혹하고 괴롭히도록 허락해달라고 신에게 요청한다. 신은 다음과 같은 네 가지로 악마에게 응답한다. 첫째, 신은 악마의 죄를 꾸짖는다. 둘째, 신은 그가 행한 부정한 행위를 선민들이 행한 정의와 대조시킨다. 셋째, 신은 악마로 하여금 선민들의 미덕을 시험해보도록 허락하고, 마지막으로 그가 그들을 성공적으로 유혹하지 못하도록 한다. 마지막 두 가지 대답에서 나타나는 모순은 운명예정설에 부응하려는 서투른 노력의 표현이다. 그레고리우스 1세의 생각은 신이 악마로 하여금 인류를 유혹하도록 허락하지만, 이는 선민들이 유혹에 굴하지 않고, 악마의 공격에 의해 오히려 더욱 강해질 것임을 알고 허락한 것이다. 핵심 주제는 신의 선함과 전능함이다. 신은 자신이 창조한 우주를 책임진다. 악을 허락하는 동시에 제한한다. 선민들이 유혹에 굴하지 않는다는 것을 알고 있으며, 따라서 악마에게 그들을 유혹할 만한 진정한 힘을 주지 않는다.

그레고리우스 1세는 세상이 실제로 이러한 방식으로 구성되었다고 생각하기에는 너무나 실용적인 사람이었다. 단 한번도 죄를 지은 적이 없다고 진실로 얘기할 수 있는 사람은 없으므로, 누구나 벌을 받아 마땅하다. 욥은 헌신적인 삶을 살았고, 책에 나타난 그의 행동을 보면, 죄와는 거리가 멀었다. 그러나 인간인 이상, 그도 일생에서 한번은 죄를 지었을 것이므로, 그를 벌한 것은 부당한 것이 아니다. 때때로 우리는 우리의 현재 삶과 관련이 없는 듯한 괴로움을 겪는다. 그러나 우리 삶에는 항상 그러한 괴로움을 겪어 마땅한 무언가가 있다. 우리는 항상 신의 손아귀에 있다. 신은 항상 우리 인간의 마음 안에 있기 때문이다. 그러나 죄를 지을 때는, 우리는 또한 악마의 손아귀에 있기도 하다. 왜냐하면 악마는 우리의 외적인 자아를 통제하기 때문이다.[18]

엘퀸은 나중에 이원론자들에 대항하여, 악마는 이 세계의 군주라고 주장하였다. 이는 그가 사물이나 생명체의 지배자이기 때문이 아니라, 그가 죄 많은 인간들의 지배자이기 때문이다. 세계는 두 부분으로 나뉘어 있다. 하나는 그리스도에 속한 정의로 이루어진 세계이고, 나머지 하나는 루시퍼에게 속하며, 이교도와 유대인, 이단자, 그리고 죄 많은 기독교도들로 이루어진 세계이다. 자신을 악마의 의지에 내맡기는 한, 누구나 사탄의 자녀가 된다.[19]

그레고리우스 1세는 악마의 유혹에 대해 생생한 이론을 가지고 있었는데, 이는 카시아노를 통해, 사막에서의 수도생활로부터 이끌어 낸 것이다.[20] 그는 세상을 그리스도의 군사인 우리들이 계속해서 최전선에 서 있는 전장으로 보았다. 우리가 한순간이라도 방심하면, 악령들이 떼를 지어 전장을 건너와 우리를 잡을 것이다. 악마는 우리를 은밀히 감시하다가, 조심스럽게 공격할 때를 선택한다. 만약 우리가 잠시 동안 마음 편히 있거나 만족하거나, 혹은 반대로 의심하고 확신이 없거나, 아니면 우리 삶에서 중대한 시기에 있으면, 그는 자신의 기운 찬 군대를 보내어 우리를 압도한다. 만약 우리가 죄악을 향해 아주 작은 틈이라도 보인다면, 악령들이 그 틈을 통해 쏟아져들어와 우리의 마음을 짓밟을 것이다. 모든 죄악은 사탄의 작용이다. 죄를 행하는 데는 네 단계가 존재한다. 첫째, 악마가 우리의 마음속에 "암시"를 불어넣는다. 그리고 나면 그러한 암시가 쾌락이나 즐거움의 반응을 불러일으킨다. 우리는 마침내 욕망에 따르기로 하고, 마지막으로, 우리 자신을 합리화하고 방어하면서, 망설이지 않고 죄를 짓게 된다. 우리가 선한 삶을 영위하려고 애쓸수록, 악마는 우리를 타락시키고 싶어한다. 따라서 만약 유혹이 느슨해진 것처럼 보인다면, 우리는 그것이 악마의 장난이라는 것을 알 수 있다. 예를 들면, 수년간 정욕의 유혹과 싸우고 난 뒤, 우리는 스스로 그러한 죄악에서 상대적으로 자유롭다고 생각할 것이다. 그러나 바로 그 순간, 루시퍼는 우리의 방심을 틈타 음주나 탐욕과 같은 새로운 유혹을 준비하고 있다. 그는 우리의 이해를 흐려놓기를 즐기므로, 우리는 유혹받고 있다거나 혹은 도덕적인 문제가 존재한다는 사실을 깨닫지 못하게도 된다. 아니면 그는 우리가 유혹에 맞닥뜨렸을 때, 절망감이나 무기력감을 일으켜, 우리가 죄책감이라는 압도적인 짐으로 인해 무너지거나, 저항할 기회가 없다고 착각해서 죄에 굴복하도록 만든다.[21]

그레고리우스 1세는 인간과 악마의 죄를 넘어, 신이 궁극적으로 현 상태의 우주에 대해 책임이 있다는 사실을 알고 있었다. 「사무엘상」 18:10을 잘 생각해보라("하나님이 부리시는 악령이 사울에게 힘있게 내리매"). 그레고리우스 1세는 이 정령이 진정으로 사악하며, 진짜로 하느님으로부터 비롯되었다는 사실을 용기있게 인정했다. 그러나 신이 선하다면, 어떻게 이런 일이 가능할까? 그 정령은 해를 끼치려는 의지와 욕망을 가지고 있으므로, 진정으로 악하다고 그는 대답했다. 그것은 신이 악령으로 하여금 그 자신의 나쁜 목적을 위해서가 아니라, 신의 선한 목적을 위해 그러한 일을 하도록 허락했기 때문에, 신으로부터 비롯된 것이 확실하다. 악마는 어떤 구속이나 제약 없이 우리를 유혹할 수 있기를 원한다. 그는 우리의 정신과 육체, 그리고 영혼을 갈가리 찢어놓기를 원한다. 그러나 악마가 부당하게 계획한 모든 것을 신은 정의로 바꾸어놓는다. 루시퍼는 우리를 파괴시키고자 우리를 유혹하지만, 신은 우리가 저항할 수 있는 것 이상의 시험을 그가 우리에게 부과하도록 허락지 않는다. 그리고 악마는 분하게도 신이 선민들을 강화하기 위해, 그의 모든 유혹을 이용한다는 사실을 깨닫는다. 1,500년 이후 토머스 머턴(Thomas Merton)이 말했듯이, 영혼은 운동선수와 같다. 그들은 자신들의 잠재력을 실현하기 위해 경쟁자에 대항해서 싸워야 한다. 사탄의 의지는 부당하지만, 신이 그에게 준 힘은 정당하다. 왜냐하면 신이 정의를 위해 그것을 이용하기 때문이다. 유혹에 굴복한 자들은 신의 잘못으로 속은 것이 아니다. 신은 그들에게 굴하지 않을 힘을 주었기 때문이다. 오히려, 그들은 자신들의 자유의지를 통해 파멸한다. 악마는 그러한 사람들을 데리고 신이 만든 우주를 훼손한 데 대해 즐거움을 느낀다. 그러나 그것은 표면적인 성공일 뿐, 신은 죄의 결과조차도 선한 것으로 변화시킨다. 그리고 항상 그렇게 되리라는 것을 아는 것이 루시퍼의 주된 괴로움이다.[22]

동시에, 악마는 원죄를 범하도록 우리를 시험함으로써, 인류에게 실제로 호된 타격을 가했다. 원죄는 인류를 신으로부터 멀어지게 하는 것이다. 그레고리우스 1세에게, 원죄는 역사적 사건이지만, 또한 신과의 근본적인 소원함을 상징하는 은유이기도 하다. 악마는 특히 소외된 존재, 타자이자 이방인이며, 신의 실재와 사랑·존재·영광으로부터 무한히 멀리 떨어져 있다.[23] 그의 주된 소망은 우리 또한 신에게 이방인으로 만드는 것이다. 그리고 원죄는 그의 성공을 나타내는 증거이다. 우리는 본래 균형 잡히고, 중심이 있으며, 신과 우주와 조화를 이룬다. 그레고리우스 1세는 그러한 조화를 "내면성"이라 부르는데, 우리가 우리 안으로 깊이 파고들수록, 우리 존재의 중심인 신에게 더 가까워지기 때문이다. 그러나 원죄는 그러한 조화를 끔찍한 소음으로 변형시키고, 우리의 균형상태를 깨뜨리며, 우리의 진정한, 내면적인 자신으로부터 억지로 끌어내어 이 세상의 "외면성"인 혼란과 욕망, 고뇌의 상태로 이끈다. 사탄은 우리의 외면성과 실재로부터의 어긋남을 즐기며, 신은 우리의 "내면성"을 사랑한다. 우리는 내면에서, 신이 만들어낸 우리 본연의 모습에 충실하게 된다. 고난과 시련은 우리를 외부성에 대한 거짓 되고 잘못된 확신으로부터 벗어나도록 하는 장점을 지닌다. 사탄은 우리의 내부성을 침투할 수 없다. 그러나 그는 우리의 외부성을 이용하여 정념과 정욕으로 우리를 혼란스럽게 만들 수 있다. 파멸한 사람은 자신의 내면을 완전히 잃어버려서, 그것으로 되돌아갈 수 없는 사람이다.[24]

그리스도를 따르는 사람들은 그리스도의 초자연적인 몸을 이룬다. 루시퍼가 타락시킨 사람들은 악마의 몸에 속한다. 그레고리우스 1

세는 다음과 같은 수사학적 질문을 던졌다. "악한 삶을 통해 사탄과 결합하는 사람은 누구나 그의 몸의 일부가 된다는 사실을 누가 모르겠는가?"……우리의 오랜 적은 모든 죄인들을 모아놓은 하나의 개체이다." 모든 죄인들은 사탄이다. 혹은 적어도, 사탄을 따르고, 모방하고, 목격하는 자이거나 사탄의 자손이다.[25] 이시도루스는 더욱 더 빈틈없이 정리한다. 즉, 모든 죄인들은 그리스도의 공동체와 그리스도의 몸으로부터 떨어져나와 사탄의 수족이 된다는 것이다.[26]

루시퍼의 몸을 이루는 이들은 적그리스도라고 생각할 수 있다. 적그리스도에 대한 두 개의 서로 다른 견해가 공존한다. 하나는 모든 죄인들—특히 이단자들과 유대인들—은 적그리스도라는 견해이다. 사탄과 적그리스도의 형상은 때때로 합쳐지므로, 그레고리우스 1세는 적그리스도의 무리를 이루는 죄인들을 루시퍼의 몸을 이루는 무리들과 동일시할 수 있었다. 10세기, 적그리스도에 대한 아드소의 논문은 루시퍼가 세상이 끝날 때, 하느님의 왕국을 저지하기 위한 최후의 악마적 노력으로 만들어낸 한 사람이 적그리스도일 것이라는 대안적인(그리고 좀더 고전적인) 견해를 발전시키는 데 큰 공헌을 했다. 적그리스도는 사탄 자신이나 사탄의 아들, 혹은 사탄의 군대의 우두머리가 인간의 모습으로 나타난 것일 수도 있다. 적그리스도가 계속되는 악의 인격화라기보다는 한 개인이라는 견해가 종말론에 있어 좀더 극적이고 적절했으므로, 신학과 문학을 지배하게 되었다. 몇몇 작가들에게 있어 적그

리스도는 세상의 종말에, 신에 대항하여 최후의 필사적인 전쟁을 치를 때의 루시퍼의 모습이다.[27]

신에 대항한 루시퍼의 반역은 실패로 돌아갔고, 그는 세상이 만들어지고 난 초기에, 하늘나라에서 내던져졌다. 그후 그는 아담과 이브를 유혹하는 데 성공함으로써, 인간의 본성을 왜곡하고 변형시켰다. 그리스도의 속죄—세상에서의 그리스도의 구원행위—는 우리를 원죄의 영향으로부터 구하기 위한 것이다. 그레고리우스 1세의 주장에 따르면, 그리스도 이전에, 악마는 모든 인간을 정당하게 소유했다. 그리스도 이후, 그는 오직 자신의 영향력 안에 있는 사람들과 죄인들에 대해서만 권리를 갖게 된다. 그러나 그러한 간단한 진술에도 함정이 숨어 있다. 그렇다면 그리스도는 선민들만을 위해 죽었는가? 그리고 만약 악마가 선민들에 대한 권리를 잃었다면, 어떻게 해서 그들을 계속해서 유혹하고 괴롭힐 수 있는가? 그리스도의 속죄와 그 효과의 본질은 기독교 신학의 주요 질문들이므로, 그것들을 여기에서 논의하려고 시도하는 것은 주제넘는 짓이 될 것이다. 그러나 그 질문들은 악마가 인간에 대해 갖는 권리에 대한 질문을 수반하므로, 문제가 되는 부분을 간단히 정리해볼 필요가 있다.[28]

교부들에 따르면, 중세 초기 작가들은 원죄의 결과로 인류가 악마의 지배하에 있게 되었다는 견해에 일반적으로 동의했다. 오세르의 하이모에 따르면, 우리는 "신의 부류"였으나, 타락 이후 "악마의 부류"로 전락했다.[29] 문제는 악마의 이러한 힘이 원죄의 결과 우리가 속하게 된 신분을 단지 표현한 것뿐인지 아니면 그것이 실재하는, 합법적인 권리를 나타내는지에 대한 것이다. 이것에 대해서는 상반되는 전통이 존재한다. 한편으로는 루시퍼가 아담과 이브를 속임으로써 자신의 힘을 탈취했다는 것이고, 다른 한편으로는 그가 인간에 대해 실제적인 권리를 가진 것으로 인식된다. 그 권리는 우리 죄를 벌하기 위해 신이 악마에게 준 것이다. 중세의 작가들은 때때로 둘간의 긴장에 대해 완전히 인식하지 못한 채, 두 입장 모두를 주장하거나, 혹은 레오 1세가 악마의 권리를 "전제군주적인 권리"라고 말했을 때처럼, 둘을 절충해서 얼버무리려고 시도했다. 레오 1세의 이 말은 이후 신학자와 법률학자들에 의해 자기 모순적인 것으로 판명되는데 왜냐하면 전제정치란 부당한 것이라 정의할 수 있고 전제군주는 아무런 권리도 갖지 못하기 때문이다.[30] 악마가 우리에 대해 갖는 권리는 어떤 것이든 신의 권위에 의해 제한된다는 것이 일치된 견해이다. 악마의 권리는 절대적인 권리가 아니라 신이 그에게 부여한 권리이다. 악마가 가진 모든 권리는 예수 그리스도의 속죄에 의해 정당하게 취소되었다는 것에도 또한 견해가 일치한다.[31]

그리스도의 속죄는 우리를 사탄의 지배로부터 해방시켰다. 그러나 신은 왜 우리를 구원하기 위해 그렇듯 이상한 방법을 선택했을까? 신은 단지 사탄으로 하여금 우리에게서 손을 떼라고 강요하거나, 만약 악마가 자신의 권리를 불법으로 행사하면, 간단한 신의 심판을 통해 권리를 넘기도록 명령할 수 있었다. 반면, 만약 신이 특정 상황하에서 실제 권리를 부여했다면, 새로운 환경하에서 그것을 그냥 철회할 수도 있었다. 그랬다면, 성육신이나 십자가에 못 박히는 것 같은 고통스런 사건들은 피할 수 있었을 것이다. 그러나 이들 대안들 중 몇몇은 신에게 어울리지 않는다. 야만적인 폭력이나 독단적인 명령은 신에게 적당하지 않다. 신은 폭력이 아닌 정당한 심판으로 악마를 물리쳐야만 한다.[32] 신이 실제로 악마에게 우리에 대한 일련의 권리를 수여했다면, 신은 권리 포기에 대한 일종의 대가를 어둠의 제왕에게 지불해야 마땅하다. 만약 "권리"가 단순히 강탈한 것이라면, 루시퍼가 우리에게 미치는 힘은 신이 악마를 일종의 정당한 무기로 사용하여, 우리에게 가한 벌이다. 이 경우, 악마의 "권리"는 형이상학적 실체라기보다는 기껏해야 강한 은유가 된다. 그리고 예수의 속죄라는 사건은 신과 악마 사이가 아니라, 인간과 신 사이에 벌어진 사건이다.

초기 교부들 사이에서는 서로 양립할 수 없는 두 견해가 존재했는데, 이들은 때로 나란히 지속되었다. 하나는 신이 루시퍼에게 우리의 몸값을 지불하기로 결정했다는 것이다. 적절한 가치를 지닌 유일한 몸값은 그리스도였으나, 당연히 그리스도를 실제로 악마에게 줄 수는 없었다. 그러므로 악마는 속아서 자신의 전리품을 빼앗겼다. 왜냐하면, 악마는 그리스도의 신성을 알지 못한 채 제공된 몸값을 단단히 붙잡았는데, 그가 죄없는 인간을 붙잡은 것은 본질적으로 부당한 것이기 때문에, 그러한 부당한 행위로 인해 그는 그리스도뿐 아니라 인간에 대한 권리까지도 잃게 된 것이다. 배상설(ransom theory)에서, 신은 그리스도를 악마에게 넘겨준다. 그러나 교부들은 또한 제물설(sacrifice theory)도 주장하는데, 제물설에서는 악마가 거의 관련되지 않는다. 인간은 신으로부터 멀어졌기 때문에, 신에게 제물을 바쳐야 했다. 제물은 죄로 더럽혀지지 않은 것이어야 한다. 모든 인간은 죄로 오염되었으므로, 평범한 인간은 적당한 제물이 될 수 없었다. 교부들과 마찬가지로, 중세의 작가들도 결코 모순을 해결하지 않았으며, 때로는 모순되는 두 개의 논의를 지속적으로 결합시킴으로써, 이 문제를 회피했다.[33]

20세기 초기까지도, 속죄냐 제물이냐의 문제는 여전히 파당적 논쟁을 불러일으켰다. "투르멜(J. Turmel)"이라는 이름으로 글을 썼던 프랑스의 한 교권 반대론자는, 중세 초기는 배상-지향이며, 12세기 안셀무스의 악마론은 속죄론으로부터의 급격한 이탈양상을 보인다고 주장함으로써 대비되는 두 개의 문제를 과장하였다. 리비에르(J. Rivière)는 투르멜에 대항하여 정교를 옹호하며, 초기 시기에서 배상의 역할을 경시함으로써, 그러한 모순을 최소화하였다. 사실상, 배상설과 제물설의 혼합은 안셀무스 이전과 이후 모두에 존재했다. 그러나 15세기에 이르러 제물설이 한층 확립된 견해로 자리잡았으며, 현재까지도 그러한 상태로 남아 있다. 안셀무스의 견해는 교부학의 전통에 근거하고 있다. 그의 독창성은 일관된 논리를 이용하여 교부학의 전통을 탐구한 데 있다.[34]

십자가에 못 박힌 이후, 예수가 죽은 이들 사이로 내려간 것은 중세 초기에 대두된 또 다른 문제였다. 이 개념은 구약성서와 신약성서에 나와 있는 막연한 특정 견해로 거슬러올라간다. 초기 기독교 공동체는 예수가 성 금요일과 부활주일 사이에 죽은 이들 사이에 있었다고 가정했다. 팔레스타인의 유대교 공동체인 이들은 하늘나라를 통한 상승이라는 신플라톤주의의 용어보다는 지하세계로의 하강이라는 용어로 이러한 견해를 표현했다. 지하세계에서 예수는 죽음의 세력과 맞서 그들을 물리쳤다. 아주 초기부터 이러한 견해는 성육신 이후에 죽은 사람들의 운명이라는 별개의 문제를 설명하기 위해 사용되었다. 만약 성육신으로 인해 인간이 원죄의 영향으로부터 해방되었다면, 예수 이전에 살았던 사람들은 어떻게 되는가? 그리스도는 죽은 이들의 왕국에서, 자신의 탄생 이전에 올바른 사람들을 틀림없이 인도했을 것이다. 15세기까지 이러한 견해는 교부들의 논평과 설교 문학, 그리고 성 토요일의 예배식에 의해 고정되었다. 그러나 교부들은 한 가지 중요한 점에 대해 확신하지 못했다. 그들은 모든 올바른 유대인들이 구원받았는지, 아니면 오직 정의로운 사람들만이 구원받았는지 알지 못했다. 이에 대한 대답은 일반적으로, 그 사람의 이교 문화에 대한 태도와 특히 그리스 철학에 대한 태도와 일치한다. 아브라함뿐만 아니라 플라톤도 구원받았을까? 진정으로 구세주와 결합한 사람들만이 구원받았을 것이라는 데에 의견이 일치한다. 여기에는 분명 이스라엘의 주교들과 (하느님과 이스라엘 사람 사이의) 계약에 충성하는 모든 유대인들이 포함된다. 유대인들 사이에서 구세주의 영향력이 점차 커져가고 있다는 사실을 알지 못한 교부들은 모든 신앙심 깊은 유대인들이 구세주가 오기를 기다리고 있다고 생각했다. 몇몇 교부들은 구원이 미치는 범위를 유대인을 넘어서까지 확장시켰다. 오리게네스, 알렉산드리아의 키릴루스, 그리고 그레고리우스 나지안지누스는 그리스도가 죽은 자들 사이로 내려오셨을 때, 이교도들을 전도하고 양심에 따라 선하게 살았던 사람들을 개종시켰다고 주장했다. 그레고리우스 1세의 복음서에 대한 20초짜리 설교는 이 주장을 받아들인 것으로 해석될 수 있는데, 이것은 아브라함뿐 아니라 플라톤도 구원받을 수 있다는 것을 의미한다. 초기 교회에서부터 광범위하게 가르쳤던 죽은 이들 가운데로의 하강이라는 교리는 359년에 처음으로 공식적인 신경(信經)이 되었다(시르미움 신경). 이것은 6세기의 스페인과 7세기의 갈리아에서 점차 인기를 얻었으며, 이 지역에서부터 비롯된 신경은 8세기경 사도신경을 만들어낸 로마의 세례식 신경에도 영향을 미쳤다. 8세기부터 계속해서 기도서에 정착되었다.[35]

7세기, 하강에 대한 극적 기술이 민간에 전해지는 외경의 「빌라도

행전」이나 「니고데모 복음서」에 덧붙여졌다. 이러한 기술은 신경, 설교, 기도서와 함께 죽은 이들 가운데로의 하강이라는 본래 개념을 좀더 극적인 것으로 바꾸는 데 일조했다. 이 개념은 영어로 "지옥의 정복(harrowing of hell)"이라 불리는데, "급습하다"라는 의미를 지닌 고대 영어의 herian에서 비롯되었다. 지옥의 정복에서, 그리스도는 죽음·지옥·악마를 쓸어버리고, 지옥의 문을 때려부수고는 올바른 자들을 당당하게 하늘나라로 데려간다. 지옥의 입구에서 그리스도와 사탄 간에 벌어진 극적인 전투는 제물설보다는 배상설에 더 잘 들어맞으며, 신학자들이 점차 배상설을 포기했음에도 불구하고 배상설이 그토록 인기를 지속했던 이유를 설명하는 데 도움이 된다.

「빌라도 행전」에 나오는 마지막 이야기는 세상의 종말이 왔을 때, 사탄의 패배이다. 이 이야기는 「사도행전」과 일반적인 기독교 문헌에 뒤죽박죽 섞여 있다. 루시퍼가 최초로 반란을 일으켰을 때, 그리스도(혹은 미가엘)는 그를 영원한 암흑 속으로 내던져버렸다. 루시퍼는 감금되었으나, 또한 신의 허락하에서 얼마간 자유롭게 세상을 돌아다니며 영혼을 파괴시키고, 파멸시키려 시도했다. 루시퍼의 두 번째 패배는 그리스도의 성육신과 동시에 일어난다. 세 번째는 그리스도가 사막에서 유혹에 저항했을 때 일어나며, 네 번째는 겟세마네 동산의 고난으로부터 십자가에 못 박히기까지의 그리스도의 수난에 의해 발생한다. 다섯 번째는 그리스도가 죽은 이들 가운데로 내려올 때, 여섯 번째는 그리스도의 부활, 그리고 일곱 번째는 그리스도의 재림과 함께 발생한다. 그리스도의 재림은 악마가 자유롭게, 전보다 더 맹렬히 인간을 공격할 시기가 지난 후에야 발생할 것이다. 그리고 마침내, 사탄의 첫 번째 반란 때 그랬던 것처럼, 그리스도(미가엘)가 사탄을 진압하게 될 대전투가 있을 것이다. 그때 루시퍼는 영원히 패배할 것이며, 사슬에 매이게 되어 우리를 유혹하고 괴롭힐 수 있는 모든 자유를 박탈당할 것이다. 이러한 사건들은 일련의 연속적인 순서를 이루고 있지만, 구조적으로는 모두 하나의 단일한 원형적인 패배의 표현이다. 루시퍼의 최초의 반란과 이후 신의 왕국에 대항하는 그의 모든 분투는 움직일 수 없게 운명지어져 있다. 악마의 첫 번째 패배와 마지막 패배는 구조적으로 동일한데, 이는 이 두 사건이 예술에서 도상학적으로 동일하게 나타나는 이유를 설명해준다.

구조적으로 동일한 요소들이 역사적으로는 분리된 사건으로 받아들여질 때 어려움이 발생한다. 중세 초기의 작가들은 이 함정에 빠졌다. 그리고 수세기 동안 연대기를 분류하려는 선의의 노력들은 모두 혼란을 가중시키기만 했다.[36] 해결되지 않은 연대기상의 어려움을 무시한 채, 이것을 구조적으로 해결하고 나면, 본질적인 신학적 주제가 나타난다. 만약 사탄이 영원히 신에게 패배했다면, 그리고 악이 영원히 선에 종속되었다면, 신은 왜 애초에 악을 허락한 것일까? 이 질문은 즉시 일반적인 악의 문제로 다시 돌아가게 한다. 그리고 만약 루시퍼

지옥의 악령들이 특정한 양식을 지닌 괴물로 묘사되었다. 여기에서 그들은 신의 대리인들로, 신의 처벌을 실행하고 있다. (성 아우구스티누스의 『신의 도시』의 15세기 프랑스어 필사본 채식. 생 제네티브 대학 연합도서관)

가 원죄의 결과로 인류에 대한 지배권을 얻었지만, 그리스도에 의해 그 지배권이 끝장났다면 루시퍼의 지배권이 계속적으로 부지불식간에 소멸되고 있다는 말은 어떻게 된 것인가? 이러한 문제들은 결코 해결되지 않았다.

중세 초기의 작가들은 사탄은 구원받을 수 없다는 오리게네스의 반대자들의 의견에 동의했다.[37] 그러나 그들은 더 나아가 왜 사탄이 구원받을 수 없는지에 대한 질문을 추구했고, 이에 대한 설명을 제공했다. 첫째, 루시퍼나 그의 사악한 천사들은 구원받기를 선택하지 않는다. 조금도 회개하지 않는 그들은 최초의 죄로 인해 실재로부터 멀어져 파멸을 향해 가는 돌이킬 수 없는 궤도로 보내진다. 둘째, 천사들은 그들의 고귀한 본성 속에는 신에게서 부여받은 비범한 저항력이 존재하기 때문에, 그들의 타락은 인간보다 훨씬 더 큰 죄가 된다. 셋째, 순수한 정령인 천사들은 육체의 나약함에 의해 유혹에 넘어갔다고 변명할 수 없다. 넷째, 인간은 이미 죄를 지은 사람에게 유혹을 당했다는 정상참작이 가능하지만, 악마는 그러한 변명을 할 수가 없다. 그는 스스로가 모든 죄의 창시자이기 때문이다. 심판은 단호하고 최종적인 것이다. 루시퍼에게는 전혀, 아무런 희망이 없다.[38]

고트샬크(c. 804-c. 868/869)는 운명예정설에 반대하는 논쟁을 일으켰다는 점에서 중요한 인물이다. 랭스 대주교의 관구에 있는 수도사였던 고트샬크는 풀다로 가서 위대한 카롤링거 왕조의 학자, 라바누스

마우루스를 만났다. 라바누스는 운명예정설에 대한 그의 견해와 불규칙한 생활에 이의를 제기하고—그가 허가 없이 수도원을 떠난 것은 분명하다—그를 감금하라는 요청과 함께, 방황하는 수도사를 랭스의 힝크마르 대주교에게 돌려보냈다. 힝크마르는 그를 감금했고, 849년 키에르시 교회회의를 소집했다. 키에르시는 대머리왕 샤를이 왕립학교를 설립한 곳이다. 교회회의에서는 고트샬크의 견해를 듣고, 그를 대주교 관주 내에 있는 수도원에 감금하도록 공식 선고했다. 감금된 고트샬크는 계속해서 저작을 집필하고 유포했으며, 그 결과 8세기의 성상파괴에 대한 논쟁 이후 가장 뜨거운 신학적 논쟁이 시작되었다. 힝크마르의 예상과 달리, 저명한 수도원의 신학자인 코르비의 라트람누스 역시 고트샬크의 견해와 유사한 운명예정설의 입장을 취했다. 힝크마르는 그 당시 이미 가장 위대한 지성으로 알려진 요한 스코투스 에리게나에게 도움을 요청했으나, 에리게나는 극단적인 반대편의 논문으로 그에게 반감을 주었다. 프랑크 전체가 떠들썩하였다. 힝크마르는 자신의 중도적 입장에 대한 지지를 확보하기 위해 853년 키에르시에서 또 다른 공의회를 소집했다. 그러나 운명예정설을 신봉하는 쪽에서는 발랑스에서 자신들만의 공의회를 열고, 859년 랑그르 공의회에서 그랬던 것처럼 힝크마르의 견해를 비난했다. 힝크마르는 이제 그 주제에 대한 자신의 논문을 발행하였고, 모든 파가 요황 니콜라스 1세에게 호소했다. 그러나 교황은 그 문제에 대해 듣기 전에 사망했다. 그러는 동안, 힝크마르의 견해가 점차 용인되고 비타협적인 고트샬크는 죽을 때까지 감금되면서, 소동은 점차 가라앉았다. 아우구스티누스의 유산인 자유의지와 운명예정설의 모호성을 수용하지 않은 것은 고트샬크의 완고한 성품 때문이었다. 그는 전보다 더 정정당당히 문제에 맞섰으나, 교회 전체는 그 문제를 해결할 수 없는 혹은 해결하려 들지 않는 상태로 남아 있었다.[39]

고트샬크의 반대자들이 자유의지를 강조한 곳에서, 고트샬크는 은총의 절대적인 필요를 주장했다. 원죄의 결과로, 죄를 제외한 어떤 것에도 우리의 자유의지를 사용할 수 없게 되었다. 우리는 단지 죄를 범할 자유만을 가지고 있을 뿐이다. 그리스도가 그의 은총을 통해 우리에게 작용할 때에만, 선행을 하고 구원받을 수 있는 자유를 갖게 된다. 은총이 없으면, 우리는 여전히 죄를 짓고 저주를 받는 것에만 자유로울 수 있다. 은총을 받는 사람은 누구나 그리스도가 영향을 주어, 그리스도에 저항할 수는 없다. 신은 영원 속에서 누가 구원의 은총을 받고, 누가 받지 못할 것인지를 알고 있다. 신은 선민들에게 악마를 이겨내고 죄를 피할 수 있는 힘을 준다.[40] 아우구스티누스는 이러한 종류의 문제를 가지고, 오랫동안 열심히 씨름했으나, 어떤 명확한 결과도 내놓지 못했다. 오랑주 공의회에서는 두 가지 점으로 미루어볼 때, 신이 선민들의 운명을 미리 예정하고 있다고 주장하였는데, 하나는 그들이 구원받을 것을 신이 영원히 알고 있다는 점과 또 하나는 신이 그들의 구원을 바란다는 점이다. 그러나 공의회는 또한 신이 저주받은 자들의 운명도 미리 예정하고 있다고 주장하였는데, 그것은 신이 그들의 저주를 알고 있다는 점에서만 그러할 뿐, 신이 그것을 바라는 것은 아니다. 다음은 힝크마르가 고수하고자 노력했던 구절이다. "신은 신의 공정성을 행사할 대상을 미리 정하셨을 뿐, 인간의 죄악이 저지를 잘못을 미리 정하신 것은 아니다." 그러나 라트람누스는 신이 알고 있는 것과 신의 의지를 구분하는 것이 어렵다고 생각했다. 그가 말하길, "신은 앞으로 일어날 모든 일을 미리 알고 있으며, 오랜 시간에 걸쳐 그들이 어떻게 될지를 미리 정하신다."[41]

그러므로 신이 악에 대해 어느 정도 책임이 있는지가 논쟁의 중심이었다. 이것은 예민한 주제였다. 그리고 고트샬크는 지나치게 대담한 조치를 취했다. 때때로 그는 악마가 저지를 미래의 죄를 알고 있었으므로, 신은 그 죄를 기반으로 악마를 위한 지옥을 준비하고, 미리 운명지었다고 주장하는, 좀더 온건한 견해를 보이기도 했다.[42] 그러나 그는 가혹한 이중의 예정설 쪽으로 더 기울어졌다. 신은 악마가 자유의지로 저지른 죄악에 대한 벌을 예정한다는 의미에서, 악마를 지옥으로 가도록 운명지은 것만은 아니다. 신은 그가 알고 있는 존재에 대해서는 항상 그의 의지를 관철시킨다. 그렇지 않다면 신은 변덕스러운 존재가 될 테니까. 만약 신이 자신이 창조하고 있는 존재가 저주를 받게 될 것을 처음부터 알고 있었다면, 신은 그 존재를 만들어낼 필요가 없었다.

성 제롬이 꼬마도깨비처럼 생긴 검은 악마에게 정욕을 느끼도록 유혹받고 있다 (15세기 부르고뉴, 듀크 드 베리의 채식. 메트로폴리탄 미술관, 클로이스테스 컬렉션).

혹은 적어도 그러한 방식으로는 말이다.[43]

고트샬크의 견해에서의 난점 중 하나는 진정한 자유의지를 효과적으로 제거한다는 것이다. 간접적이나마, 죄악에 대한 명백한 책임을 완전히 신에게 돌린다. 이는 그리스도는 오직 선민들만을 위해 죽었으며, 세례는 아무런 효과가 없다는 것을 의미한다. 대체로 이 견해는 꼼짝없이 조종되는, 결정론적인 질서를 향해 간다. 그 질서 안에서는, 전 인류는 물론 그리스도도 아무 소용 없는 듯하다. 고트샬크에게는 신이 세례받지 않은 사람들이나 혹은 세례받은 이들 중 죄인들을 위해 죽지 않았다는 것이 명백해 보였다.[44] 바로 이 점이 공의회가 고트샬크를 비난한 핵심이었다. 왜냐하면 그들은 그리스도가 모든 인간을 위해 죽은 것이지, 선민들을 위해 죽은 것이 아니라고 주장했기 때문이다. 만약 신이 진정으로 악과 악에 대한 처벌을 미리 예정하고 있다면, 악마나 사악한 인간들은 자신의 죄에 대한 완전한 책임을 면하게 된다. 기껏해야 공동책임인 것이다. 그리고 그러한 수준의 논의에서는 악이 진정으로 악한 것인지, 혹은 단지 선을 오해한 것인지 명확하지 않다. 그러한 경우 신에 대한 저항의 상징인 악마는 사실상 아무런 역할도 하지 않는다. 대다수의 기독교 신학자들은 이중(double) 예정설을 따르지 않기로 결정했다.

중세 초기의 가장 독창적인 신학자였던 요한 스코투스 에리게나는 9세기 초에 아일랜드에서 태어났다. 그는 847년 프랑크 왕국으로 이주했으며, 851년까지 랑 근처의 키에르시에 있는 대머리왕 샤를의 왕립학교에서 공부했다. 그리고 같은 해, 그는 힝크마르의 부탁으로 자신의 첫 번째 저작인 운명예정설에 대한 논문을 썼다. 그는 언제나 가톨릭의 교부학의 전통, 특히 아우구스티누스에 깊이 의존해왔다. 그러나 860년경, 전혀 새로운 요소가 그의 사고 안으로 들어왔다. 위 디오니시우스의 저작은 750년경, 서방에 처음으로 등장했다. 그리고 869년, 대머리왕 샤를은 요한에게 그것을 번역하도록 했다. 에리게나는 디오니시우스를 깊이 존경했다. 왜냐하면 그 당시에는 누구나 디오니시우스가 바오로의 제자라고 생각했으며, 그의 저작이 바오로의 생각을 충실히 반영하고 있다고 여겼기 때문이다. 요한의 그리스어 실력은 그 일을 하기에 적합했다. 그러나 그의 정신은 단순히 문자 그대로의 번역을 하기에는 지나치게 영리하고 독창적이었다. 그는 자신의 독창성을 발휘하여, 디오니시우스를 성 아우구스티누스의 방향으로 수정하는 한편, 디오니시우스와 자신이 번역했던 그리스의 다른 신비주의 작가들인 니사의 그레고리우스와 고백자 막시무스의 사상의 영향을 받아, 스스로의 사상 또한 변화했다. 에리게나의 신학은 홀로 우뚝 서 있었다. 그는 "그리스어와 라틴어 저작을 모두 읽고, 스스로 생각했던" 저술가였다. 그의 가장 위대한 저작은 『자연의 구분(The Division of Nature)』으로, 862년과 867년 사이에 저술되었다. 이 책은 생각만큼 영향력을 미치지 못했다. 왜냐하면 신플라톤주의의 요소들이 요한을 범신론의 경계로 몰고갔으며, 처음부터 의심의 눈초리를 받았던 그의 견해들은 그의 사후인 1050년, 1059년, 1210년과 1225년에 유죄선고를 받았기 때문이다. 때때로 호노리우스 아우구스티노덴시스와 시토 수도회의 수도사인 질베르 드 라 포레, 그리고 쿠사의 니콜라스에게서 에리게나의 사상을 엿볼 수 있다. 그러나 1200년경, 범신론자들이 그의 사상을 이용함으로써, 에리게나의 사상을 가리고 있던 구름을 한층 어둡게 했다.[45]

그의 다른 견해들과 마찬가지로, 악에 대한 니콜라스의 견해는 유별났다. 그는 자신의 동시대인들보다 악마의 개념을 덜 사용했다. 그는 악의 존재를 가정했지만, 사악한 루시퍼는 그의 신비주의적 우주론에 들어맞지 않았다.[46]

요한의 인식론은 기본적인 것이었다. 신은 우리와 그 모두에게 전혀 인식할 수 없는 존재이다. 무언가를 안다는 것은 무언가를 정의하는 것이다. 그러나 신은 정의될 수 없다. 더 나아가, 신은 어떤 것도 아니다. 신을 무언가라고 얘기하는 것은 신을 창조물들과 동일한 범주에 두는 것이므로 모순된다. 게다가 신에 대해서는 어떤 것도 단언할 수 없다. 신에 대해 단언하는 것은 그 반대를 부정하는 것이 되기 때문이다. 만약 신이 거대하다고 얘기한다면, 그것은 신이 작다는 것을 부정하게 된다. 그가 빛이라고 얘기하면, 신이 어둠이라는 것을 부정하게 되는 것이다. 그러나 사실상 신은 모든 범주를 넘어서, 모든 범주를 초월하며, 모든 반대개념들을 통합한다. 신에 대한 긍정은 단지 비유일 뿐이다. 부정은 직설적 표현이라 할 수 있겠다. 예를 들어 혹자는 어쩌면 정말로 신은 공간에 제약을 받는다고 말하거나 그가 빛이라는 사실을 부정할 수도 있다. 그러나 신에 대한 다른 진술을 배제시키는 어떤 진술도 타당하지 않다.[47] 신은 심지어 본질이라고도 얘기할 수 없다. 왜냐하면 본질은 무(無)의 반대인데, 신은 무엇인가인 동시에 어떤 것도 아니기 때문이다.

우리는 신이 본질을 초월한 존재라고 이야기할 수 있다. 그러나 이것은 사실상 부정이 된다. 왜냐하면 그것은 신이 어떤 존재인가가 아니라, 신이 어떤 존재도 아니라는 것을 말해주기 때문이다. 그는 어떤 본질도, 물질도, 존재도 아니다. 따라서 신은 존재하지 않는다. 신이 존재하는 다른 것들과 마찬가지로 마치 시공(時空)의 연속선상을 점하고 있는 것처럼 신의 존재를 주장하는 것은 어리석은 짓이다. 개나탁자, 별, 여성은 존재할 것이나, 신은 그렇지 않다. 그러나 이러한 부정이 긍정을 무효로 만드는 것은 아니다. 디오니시우스와 마찬가지로 요한은 긍정적, 혹은 유념적(cataphatic) 신학보다는 부정적, 무념적 신학을 선호한다. 그러나 그는 가장 진실된 명제는 역설이며, 서로 반대되는 일이 동시에 발생하는 것이라고 주장한다. 신에 대한 어떠한 진술도 두 개의 반대되는 명제로 나뉠 수 있으나, 둘 중 어떤 것도 진실이 아닌 동시에, 둘 다 진실이다. 인간의 이성을 넘어서기는 하지만 허튼

천사들이 요한계시록에 나오는 짐승의 머리를 베고 사탄을 지옥으로 내던지는 것을 신의 어린 양이
지켜보고 있다. 악마의 머리에 대한 전설은 diabolus victus, 즉 "패배한 악마"이다 (11세기 프랑스,
성 베아투스의 『요한계시록 주석서』의 채식. 파리의 국립도서관).

소리는 아니다. 왜냐하면 신은 인간의 이성으로 이해할 수 있는 범위를 초월하기 때문이다. 다음과 같이 말하는 것은 진실이다. 즉, 신은 존재한다, 신은 존재하지 않는다, 신은 존재하는 동시에 존재하지 않는다, 신은 존재하지 않으며, 존재하지 않는 것도 아니다. 우리는 신을 포함할 수 있는 어떤 범주도 생각해낼 수 없다.[48]

신은 존재하는 동시에 존재하지 않는다는 말이 과연 이치에 닿을 수 있을까? 에리게나는 맨 처음 존재 혹은 실재간의 서로 다른 의미를 구분했다. ① 존재는 감각이나 지성으로 인식할 수 있는 것을 의미하지만, 비존재는 그렇지 않다. ② 존재는 실현된 것을 의미하지만 비존재는 잠재된 것일 뿐이다. ③ 존재는 지성으로 알 수 있는 것을 의미하지만, 비존재는 감각으로만 알 수 있다. 신이 실재하느냐, 실재하지 않느냐는 어떤 방식을 사용했는지에 따라 달라진다. 만약 실재하는 것이 감각으로 느낄 수 있는 것만을 의미한다면, 신은 실재하지 않는다. 셔츠가 실재하는 것이라면, 신은 실재하지 않는 것이다. 반면, '실재'라는 단어의 의미를 변화시켜, 신이 실재한다고 말한다면, 셔츠는 실재하지 않게 된다. '존재'라는 단어는 신과 다른 창조물들에게 동일한 의미로 사용될 수 없다. 신에 대해 사용된 "존재"의 의미는 셔츠에 사용된 "존재"의 의미와는 전혀 다르다.

다음 단계는 자연(nature)을 서술하기 시작하는 것인데, 요한은 자연을 네 단계로 나누는 것으로 시작했다. 그는 신과 자연을 사실상 같은 단어로 사용한다. 왜냐하면 자연을 있는 그대로, 포괄적으로 다루기 때문이다. 자연은 창조된 우주 그 이상이다. 창조된 우주는 신이며, 신은 창조된 우주 그 이상이다. 만물이 신 안에 존재하는 동시에, 만물이 신이다. 그러나 신은 만물을 초월한다. "신이 창조한 자연은, 존재를 초월하므로, 그것이 스스로의 내부에 창조한 것과 다르다."[49] 존재하는 것은 존재한다. 존재하는 것은 그것이 신이기 때문에 존재한다. 우리는 우주가 존재하며, 그 실재가 있다는 것을 과학적으로 입증할 수 있다. 차이가 있다면 에리게나의 우주는 정신과 삶, 목적이 있다는 점이다. 우주는 신과 분리할 수 없다. 우주는 신 안에서, 신에 의해, 신을 통해 실재하며, 살아가고, 움직이고, 휴식을 취한다. 존재하는 모든 창조물은 신이 그것을 생각하기 때문에 존재한다. 창조물의 가장 근본적인 존재는 신의 마음속에 있다. 다시 말해서, 만약 우리가 창조물의 존재의 가장 깊은 곳까지 꿰뚫어볼 수 있다면, 우리는 그 깊은 곳에 신이 있다는 사실을 알게 될 것이다. 어떻게 창조물이 신 이외의 다른 것이 될 수 있단 말인가? "우리는 신과 그의 창조물을 서로 떨어져 있는 두 가지로 이해해서는 안 되며, 하나이자 동일한 것으로 이해해야 한다." 신은 위에 있는 동시에 아래에 있고, 만물의 안과 밖에 있으며, 시작이자, 중간이자, 끝이다.[50]

자연은 신이다. 그러나 신을 포함하거나 제한한다는 의미에서 그런 것이 아니다. 에리게나는 자신이 범신론자로 보일 수 있다는 사실을 알고 있었다. 그러나 그는 그러한 혐의를 강하게 부인했다. 자연은 그것이 전적으로 신 안에 있기 때문에 신이다. 그러나 신이 자연에 의해 제한을 받는 것은 아니다. 우주는 시공과 모든 범주를 초월하는 신 안에 존재하는 시공의 연속체이다. 이후에 나온 은유는 우주가 바다 속의 스펀지처럼 신 안에 흡수되었다는 것이다. 에리게나는 이에 동의했을 것이다. 그러나 스펀지 역시 신이 만들어낸 물건이라고 주장했을 것이다.[51]

그렇다면, 신인 자연을 네 단계로 구분하는 것이 가능해진다. 그러나 이들 범주는 우리의 정신이 만들어낸 것일 뿐, 궁극적인 의미에서 신 안에 존재하는 것으로 생각해서는 안 된다는 것을 항상 기억해야 한다. 자연의 첫 번째 부분은 아직 창조되지 않았으며, 창조하는 것이다. 이것은 "태초의" 신이다. 신은 시간 속에 존재하는 것이 아니라 영원히 존재하므로, 신에게는 움직임도, 시작도 끝도 없다. 시간 속에 존재하는 우리들에게, 우주는 시작과 끝을 가지고 있다. 우주의 시초는 스스로가 다른 것에 의해 창조되지 않은 이 신-자연이 창조하는 시기이다. 두 번째 부분은 창조되었으며 창조하는 것이다. 이것은 플라톤의 이데아 세계와 유사하다. 세 번째는 창조되었으며, 창조하지 않는 것이다. 이것은 물질세계이다. 그리고 네 번째는 창조되지 않았으며, 창조하지 않는 것이다. 이것은 스스로에게 다시 들어가 휴식을 취하는 신-자연이다.[52]

신 자체는 알 수 없지만, 우리가 방금 자연의 단계라고 부른 것에서, 신은 스스로를 인식할 수 있도록 만들었다. 알 수 없는 신이 스스로를 알 수 있는 것으로 만든 이 과정은 창조의 과정이다. 신은 왜 우주를 창조하는가? 에리게나는 몇몇 해답을 제공한다. 하나는 신의 본질이 무한한 사랑이며, 그 사랑의 폭발적이고 넘치는 사랑은 그 자체를 사랑의 행위로 발산한다는 것이다. 둘째는, 다소 이상한데, 이것이 죄 때문이라는 것이다. 우리에게는 이것을 식별할 이성이 없다는 것이 여

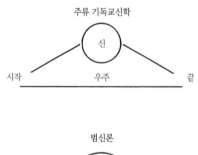

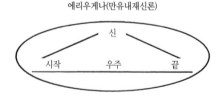

신과 우주 간의 관계를 이해하는 세 가지 방법

기서 관철되는 논리이다. 우주가 존재한다는 사실로부터, 그것이 단지 우주를 창조한 신의 본질 안에 있을 뿐이라는 것을 알 수 있다. 존재하는 것은, 존재한다. 이것은 마치 신이 앉아서 서로 다른 대안들에 대해 곰곰이 생각하다가 이 우주, 혹은 다른 우주를 내놓기로 결정한 것처럼 이루어진 것이 아니다. 나는 존재하는 그대로의 나이다. 신은 영원히 존재하는 신이다. 우주는 존재하는 그대로의 우주이다. 어떤 대안도 존재하지 않는다. 창조의 이유야 어찌 되었건, 신은 자신과 반대되는 것들을 창조하고, 반대되는 것들이 동시에 발생하는 가운데 스스로를 실현한다.

모든 창조물은 신 안에 산다,

그리고 신은 스스로 모든 창조물 안에 창조되었다.

우리가 알 수 없는 방법으로.

닿을 수 없지만, 신은 우리에게 스스로를 나타내고,

볼 수 없지만, 신은 스스로를 보여준다.

생각할 수 없지만, 신은 우리의 마음으로 들어오고,

숨어 있지만, 신은 스스로를 드러낸다.

알 수 없지만, 신은 자신을 알리고,

말할 수 없는 이름이 각각의 사물의 이름을 말한다.

무한한 동시에 유한하고, 복잡한 동시에 간단한,

신은 자연을 초월한 자연이며, 존재를 초월한 존재이다.

만물의 조물주로서, 그는 만물 안에 창조된다.

움직이지 않고, 세상으로 들어오며,

시간 속에서 영원하고, 제한된 공간 속에서 무한하다.

그러므로 신은 아무것도 아닌 동시에 모든 것이 된다.[53]

디오니시우스의 말처럼, 신은 그 자체로는 알 수 없지만, 그의 현시, 그의 활동을 통해 스스로를 알 수 있도록 만든다. 그리고 그 현시는 바로 우주이다.

신은 무(無)에서 우주를 창조한다. 이것은 4세기 이래로 기독교의 정설이었다. 그러나 에리게나는 이 진술을 은유가 아닌 문자 그대로 받아들인다면, 허튼 소리가 될 것이라고 생각했다. 우리에게는, 무가 어떤 것에 앞선다는 것이 논리적인 것처럼 보이는 것이 사실이다. 그러나 사실상 우리는 무에서 어떤 것이 창조되는 것을 한번도 본 적이 없고, 무에서는 실제로 아무것도 창조되지 않는다. 신은 있는 그대로의 신이다. 신에게는 부족한 것이 없다. 신에게는 아무것도 아닌 것(본질 전체를 결여한 것이라는 의미에서)이 있을 수 없다. "무(nothing)"는 신 안에 존재하지 않는다. 그리고 신이 맨 처음 "무"를 창조하고, 그리고 나서 무로부터 사물을 만들어냈다고 가정하는 것은 전혀 이치에 닿지 않는다.[54] 단어를 달리 이용해서, 신이 단지 잠재되어 있던 것들을 실현했다는 의미에서 무로부터 사물을 만들었다고 말하는 것은 가능하다. 그러나 이것조차도 두 가지 이유로 목적을 달성하지 못한다. 첫째, 만약 사물이 신의 머리 속에 잠재적으로 존재한다면, 그들은 가능한 가장 진정한 방법으로 존재하는 것이다. 둘째, 신이 사물을 실현하기 전에, 잠시 동안 사물을 잠재적인 상태로 둔 채 기다린다는 생각은 (또다시) 이치에 맞지 않는다. 신은 영원하다. 신의 존재는 영원하며, 신이 행하는 것 또한 영원하다. 사물이 존재하지 않았던 때는 없었다. 우주는 창조되었을 뿐 아니라 영원하다. 우주는 그 안에 사는 창조물에게는 분명 시작과 끝이 있지만, 신의 말씀 안에서는 우주는 영원하다. 따라서 신은 신의 창조물 안에 자신의 형상(본질)을 창조했다.[55]

신이 스스로를 자신의 창조물 안에 창조하는 것은 "선의 세습" 과정이다. 이 세습의 첫 단계는 그리스도이다. 그리스도는 신과 창조물을 이어주는 고리이다. 그리스도 안에서, 하느님의 말씀은 우주 전체의 모든 원인이자 본질이며, 관념, 모범, 의지, 계획, 프로그램, 예정이자, 근원이다. 이것이 플라톤의 이데아 세계이다. 그러나 모든 이상적인 것은 그리스도 안에 있다. 언제 신은 이러한 창조의 행위를 하는가? 우리의 관점에서 보면, 시간이 맨 처음 시작될 때, 그리고 신의 관점에서는 영원 속에서이다. 우주는 신의 출현, 신의 현시이다.[56]

세습의 세 번째 단계는 창조되었으나, 창조하지 않는 것이다. 이것은 물질세계이다. 신의 선함이 감각과 지성으로 이해될 수 있는 세계로 내려오는 것이다. 이데아 세계보다는 더 흐릿하고, 어두우며, 덜 실재적이지만, 이 세계 또한 신의 솜씨이다. 이 세계는 (기이하게도) 사랑과 소원함 이 두 가지 모두의 결과로 생겨났다. 왜냐하면, 이제 악의 문제가 나타나기 때문이다. 악은 어떤 성질이 결여된 상태이다. 에리게나는 이것을 아우구스티누스로부터 물려받았다. 악은 영향을 미친다는 의미에서 존재하지만, 좀더 깊고 본질적인 의미에서는 아무것도 아니다. 존재하는 모든 것은 신이 그것을 알기 때문에 존재하는 것이다. 신은 악을 알지 못하므로, 악은 존재하지 않는다. 만약 신이 악을 알고 있다면, 악은 신으로부터 생겨났을 것인데, 에리게나에게는 대안이 아니었다.[57]

악은 신으로부터 생겨나지 않는다. 따라서 악은 자연적인 것이 아니며, 악의 영향 또한 마찬가지이다. 악은 자연의 질서를 오히려 교란시켜, 소원함과 부조화의 상태로 만든다. 그리고 신이 물질 속에 스스로를 나타내는 것은 악 때문이다.[58] 악은 이렇듯 소원한 상태이자 원죄의 상태이다. 원죄는 시간 속에서 발생한 사건이 아니다. 인간의 창조와 타락 사이에는 시간적 간격이 없었다. 신으로부터 소원해지는 것은 우리의 자연적인 상태가 아니다. 왜냐하면, 우리의 지성이나 이성, 혹은 우리 본성의 어디에도 결함은 없기 때문이다. 그러나 소원함은 우리의 실존적 상태이다. 우리 각자는 신을 향해 나아가 신과 함께 사랑하고 성장하기보다는, 자기자신 속으로 파고들어가 우리 안에 소중히 간직하고 있는 것들에 매달리려 하기 때문이다. 신은 우리에게 돌아오라고 부르지만, 우리는 우리가 단단한 바위라고 여기는 것들—돈, 명성, 쾌락—에 우리의 손끝과 발끝을 찔러넣고, 신에 대항하여 반항한다. 그러나 결국 그것은 착각일 뿐임을 깨닫는다. 우리는 존재하는 것보다는 존재하지 않는 것에 매달린다. 이러한 소원함은 본질적으로 운동의 결여, 운동에 대한 거부에 가깝다.[59]

악마가 아담과 이브를 유혹한 것은 시간 속에서 발생한 역사적 사건이다. 그러나 그때 인간은 이미 타락해 있었으며, 소원함은 이미 우리 본성의 중심부에 있었다. 악마는 이들을 성공적으로 유혹했지만, 그의 존재는 에덴동산과 에리게나의 신학에서는 중요하지 않다. 죄, 소원함, 그리고 악은 우주가 처음 만들어진 순간부터 존재한다. 신이 우리를 창조한 영원한 순간 혹은 적어도 우리를 창조한 것과 같은 시간에, 우리는 죄를 짓는다. 그리고 우리 죄의 결과는 정해져 있다. 우주는 존재하는 것 그 자체이다. 신은 우주 안에 우리 모두가 범하는 죄로 인해 발생한 결함과 결성이 있음에도(혹은 있기 때문에), 이 우주를 창조하고자 한다. 인간과 마찬가지로, 천사들도 지적인 창조물이다. 따라서 천사들은 이러한 죄와 소원함을 들여오는 데 인간과 같은 시기에, 같은 방식으로 참여한다. 인간과 마찬가지로, 악마는 처음 창조된 순간 타락했다. 그러나 중세 사상의 너무나 많은 부분을 차지했던, 온 세상을 뒤덮는 강력하고 적대적인 악마의 존재라는 관념 전체가 에리

게나에서는 거의 전부 빠져 있다.[60]

에리게나는 지옥을 특정 장소라기보다는 하나의 은유로 생각했다. 지옥은 당신과의 합일을 원하는 신의 뜻에 따르기보다는 당신이 원하는 것—신으로부터 멀어져 자신의 욕망을 향해 가는 것—을 얻었다는 것을 영원히 인식하는 것이다. 당신이 겪는 고통은 당신이 잘못된 선택을 했다는 것을 영원히 깨닫는 것이다. 나에게서 그리스도를 빼앗아보라. 에리게나가 외쳤다. 그러면 나에게 선한 것은 아무것도 남아 있지 않다. 그리스도를 잃는 것은 지옥의 고통을 겪게 되는 하나의 유일한 이유가 된다.[61] 그러나 결국, 모든 창조물 안에 존재하는 악은 제거될 것이다. 악에는 한계가 있기 때문이다. 당신은 신으로부터 멀어져, 악의 극한까지 나아갈 수 있다. 그러나 당신은 반드시 신을 향해 다시 되돌아갈 것이다. 심지어 악마조차도 죄를 깨끗이 씻고, 그가 수여받은 진실한 본성은 신에게로 되돌아갈 것이다. 그는 계속해서 존재할 것이나, 악마로서 존재하지는 않을 것이다.[62]

세습의 마지막 단계는 만물이 신에게로 돌아가는 것, 사랑이 그것의 원천으로 다시 올라가는 것이다. 지적이지 못한 창조물들은 자연히 신에게로 돌아간다. 지적인 창조물들은 스스로의 본성과 신의 은총에 의해 신에게로 돌아간다. 그리스도가 신의 말씀에 의해 보내진 것처럼, 신의 말씀에 의해 모든 것이 그리스도에게로 돌아간다. 그리스도의 성육신은 신격화, 즉 우주의 성화됨을 예표한다. 신이 말씀(곧 그리스도)을 통해 육신이 되셨듯이 인간은 말씀 안에서 성화되기 때문이다. 모든 것이 신에게로 돌아가면, 악과 결성은 제거되고, 하늘나라로의 상승과 신성 숭배는 완전해질 것이다. 신이 직접 나서서 만물을 만든 것처럼, 이제 그는 스스로에게 돌아가, 만물을 자신에게로 불러들인다. 그러면 신은 가장 중요한 것이 될 것이다. 악의 끈은 당겨지고, 육체는 완전해진다.[63]

예배식은 악마의 발전에 광범위한 영향을 미쳤다. 대부분의 사람들은 신학보다는 교회 의식을 통해 기독교의 가르침을 만났기 때문이다. 초기 교회에서는 다양한 형태의 예배식이 존재했으며, 9세기 이후에야 비로소 표준화된 형식이 정착되었다. 대체로 악마는 예배에서 아무런 역할을 담당하지 못했으며, 켈리(H. A. Kelly)가 진술했듯이, 심지어 성 금요일의 예배에서도, 유일한 예외는 세례식뿐이었다.[64]

3세기까지 서방 교회에서는 부활절에 세례식을 거행하는 일이 흔했다. 부활절에 앞서 몇 주간 일련의 면밀한 조사—교회에 들어온 세례지원자들에게 엑소시즘을 거행하는 가톨릭 교회의 미사 의식—가 이루어졌다. 7세기에 이르러 조사의 수는 7가지로 표준화되었다.[65] 세례식 외에는, 엑소시즘이 예배식에서 행해진 적이 없었다. 그리고 엑소시즘이 3세기 이전에 세례 의식의 일부가 된 것인지는 명확하지 않다. 그러나 적어도 그 당시부터, 그리고 로마 가톨릭 교회에서는 1972년에야 비로소 엑소시즘이 세례식의 필수적인 부분이 되었다. 세례지원자는 세례식이 끝날 때까지 올드 이온의 왕자의 세력하에 머무르는 것으로 여겨졌다. 그리고 세례지원자가 기독교 공동체로 들어오기 위해서는 그의 영혼으로부터 어둠의 지배자를 몰아내야만 했다.

3세기부터, 정식으로 임명된 엑소시스트들의 서열이 존재했으나, 그들의 직무는 곧 사제의 역할로 흡수되었다. 1972년, 교황 바오로 6세는 엑소시스트들의 공식적인 지위를 폐지하겠다고 포고했다. 그는 전국주교회의가 그러한 명칭의 부서를 만들 수는 있으나, 그 기능은 없애도록 규정했다. 엑소시즘이라는 용어의 의미는 엄밀히 정의되지 않았다. 이 용어는 그리스의 이교도 신앙에서 비롯되었다. 이것은 "맹세로서 지키다", 혹은 "깊이 질문하거나 기도하다"라는 뜻의 그리스어인 엑소르키조(exorkizo)나 "맹세"라는 의미를 지닌 호르코스(horkos)로부터 파생되었다. 어근의 의미를 보면, 이것은 누군가 혹은 무엇인가에 대한 엄숙하고 강렬한 청원이며, 반드시 악령과 연결되는 것은 아니다.[66] 이교도 그리스인들과 심지어 초기 기독교인들 사이에서도, 엑소시즘을 통해 사악한 세력뿐 아니라 선한 세력에게도 청원할 수 있었다. 신약성서에서, 예수는 스스로 두 번이나 엑소시즘의 대상이 되었는데, 한 번은 높은 신분의 사제에 의해, 그리고 한 번은 가다라의 악령 들린 사람에 의해서였다.[67]

3세기에 이르러, 엑소시즘의 의미는 더욱 명확해졌다. 그것은 우월한 영적 힘의 도움을 받아, 악령 들린 사람이나 물건으로부터 해로운 악령을 몰아내는 의식이었다.[68] 초기와 중세의 예배식에서는 세 가지 유형의 엑소시즘이 흔히 행해졌다. 물건의 엑소시즘, 세례식의 조사기간 동안 세례지원자의 엑소시즘, 그리고 악령 들린 사람들의 엑소시즘이 그것이다. 원래 악마 혹은 악령들은 엑소시즘의 영향을 간접적으로 받기는 해도, 그들 자체는 몰아낼 수 없는 것으로 생각되었다. 그리고 결국, 엑소시즘은 항상 그리스도에게 올리는 간접적인 기도이다. 심지어 성인들도, 오직 그리스도의 힘으로만 악령을 쫓아낼 수 있을 뿐, 그들 자신의 힘만으로는 안 된다. 예배의 용도로 쓰이는 성수, 향, 소금, 그리고 성유는 모두 직접적인 엑소시즘의 대상이 되었다. "창조물인 소금…… 너에게서 악령을 몰아낸다. 신의 창조물인 이 소금은 삼위일체의 이름으로 적을 도망치도록 하는 효과적인 상징이 될 것이다." 그러나 점차로 악마나 악령들을 직접 다루는 일이 더 흔해졌다. 초기 예배식에서도, 다음에 나오는 성유의 엑소시즘에서 볼 수 있듯이, 두 가지 방식이 혼합되어 있었다. "창조물인 물, 너에게서 악령을 몰아낸다. 너희 악마의 무리를 모두 몰아낸다."[69] 엑소시즘의 저변에는 사탄이 타락한 인간들의 영혼 뿐 아니라 물질세계에도 얼마간의 세력을 유지하고 있다는 가정이 깔려 있다. 이 점에 있어, 기독교의 전통은 전혀 일관되지 않다. 어떤 이들은 사탄이 이 세상에 대해 갖는 통치권이 인간에게만 미친다고 믿는 반면, 어떤 이들은 그것이 낮은 계급의 창조물들에게도 영향을 미친다고 믿는데, 이들 중에는 이러한 지배가 원죄의 결과라고 주장하는 사람들이 있는 반면, 어떤 이들은 신이 사탄에게 타락한 인간을 유혹하고 시험하도록, 물질적인 물건들을 사용할 능력을 수여했다고 주장하는 사람들도 있다.[70]

세례식 이전의 조사과정에서는 사탄과 수없이 직면하게 되었는데, 사탄에 대한 엑소시즘은 가장 극적인 것이었다. 악마는 자신에게 선고된 운명의 판결이 정당함을 인정하고, 삼위일체의 신에게 경의를 표하고, 마지막으로 세례지원자를 떠나라는 엄중한 경고를 들었다.[71] 일반적인 주문은 "그러므로, 저주받은 악마여, 떠나라", 혹은 이와 유사한 것이었으나, 어떤 것들은 갈리시아의 예배식에서 유래된 다음의 주문처럼, 저주의 걸작이다. 이 글은 성경에 나오는 악마의 재판관을 통해 악마의 패배를 요약하고 있다.

너에게 말한다, 저주받고, 가장 불결한 영혼, 악의의 원인이자, 범죄의 본질이며, 죄의 근원이여, 사기, 신성모독, 간음, 살인을 일삼는 자여! 나는 그리스도의 이름으로, 네가 육체의 어느 부분에 숨어 있다고 선언하든지, 네가 점하고 있는 육체를 떠나기를 간청한다. 우리는 영혼의 채찍질과 눈에 보이지 않는 고문으로 너를 그곳에서 몰아낸다. 나는 너에게 이 육체를 떠나도록 요구한다. 이 육체는 이제 신에 의해 깨끗해졌기 때문이다. 일찍이, 네가 인간의 마음에 작용함으로써, 거의 전세계를 지배했던 것으로 만족하라. 이제 너의 왕국은 날마다 파괴되고 있으며, 너의 군대는 약해지고 있다. 네가 벌을 내리는 것은 이미 옛날 일로 여겨진다. 너는 이집트의 전염병 안에 있었으며, 파라오의 안에서 물에 빠졌으며, 여리고와 함께 헐리고, 가나안의 일곱 종족과 함께 몰락했으며, 이교도들과 함께 삼손에게 정복당하고, 골리앗의 안에서 다윗에게 살해되었으며, 하만이라는 인물로 모르드개에게 교수형을 당하고, 벨 안에서 다니엘에 의해 내던져졌으며, 용이라는 이름으로 벌을 받고, 홀로페르네스의 안에서 유디트에 의해 목이 잘렸다. 너는 죄인들에게 속하며, 독사 안에서 불태워지고, 선지자들 안에서 눈이 멀며, 마술사 시몬의 안에서 베드로에게 창피를 당했다. 모든 성인들의 힘을 통해, 너는 고문당하고, 부서지고, 영원한 불꽃과 지하세계의 어둠 속으로 보내어진다…… 떠나라, 떠나라, 네가 어디에 숨어 있든지, 그리고 신에게 바쳐진 육체를 더 이상 찾지 마라. 영원히 그러한 육체를 너에게 금하라, 성부, 성자, 그리고 성령의 이름으로.[72]

세례 전의 조사는 또한 "엑서플레이션(exsufflation)"을 포함했는데, 이것은 사제가 세례지원자의 얼굴에 입김을 내뿜는 것이다. 4세기 이후 많은 예배식의 표준화된 부분으로, 사람들은 엑서플레이션이 악령들에 대한 경멸을 보여주어, 그들을 몰아내는 것이라고 믿었다. 이것은 사막의 교부들이 악령들에게 쉬쉬하고 야유의 소리를 내거나, 침을 뱉은 것과 매우 유사하다. 사제는 또한 세례지원자의 귀를 침으로

만지는데, 이는 다시 한번 악마에게 경멸을 보여주기 위한 것이기도 하지만 또한 침이 치유의 특성을 지니고 있기 때문이기도 하다. 악령들이 가까이 접근하는 것을 막기 위해, 지원자의 이마 위에 성호를 그었다. 세례지원자는 사탄을 공식적으로 포기하는 출혈의식을 행했는데, 이것은 대개 부활절 철야의 의식중에 이루어진다. 어둠과 죽음의 영역인 서쪽을 바라보고, 지원자는 사탄과 그의 허영과 그의 행위 그리고/혹은 그의 천사들을 포기하는 3중의 공식적인 진술을 한 후, 빛과 부활의 영역인 동쪽을 바라보며, 공식적으로 그리스도에게 헌신할 것을 맹세한다. 세례지원자는 성유를 머리에 바르는데, 이것은 앞으로 있을 마왕의 공격에 대비한 봉인이다. 세례식의 실제 행위에서, 물 속으로 내려가는 것은 죽음의 지하세계로 내려가는 것을 상징했으며, 물에서 다시 나오는 것은 재생과 부활을 상징했다. 세례식은 사탄에 대한 승리의 최고조이며, 영혼의 타락뿐 아니라 육체와 마음의 병까지도 치유할 수 있는 힘을 갖는 것으로 여겨졌다. 초기의 몇몇 예배의식에서는 병이 악마의 억압을 나타낸다고 명확히 지적했다.[73]

중세에는 이러한 요소들을 세례식에 포함시키라는 가르침에 대해 의문이 제기되었다. 세례식의 중심 기능이 세례지원자를 삼위일체의 이름으로 기독교 공동체에 처음 가입시키고, 원죄를 지우는 것으로 생각되었기 때문이다. 그러나 위대한 교회법학자인 보름스의 부르하르트는 먼저 악마를 쫓아내지 않으면, 누구도 세례를 받을 수 없다고 주장했다. 비록 아퀴나스가 엑소시즘을 과도하게 강조하는 것에 대해 경고하기는 했지만, 조사중에 행해지는 엑소시즘을 폐지하자고 주장하는 신학자는 아무도 없었다.

그리고 오베르뉴의 기욤은 "엑소시즘이 악마를 몰아내는 것은 아니지만, 그것은 악마가 세례식 자체에 의해 추방되었다는 사실을 알려준다"고 주장함으로써, 엑소시즘의 결함을 합리화했다.[74] 세례식의 중요한 기능이 악마를 쫓아내고, 악마의 자리를 그리스도로 대체하는 것이라는 생각은 공식적인 예배의식이 시작된 맨 처음부터 20세기에 이르기까지 세례식의 필수적인 요소였다. 따라서 이 요소를 아예 생략해버린 세례식에 대한 신학이론이 기독교의 관행으로 이어진 것으로 생각할 수 있는지의 여부는 미지수이다.

그러나 현대에 있어서나 그 이전 시기에 있어서나 세례식에 관한 신학의 맹점들은 여전히 대동소이하다. 만약 신이 누가 선민인지를 영구히 알고 있다면, 세례가 왜 필요한가? 신이 보호하기로 되어 있는데도, 악마로부터 사람들을 보호하기 위한 의식이 왜 필요한가? 예배식은 신에게 성인들을 악마의 세력하에 남겨두지 말도록 간청하는 기도를 담고 있는데, 이 기도는 아무래도 불필요한 것이다. 그러한 예배식은 악마가 얼마나 많은 힘을 가지고 있으며, 신이 얼마나 효과적으로 악마를 물리칠 수 있는지, 그리고 누가 그리스도에 의해 구원받을 것이며, 그리스도가 과연 모든 이를 위해 죽은 것인지에 대해 사람들이 전혀 확신하고 있지 못했음을 나타낸다.

그 당시는―그리고 현재도―불안한 세상이었다. 그리고 신학이나 예배식 어떤 것도 신도들의 의심을 가라앉히지 못했던 것이 분명하다.[75]

6 초기 중세의 예술과 문학에 등장하는 루시퍼

에리게나와 안셀무스 사이의 기간 동안, 신학에서 악마에 대한 새로운 견해는 거의 없었던 반면, 재현예술과 문학에서는 악마를 극화하고 사실적으로 묘사했다. 재현예술의 역사는 개념의 역사와 잘 들어맞지 않는데, 이는 재현예술이 항상 다른 표현양식들과 밀접하게 상호작용하는 것은 아니기 때문이다. 예술가들은 때로 신학적이나 상징적인 이유보다는 심미적인 이유로 작품을 선택하곤 한다. 예를 들면, 그들은 악마를 숭배해서라기보다는 구도상의 이유로 악마를 특정 색채나 자세로 그린다. 이유는 알려져 있지 않으나, 6세기 이전에 그려진 악마의 그림은 전해 내려온 것이 없다. 악마의 모습을 그린 가장 오래된 작품은 아마도 520년경 완성된 라벤나의 산 아폴리나리우스 누오보 교회에 있는 모자이크일 것이다. 그리스도가 심판을 내리고 있다. 그의 오른편에는 붉은 천사가 서 있는데, 천사의 아래에는 양들이 모여 있고, 그의 왼편에는 청보라색 천사가 염소 떼 위에 서 있다.[1] 6세기의 사본인 「라불라 복음서」에는 그리스도가 악령 들린 사람에게서 악마(혹은 악령들)를 쫓아내는 채식이 담겨 있다. 9세기에 이르러서야 악마의 재현은 활발해져서, 그 시기 이후 악마의 재현은 그 수와 다양성 면에서 빠르게 증가했다.[2] 이렇듯 빠르게 성장한 이유는 악마의 세력이 두드러진 역할을 하는 설교나 성자의 삶에 대한 이야기가 인기를 얻었기 때문이다. 중세 초기의 예술은 악마와 그를 따르는 악령들을 거의 구별하지 않았으며, 지옥도 때때로 악마와 같은 인물로 묘사되기도 했다. 죽음 또한 자주 의인화되었으나, 대개 루시퍼와는 명백히 구분되었다.

악마는 종종 그리스도나 사도들이 악령을 추방하는 장면, 천사들이 하늘나라로부터 타락하거나, 미가엘에게 쫓겨나는 장면, 사자 우리에 있는 다니엘과 그가 용인 벨에게 승리하는 장면, 아담과 이브의 유혹, 그리스도의 유혹, 유다의 죽음, 지옥으로의 하강, 그리고 최후의 심판(혹은 죽은 개인들에 대한 특정한 심판) 장면에 자주 나타났다. 파라오나 골리앗 같은 구약성서의 특정 인물들은 사탄의 상징이었으며, 요나와 욥의 이야기는 악마를 묘사하기 위한 또 다른 기회를 제공했다. 악마가 신에 의해 창조되는 장면은 그려지지 않았으며, 악마가 직접 야기한 일임에도 불구하고 그리스도가 십자가에 못 박히는 장면에는 나타나지 않았다. 어떤 순간들은 악마의 이미지로 모독하기에는 너무나 신성한 것처럼 보였다.

6세기에 악마는 인간 혹은 인간에 가까운 모습으로 나타나, 9세기 부터 11세기에 이르기까지 그러하였다. 6세기부터 유행했던 또 다른 형태는 브렝크가 유령이라고 부르고, 나는 꼬마도깨비라고 부르는 작고, 보기 흉한 존재이다. 동물이나 괴물 같은 모습은 11세기부터 점차 분명히 나타났다. 이는 아마도 사막의 교부들의 관심사로 다시 돌아간 수도원 개혁의 영향이었을 것이다. 여러 범주들이 뚜렷하지 않게 정의 되었으며, 많은 악마들은 일부는 인간에 가깝고 일부는 짐승의 모습을 띠었다. 인간에 가까운 모습을 띤 악마는 짧은 꼬리와 부드럽고 힘센 다리, 인간의 머리카락과 얼굴을 가지고 있는 튜닉을 입은 노인의 모 습으로 나타날 수도 있고, 인간의 손에 갈고리발톱과 꼬리를 가진, 크 고 벌거벗은 검은 근육질의 남자로 나타날 수도 있으며, 아니면 깃털 날개를 가지고 머리카락이 어깨까지 내려오는 흰옷을 입은 인간의 모 습을 띤 천사로 나타날 수도 있다. 악마가 여성으로 나타나는 경우는 드물었다. 악마는 때로는 간단한 옷을 걸치기도 했지만, 대부분 벌거 벗은 모습이었고, 흔히 털투성이로 그려졌다. 11세기의 사본은 짐승에 가까우면서, 인간과 유사하게 생긴 악마를 보여준다. 몸은 크고 검으 며, 둥글고 흰 눈을 가지고 있고, 귀는 황소처럼 생겼으며, 짧은 꼬리 와 갈고리발톱이 달린 발, 짧은 뿔을 가지고 있다. 꼬마도깨비들은 작고, 벌거벗었으며, 검고, 보기 흉한 모습이다.[3] 아미앵에서 발견된 10세기의 필사본은 황소의 머리와 길게 늘어뜨린 머리, 새의 날개와 갈고리발톱이 달린 발을 가진 작고, 벌거벗은 꼬마도깨비의 모습을 보여준다. 11세기 초, 고대 영어로 쓰여진 캐드먼의 시집에 나오는 삽화에는, 하늘나라에서 지옥의 입구로 떨어진 천사들이 조그마한 날개와 꼬리를 가진, 작고, 쭈글쭈글한, 검은 꼬마도깨비가 된다. 단, 루시퍼는 예외인데, 비록 타는 듯한 머리카락과 꼬리를 가지고 있기는 해도, 그는 당당히 인간에 가까운 모습으로 남아 있다.[4]

동물과 괴물의 모습을 띤 악령들은 뱀, 용, 사자, 염소나 박쥐 등 성서나 신학, 혹은 민담에서 나타나는 형태를 따르는 경향이 있었다. 그러나 때로 예술가들은 스스로의 상상에 따라 형태를 선택하는 듯했다. 인간의 손발과 동물의 얼굴과 귀를 가진 흐트러진 머리의 악령들, 괴물같이 끔직한 얼굴을 가진 악령들이나 움푹 들어간 눈과 주름진 피부의 악령들, 인간의 몸에 도마뱀의 피부, 원숭이 같은 머리와 짐승의 발이 달린 악령들이 그러하다. 아름다움과 조화, 실재, 구조를 빼앗긴 악마를 보여주기 위해 상징주의가 사용되었으며, 천사, 혹은 인간의 본성이 뒤틀리고, 추하게 왜곡된 것을 나타내기 위해 악마의 모습을 무질서하게 변화시켰다. 교훈적인 목적은 고통과 지옥의 위협으로 죄인들을 겁주기 위한 것이었다.[5] 악마가 동물의 형체를 띠는 것은 그들이 천사의 지위로부터 강등되었다는 것과 의식적인 목적을 결여한 동물적인 상태임을 의미했다. 그들에게 흔히 주어지는 짐승의 특징은 꼬리, 동물의 귀, 염소수염, 갈고리발톱, 그리고 동물의 발이었다(뿔은 초기에는 별로 흔하지 않았으나, 11세기에 이르러 표준이 된다).[6]

악마는 종종 날개를 달고 있었는데, 12세기부터 악마가 달고 있던 박쥐의 날개와 달리, 중세 초기에 그의 날개는 종종 새나 천사의 날개처럼 깃털이 나 있었다. 날개는 인간을 닮은 악령과 동물의 모습을 띤 악령들에게 나타나며, 꼬마도깨비들에게는 기본적인 장식이었다.[7] 인간을 닮은 악마는 흔히 매끄러운 짙은 색깔의 머리카락을 가지고 있으나, 악마가 흉악해지면 흉악해질수록, 머리카락도 뱀처럼 변하거나 뾰족해진다. 악마가 위로 빗어올린 뾰족한 머리나, 불꽃같이 붉은 머리카락을 갖는 이유는 분명치 않다. 불꽃과 불은 선한 천사들이 지닌 천상의 특징을 상징할 수도 있지만, 아마도 그것은 지옥의 불꽃을 나타내는 듯하다. 혹은 적을 겁주기 위해 기름을 발라 머리를 빗어올렸던 야만인들로부터 유래된 것일 수도 있다.[8] 또 다른 특징으로는 이글이글 타는 눈, 연기를 내뿜는 입, 가늘고 긴 팔다리, 살찐 몸통, 길고 굽은 코 등이 있는데, 마지막 모습은 부당하게도 중세 후기 화가들이 유대인을 악마화할 때 인종적 특징으로 표현한 것이다.[9] 루시퍼는 때로 자신의 악마 같은 하인들이 삼지창이나 갈퀴를 휘두르며, 저주받은 사람들을 괴롭히는 가운데 지옥에 묶여 있는 것으로 나타나기도 했다. 산 아폴리나리우스 누오보 교회처럼 중세의 가장 초기 예술에서는 악마가 때로 후광을 가지고 있는 것으로 나타나기도 했는데, 이러한 상황에서 후광은 신성함보다는 권력을 상징했다.[10]

악마는 대개 검은 색이지만 때로는 푸른 색이나 보라색으로 나타나기도 했다. 이는 천상의 불로 만들어져 붉은 색을 띠는 선한 천사들과 달리, 어둡고 짙은 아래쪽의 공기로 이루어졌기 때문이다. 때때로 악마는 갈색을 띠기도 했으며, 죽음과 질병의 색인 엷은 회색을 띠는 경우도 자주 있었다. 그가 처음으로 다른 어두운 색이 아닌, 검은 색으로 뚜렷하게 나타난 것은 9세기 슈투트가르트 시편에서였다. 중세 후기의 예술에 이르러서야 악마는 피 또는 지옥의 불꽃을 상징하는 색인 붉은 색으로 나타났다.[11]

문학은 재현예술보다는 좀더 명확하게 신학, 대중 종교, 민담에 의존했다. 그러나 문인들은 신학자가 아닌 경우가 흔했기 때문에, 심미적이거나 극적인 이유로 변형과 창작을 하곤 했다. 천사들의 타락이나 지옥으로 하강한 그리스도에 대한 상세한 설명은 루시퍼의 특성을 이해하려는 작가들의 노력으로부터 비롯되었는데, 이는 신학자들이 결코 시도한 적이 없는 방법이다. 문학은 루시퍼의 반란과 그의 운명에 대한 비애감과 분노를 어느 때보다 더 생생하게 그려냈다.

그러한 발전은 라틴어 문학보다는 자국어를 사용한 문학에서 더 두드러졌는데, 이는 언어와 신학에 대한 학식에 덜 구속되었기 때문이다. 지금까지 전해내려오는 자국어 문학들은 대부분 교육받은 저자들이 라틴어를 배우지 않은 청중들을 위해 쓴 것이다. 그러나 자국어 문학의 힘과 정교함으로 인해, 그것의 호소력은 고도로 교육받은 사람들에게까지 미쳤으며, 그 사상들은 상당수 전통으로 흡수되었다. 가장 초기의 위대한 자국어 문학은 고대 영어로 쓰여졌다.[12] 고대 영어로 쓰여진 창세기A, 창세기B, 그리스도와 사탄, "지옥의 정복"은 루시퍼에 대한 매우 짜임새있는 견해를 제시하며, 대서사시 『베오울프』는 악마 이야기를 이용함과 동시에 악마에 대한 이해를 증진시켰다.[13]

고대 영어 문학의 심리적 통찰력과 새로운 어휘의 풍부함, 그리고 튜튼과 기독교의 사상의 창조적 결합은 루시퍼의 특성을 계속해서 깊이 있게 만들었다.[14] 튜튼의 영웅과 그리스도의 성인은 하나가 되었다. 둘 다, 압도적으로 우세한 적을 맞이해서, 악의 세력과 홀로 고군분투하는 일이 많다. 그러나 영웅은 누구의 은혜도 입지 않는 오만한 인간으로, 스스로의 오만에 의해 결국 파멸하고 마는 경우가 종종 있으므로, 그리스도나 성인은 영웅의 원형에 잘 들어맞지 않는다.[15] 공교롭게도, 가장 적절한 전통적 인물은 루시퍼이다. 그는 오만하고, 고귀하며, 무자비한 적에 맞서 희망 없는 싸움을 홀로 치르며, 끝까지 굴복하지 않는다. 튜튼의 영웅적 자질은 고대 영어와 밀턴의 작품에 나오는 루시퍼의 억압적인 힘을 가장 잘 설명한다. 튜튼의 군주 개념 또한 이에 잘 들어맞는다. 군주는 가신에 의해 둘러싸인 지도자이다. 영어 어휘인 로드(lord. 고대영어 hlaford, "빵을 주는 이". 프랑스어 seigneur, 독어

Herr)는 로마 군주의 절대적인 힘을 나타내는 라틴어 도미누스 (dominus)보다 상호 충성, 존경, 헌신이라는 봉건적 의미를 너 잘 함축하고 있다. 그리스도는 전투 지도자의 보호와 하사품을 얻기 위해 그에 대한 충성으로 뭉친 튜튼의 전사들의 무리, 코미타투스(comitatus)에서의 군주(lord: 고대 영어, dryhten)와 유사하다. 그리스도의 추종자들은 그의 근위병(고대 영어, pegnas)이자 그의 군사들이다. 그리스도가 하늘나라의 통치권(고대 영어, dryht)을 쥐고 있으므로, 루시퍼는 지옥의 통치권을 쥐고 있으며, 어둠의 군주 드리텐(dryhten)이다. 성인들이 그리스도의 근위병인 것처럼, 악령들이나 타락한 천사들은 루시퍼의 근위병이다. 루시퍼와 아담이 저지른 잘못의 본질은 군주의 신뢰를 깨뜨린 것이다. 죄는 통치권을 붕괴하는 것이라는 이 견해는 죄가 올바른 질서를 왜곡하는 것이라고 보는 그리스도의 전통적 견해와 뒤섞여, 기독교의 전통에 영향을 미친다.

중세 사상에 등장하는 정의의 개념도 마찬가지로 튜튼과 기독교 개념의 결합의 산물이다. 저스티티아(Justitia)는 인간 사회가 세상에 대한 신의 계획과 조화를 이루며 작동할 때 보편화되는 상태이며, 인저스티티아(injustitia)는 그러한 조화를 깨뜨리는 행위나 법, 혹은 규칙이다. 군주에 대한 반란은(단테가 유다와 브루투스를 지옥의 가장 낮은 계급에 둔 것으로 알 수 있듯이) 정의를 위반한 최악의 사건이다. 앵글로색슨 민족에게 있어 루시퍼의 죄의 본질은 신에게 마땅히 해야 할 복종을 거부한 것이다. 자신의 군주를 거부한 것에 대한 튜튼의 벌은 코미타투스와 통치권으로부터 분리시켜, 군주로부터 어떤 보호도 받지 못하고 보호자 없이 떠돌게 하는 추방이었다. 이 생각은 그리스도가 루시퍼를 보호자 없이 외로운 세상으로 떠밀었다는 기독교의 전통과 들어맞는다.[16] 튜튼 민족들은 자신의 군주를 배반한 것으로 루시퍼를 비난하는 한편, 그의 영웅적 자질과 피할 수 없는 운명을 동정하도록 하는, 그러한 이야기가 가진 힘을 이해할 수 있었다. 신의 그림자인 사탄은, 즉 어둠 속에서 움직이는 인물인 그렌델(Beowulf 703)과 마찬가지로 앵글로색슨족 사람들의 그림자가 되면서 새로운 심리적 힘을 부여받았다. 조화, 질서, 평화는 군주에게 복종한 대가였지만, 그림자는 항상 저항과 혼란, 그리고 영웅적 자부심을 갈망한다.

"지옥의 정복"은 「엑세터 서」에 실린 짧은 시로, 흄을 비롯한 다른 이들은 이것을 "고대 영어로 쓰인 니고데모 복음서"라고 불렀는데, 이 시는 "라틴어로 쓰인 니고데모 복음서" 및 성 토요일 예배식의 광범위한 주제들, 성서, 교부들의 주석서, 그리고 설교문학을 포함한 전통으로부터 유래했다. 전통은 그리스도의 죽음과 부활 사이에, 그리스도가 죽은 자들 사이로 내려가 오래된 성인들을 해방시켰다는 것이다.[17] 다른 몇몇 고대 영어 작품들도 전통에 의존하고 있다. 한 시에서 악마는 십자가에 못 박힐 당시, 그리스도의 신성을 알지 못했고, 죄없는 주를 잡으려고 했을 때 땅위에서의 모든 권력과 지옥에서의 모든 자유를 잃고 영원히 사슬에 갇혔다. 악령들이 그의 치명적인 실수에 대해 그들의 주인을 질책할 때, 그리스도가 나타나 지옥을 정복하고, 다음과 같이 외치며 죽은 자들을 이끌고 떠났다. "보라, 죽음이여, 나는 너의 죽음이다. 그리고 지옥아, 나는 너의 가시이다."[18]

　"지옥의 정복" 자체에 나와 있는 이야기는 더 자세했다. 히브리의 장로들이 지옥의 어둠 속에서 그리스도를 기다린다. 갑자기 한 줄기 빛이 지옥을 뚫고 들어온다. 사탄과 그의 무자비한 추종자들은 놀라 소리친다. "이 빛이 무엇이냐?" 그러나 교부들은 그리스도가 오고 있다는 것을 알았기에 기뻐한다. 사탄과 (의인화된) 지옥은 필사적으로 신랄한 회담을 벌인다. "그리스도가 오고 있다, 사탄이 지옥에게 경고한다, 그를 붙잡을 준비를 하라." 그러나 지옥은 대답한다. "그리스도는 너도, 나도, 죽음도 두려워하지 않는다. 어떤 것도 그에게 저항할 수 없다. 그리고 그는 너에게 영원히 계속되는 고통을 선사할 것이다." 사탄이 반박한다. "두려워하지 마라", 그는 지옥을 안심시킨다. "나는 이미 그를 고문하고 죽이도록 한 적이 있다. 이제 나는 너를 위해 그를 붙잡을 것이며, 그는 우리의 노예가 될 것이다." 사탄의 말은 이 점에서 그럴듯했다. 이전에, 그는 지옥에게 그가 십자가에 못 박히는 장면에서 이해하지 못했던 바를 인정한 적이 있다. 즉, 그리스도는 인간인 동시에 신의 아들임을 이해하지 못했던 것이다.

　그러나 이제 그는 자신이 그리스도를 물리칠 수 있다는 환상에 빠

앵글로색슨 사람이 그린 마법사 제임스가 악마를 불러내는 장면. 악마는 지옥의 심연으로부터 사납지만 인간에 가까운 모습으로 나타난다 (11세기 사본의 채식. 대영도서관).

져 있다. 지옥은 좀더 현실적이다. "나는 이 그리스도에 맞서 나사로를 붙잡을 수 없었어", 그는 불평한다. "이제 나사로를 해방시킨 이가 성인들 모두를 해방시키러 오고 있어." 이 논쟁은 천둥 같은 목소리에 의해 중단된다. "문을 열어라, 영광의 왕께서 오신다". 지옥은 깜짝 놀라 사탄에게 소리친다. "빨리 문으로 가, 그리고 여력이 있거든 그리스도가 들어오지 못하도록 막아봐!" 지옥은 자리를 뜬다. "네가 그와 싸우도록 해! 장로들이 소리치는 동안, 영광의 왕이 들어오도록 해!" 그리스도가 도착한다. 그리스도는 장로들을 풀어주고, 이제 사탄을 붙잡아 묶은 후, 지옥에게 포로로 넘긴다. 지옥은 사탄을 비난한다. "너는 왜 구세주를 죽인 거지? 그에게 아무런 죄가 없다는 걸 알았으면서! 이제 너의 모든 즐거움은 십자가 나무에 의해 사라졌어."[19]

고대 영어의 창세기는 창세기A와 삽입된 창세기B의 두 부분으로 구성된다. 창세기A는 대부분 성서의 설명을 따르지만, 단지 부연하는 것이 아니라, 그 이상의 설명을 담고 있다. 창세기B는 고대 색슨어로 쓰여진 한 시를 개작한 것으로 보인다. 창세기B는 창세기A보다 더 독창적이고 강력하다. 이 시들이 악마론에서 갖는 중요성은 구약성서가 완전히 생략해버린 천사들의 반란과 타락을 창세기 이야기에 확고히 자리잡도록 했다는 것이다.[20]

고대 영어의 창세기에 따르면, 신은 물질세계를 창조하기에 앞서, 천사들을 먼저 창조했다. 몇몇 천사들은 시기와 오만으로 인해, 자신의 욕망을 좇아 반란을 일으켰으며, 신의 영광의 일부를 낚아챌 계획을 가지고 있었다. 루시퍼는 하늘나라의 북쪽에 스스로 왕좌를 세웠다. 분노한 신은 죄지은 천사들을 위한 지옥을 준비하는 한편, 동시에 충성스러운 천사들의 선함을 확인했다. 더 나아가, 신은 이제 타락한 천사들이 있던 자리를 도덕적 자유를 지닌 새로운 창조물로 채울 생각이었다. 따라서 신은 물질세계를 창조하고, 모든 것이 준비되었을 때, 아담과 이브를 창조했다.[21] 이 시점에서 창세기B가 시작된다. 창세기B는 에덴동산에서 신이 말하는 가운데 시작한다. 그러나 곧 천사들의 타락으로 되돌아간다. 루시퍼는 자신이 신을 섬길 필요가 없다고 큰소리쳤다. 그는 스스로의 아름다움과 영리함에 감탄하여, 신에게 기도하지 않고, 스스로에게 기도하기로 생각을 바꿨다. 반란을 일으킨 가신인 루시퍼는 어리석게도 자신의 힘에 의존하여 하늘나라에서 스스로 군주가 될 수 있다고 믿었다. 그는 다음과 같이 큰소리쳤다. "나도 그처럼 신이 될 수 있어!" 그는 하늘나라의 북서쪽을 자신의 근거지로 택했다(추위와 어둠의 땅 북쪽과 일몰과 죽음의 땅 서쪽은 사탄이 평소 사는 곳이다. 반면, 신은 일출과 따뜻함의 땅인 남동쪽에 산다).[22] 신은 루시퍼를 하늘나라의 높은 자리에서 지옥의 어두운 골짜기로 내던졌다. 악의 군주와 그의 천사들은 3일 밤낮 동안 구덩이로 떨어졌으며, 그곳에서 천사로서의 위엄을 잃고 악령이 되었다.

한때 가장 아름다운 천사였던 오만한 왕 루시퍼는 이제 지옥에 있는 자신의 자리에서 일어나 흉포한 근위병들에게 도전적인 연설을 한다. 그는 죄지은 천사들을 추방한 신의 부정의를 고발하고, 신이 하늘나라에 있는 그들의 빈자리를 비천한 땅과 흙으로 만들어진 인간으로 채우려고 계획하고 있다는 것을 알고 있다고 전했다. 오, 그는 소리쳤다. 만약 내가 겨울날의 한 시간 동안만 자유로워질 수 있다면, 내가 지옥의 이 무리들을 이끌고 무엇을 할 수 있을까! 그러나 그는 신의 힘으로 만든 족쇄로부터 빠져나올 수 없다는 것을 알고 있었다.[23]

사탄은 이제 곰곰이 생각했다. 만약 우리가 신을 직접 공격할 수 있는 희망이 없다면, 우리는 적어도 인간을 유혹하여 신에게 거역하도록 함으로써 그들을 노예로 지옥에 데려올 수 있다. 그리고 비록 사탄은 지옥에 묶여 있지만, 추종자들은 자유롭게 지구를 떠돌아다녔다. 그는 그들에게 근위병들을 이끄는 군주가 되어줄 것을 요청했다. 만약 내가 하늘나라에서 세력을 떨치는 동안, 어느 근위병에게 보물을 준 적이 있다면, 이제 그로 하여금 나를 돕게 해라. 인간들 또한 신의 왕국을 잃어버렸다는 사실을 안다면, 나는 내 족쇄 안에서 더욱 편히 쉴 수 있을 것이다.[24]

원고 상에 얼마간 공백이 있은 다음, 흉악한 근위병들 중 한 명이 인간에게 가는 사탄의 전령이 되기를 자원한 듯했다. 그 전령은 튜튼의 투구를 쓰고 에덴 동산으로 올라갔다. 그곳에서는 두 그루의 나무가 자라고 있었는데, 생명의 나무와 죽음의 나무였다.[25] 여기에서 시는 성서를 왜곡한다. 왜냐하면, 원래 이야기에는 생명의 나무에 덧붙여, 두 번째로 악의 나무가 아니라 선과 악에 대한 지식의 양면을 가진 나무가 있었던 것이다. 현대의 몇몇 비평가들은 시가 아담과 이브의 선택의 책임을 제거함으로써 모든 비난을 악마에게 지우고, 아담과 이브의 죄를 면제해주려고 했다고 주장하며 성경 원본과 다른 내용을 과장해왔다. 그러나 이 시는, 우리의 최초의 조상들이 처한 곤경을 동정했을지는 몰라도 사실상 그 죄를 그들이 사탄과 공유하도록 한다. 캐슬린 더브스(Kathleen Dubs)가 주장했듯이, 이 이야기는 인간의 한계, 합리화, 무지의 비애를 보여주기 위해 정교하게 삽입된 것이다.

사탄의 전령은 뱀의 형체를 띠고 아담에게 접근한다. 이것 또한 새로 도입된 것인데, 성서의 이야기에서는 뱀이 곧장 이브에게 접근한다. 앵글로색슨의 청중들은 (선하거나 악한) 위대한 군주가 중요한 용무를 띠고, 그의 아내보다는 군주이자 지배자인 아담에게 직접 다가간다는 생각을 더 편안하게 받아들였을 것이다. 전령은 아담에게, 신이 아담에게 과일을 먹도록 시켰다고 말한다. 그러나 아담은, 이 근위병이 자신이 지금까지 보았던 천사와 전혀 다른 것을 보고, 거절한다. 그러자 근위병은 이브에게 다가간다. 이브의 정신은 더 약할 것이라고 판단한 그는 아담이 자신을 오해했다고 불평하며, 교활하게 주장한다. "나는 악마 같은 존재가 아니야." 그는 이 거짓 주장을 이브에게 반복하고, 과일을 먹으면 남편에게 도움이 될 것이라고 설득하기 위해, 아담에 대한 그녀의 사랑에 호소한다. 이브는 과일을 먹고, 즉시 그녀가 천상의 아름다움이라고 여긴 외모를 얻는다. 전령은 외모에 대해 축하를 보내고, 이제 그녀의 환상은 너무나 심각해서, 그와 그녀 자신이 천사처럼 아름답고 빛나고 있다고 생각한다. 이브가 그녀를 따르라고 아담을 설득할 때, 사악한 근위병은 자신의 성공 사실을 지옥에 보고할 수 있다는 생각에 기뻐하며, 웃고 뛰어다닌다.[26)

아담과 이브는 오류에 빠지기 쉬운 인간이었으므로 악마의 거짓말을 믿었다. 그러나 이제 행위가 끝나자, 그들이 자신들의 주인을 배신했다는 사실을 알게 되었다. 왜 세상은 이렇단 말인가? 시인은 고민에 빠져 묻는다. "신이 그리스도로 하여금 고난을 겪게 하거나, 그토록 많은 사람들이 버젓이 지혜로 여겨지는 거짓말에 속도록 내버려두는 것은 참으로 이상하다."[27)

창세기A, B와 같은 사본에서 나온 고대 영시, 「그리스도와 사탄(Christ and Satan)」은 세 부분으로 나뉜다. "타락한 천사의 탄식", 또 다른 "지옥의 정복", 그리고 "사막에서의 유혹"이다. 작가와 구조가 동일하다는 사실은 최근 학자들에 의해 확인되었다. 통일된 주제는 겸허하지만 승리를 거두는 구세주와 오만하고 불운한 악마의 대비이다.[28) 시는 창조와 함께 시작된다. 창세기A와 달리, 시는 물질세계의 창조가 천사의 창조 이후가 아니라 그와 동시에 발생했다고 생각했다. 시는 곧이어, 자신이 하늘나라의 군주가 될 것이라고 생각했으나 지옥으로 떨어진 오만한 천사들에 대한 묘사로 옮겨간다. 천사들의 집합적인 죄는 파멸 이후에야 비로소 다른 천사들과 구분되는 그들의 군주의 죄와 대등한 것처럼 보인다.[29]

일단 그들이 지옥에 정착하자, "늙은이" 악마는 그들에게 단호한 음성으로 연설을 한다.[30] 우리는 영광을 잃었다, 그가 그들에게 이야기한다, 천상을 지옥의 어둠과 맞바꾸었다. 아무런 빛도 없는 불 사이에서 고통을 겪어야만 한다. 한때 우리는 천상의 기쁨 속에서 노래했으나, 이제 우리는 이 악취를 뿜는 장소에서 수척해진다. 다른 잔인한 정령들은 그들을 파멸로 이끈 데 대해 그들의 군주를 비난한다. 당신은 거짓말을 했어, 그들이 불평한다. 우리가 성공적으로 반란을 일으킬 수 있고, 구세주를 섬길 필요가 없다고 생각하도록 만들었어.[31] 당신은 당신 자신이 창조자인 신성한 신이 될 것이라고 말했어. 그런데 당신은 여기 있어, 불 속에 꽁꽁 묶여 있는 죄인으로, 그리고 우리 천사들은 이 모두를 당신과 함께 겪어야 해.[32] 비열한 토론 내내 사탄과 그의 근위병들은 자신들이 처한 환경—악마의 기질과 사탄의 곤경을 완벽히 예술적으로 표현한—의 현실에 분노한다. 비열한 영혼들은 우주를 신이 건설한 대로 받아들이기를 거부한다. 그러나 그들은 결코 그것을 바꿀 수 없다. 악마는 자신들이 처한 현실, 즉 자신의 죄과를 결코 인정하려 들지 않기 때문에 영원히 비참한 상태에서 살게 된다. 그는 자신만의 지옥을 건설한다.[33]

거대한 괴물인 지옥이 저주받은 이들을 집어삼킨다. 천사들이 그들을 안에 가두면, 이들은 악령들에 의해 괴롭힘을 당한다 (11세기 영어 필사본의 채색. 대영도서관).

시는 튜튼의 영웅적 색채—패했지만 당당하게 자신의 위르드 (wyrd), 즉 무자비한 운명에 맞서는—를 사탄에게 가미함으로써 한층 더 힘을 얻었다.[34]

악령들이 불평하기를 악마의 다른 거짓말 중에 그 자신의 아들이 인류의 통치자가 될 것이라는 거짓말이 있다. 이 흥미로운 구절은 한편으로는 아버지인 신과 그의 아들 그리스도를, 그리고 다른 한편으로는 악마와 그의 아들 간의 시적 대비를 제공하는데, 이것은 「요한복음서」 8:44에 의해 언급된 거짓말이다.[35] 시인은 다음으로 그리스도가 어떻게 악령들을 지옥으로 몰아냈는지, 그리고 사탄이 근위병들에게 대답을 하는 어두운 동굴로 어떻게 돌아갔는지를 보여주는 재현장면을 삽입한다.[36] 말할 때 불과 독을 내뿜으며 사탄은 반란의 이유를 자세히 말했다.[37] 나는 하늘나라에서 높은 계급의 천사였다, 그는 한탄한다, 그러나 나는 영광의 빛을 정복할 계획을 꾸몄다. 이제 나는 절망에 가득 차 재기할 희망조차 없이 여기에 갇혀 있다. 신은 나를 여기로 떠밀었다. 좋다, 나는 신의 적이다.[38] 우리가 신으로부터 몸을 숨기고 있는 이 깊은 어둠 속에는 우리가 있을 곳이 없다. 우리는 그를 볼 수 없지만, 그는 항상 우리를 볼 수 있다. 나는 여기에 갇혔다. 그리고 비록 위로 올라가 지구를 방문하도록 허용되기는 하지만, 나는 거기에서 다시는 세력을 떨칠 수 없다. 왜냐하면 신이 그 모든 것을 그의 아들에게 주었기 때문이다.[39] 내가 하늘나라의 광명을 아예 모르는 편이 더 나았을 것이다. 이제 모든 광명은 그의 것이다. 지구를 방문할 때, 적어도 나는 인간들을 해칠 수 있다. 그러나 나는 오직 신이 더 이상 가지고 싶어하지 않는 영혼들만을 해치도록 허락되었다.[40] 그리고 이제 사탄은 더없이 비참한 애도가를 읊조린다. "아아, 권력이여, 아 신의 보호여, 아, 조물주의 힘이여, 땅이여, 대낮의 빛이여, 아아, 신의 기쁨이여, 천사의 무리여, 아아, 하늘이여! 아아 내가 영원한 기쁨을 빼앗기다니![41] 이 단락은 루시퍼가 원했던 영광 속에서 그리스도가 찬란하게 빛나는 모습을 그리는 것으로 끝맺는다.

「그리스도와 사탄」의 두 번째 부분은 지옥의 정복을 다루고 있다. 죽은 성자들은 지옥에서 그리스도가 오기를 기다린다. 그리스도가 문을 부수자 수많은 빛이, 새벽녘에 들리는 것 같은 천사의 노랫소리와 함께 어둠 속으로 쏟아져 들어온다.[42] 특히 585행부터, 정복의 이미지는 천사들의 최초의 패배와 최후의 심판의 이미지와 구조적으로 동일하다. 597행부터 정복과 최후의 심판날의 혼재가 두드러진다. 시인이 세상의 종말을 알리는 여러 사건들을 간단히 기술하여 삽입했기 때문이다. 그리스도가 영광 속에서 와서 인류를 구원받은 이들과 저주받은 이들로 나눈다.

시의 세 번째 부분은 그리스도의 유혹을 다룬다. 사탄은 맨 처음 신에게 널따란 돌을 가져가 그것을 빵으로 바꿔보라고 한다. 사본에는 두 번째 유혹이 생략되어 있다. 세 번째 유혹에서, 사탄은 그리스도에게 전 세계를 보여주기 위해 그를 조롱하듯 자신의 어깨 위에 올려놓는다. "나는 여러 민족과 국가에 대한 너의 지배권을 인정할 것이다," 그가 약속한다. "만약 네가 천사와 인간들의 진정한 왕이라면, 내게서 도시와 넓은 궁궐과 하늘나라의 왕국을 받아라." 사탄의 신학은 불확실하다. 왜냐하면 그는 그리스도에게 하늘나라에서의 지배권을 수여할 권리가 없기 때문이다. 그러나 성서 원본의 설명 자체가 악마가 그리스도에게 이 세상의 왕권을 확실히 제공할 수 있다고 암시한다는 점에서 다소 이상하다. 왜냐하면 악마는 결국 신의 뜻에 따라 이 세상에 대한 지배권을 갖는 것이기 때문이다.[43]

그리스도는 경멸하듯 대답한다. 그리고는 대신에 사탄에게 어둠으로 되돌아가 그의 손으로 지옥의 길이와 넓이를 재도록 과업을 부과한다. 사탄은 그의 말대로 해야만 한다. 그리고 다시 돌아와서는, 그 무시무시한 묘지의 크기가 수십만 킬로미터나 된다고 보고하는데, 이는 아마도 시인이 생각할 수 있었던 가장 큰 숫자였을 것이다.[44] 첫 번째 부분에서 큰소리치며 복수를 장담하는 루시퍼를 두 번째 부분의 충격적 패배를 통해 세 번째 부분에서 철저히 모욕함으로써, 시인은 악한 세력에 대한 그리스도의 완전한 승리를 그려냈다.

고대 영어로 쓰여진 가장 위대한 시, 『베오울프』가 전통에 미친 영향은 확인할 수 없으므로, 이에 대해서는 간단히 다루어야겠다. 『베오울프』는 악마를 암시적으로만 언급하고 있고, 많은 걸작들과 마찬가지

지옥의 정복. 그리스도가 세례자 요한과 히브리의 장로들을 지옥의 입구에서 데리고 나온다. 악마는 패배하여, 자신의 목을 창처럼 찌른 십자가에 묶여 있다 (c. 1150년경, 영어로 된 사본의 채색. 대영도 서관).

로 전형에서 벗어난 특이한 작품이다.[45] 『베오울프』는 일반적으로 기독교적 주제를 이교도인 튜튼의 주제와 혼합한 기독교 시로 여겨진다. 기독교의 구원을 튜튼의 영웅적 행위와 결합한 것이다. 『베오울프』는 괴물에 대항해 싸우는 영웅의 이야기로도, 그리고 악의 세력과 싸우는 기독교도의 전투로도 이해할 수 있다. 두 가지 해석은 상호배타적이지 않다. 왜냐하면 시인은 동시에 여러 수준에서 이야기하고 있기 때문이다. 베오울프는 초인적인 군대와 맞서는데, 이는 그가 영웅으로서 압도적으로 우세한 적에 맞서야 하기 때문인 동시에, 기독교의 영웅으로서 신이 만들어낸 우주의 조화를 방해하는 악마의 세력에 맞서야 하기 때문이다.

현재 스웨덴에 있는 예아트 족의 왕자인 베오울프는 덴마크의 왕 흐로트가르의 궁전 헤오로트에 괴물 그렌델이 나타나 약탈을 일삼는다는 소식을 듣는다. 그는 흐로트가르의 궁정으로 달려가 그렌델을 살해하지만, 그후 복수심에 불타는 그렌델의 어머니와 싸워야 한다. 시의 첫 번째 부분은 2199행에서 끝난다. 두 번째 부분은 시간이 많이 흘러 시작되는데, 베오울프가 예아트 족을 50년간 통치하고 난 후, 제3의 괴물인 불을 뿜는 용에 맞서 싸우는 장면을 그리고 있다. 그는 단 한 번의 전투에서 용을 죽였으나, 그 과정에서 그도 치명상을 입는다. 그리고 시는 영웅의 죽음으로 끝을 맺는다.[46]

베오울프는 세 명의 악한 괴물에 맞선다. 용은 앞선 두 적들만큼

마력을 지니지는 않으나, 몇몇 기독교 교부들이 신성한 삼위일체의 신에 대비시킨 사악한 삼위일체를 암시하고 있는 듯하다. 베오울프가 첫 번째 괴물, 그렌델과 맞선 상황은 헤오로트에서 발생한다. 밖으로부터 공격당하고, 안에서는 더럽혀진 통치권은 아마도 기독교 교회나 기독교도 개인의 영혼을 암시하는 듯하다. 헤오로트는 밖으로는 흉포한 그렌델에 의해 위협을 받고, 안에서는 운페르스로 대표되는 어리석음과 비겁함으로 인해 훼손되고 있었다. 운페르스는 흐로트가르에게 불만을 품은 신하로, 건방지게도 베오울프가 자신보다 더 많은 영예를 획득한 것에 대해 질투한다.[47]

그렌델은 적어도 세 가지 차원에서 이해할 수 있다. 그는 튜튼 영웅의 극악무도한 적이다. 그는 또한 카인의 후예인 거인이기도 하다. 시인은 그렌델이 인간이라고 주장하는 한편, 동시에 거인들을 감시천사들과 인간의 딸 사이에 태어난 악령이라고 여기는 기독교의 전통을 암시하고 있는 듯하다.[48] 셋째, 그는 악마적이다. 시인은 그렌델에게 고대 영어 문헌에서 악마를 묘사하는 데 자주 사용되었던 단어와 라틴어에서 악마에 대해 자주 사용했던 단어를 번역해 사용했다.[49] 괴물 이상의 존재인 그렌델은 신의 적수이자 오랜 적이며, 소외된 영혼이다. 그는 어둠 속에 산다. 그가 베오울프에게서 달아나려고 시도할 때, 그는 악령들과 함께 피난처를 찾는다. 사탄과 마찬가지로, 그는 신과 결투중이다. 그는 사탄이 지옥으로 들어가는 것과 같이, 치명적인 연못으로 들어간다. 그의 두 손에는 철로 된 손톱이 달려 있으며, 피로 더럽혀져 있다. 물론 그는 문학에서 창조된 인물로, 작가의 상상력의 산물이므로 악마와 동일시될 수는 없다. 그러나 그는 분명 어둠의 군주의 모습, 특징을 나타내고 있다.[50]

그렌델의 어머니도 그렌델과 마찬가지로 인간이자 카인의 후손인 여성이다.[51] 그러나 그녀는 또한 학살하는 정령이자, 노령의, 혹은 불운을 안고 있는 정령이기도 하다. 악마는 거의 항상 남자로 여겨지는데, 이는 지옥의 통치자는 하늘나라의 왕과 마찬가지로 남자일 것이라는 이유 때문이다. 그러나 그를 보살피고 지지하는 것은 여성 정령들인데, 민담에서는 이들을 마녀로 표현한다. 민담에서 악마에게는 그를 항상 지지해주고, 그가 항상 존경하는 어머니가 있다. 그러나 아버지는 없는데, 아버지는 여성 조상들과 달리 그의 권위를 손상시킬 것이기 때문이다. 그렌델도 마찬가지로 어머니는 있으나, 어떤 사악한 정령이 그의 아버지인지는 아무도 알지 못한다. 그렌델의 어미가 사탄의 어머니와 비슷한 존재라는 암시가 계속해서 나타난다.[52]

세 번째 괴물인 지하세계 보물창고를 지키는 용은 기본적으로 튜튼적이다. 그러나 몇몇 특성들은 그를 악마와 연결시킨다. 에덴 동산에 있는 뱀과의 명백한 관련성, 「요한계시록」에 나오는 뱀과의 관계, 그리고 지하세계에 살고 있다는 점 등이다.[53] 시인은 너무도 위대한 예술가였기에 그의 주인공들을 제한된 상징 속에 가둬놓지 않았다. 신학자가 아니므로, 시인은 신학적으로는 자기모순적인 방식으로 괴물을 다룰 수 있다. 주인공들은 튜튼 민담의 창조물이다. 주인공들은 카인의 자손인 인간들이며, 악마적 인물이기도 하다.

때때로 505-507행에서와 같이 신학적 설명이 이야기에 끼어들 때가 있는데, 거기에서 시인은 신이 허락하지 않는 한 사악한 적이 그들을 어둠 속으로 끌고 갈 수 없다는 것을 사람들이 알고 있다고 진술한다.

그리고 희생자의 투구 아래에서 그의 가슴으로 죄많은 화살을 쏘는 사악한 정령들에 대한 흐로트가르의 설명은 민담에 나오는 꼬마요정의 화살과 관련되는 한편, 문학과 사막의 교부들의 저서에 나오는 선례와도 관련되어 있다.[54]

고대 영어로 쓰인 설교들은 주로 라틴 어에 대한 이해가 부족한 성직자나 청중들을 위해 수집되었다.[55] 가장 중요한 고대 영어 설교사인 앨프릭(c. 955-c. 1010)은 1005년부터 죽을 때까지 앤셤의 대수도원장을 지냈다. 베네딕투스 수도회 개혁운동과 관련하여, 앨프릭은 또다른 주요 설교사인 울프스턴의 동료였다. 울프스턴은 1023년 사망했으며, 996년 런던의 주교와 1002년 요크의 대주교를 지냈다. 앨프릭은 그리스인은 아니었으나 라틴어에 조예가 깊어, 아우구스티누스, 그레고리우스 1세, 그리고 비드의 영향을 받았다. 990년경, 그는 두 개의 "가톨릭 설교집" 시리즈를 썼다. 첫 번째 시리즈는 해석적인 것이며,

지옥의 정복. 그리스도가 올바른 이들을 지옥의 불행한 입구로부터 끌어내면서, 동시에 짐
승인 악마를 창으로 찌른다 (그리스도의 생애를 그린 세밀화로부터. 프랑스, c. 1200. 뉴
욕, 피에르폰트 모건 도서관).

두 번째는 그레고리우스의 『대화편』의 방침을 따라 좀더 일화적이었다. 앨프릭이 쓴 40명의 수도사 성인의 생애는 주로 개인적인 독서와 명성을 위한 것이었다.

초기에 앨프릭은 신이 열 무리의 천사를 만들어 그들에게 도덕적 자유의지를 주었다고 믿었다. 무리들 중 아홉은 신에게 충성스럽게 남아 있었지만, 열번째 무리는 그 자유를 잘못된 목적으로 이용했다. 오만, 반항, 거만함, 그리고 시기로 인해 천사들은 그들의 조물주에 대항하여 반란을 일으켰다.[56] 그들은 자신들의 자유의지로 지도자를 따랐다. 그는 너무나 아름답고 눈부셨기에 루시퍼라고 불렸으며, 횃불을 들고 있었다. 그러나 그는 너무나 오만으로 가득 차서, 신과 대등해지려는 헛된 노력에서 하늘나라의 북쪽에 왕좌를 세웠다. 신은 그의 힘과 아름다움을 빼앗고, 그와 그의 추종자들을 흉측한 악령들로 바꾸어 그들 모두를 하늘나라에서 지옥으로 내던졌다.[57] 창조의 6번째 날, 사탄이 타락한 같은 날, 앨프릭은 사라진 천사들의 계급을 채우기 위해 신이 아담과 인간들을 만들어냈다고 믿었다.[58] 이러한 연대기적 배열은 전통적이지 않은 것이었지만, 그것으로 인해 앨프릭은 극적 요소—천사들의 자리를 대신하는 것이 우리 인간의 목적이라는—를 고안해 낼 수 있었다.[59]

인간이 천국에 편안히 앉아 있는 것을 보고 분노와 질투에 휩싸인 악마는 뱀의 형태를 띠고 에덴 동산으로 들어갔다. 그는 누구에게도 죄를 짓도록 강요할 힘을 가지고 있지 않으므로, 그의 유혹에 넘어간 것은 우리 자신의 책임이다. 타락해서, 우리는 그의 어둠 속에서 그와 함께 눈멀었다. 눈먼 사람이 햇빛 속에 서 있는 것처럼 사탄은 하느님의 빛 속에 서 있다. 이것은 우주의 조화로부터 소외된 인간성을 완벽하게 묘사한 것이다.[60] 사탄은 우리를 유혹하는 데 성공함으로써 이 죄 많은 세계의 지배자가 된다. 그리고 스스로를 드러낼 때면, 무시무시한 형태를 띤다. 앨프릭은 그를 날카로운 생김새에 턱수염이 덥수룩하고, 머리카락을 발목까지 늘어뜨리며, 눈에서는 타는 듯한 불꽃을 내뿜고, 입에서는 지옥불이 타고 있으며, 팔다리에는 깃털이 달려 있고, 두 손은 등 뒤로 묶인 거대한 흑인 남자의 모습으로 묘사한다. 거인처럼 크고, 두 눈은 불타며, 끔찍한 이빨과 날카로운 발톱, 통나무 같은 두 팔을 가진 비슷한 형상의 검고 무시무시한 악령들은 성인들을 공격한다.[61]

사탄은 첫 번째 아담을 유혹했던 것처럼, 두 번째 아담인 그리스도마저 유혹하려고 시도했다. 그리고 그리스도는 겸손하게도 유혹이 일어나도록 내버려두었다. 물론, 성공을 거두지 못했다. 그리스도가 사막에서의 금식 후에 배고파 하는 것을 보고 속은 사탄은 그가 신성한 존재일 리가 없다고 생각했다. 그리고 그의 무지는 그리스도의 수난의 시기 내내 지속되었다. 앨프릭은 여전히 배상설을 따르고 있었다. 즉, 사탄은 그리스도를 미끼로 잡았으나, 그의 신성(神性)이라는 갈고리를 모른 채 그것을 삼킴으로써 인간 노예들에 대한 자신의 권리를 박탈당한다.[62] 지옥의 정복에서, 그리스도가 지옥의 입구에서 악마를 물리쳤을 때, 사탄은 비로소 그리스도가 신이며, 자신의 운이 다했음을 깨닫는다.

그리스도가 이 세상을 자신의 것으로 확실히 만든 이후에도, 악마는 여전히 종말이 올 때까지 인간을 유혹하고 시험하도록 허락되었다. 그러나 우리는 두려워할 필요가 없다. 신이 그때까지 모든 것을 확고히 관장하기 때문이다.[63] 따라서 그리스도가 인간이자 신인 것처럼, 인간이자 악마인 적그리스도들은 사라질 것이다. 적그리스도가 패배하는 순간 세상은 끝날 것이다. 그리고 오직 신의 왕국만이 남을 것이다.[64] 몇몇 이단자들은 세상이 끝날 때 성모 마리아와 다른 성인들이 사탄의 사악함을 정화해서 그를 저주로부터 구원할 것이라고 주장한다. 이는 끊임없이 죄를 범하는 죄인들의 헛된 합리화일 뿐이다. 그들은 악령들과 마찬가지로 구원받을 희망이 전혀 없다.[65]

중세 초기의 악마론을 이해하기 위해서는, 신학적 고찰을 넘어 수도사들과 평신도들에게 악마와 그 악령들이 도처에 있음을 각인시켜 주는 설교와 성인들의 생애에서 발견되는 다채로운 이야기들까지도 알고 있어야 한다. 중세 수도원 전통에 뿌리를 둔 이적기사는 점차 많은 인기를 얻었다. 술피키우스 세베루스는 악마가 투르의 성 마르탱을 수없이 많은 방법으로 공격했다고 썼다. 포효하며 그의 독방에 난입하여 피 묻은 손으로 황소의 뿔을 휘두르거나, 혹은 마음을 바꾸어서 감히 그리스도의 모습을 하고 나타나기도 했다. 그러나 성인은 계략을 간파하고 사악한 자를 몰아냈다. 그는 지독한 악취를 풍기며 사라졌다.[66] 투르의 그레고리우스는 오베르뉴 주교가 그의 교회에 악령들이 몰려드는 것을 발견했는데, 그들의 우두머리는 매춘부 같은 모습을 띠고 왕좌에 앉아 있었다고 보고했다. 그리스도의 은총에 힘입어 주교는 그들을 몰아냈지만, 악마는 복수로 주교가 성호로 스스로를 강화할 때까지 음탕한 생각을 하도록 그를 괴롭혔다.[67]

널리 알려진 『대화편』에서 그레고리우스 1세가 보고한 기적들은 대개 악령들을 다룬다.[68] 몇몇 이야기들은 사소하다. 가장 유명한 이야기 중 하나는 탐욕스런 수녀에 대한 이야기인데, 그녀는 수녀원 뜰에서 배회하다가 향기로운 상추를 찾아낸다. 탐욕에 굴복한 그녀는 상추를 너무나 급히 먹어치우다가 성호 긋는 것을 잊는다. 악마는 즉시 그녀를 장악하고, 마침내 한 성인이 불려와 그녀를 위해 기도드릴 때까지 괴롭혔다. 그가 다가오자, 악마는 수녀의 입을 통해 다음과 같이 소리쳤다. "내가 뭘 잘못했지? 내가 뭘 잘못했지? 나는 그저 상추 위에 앉아 있었는데, 그녀가 다가와 나를 먹어치운 것뿐이야!" 성인은 단념하지 않고 그를 억지로 떠나도록 했다.[69]

또 다른 이야기에서는 한 유대인이 버려진 아폴로 신전에서 밤에 잠을 자고 있었는데, 그는 두려워하며 성호로 스스로를 무장했다(!). 자정 무렵, 그는 잠에서 깨어나 한 무리의 악령들이 지도자를 숭배하는 것을 보았다. 지도자는 각각의 악령들에게 차례로 지난 번 모임 이후로 어떤 사악한 짓을 했는지 질문했다. 한 악령은 주교에게 젊은 수녀에 대한 욕망을 불러일으켰으며, 심지어 그녀를 뒤에서 다정하게 쓰다듬도록 하기까지 했다고 자랑했다. 우두머리는 그 보고를 듣고 기뻐했다. 이미 나쁜 삶을 살고 있는 사람보다 성자를 타락시키는 것이 항상 더 낫기 때문이다. 악령들은 구석에서 움츠리고 있는 겁먹은 유대인을 발견했지만, 성호 때문에 그를 해칠 수 없었다. 가능한 빨리 도망친 유대인은 나중에 주교를 만나서 그가 들은 말이 정확한지 시험해보기로 결심한다. 그는 주교에게 젊은 수녀를 탐한 적이 있었는지 물었다. 성직자는 분개하며 그 사실을 부인했으나, 무례하게 수녀를 쓰다듬은 사실을 일깨워주자, 솔직히 고백했다. 유대인이 그 정보를 어떻게 얻게 되었는지를 듣고 주교는 깜짝 놀라 바닥에 쓰러져 자신의 경솔한 행위를 뉘우쳤으며, 자신에게 고용되어 있는 모든 여자들을 내쫓고, 버려진 사원 부지에 작은 예배당을 세웠다. 해피엔딩은 유대인의 개종과 세례식으로 끝을 맺는다.[70]

현대인의 관점에서 『대화편』에 나오는 눈에 거슬리는 천진난만한 이야기들을 이해하려면, 그레고리우스 1세가 관심을 가졌던 것은 기적의 과학적 혹은 역사적 발생 여부 확인이 아니라, 기적의 내적, 도덕적 중요성과 인간 영혼에 미친 작용이었다는 것을 깨달아야만 가능하다.

세 번째 이야기는 그레고리우스 1세가 주입하고자 했던 도덕적 교훈의 정확성을 보여주고 있다. 이것은 수도사들이나 성직자들을 위한 설교로 적당한 완벽하게 도덕적인 이야기이다. 어느 날, 성 엘류테리우스는 사악한 정령에게 괴롭힘을 당하는 작은 아이가 살고 있는 수녀원을 방문했다. 엘류테리우스는 악령을 쫓아내고 아이를 그가 살고 있는 수도원으로 데리고 왔다. 그러나 이 성인은 이제 수도원 안에서도 주저없이 아이를 공격했던 악마에게 감히 엘류테리우스 자신의 집을 더럽힐 수는 없을 것이라고 큰소리치는 실수를 범했다. 악마는 즉시 희생자를 다시 손아귀에 넣었다. 수사들이 금식과 기도를 통해 아이를 다시 구하는 동안 성인은 영적인 자만심에 대한 교훈을 얻었다.[71]

그레고리우스 1세는 대부분의 이야기를 청중의 관심을 끌기에 충분할 만큼 재미있게 하고자 했다. 그러나 그의 목적은 진지했다. 에바그리우스와 카시아노의 수도원 전통에서, 그레고리우스 1세는 어떤 죄든 마음속에 사악한 정령이 밀고 들어올 수 있는 구멍을 만든다는 사실을 보여주고자 했다. 어떤 주요 죄들은 그레고리우스의 이적기사들 중 적어도 하나에서 나타난다. 그는 악마와 악령들을 구분하지 않았다. 어떤 악령이든지 모든 악의 왕으로 나타날 수 있다. 악마는 대개 그리스도가 성인이나 성녀를 통해 행한 기적에 의해 쫓겨난다. 물론, 성인의 정의 자체가 그를 통해 기적을 행할 수 있는 인물을 말한다. 이야기는 성인이 사악한 적을 무찌르는 해피엔딩으로 끝나는 가벼운 것들이 많고, 또한 성인이 승리를 거둔 방법에도 재미있는 것들이 많기 때문에, 이러한 대중 종교의 저작들은 쉽게 민담으로 전해지게 되었다. 무엇보다도 이것들은 중세 후기, 평범하고 우스꽝스러운 악령을 만들어내는 데 일조했다. 그러나 근원이 되는 신학은 진지하다. 그리스도는 악의 무리에 대항하는 끊임없는 싸움의 과정에서 기적을 행한다. 만약 자연이 악에 의해 더럽혀지지 않았다면, 기적은 아무런 기능도 할 수 없을 것이다. 그러나 악은 신이 만든 우주를 왜곡하며, 기적을 요구하고, 그 대답으로 기적을 불러낸다. 그레고리우스 1세는 기적을 통해, 신이 이 타락한 세상의 악의 무리에 맞서 영구히 경계를 늦추지 않고 있다는 사실을 우리 마음속에 이해시키고자 했다.

11세기 후반, 동방의 은자의 전통으로 회기하려는 수도원 부흥운동의 영향으로, 남유럽에서의 삶은 북유럽의 삶보다 악마를 더 강조하기는 했지만, 그레고리우스 1세는 9세기에서 11세기까지의 성인들의 생애에 깊이 매료되었다.[72] 반면 펠릭스의 『구슬락의 생애(Life of Guthlac)』와 앨프릭이 쓴 성자들의 생애는 북쪽에서도 성자에 관한 이야기들이 그 명맥을 이어가고 있음을 보여준다. 동방의 전통은 카시아노와 그레고리우스 1세를 거쳐 북부의 수도원에 있는 작가들에게도 전해졌다. 사탄은 구슬락을 겨냥하여 유혹의 화살을 날리고(『베오울프』, 1745-1747행과 비교해볼 것), 악령들은 커다란 머리, 긴 목, 야윈 얼굴, 검은 피부, 텁수룩한 턱수염, 곤두선 귀, 험상궂은 눈썹, 잔인한 눈, 악취나는 숨결, 말 같은 치아, 불꽃을 토하는 식도, 불에 탄 목구멍, 넓은 입술, 거친 목소리, 회색 머리채, 부어오른 두 뺨, 부풀은 가슴, 우둘두둘한 허벅지, 안짱다리, O형다리, 불룩 솟은 발목, 벌어진 발을 가지고 나타나, 겁에 질린 성인들을 절망 속으로 몰아넣는다. 쉰 목소리로 말하면서, 그들은 구슬락을 붙잡아 그의 독방으로부터 끌어내어 가시덤불 속으로 끌고갔으며, 그를 더러운 늪 속에 내던지고, 지옥의 입구로 데려간다. 거기에서 구슬락은 고통 속에 있는 저주받은 자들을 내려다본다. 이 모든 것은 성자에게는 견딜 수 없는 하루였겠지만, 사막의 교부들에게는 그다지 놀라운 일이 아니었을 것이다.[73]

앨프릭은 마법사 허모게네의 이야기를 자세히 전했는데, 허모게네는 야고보 성인의 성공적인 설교에 맞서는 데 도움을 받기 위해 악령들을 불러냈다. 허모게네는 자신의 하인인 빌레도를 야고보에게 보냈으나, 야고보는 그를 개종시켰다. 분노한 마법사는 그 둘 모두에게 악령들을 보냈다. 악령들이 빌레도를 묶었으나, 야고보는 그들로 하여금 그를 풀어주고, 대신에 허모게네에게 족쇄를 채워서 자신의 앞으로 데려오도록 한다. 허모게네는 회개하고, 모든 마술도구들을 파기했으며, 자신의 부를 가난한 이들에게 나누어주었다.[74] 앨프릭이 쓴 성인들의 생애는 그레고리우스 1세부터 다른 수도원 작가들이 악령들의 공격에 대해 쓴 이야기들로 가득하다. 그러나 기독교인들은 악마의 작용과 유혹을 경멸해야 한다. "당신이 악마를 경멸하면, 악마는 저주받은 마음으로 당신의 단호함에 몹시 슬퍼할 것이다. 그는 화가 나서, 당신에게 어떤 질병을 감염시키거나 갑자기 당신의 가축 일부를 살해할 것이다. 왜냐하면 그는 성인들이 시련으로 인해 전능한 신을 버릴 것인지를 알아보기 위해 모두를 시험해야 하기 때문이다. 그러나 당신은 잔인한 악마라도 신의 허락 없이는 사람들에게 해를 입히거나, 당신의 가축들을 없애지는 못한다는 사실을 깨달아야 한다." 그리스도를 기쁘게 할 것인지, 악마를 기쁘게 할 것인지, 선택은 우리에게 달려 있다.[75]

7

악마와
학자들

1000년 이후 식자층의 성장은 지적 자의식과 비판적 인식의 성장과 함께 문화적 경향에 있어서의 폭넓은 변화를 이끌었다. 1050년부터 1300년까지 서구 유럽 지식인들의 삶은 가톨릭 학교와 대학교에서 배운 방법인 스콜라 철학이 지배하고 있었다.[1] 스콜라 철학은 이성을 신학, 철학, 법학의 엄격한 형식에 맞게 적용하는 것을 특징으로 했다. 12세기, 스콜라 철학은 고유한 변증법적 방법을 개발했다. 즉, 질문이 제기되면, 성서나 전통의 구절을 양쪽에 인용하고 나서 논리학으로 문제를 해결하는 식이다. 그리고 나면, 해결책에 대한 이의를 논박하고, 논리적 순서에 따라 다음 질문이 제기되고 다루어졌다. 이 방법은 플라톤과 아리스토텔레스, 그리고 아리스토텔레스에 대한 이슬람 해설자들의 저작들의 영향으로 정교해졌다. 신학에서 이러한 방법은, 공통된 기반을 찾는 동시에 다양성을 중시했던 12세기 후반의 경향과 동떨어진 것이었다. 스콜라 철학은 사실과 오류, 정통과 이단을 가리기 위해 신학의 날을 날카롭게 갈았다. 아퀴나스 같은 위대한 스콜라 철학자들은 이성의 한계를 인식하고, 신에 대한 —또는 다른 어떤 것에 대한—모든 진술은 불확실하다는 사실을 깨달았지만, 스콜라 철학의 맹습은 대체로 특정 지식을 이용하여 진리를 보호할 수 있는 지적 거점을 세우는 방향으로 나아가게 하였다.

스콜라 철학이 출현하기 전에, 기독교 신앙의 양대 기둥은 성서와 전통이었다. 스콜라 철학은 여기에 제3의 기둥인 이성을 더했다. 성서와 전통, 그리고 관찰의 분석적 해석이 그것이다. 소수의 스콜라 철학자들은 성서와 전통이 허용한 한계를 넘어서까지 이성을 강요하는 듯했으며, 그로 인해 아벨라르(1079-1142)가 성 베르나르에게 비난받은 것처럼 비난을 면치 못했다. 13세기, 신학자들은 타고난 이성과 신앙 간에 발생할 수 있는 충돌을 염려했다. 그러나 충돌이 발생하는 듯 보일 때마다, 대부분의 스콜라 철학자들은 충실하게 이성보다는 성서 및 전통을 중요시했다. 성 안셀무스(Saint Anselm, 1033-1109)는 오직 우리 안에 있는 신성한 빛을 통해서만 우리는 무엇이든 이해할 수 있다는 아우구스티누스의 주장을 되풀이했다.[2]

이성에 대한 새로운 강조는 중세 초기 대부분의 특성을 나타내는 전통에 대한 맹목적인 의존으로부터 신학을 자유롭게 함으로써 악마론의 진보를 가능하게 했다. 동시에, 새로운 위험을 창출했고, 빈약한 인식론적 기반—예를 들면 부정확한 자연의 관찰—위에 정교한 이성의 상부구조를 세웠다. 그 결과, 상세하지만 불확실한 악마론이 탄생했다. 역사가들은 극히 선별적으로 스콜라 철학자들을 다루어야 하는데, 왜냐하면 이제는 신학적인 문헌의 양이 이전 시기보다 훨씬 방대하기 때문이다. 따라서 나는 가장 영향력이 있거나, 혹은 가장 독창적인 사상들, 즉 구원과 악마의 타락에 대한 안셀무스의 새로운 이론과 피터 롬바르드(c. 1100-1600)의 영향력 있는 『명제집(Sentences)』, 그리고 카타르파 이단자들에 의한 이원론의 부활과 토마스 아퀴나스(1225-1274)가 종합한 스콜라 철학만을 다룰 것이다.[3]

이 시기 동안 악마에 대한 태도에 있어 급격한 변화가 발생했는데, 이들 변화의 방향은 때로 상반된 것이었다. 예술과 문학, 설교, 그리고 대중들의 의식 속에서 악마는 좀더 다채롭고, 가까이에 존재하는 인물이 되었다. 이러한 변화는 카르타파의 이원론의 결과이고, 사막교부들 이야기의 수도원 속편이며, 종교적 인물들의 입지를 공고히 하려는 일반적 경향이었다. 그리스도와 성모 마리아는 좀더 가까이에 있는 존재가 되었으며, 마리아는 사탄의 가장 강력한 적수가 되었다. 대체로, 사람들은 알 수 없는 운명이나 기회를 통해서보다는 일상에서 감지할 수 있는 악의 소재를 더 믿고 싶어하는 듯했다. 그러나 악마가 등장하는 횟수는 증가했어도, 신학에서 악마가 차지하는 중요성은 줄어들었다. 인본주의, 이원론에 대한 스콜라 철학자들의 논박, 안셀무스의 배상만족설, 그리고 아리스토텔레스의 윤리학은 모두 신학에서 루시퍼의 역할을 감소시켰다. 루시퍼는 때로 교황제 지지자들이 대립교황 클레멘스 3세를 "사탄의 전령이자 적그리스도의 하인"이라고 부르거나, "그리스도를 사랑하는 만큼 우리는 악마를 미워해야 하는가?"에 대한 어려운 논쟁을 할 때, 수사학이나 선전에 등장하는 캐리커처 정도로 변질되기도 했다.[4] 악마는 또한 13세기 말부터, 설교나 예술, 사례, 대중문학에서 보다 우스꽝스럽고 희극적인 인물로 나타났다. 이는 아마도 악마의 신학적 중요성을 감소시키는 한편, 그가 가까이에 있다는 의식을 증가시키기 위한 노력의 필연적 결과였을 것이다.

루시퍼의 역할을 감소시키는 조치는 수도사이자 수도원장이며, 노르망디에 있는 베크의 대수도원장을 지내고, 1093년부터는 켄터베리의 대주교를 지낸 성 안셀무스에 의해 취해졌다. 에리게나 이후 가장 독창적인 신학자인 그는 교양학과에서 파생된 신중한 논리를 신학에 적용시켰으며, 스콜라 철학의 설립자 가운데 한 명이었다. 그는 『대어록(對語錄, Proslogion)』(1077/1078)에서 신의 존재에 대한 존재론적 증거를 제시했다. 또한 『악마의 타락(Fall of the Devil)』(1085-1090)은 주로 악에 적용되는 "무"의 의미에 대한 철학적 논문이다. 그의 후기 저작들은 한층 엄밀한 철학적 성격을 띠는데, 여기에 해당하는 『왜 신은 인간이 되었는가(Why God Became Man)』(1094-1098)는 그의 배상만족설을 소개하고 있으며, 『동정녀의 수태(The Virgin Conception)』(1099-1100)는 『왜 신은 인간이 되었는가』와 『운명예정설과 자유의지의 일치(The Congruity of Predestination and Free Will)』(1107-1108)에 대한 일종의 증보판으로 쓰여진 것이다.[5]

안셀무스의 독창성은 몇몇 근대 학자들에 의해 과장된 것일 수도 있지만, 그럼에도 불구하고 그는 논리적으로 체계화된 이성의 작용을 가지고 악의 본질을 비롯한 질문들에 맞선 최초의 기독교 신학자였다. 그는 신이 우리에게 이성이라는 최고의 기능을 주었으며, 따라서 우리가 이성을 사용하기를 분명 바라고 있다고 믿었다. 안셀무스는 이성의 작용으로 우리가 계시와 관계없이 현실을 이해할 수 있으며(이것은 이후에 "자연신학"이라고 불린다), 계시의 의미 또한 이해할 수 있다고 믿었다(이것은 이후 "계시신학"이라 불린다).[6]

악이란 무엇인가? 그리고 어디에서 생겨나는가?라는 질문은 논리적으로 우선하는 질문들이다. 안셀무스는 이러한 질문들을 여러 차례 다루었으나, 특히 『악마의 타락』에서 이 문제를 가장 직접적으로 다루었다. 그는 아담의 타락보다는 악마의 타락을 집중적으로 다루었는데, 이는 악마의 타락이 연대기적으로나 이성적으로 선행하기 때문이다. 아담의 타락은 적어도 부분적이고 간접적으로나마 뱀의 유혹으로 설명될 수 있다. 그러나 사탄의 타락에서는 선재(先在)하는 악으로 인해 질문이 흐려지는 일은 없다. 루시퍼가 어떻게 타락했는지를 묻는 것은 어떻게 악이 맨 처음 우주로 들어오게 되었는지를 묻는 것이다. 그리고 우리는 역사적, 혹은 신학적 사실들로부터 추출된 악의 본질에 직면할 수 있다. 『악마의 타락』은 본래 악의 본질에 대한 철학적 논문이다.

안셀무스의 제1가정은 전통적인 것이다. 즉, 악은 아무것도 아니라는 것이다.[7] 그러나 그는 계속해서 이 개념을 이성적으로 분석한다. 악이 아무것도 아니라고 말하는 것은, 그에게 '악'이라는 단어가 의미가 없다는 것이 아니라, (선이 아닌) '악'의 개념은 (어떤 것도 아닌) '무'의 개념과 동일하다는 것을 의미한다. 그러한 부정의 개념들은 선이나 어떤 것을 언급할 때에만 의미를 갖는다. 마치 "존이 아니다"라는 것은 '존'을 언급할 때에만 의미를 갖는 것과 마찬가지이다. '무'라는 단어는 오직 부정하는 어떤 것을 나타낸다. 마찬가지로, '악'이라는 단어는 오직 선의 부정을 나타낸다. 절대적이고 완전한 악은 절대적이고 완전한 비존재, 즉 허공과 같다. 그러나 이것은 인식할 수 없다. 우리는 악과 비존재가 특정한 지시대상에 적용될 때에만 제한된 의미에서 그것들을 인식한다. 따라서 악은 보이지 않는 것이다. 그것은 보이는 것의 부정이다. 말을 하기 위해 우리는 때로 악을 존재하는 것으로 설명한다. 우리는 보이지 않는 것이나 전쟁, 혹은 암을 존재하는 것으로 이야기하지만, 이들은 보이는 것의 결여, 평화의 결여, 건강의 결여일 뿐이다. 악은 그 자체로는 아무것도 아니지만, 그것을 이야기하는 과정에서 그것은 존재하는 것과 유사해진다. 이러한 의미에서 '악'이라는 단어는 어떤 뚜렷한 결핍을 나타낸다. 더 나아가, 악은 그 자체로는 아무 것도 아니지만, 암이 사람을 죽이거나 도둑이 훔칠 때처럼, 실재하는 결과를 만들어낸다. 선의 결여는 이 세상에서 실재하는 결과를 만들어 낸다.[8]

　　악은 결성, 즉 선의 결여이다. 아우구스티누스를 비롯한 이전의 다른 기독교 저술가들은 존재론적인 악과 도덕적 악의 범주를 구분치 않고 혼용하였다. 그리고 안셀무스는 혼란과 싸우도록 남겨졌다. 이는 전적으로 성공적이지는 못했다. 그는 두 가지 종류의 결성을 구분했다. 악은 창조물이 신의 완전성에 미치지 못하는 것인데, 이는 창조물이기에 어쩔 수 없는 것이다. 또 다른 의미에서 악이란 반드시 있어야 할 어떤 특성이 결여된 것이다. 다시 말해서, 마땅히 가지고 있어야 하는 어떤 특성의 일부가 결여된 것, 예를 들면 황소의 한쪽 눈이 없는 상태이다. 그러나 만약 악이 존재론적인 결핍이라면, 신은 그러한 결핍을 가지고 우주를 창조했으므로, 악에 대해 직접적인 책임을 지게 된다. 첫 번째 의미의 결핍은, 인류는 천사들보다 덜 선하게 창조되었다는 것이다. 두 번째로, 적어도 몇몇 소들은 눈이 없는 상태로 존재한다. 그러한 결성이 우주의 궁극적인 선을 위해 어느 정도 필요하다고 해도, 신은 그에 대한 직접적인 책임을 면할 수 없다.

　　첫 번째 결핍은 쉽게 해결된다. 말은 덜 지적이므로, 따라서 인간보다 덜 '선하다'는 사실은 우주가 최대한 다양한 형태를 포함함으로써, 신의 능력을 가장 잘 표현하기 위한 필연적 결과로 이해될 수 있다. 그러나 두 번째 결핍은 좀더 어려운 문제를 제기한다. 왜 소는 눈이 없어야 하는가, 혹은 왜 암에 걸린 여자는 건강이 결여되어 있는가? 이들은 고통을 야기시키는 진정한 의미의 결핍이다. 더 나아가 도덕적인 악은 또 다른 딜레마를 제시한다. 도덕적인 악은 자유의지의 선택으로 이해하거나 혹은 존재론적 원인으로 돌릴 수 있다. 그러나 만약 존재론적 원인을 갖는다면, 신이 우주를 그렇게 창조한 것에 대한 직접적인 책임이 있으므로, 죄는 신의 잘못이지 죄인의 잘못이 아니다. 자유의지의 선택은 아담으로부터 비롯되었을지도 모른다. 그러나 그것은 불가능하다. 왜냐하면 뱀이 에덴 동산에서 아담을 유혹하고 있었기 때문이다. 악은 그것을 우주에 내재하도록 만든 신의 직접적인 잘못이거나, 아니면 이전에 행한 자유의지의 선택의 결과이다. 그리고 여기에서 기독교의 전통은 신에게 책임을 지우지 않고, 아담 이전에 도덕적 악의 존재를 설명하기 위한 장치로 악마를 도입하였다. 이것이 안셀무스가 아담에 대한 논문이 아닌, 악마에 대한 논문에서 악의 기원을 다룬 이유이다. 이로 인해 안셀무스는 왜, 그리고 어떻게 도덕적 악이 우주로 들어왔는지에 대한 질문에 집중할 수 있었다. 만약 최초의 악—루시퍼의 죄—이 어떤 선재하는 조건에 의해 야기되었다면, 신은 거기에 대한 책임이 있다. 신의 힘과 운명예정설을 강조했던 아우구스티누스는 결코 이 매듭을 끊을 수 없었다.

안셀무스 자신도 이 답을 찾기 위해 먼 길을 갔다. 그는 신이 루시퍼에게 선에 대한 인내의 은총을 주지 않았다는 데에서 시작했다. 그러나 그러한 은총을 주지 않은 것은 신의 잘못이 아니었다. 만약 내가 당신에게 선물을 주려는데, 당신이 받지 않으려고 한다면, 나는 선물을 주지 않는다. 그러나 당신의 잘못이다. 루시퍼가 선물을 거절했으므로, 신은 그것을 주지 않는다. 그리고 그것은 루시퍼의 잘못이다.[9] 이 은총을 거절하면서 루시퍼는 죄를 지었다. 그러나 왜 그는 그것을 거절했을까? 그가 조물주와 동등해지고 싶어서 그런 것은 아니다. 그는 그것이 불가능하다는 것을 잘 알고 있었다. 그보다는 신의 힘에 의해서가 아니라, 자신의 힘으로 행복을 얻고자 했던 것이다.[10] 어떻게 이런 일이 일어났을까? 모든 창조물들은 본능적으로 신을 찾는다. 그리고 모든 지적인 창조물들은 의식적으로 신을 찾는다. 신은 자의식을 가진 모든 창조물들에게 그러하였듯이, 악마에게도 자연의 섭리 안에서 스스로의 행복을 추구하려는 의지를 부여했다. 그러나 그는 또한 악마에게 이 자연의 질서를 뛰어넘어 신이 바라는 우주의 균형과 조화, 정의 안에서 초자연적인 행복을 추구할 수 있는 선택권을 주었다. 누구도 악을 바라지는 않는다. 악은 그 자체로 아무것도 아니기 때문이다. 그러나 우리는 더 큰 선보다는 오히려 더 작은 선을 바랄 수는 있다. 우리가 우주의 질서 속에 있는 커다란 선 대신에 제한되고 이기적인 선을 택할 때마다, 우리는 죄를 짓는다. 악마의 죄는 신의 우주 안의 정의라는 커다란 선 대신에 자신의 본능적 행복이라는 더 작은 선을 바란 데에 있다.[11]

그러나 어떻게 악마는 잘못된 것을 바랄 수 있었을까? 안셀무스는 더 나아가 연구를 계속했다. 신은 루시퍼에게 그의 의지를 주었으므로, 의지 자체가 악했을 리 없다.[12] 심지어 그 의지를 악한 쪽으로 돌리거나 아니면 선한 쪽으로 돌리는 행위 또한 아무것도 아닐 것이다. 그러나 루시퍼의 의지가 바라야 하는 것으로부터 등을 돌리고 바라지 말아야 할 것을 향해 돌아섰을 때, 공정함, 정의와의 적절한 관계를 잃었다. 그리고 악은 바로 이 부정의 안에 존재한다.[13] 여전히, 죄는 루시퍼의 의지가 다소 불완전하게 창조되었으므로, 신으로부터 비롯된 것이거나, 혹은 그 자체로는 아무 원인을 갖지 않는 자유의지의 선택으로 인해 의지를 악한 쪽으로 돌린 것이다. 악마의 의지가 행한 것은 실재하며, 따라서 우주의 세세한 부분까지도 그 시작과 끝을 알고 있는 신이 만들어낸 우주의 일부가 된다. 안셀무스가 외치기를, 신이 죄악의 원인이라고 우리가 생각하는 것도 무리는 아니다. 신은 우주 안의 모든 사건의 원인이 된다. 그러나 그는 죄를 야기하는 사악한 의지를 만들어내지는 않는다. 오직 선한 것만을 의도하며, 악은 단지 허용만할 뿐이다.[14] 신이 루시퍼의 타락을 야기시킨 조건들을 만들어낸 것처럼 보일지도 모른다. 왜냐하면 존재하는 모든 조건들은 신이 의도한 것이기 때문이다.

그러나 이제 안셀무스가 아우구스티누스의 틀을 깬다. 사악한 도덕적 행위를 둘러싸고 있는 조건들은 결코 원인이 아니다. 결국, 오랜 매듭은 깨끗이, 간단하게, 그리고 멋지게 풀렸다. 어떤 전제조건들도 루시퍼의 타락을 야기하지 않았다. 왜 루시퍼는 죄를 지었는가? 그가 그것을 원했기 때문이라는 것 외에 다른 이유는 없다. 만약 자유의지의 선택을 야기한 조건이 존재한다면, 그 선택은 완전히 자유로운 것이 아닐 것이다. 우리는 어떻게 루시퍼가 정의 대신에 의지를 선택함으로써 죄를 짓게 되었는지를 설명할 수 있지만, 그것은 인과관계가 아니다. "그가 의지를 선택했다는 것 외에, 이러한 의지 행위에 선행하는 조건은 없다. '확실한가요?' 안셀무스의 제자가 묻는다. '그렇다', 안셀무스가 제자를 납득시킨다. '그가 선택했다는 사실 외에 다른 원인은 없다. 이러한 의지 행위는 어떤 식으로든 그것을 재촉하거나 유인하는 다른 원인을 갖지 않는다. 그러나 이렇게 표현해도 된다면, 그러한 행위 자체가 스스로의 효과적인 원인인 동시에 결과이다.'"[15] 루시퍼가 범한 죄에는 아무런 원인도 없다. 이 황금 열쇠는 아우구스티누스와 펠라기우스 시대 이후 굳게 닫혀 있던 문을 열었다. 안에 있는 해답은 우아하고 간단하다. 자유의지 선택의 원인을 찾는 것은 아무 소용 없다. 자유의지는 가상이 아니다. 자유의지는 강요되지도 않으며, 어떤 것도 그것을 야기하지 않는다. 그야말로 자유롭다. 이 대답은 신학적으로뿐만 아니라 심리적으로도 만족스럽다. 우리는 진정한 선택의 자유가 있다는 느낌과 더불어 때로는 그것 자체를 위해 악한 선택을 하기도 한다는 느낌을 경험한다. 이 해답은 또한 신이 도덕적 악의 원인이 아니라는 설득력 있는 증거이기도 하다.

지금 생각해보면 바퀴의 발명과도 같은 안셀무스의 대답은 아우구스티누스의 운명예정설 견해가 너무 지배적이었던 탓에 초기 신학자들로부터 외면당했다. 안셀무스의 대답은 운명예정설의 딜레마를 해결하는 데에도 또한 도움이 되었다. 안셀무스는 운명예정설과 예지라는 용어가 틀린 명칭이라고 주장했는데, 신은 시간 속에서 앞일을 바라보고 있지 않기 때문이다. 오히려 모든 순간이 신에게는 영원한 현재이다. 신 자신이 가지고 있는 자유는 완전하다. 이 전능한 신은 우주의 모든 구석구석을 알고 있으며, 그 모든 것에 대해 책임진다. 그러나 어떤 것들에 대해서는 그의 책임이 직접적인 반면—예를 들면 존재론적 결함—어떤 것들에 대해서는—예를 들면 죄—간접적으로만 책임을 진다.[16] 신은 기계로 만든 장난감이 아닌, 도덕적인 책임이 있는 존재들을 위한 재판소로 우주를 구성했기 때문에, 일정한 존재들에게—예를 들면 인간과 천사들—진정한 자유의지를 주었다. 자유의지는 선한 것뿐 아니라 악한 것도 택할 수 있는 진정한 능력을 의미한다. 신은 우주를 지금 그대로의 모습으로 예정했다. 그러나 그는 어떤 것들에게는 자율성을 원하지만 다른 것들—도덕적 악과 같은—에게는 신 자신이 우주를 창조한 책임이 있다는 의미에서 간접적으로 의지를 행사한다. 그는 창조라는 좀더 큰 선을 위해 인내하는 것뿐, 그 자체를 원하는 것은 아니다. 다시 말해서, 신은 실재하는 진정한 자유를 우주 속에 포함시켰다. 자유와 존엄을 지닌 의식이 있는 창조물인 인간과 천사들은 진정으로 책임이 있다. "비록 신이 (자유의지의 행위로 야기된) 결과를 예정했지만 의지를 강요하거나 제한함으로써 야기한 것이 아니라, 그들 자신의 힘에 맡겨둠으로써 그렇게 했다…… 어떤 것들은 자유로운 선택을 통해 발생하도록 미리 예정되어 있다."[17] 이 대답은 운명예정설과 자유의지 간의 오랜 모순을 해결하지만, 악의 문제까지 해결해주지는 않는다. 이것은 신에게서 죄에 대한 책임을 덜어주지만, 눈 먼 소에 대한 직접적인 책임은 남겨둔다. 더 나아가 만약 도덕적인 악이 존재해야 한다면, 왜 그것이 그토록 많은 고통을 가져와야 하는지를 설명해주지 않는다.

루시퍼가 자유의지로 저지른 죄는 도덕적인 악을 이 세상에 들여왔다. 악을 퍼뜨리고자 하는 바람에서, 루시퍼는 아담과 이브를 유혹했다. 아담과 이브는 그들 자신의 자유 선택에 대해 전적으로 책임이 있기 때문에, 논리적으로는 어떤 악마의 유혹도 필요치 않다. 원죄는 유혹이 없이도 일어날 수 있었다. 안셀무스는 전통을 존중하여, 그 장면에서 악마를 제거할 생각은 하지 않았다. 그러나 다른 곳에서 그는 악마를 실질적으로 언급하지 않고서도 원죄와 그것의 결과를 설명할 수 있었다. 신은 인간의 본성이 우주 및 신과 조화를 이루도록 창조한다. 조화는 인간이 신의 계획에 복종하는 것을 의미한다. 동물들과 식물들은 자연적으로, 아무런 자의식 없이 우주 안에 존재하므로, 그들에게는 그것을 받아들이거나 거부할 자유가 없다. 그러나 인간은 우주와 조화를 이루며 살거나 그것을 거부할 수 있는 선택의 자유가 있다. 죄는 의식적인 것으로, 우주 안에 있는 신의 원형을 자발적으로 버리는 것이다. 원죄는 인류가 아담을 통해 마땅히 신에게 바쳐야 할 몫을 바치지 않기로 택한 것이다.[18] 원죄는 우주에 분열과 부조화, 혼란, 부정의, 불화, 불균형을 가져왔으며, 인류를 신으로부터 떼어놓았다.[19] 우리는 신에게서 그의 신성한 본질에 속한 것을 빼앗을 힘이 없다. 그러나 신으로부터 그가 우리에게 바라는 조화로운 실존을 빼앗을 수는 있다.[20]

안셀무스는 계속해서, 원죄는 개개인이 이성적인 영혼을 획득한 순간, 즉 각 개인의 기원에서부터 존재하기 때문에 원죄라고 불린다고 이야기한다. 원죄는 인류가 맨 처음 만들어진 때에는 존재했을 리 없다. 왜냐하면 우리는 신과의 조화 속에서 창조되었기 때문이다. 대신에, 원죄는 아담과 이브에 의해 처음 시작되었다. 인간들은 모두 아담과 이브 안에서 죄를 지었다.[21] 원죄의 결과로, 신은 악마에게 인간을 유혹하고 벌할 수 있는 제한된 능력을 주었다. 그러나 루시퍼는 신의 지시에 따라서 이러한 능력을 갖는 것이므로, 우리에 대해 아무런 권리를 갖지 않는다. 우리 죄의 결과로, 우리가 진 빚은 신에게 빚진 것이지 악마에게 빚진 것이 아니다.[22]

악마에게 아무런 권리가 없다는 이론은 구원이론을 배상설에서 제물설로 주요하게 변화시켰다. 5세기까지는 제물설이 일반적으로 우세했으나 배상설 또한 완전히 없어지지는 않고 있다가 중세 초기에 이르러 다시 부활했다. 스콜라 철학자들은 이 논쟁을 다시 시작했다.[23] 구원론에 대한 이러한 논쟁에 가장 큰 기여를 한 것은 안셀무스의 저작, 『왜 신은 인간이 되었는가』이다. 근대의 몇몇 저술가들은 이 질문에 있어서의 안셀무스의 독창성을 과장한 바 있다. 제물설은 이미 확립된 이론이었고, 배상론은 이미 널리 받아들여지지 않고 있었다.[24] 그러나 안셀무스는 이 논의를 새로운 정교화의 단계로 이끌었다. 그는 모순된 생각들에 공개적으로 직면하고 논리를 통해 그것을 해결하고자 한 최초 인물이었다. 신학자들뿐만 아니라 지적인 일반 청중들을 위해 글을 쓰면서, 자신의 주장이 절대적인 논리적 증거라기보다는 이성적으로 조리있는 설명이라고 생각한 그는 논리뿐 아니라 상식과 경험에도 의존했다. 배상설을 완전히 거부하면서, 그는 배상만족설로 알려진 제물설의 독창적인 변형을 만들어냈다.[25]

이 새로운 이론에서, 안셀무스는 오늘날에는 거슬리거나 어리석어 보일 수 있는 몇몇 용어들을 사용했는데, 이를테면 법률상의 은유나 신의 영예라는 개념이 그러하다. 그러나 서던(R. W. Southern)을 비롯한 비판가들은 이러한 은유가 논리와는 동떨어진 것임을 제시하는데, 논리란 은유 없이도 완벽한 서술을 가능케 하는 것이다.[26]

논증의 본질은, 신의 공정함과 판단의 정확성 때문에 우리의 원죄로 왜곡된 인간 본성이 다시 우주와 조화를 이루었다는 것이다. 이 이론은 인간성을 구체적으로 그려낸다. 구원은 더 이상 신과 악마 간의 추상적이고 포괄적인 거래가 아니라, 진짜 인간들과 관련된 자유행위이다.

배상만족설의 시나리오에서, 루시퍼의 역할은 미미하다. 신은 조화와 정의의 상태로 인간을 창조했다. 우리는 조화를 파괴했다. 신은 우리를 그로부터 소원해진 상태로 내버려둘 수 있었다. 엄밀히 말하면, 신에게는 우리를 구원해야 할 의무가 없기 때문이다. 그러나 그의 자비와 사랑은 우리를 구원하는 것을 당연하고, 적절한, 타당한 행위로 만들었다.[27] 따라서 신은 우리를 구원하기로 결정한다. 그러나 신은 정의를 침해하지 않고, 단순한 힘이나 명령으로 소외된 인간을 이전 상태로 되돌릴 수는 없다. 우리 인간들이 정의의 저울의 균형을 깨뜨렸으므로, 이제 우리는 손해배상을 제공함으로써 균형을 되찾아야 했다. 그러나 우리가 단지 저울을 우리 죄 이전으로 돌려놓기만 한다면, 저울의 균형을 깨뜨린 것에 대해 아무런 배상도 하지 않는 것이 될 것이다. 배상을 위해 우리는 신에게 우리가 이미 그에게 빚지지 않은 것을 제공해야 한다. 그러나 우리는 신에게 이미 사랑과 참회를 포함한 모든 것을 빚지고 있다. 우리에게는 신에게 제공하기 위한 우리 고유의, 여분의 것이 아무것도 없다. 더 나아가, 배상은 죄의 정도에 맞게 이루어져야 하지만, 신에 대해 지은 가장 작은 죄조차도 전 세계보다 더 크다. 따라서 치러야 할 대가도 전 세계보다 더 커야만 하는데, 우주보다 더 값진 유일한 존재는 신밖에 없으므로, 인류는 분명 이것을 가질 수 없다. 무엇보다도, 우리는 우리가 치러야 할 대가를 자유의지로, 기꺼이 바쳐야 한다. 그러나 우리는 죄로 인해 파멸하고, 속박된 상태이므로, 자유롭게 신에게 대가를 제공할 수 없다.[28]

따라서 인류는 신에게 어마어마한 빚을 지고 있지만, 인간의 힘만으로는 그 빚을 갚을 수 없다. 신은 그 대가를 지불할 수 있지만, 신은 아무 것도 빚지고 있지 않다. 만약 다른 어떤 존재(어떤 우주인?)가 우리를 구원한다면, 우리는 그 존재의 노예가 될 것이다(여기에서 안셀무스는 일반적인 봉건적 가정을 한다). 따라서 우리를 구원하는 존재는 신이어야만 한다. 그러나 만약 신이 단지 스스로에게 대가를 지불한다면, 정의는 회복되지 않을 것이다. 왜냐하면, 또다시 빚을 지고 있는 것은 인간이기 때문이다. 대가를 치러야 하는 것은 바로 우리이다. 그 결과로 대가를 치를 수 있는 유일한 존재는 신-인간이다.[29] 그리스도의 수난은 신-인간이 신에게 바친 배상이다. 그리스도는 기꺼이 희생을 택했다. 신은 그리스도의 희생이라는 자유의지의 선택을 허용하며, 물론 이 일이 발생할 것임을 알고 우주를 만든다. 그러나 신은 강요하지도, 명령하지도 않았다. 이 이론은 신에게서 자신의 아들의 죽음을 명령하거나 의도한 무자비한 책임을 면해준다.[30]

악마는 그리스도의 수난에 의해 구원받지 않는다. 그의 죄에 대해서는 어떤 보상도 이루어질 수 없다. 악마의 구원은 인류를 구원한 존재와 같은 종을 필요로 하므로, 루시퍼를 구제하기 위해서도 같은 종의 존재가 필요했다. 그리고 각각의 천사들은 고유의 종을 이루고 있으므로, 이것은 불가능하다. 또한, 악마는 유혹받지 않고 타락했기 때문에, 다른 이의 도움 없이 신의 은총으로 되돌아가야 하는데, 이것은 불가능하다. 그러한 전통적인 논쟁들은 안셀무스의 다른 이론들이 가지고 있는 논리와 간결함을 결여하고 있다.[31]

만족배상설은 이전의 구원론에서 한층 더 발전한 것이었지만, 안셀무스의 뒤를 이은 스콜라 철학자들은 대다수가 이를 무시하고, 계속해서 전통적인 배상설과 제물설의 혼합물을 만들어냈다. 그러나 배상설이 완전히 사라진 것은 결코 아니지만, 13세기 이후 만족배상설이 일반적으로 널리 보급되었다. 그것의 영향으로, 악마는 기독교의 중심 교리에서 불필요하고 보조적인 역할로 격하되었다. 안셀무스에게 있어, 악마는 인류의 타락이나 구원을 설명하는 데 있어 반드시 필요한 가정이 아니었다.

피터 롬바르드(c. 1100-1160)는 1140년부터 1159년까지 파리에 있는 기독교 학교에서 가르쳤으며, 1155년에서 1158년 경, "네 권의 신학명제집"을 집필했다. 교부들, 특히 아우구스티누스에 의존하여 피터는 새로운 개념을 소개하지는 않았지만, 신학적인 질문들을 논리적인 순서로 배열하고, 양편의 견해와 권위자들을 진술한 후, 어떤 판단 혹은 판결로 결론내는 변증법적 방법으로 각각의 질문들을 탐구했다. 『신학명제집』은 12세기 후반과 13세기 후반의 표준 신학 교재가 되었으며, 알베르투스와 아퀴나스 같은 이후 스콜라 철학자들의 주석과 설명의 근거를 이루었다. 이어지는 스콜라 철학의 악마론에 대한 요약은 피터를 비롯한 당시의 권위 있는 저술가들로부터 끌어온 것이다. 대체로 이러한 견해들은 초기의 견해들을 다시 말하고 있는 것에 불과하므로, 빨리 넘어갈 수 있다. 아벨라르의 구원이론과 같은 새로운 견해는 더 깊이 주의를 기울일 필요가 있다.[32]

악은 그 자체로 존재론적인 실재를 결여한 결성이라는 표준적인 견해는, 1140년대 라틴 유럽에서 나타나기 시작한 이원론자들인 이교도를 물리칠 필요성으로 인해 이 시기 동안 좀더 격렬하게 논의되었다. 그러나 악은 그 자체로는 아무것도 아니지만, 진공이 분열시키고 파괴시킬 수 있는 것처럼, 악의 작용은 실재 결과를 만들어낼 수 있다는 데에도 의견이 일치되었다.[33] 아벨라르는 신이 사악한 행위를 막을 수도 없고, 막아서도 안 된다고 주장한 혐의로 1140년, 상스에서 정죄를 받았다. 그러나 그가 실제로 한 말은 단지 사악한 행위를 막는 것은 자유의지의 작용을 방해하는 것이므로, 신은 그럴 필요가 없다는 것뿐

이었다.[34]

천사와 악령들은 공기와 같은 가벼운 물질로 이루어진 몸을 가지고 있다는 전통적인 견해는 보나벤투라와 같은 몇몇 스콜라 철학자들 사이에서도 지속되었으나, 알베르투스와 아퀴나스에 의해서는 거부되었다. 그들은 스콜라 철학자들이 신(의존적이지 않은 순수한 영)과 인간(의존적인 영/물질) 사이의 간극이라고 인식한 공간을 메우기 위해 영적이지만 의존적인 창조물들이 필요하다는 이유로 천사와 악마들은 순전히 영적인 실체라고 주장했다.[35] 대부분의 스콜라 철학자들은 사탄을 모든 천사들 중 가장 높은 천사로 여겼지만, 질문은 계속해서 그들을 괴롭혔다. 만약 천사들에게 계급이 있다면, 루시퍼와 같은 계급의 천사들도 있었을 것이다. 만약 그가 세라핌이었다면, 어떻게 그가 천사장에 불과했던 미가엘에 의해 하늘로부터 추방될 수 있었는지 설명하기는 어려웠다. 이러한 문제를 탐구하는 데 있어, 스콜라 철학자들은 적당한 범위를 넘어서까지 이성을 밀어붙인 듯하다.[36]

루시퍼의 죄가 오만이라는 데에는 모두가 동의했지만, 그것의 의미가 무엇인지에 대해서는 어떤 합의도 이루어지지 않았다. 알베르투스는 안셀무스를 따랐다. 그러나 생 빅토르 수도원의 위그(c. 1096-1141), 호노리우스(12세기 초), 그리고 피터 롬바르드는 사탄이 어떻게 해서든지 신과 동등하게 되고자 했음을 막연히 지적했다.[37] 대식가 피터는 신이 하늘에서 타락한 천사들의 자리를 채우기 위해 선택한 인간들에 대한 루시퍼의 질투를 강조했다. 페트루스 롬바르두스는 루시퍼를 비롯한 천사들이 자연적인 선함을 가지고 창조된 것에 주목했다. 그들은 자연적으로 악하지도, 저주받지도 않았다. 그러나 그들은 또한 언제까지나 선하게 머물도록 보장된 것도 아니므로, 죄를 범하기 쉬웠다.[38]

아벨라르의 주관론적인 관점은 그로 하여금 다른 각도에서 문제를 바라볼 수 있도록 했다. 아벨라르에게 있어, 죄의 본질은 결과로서 발생하는 행동에는 관계없이 잘못된 것을 하려는 의도, 일부러 신의 정의를 침해하는 방향으로 의지를 움직이는 것이다. 따라서 악마가 무엇을 했는지는 중요치 않다. 중요한 것은 그의 의지가 악을 향해 움직이는 것이다.[39] 다른 천사들도 오만으로 인해 일제히 루시퍼를 따랐다. 루시퍼가 그들을 설득하긴 했지만, 그들 죄의 원인은 루시퍼가 아니었다. 그것은 개개인의 천사로서 그들이 가지고 있는 자유의지였다.[40] 타락한 천사의 수는 확실치는 않지만 어마어마하다. 그리고 각각의 계급에서 골고루 타락하여, 몰락 후에도 상대적인 지위를 유지해나간다.[41] 유명론자들과 실재론자들 간의 논쟁에서, 아벨라르의 유명론자적인 입장은 최근까지도 이해되지 않은 악마 연구에 깊은 함의를 지닌다. 악마는 유명론자들이 주장하는 것처럼, 단어에 불과한 것이 아니다. 또한 실재론자들의 주장대로 반드시 객관적으로 존재하는 실재도 아니다. 그보다는 '악마'라는 단어가 정의하지 않고 지칭하는 실재하는 개념이다.

스콜라 철학자들은 언제 악마가 타락했는지의 문제를 해결했다. 전통적으로 루시퍼는 일반적으로 처음부터 타락한 것으로 여겨졌지만, 피터 롬바르드를 비롯한 다른 이들은 만약 그가 창조의 순간부터 정말로 악한 존재였다면, 그것은 신이 그에게 자유의지를 주지 않고, 그를 악하게 창조했다는 의미일 것이라고 말했다. 반면, 그는 선택을 하기까지 오랜 시간을 끌 수 없는데, 천사의 지력으로는 우주의 본질을 즉시, 직관적으로 파악할 것이기 때문이다. 천사들은 감각을 이용한 관찰이나 이성을 통해 배우는 것이 아니므로, 어떤 새로운 정보가 마음속에 들어와 마음을 변화시키는 일은 없다. 따라서 그의 창조와 타락 사이에는 적어도 잠깐 동안의 시간이 있어야만 했다. 그동안에 그는 신에 비해 자신의 본성이 제한되어 있음을 깨닫고, 자유로이 자신의 주인에게 복종하지 않기로 택한다.[42] 타락한 천사들은 본래 자연적인 은총을 가지고 선하게 창조되었다. 그러나 그들은 초자연적인 은총을 보장받지는 못했다. 그들이 타락한 순간, 충성스러운 천사들은 초자연적인 은총을 보장받고, 이제 선뿐 아니라 행복도 갖게 되었다. 그러나 악한 천사들은 악함 속에 계속해서 머물도록 보장되었다.[43] 악한 천사들은 자신의 선택에 고정되어 구원받지 못한다. 첫째, 아담이나 이브와 달리, 그들은 자신보다 우월한 존재였던 외부의 유혹자를 참작하도록 간청할 수 없다. 둘째, 그들의 타고난 지성은 인간보다 훨씬 더 우월하므로, 그들의 잘못도 그에 비례해서 더 커진다. 셋째, 그들은 순전히 영적인 존재이므로, 인간에게나 있을 법한 본성의 변화를 갖지 않는다. 영적인 창조물은 철저히 자신의 선택에 구속받는다. 인간의 영혼이 사후에 회개할 수 없는 이유도 여기에 있다. 넷째, 타락 이후, 그들이 가지고 있는 천사의 자질은 감소된다. 그들은 날카로운 지성을 상당 부분 그대로 가지고 있지만, 손상된 형태로 가지고 있으며, 비록 자유의지를 잃지는 않았으나 실제로 선과 악 사이에서 선택할 수 있는 능력을 잃었다.[44]

대다수 스콜라 철학자들은 신이 악한 천사들이 비운 자리를 선민들로 채우기 위한 목적으로 인간을 창조했다고 주장하며, 인간 창조와 천사의 타락 간의 관계에 대해 다른 의견을 제시했다(이는 선한 사람들이 죽어서 "천사가 된다"는 근대 경건주의의 근원이 된다). 이러한 견해는 아담에 대한 사탄의 공격에 매서움을 더해주었다. 우주에 대한 신의 계획을 방해하기 위한 욕망에다가, 그는 하늘나라에서 자신의 자리를 차지하도록 창조된 존재에 대한 강렬한 시기심까지 더했다.[45] 이러한 논쟁들은 모두 이빨을 드러내는 어리석은 악의 위협이 어떻게 조화롭도록 계획된 우주에 들이닥쳤는가를 설명하기 위해 만들어진 것이다. 다음의 질문들은 산산이 부서진 우주를 신이 재건하는 것에 대해 논한다.

안셀무스의 배상만족설은 12세기에 어느 정도 진전을 보였으나, 호노리우스, 루페르트, 그리고 생 빅토르 학파들이 배상설과 제물설간의 상반된 점에 대해 아랑곳하지 않고, 배상설과 제물설 모두를 계속해서 믿으면서, 구원론에 있어 상당한 모순이 지속되었다. 몇몇 신학자들은 지나치게 보수적인 입장을 취했는데, 특히 샹포의 기욤(1068-1122), 랑의 앙셀름(d. 1117), 그리고 앙셀름의 형 랄프가 그러했다. 비록 악마는 신에 대해 아무런 권리를 가지고 있지 않지만, 그는 인간에 대해 권리를 갖고 있으며, 신도 그러한 권리를 존중한다고 랑 학파는 주장했다. 신의 섭리는 악마가 그렇듯 중대한 죄─죄없는 신인간인 예수 그리스도를 잡으려는 그의 노력─를 범하는 것을 중단시키도록 미리 준비했다.[46] 이것은 순수한 배상설이다. 그리고 이는 교황 이노센트 3세가 미끼와 낚싯바늘의 은유를 완성하는 시점에도 여전히 이용되고 있었다. 십자군 운동의 정신을 유지하는 과정에서 은유는 때로 낚시질에서 전쟁으로 바뀌었다. 그리스도는 적을 습격하기 위해 동굴이나 바위틈에 숨어 있는 현명한 전사처럼, 성모 마리아의 자궁에 숨어 있다가 그의 신성을 인간의 모습 아래 숨겼다. 그러한 은유가 유난히 세련되지 못한 것에 대해 그럴듯한 주장이 있다. 만약 우리가 신과 그의 법칙을 직접적으로 완전히 알 수 있다면, 우리는 그에 압도당해서 복종하는 것밖에 다른 수가 없을 것이다. 신은 우리가 마음껏 자유의지를 사용하도록 자신의 신성을 숨긴다.[47]

다른 스콜라 철학자들도 적당히 보수적이었다. 피터 롬바르드와 루페르트, 그리고 클레르보의 베르나르두스(1190-1153)는 악마의 권리를 제한했으나, 여전히 그에게 광범위한 힘을 부여했다.[48] 그럼에도 불구하고, 오베르뉴의 기욤, 호노리우스, 로버트 풀런, 헤일스의 알렉산더, 알베르투스 같은 이들은 악마에게 부여된 모든 권리를 부인하고 배상설을 완전히 피함으로써, 안셀무스의 입장을 지지했다.[49]

아벨라르는 악마에게 아무런 권리가 없으며, 배상설은 지속되지 못할 것이라는 데 안셀무스와 의견을 같이했다. 그러나 그는 참신함에서 안셀무스를 앞질렀다. 그리스도는 한번도 사탄의 세력 안에 있지 않던 선민들만을 구원했다. 결국 그리스도는 사탄의 지배하에 있던 단 한 명도 실제로 구원하지 않았다. 악마는 부당한 이들에 대해서만 힘을 가지는데, 이는 단지 신이 그를 교도관으로만 이용하기 때문이다. 아벨라르는 이러한 파격적인 주장으로 인해, 1140년 상스 공의회에서 정죄를 받고 자신의 주장을 철회했다. 아직까지 누구도 운명예정설과 자유의지의 저변에 깔려 있는 문제를 해결할 준비가 되어 있지 않았다. 만약 신이 영원한 시간 속에서 누구를 구원할 것인가를 결정한다면, 악마가 선민들에 대해 어떤 효과적인 힘을 가질 수 있을 것인가? 어떻게 악마가 굴복하지 않도록 예정된 사람들을 유혹한다고 이야기할 수 있을까? 아퀴나스는 악마가 실제로 선민들을 유혹하고, 선민들은 정말로 자유의지를 가지고 있지만, 신은 영원 속에서 그들이 저항을 선택하고, 성공적으로 저항할 것임을 알고 있다고 대답할 것이다. 아벨라르의 이론은 배상설과 제물설을 모두 외면하고, 자신의 주관적인 도덕론에 따라 수난 속에서 신이 행한 주관적인 행위를 강조했다. 십자가 위에서 신이 한 행동으로 인해 발생한 결과들은 아벨라르에게 중요치 않았다. 가장 중요한 것은 신의 의도였다. 인간이 됨으로써, 신은 인간을 고귀하게 만들었다. 십자가 위에서 고난을 겪음으로써 그는 인간의 고통을 나누었고, 고통으로 가득 찬 우주를 만든 이가 정작 스스로는 그 고통을 회피한다는 비난을 면했다. 이 모든 것을 신은 겸손과 자신의 창조물들에 대한 사랑으로 행했다. 신이 인간에게 쏟는 자유롭고, 관대하고, 분수에 넘치는 사랑은 그 보답으로 사랑이 생겨나게 한다. 그리고 이러한 방식으로 인간과 신 사이의 소원함에 다리가 놓인다. 이 흥미로운 견해는 널리 보급되기에는 지나치게 전통의 범위를 벗어났다.[50]

　　스콜라 철학자들은 타락한 천사들이 어디에 머무르는지의 문제를 두고 씨름했다. 그들이 공중으로 내던져졌는지, 아니면 지하세계로 내던져졌는지는 늘 명확하지 않았다. 만약 공중이라면, 어떻게 지금 그들이 저주받은 자들의 영혼을 괴롭히거나 불로 고문을 당할 수 있을까? 그러나 만약 지하세계라면, 그들이 어떻게 파괴하고, 파멸시킬 영혼을 찾아 배회할 수 있을까? 몇몇은 그들이 최후의 심판까지 공중을 떠돌아다니다가, 최후의 심판 이후에 지옥으로 떨어진 것이라고 주장했다. 그러나 그것으로 어려움이 해결되는 것은 아니다. 악마 자신이 지옥에 묶여 있는 동안 그를 따르는 악령들이 마음대로 돌아다닌다는

성 미셸이 영혼의 운명에 대해 악마와 논쟁하고 있다. 왼쪽의 악마는 여느 때처럼 지옥으로 저울이 기울도록 하기 위해 노력한다. 오른쪽에서는 한 천사가 구원받은 영혼을 하늘나라에 바치고 있다 (카탈로니아의 그림, (제로나 지방) 소리구에로라 교회의 제단 장식, 13세기. 카탈루냐 미술관).

견해도 마찬가지이다. 무엇보다도 억지스러운 이론은 악령들이 필요에 따라 공중과 지하를 오르락내리락하며, 공중에서 유혹하는 데 얼마간 시간을 보내고, 나머지 시간은 지옥에서 보낸다는 것이었다. 이러한 혼란에 대한 최상의 해결책은 지옥을 특정 장소가 아닌, 신의 존재가 없는 상태로 여기는 것이다. "여기는 지옥이며 나는 지옥으로부터 벗어날 수 없다." 아퀴나스는 이러한 해결책을 중시했지만, 불행히도 그러한 해결책은 광범위하게 받아들여지지 않았다. 그것은 세부사항들을 상세히 설명하고자 하는 스콜라 철학자들의 욕구에 반했기 때문

이다.[51]

악마의 어떤 행동은 선하게 보일 수도 있다. 그러나 사실상, 그의 모든 움직임은 신의 조화로운 우주를 파괴하는 것을 목적으로 한다. 신은 우리의 영혼을 시험하고, 선과 악 사이에 광범위한 자유의지의 선택권을 주기 위해 악마로 하여금 우리를 유혹하고 괴롭히도록 허락한다. 악마는 인간의 영혼에 직접 접근할 수는 없으며, 신이 특정 상황하에서 악마로 하여금 우리에게 불리한 자연현상을 조작하도록 허락하는 것이다.[52] 악마는 무대 위의 마술사처럼, 불가사의한 일이라는 인상을 주며, 우리의 마음속에 환영을 만들어낼 수도 있다. 그러나 이들은 진정한 기적이 아니라, 신기한 일에 불과하다. 악마는 어떤 모습이든 원하는 대로 취할 수 있으며, 비록 자연법칙 내에서이긴 하지만 자연을 조작할 수도 있다. 그의 행위가 자연을 거스르는 것처럼 보일 때, 그것은 환상이거나 우리의 이해를 넘어선 자연현상이다. 예를 들면, 천사나 악령들이 공기를 통해 사람이나 사물을 수송할 수 있다는 것은 사람이나 동물들이 땅 위에서 사물을 운송할 수 있는 것과 마찬가지로 자연에 일치한다. 악마는 우리를 유혹하기 위해서뿐만 아니라 질병이나 귀신들림으로 우리를 육체적으로 괴롭히기 위해서도 자연을 조작한다.[53]

이러한 성찰들은 악의 문제에 대한 진지한 관심으로부터 시작하여 꼬불꼬불한 논리의 길을 따라 먼 길을 여행해왔다. 그러나 그러한 지적인 추상적 개념들은 설교를 통해 대중화되어, 교육받은 이들뿐 아니라 글자를 모르는 이들에게도 받아들여졌다. 글자를 모르는 이들의 정신 속에서, 추상적 개념들은 직접성과 힘을 갖는다. 11세기, 신학자가 아닌 지적이고 학식 있는 사람들이 이들 개념을 얼마나 진지하게 받아들였는지는 노장의 기베르의 자서전에 나타나 있다.[54] 기베르가 이야기한 악마의 활약 22사례에는 추상적 개념과 진부한 표현뿐 아니라, 실제로 그에게 일어났거나 그가 개인적으로 아는 다른 사람들에게 일어났다고 주장하는 세 가지 사건도 포함되어 있다. 어떤 말이나 시각적으로 나타나는 것도 없이 무시무시한 소음을 경험했다고 기베르가 보고할 때, 그것을 의심할 필요는 없다. 그러한 경험은 (악마의 영향으로, 혹은 악마의 영향 없이도) 그의 무의식으로부터 나온 것이라고 해도 무방하다. 그가 기술했듯이, 악마가 수도사에게 아침기도를 위해 일찍 일어나는 것보다 침대에 누워 있는 편이 훨씬 더 좋다고 제안했다는 이야기는 분명 믿기 어려운 일은 아니다. 그리고 아버지가 멀리 전쟁에 나가 있는 동안 몽마가 그의 어머니를 괴롭혔다는 기록도 기베르가 지어낸 것이라기보다는 그의 어머니가 살면서 주관적으로 경험한 실제 사건일 가능성이 높다. 지겨울 정도로 그에게 나타났던 한 악마에 대한 기베르의 상투적인 묘사—비쩍 마른 목, 수척한 얼굴, 검은 눈동자, 주름진 이마, 부풀어오른 입, 두꺼운 입술, 뾰족한 머리—가 그 경험을 무효로 만드는 것은 아니다. 왜냐하면 우리는 본능적으로 모든 경험의 세부사항을 우리 머리 속에 축적된 가정들로 메우기 때문이다.

우리는 그러한 이야기를 존 벤턴(John Benton)처럼 정신역동적으로 접근할 수도 있고, 자크 폴(Jacque Paul)처럼 현상학적으로 접근할 수도 있다. 모든 개인은 주관적인 사건들을 자신이 스스로 구성한 정신세계에 일치하도록 해석한다. 그리고 개인적인 정신세계는 우리 시대의 일반적인 가정들을 반영하는 경향이 있다. 정신세계에 악마가 끼여들 여지가 있는 사람들에게 발생한 사건은 다른 정신세계를 가진 사람과는 전혀 다르게 그 사건을 해석할 것이다. 악마의 활동이 자연스럽게 여겨지는 사회에서는 그러한 주관적인 경험들이 악마의 작용으로 해석되는 경향이 있다. 따라서 악마에 대한 그러한 경험들은 악마의 활동의 증거가 된다. 우리는 이것이 적절한 정신과정임을 알기 위해 결론의 객관성을 받아들일 필요는 없다. 몇몇 근대 작가들은 지적인 사람들조차 그러한 것을 믿을 수 있다는 사실에 계속해서 놀라고 있다. 이것은 기베르를 비롯한 그의 동시대인들이 스스로를 위해 구성했던 일관된(반드시 객관적이지는 않더라도) 세계를 무시하는 것인 동시에, 또한 자신의 세계관도 마찬가지로 증명되지 않은 인식론적 가정들에 기반한 구성체라는 것을 잊고 있는 것이다.[55]

기베르의 어머니를 그토록 괴롭혔던 몽마에 관한 이론은 마법에 대한 신념의 기반 가운데 하나였다. 마녀들은 몽마와의 성교를 청하는 것으로 알려져 있다. 몽마라는 개념은 사람들의 신념으로부터 파생된

erumq; adustione omni carni. Postad
uenent aute dni et bestie damnatione.
quis occidetur gladio a manifestis cuub;
comedendus, cu corpora tunc resur
gant. u homines integri iudicentur.)
EXPLICIT.
INCIPIT ALIO ANGCIO CULA
VE   ABISSI :::
TVIDI alium angtm descenden
te de celo habente clauc abissi.
et catenam magna in manu sua.
et tenuit draconem angue anticu
qui est diabolus et satanas. liga
gaunt eu annis mille. et misit eum
in abyssum. et clausit et signaut
sup eu ne seducat amplius gentes usq;
dum finiantur mille anni. Post hec
oportet eu solui modico tepore. Axelo

Caudi alui angtm descendente de
celo. dnm ihm xpm die primo ad
uentu., Habentem claue abissi et catena
magna in manu sua. et tenuit dracone
anguem anticu qui est diabolus et sa
tanas. et ligauit eu annis mille. et misit
eum in abyssum. et clausit et signaut
sup eu ne seducat amplius gentes usq;
dum finiantur mille anni. In tenuat
hic nobis inuocandus est dns. ne in mille
annoru numeru multoru sim consen
tientes erroribus. Sicq; p excessu ppm
ipsi nuq; amur errore. sed custodiet
fide nram. ipse qui fidelis uocat et uerax.
Ipse dns dicit in principio libri huius qua
ego sum primus et nouissimus. inuisu. et fui

천사장이 지옥에 있는 용, 즉 악마를 묶고 있다 (성 베아투스의 『요한계시록 주석서』의 채식. 11세기.
파리, 국립도서관).

것 같지 않다. 비록 사막의 교부들이 매력적인 젊은이나 처녀의 모습을 띤 악령들에 대해 이야기하기는 했지만, 몽마는 12세기 이전까지 유럽의 사상에서 중요하지 않았다. 이 개념은 스콜라 철학 이론에서 비롯된 듯하다. 악마들은 그들 고유의 모습이나 성별이 없으므로, 원하는 대로 어떤 모습이든 취할 수 있다. 몽마들은 남성의 모습으로 잠자는 여자를 유혹하고, 여자 몽마들은 여자의 모습으로 남자들을 유혹한다. 이들이 정욕 때문에 이러한 행위를 하는 것은 아니다. 실재하는 육신이 없으므로, 이들은 정욕을 느끼지 못한다. 그보다는 희생자들에게 창피를 주고, 그들을 타락시키기 위해 이러한 짓을 하는 것이다.[56]

모든 신학적 세부사항들을 강조하는 스콜라 철학자들의 성향은 이들이 다양한 적들에 대항하여 정통파의 학설을 방어할 필요성을 인식하면서 더욱 심해졌다. 기독교 사회와 다른 사회들 간의 상업적, 문화적 접촉이 증가하면서, 정통 기독교도들은 유대교도, 이슬람교도, 그리고 이단자들에 의해 제기되는 도전을 더욱 의식하게 되었다. 비록 이들의 다른 종교에 대한 실질적인 이해는 극히 미미했지만 말이다.[57] 기독교의 일부 교리를 받아들이지만 이상한 방향으로 몰고감으로써 내부로부터 기독교를 위협하는 듯했던 이단자들은 그중에서도 가장 위험해 보였다. 이단은 전체 기독교 사회의 가르침에 반대되는 기독교 신학의 관점이다. 정의하자면, 일반적인 동의나 공식적 승인을 얻은 개념들이 정통으로 간주되고, 이를 거부당한 개념들은 이단이 된다.

초기 교회의 이단(8세기 이전)은 일반적으로 매우 지적인 특징을 지녔으나—예를 들면 삼위일치를 정의하는 것에 관련된—중세의 이단은 예를 들면 평신도가 설교를 해야 하는지, 혹은 주교는 어느 정도의 복종을 요구해야 하는지를 다루는 윤리적인 특징을 지니고 있었다.[58]

중세의 이단은 정치적 안정성의 증가, 넓어진 식자층, 도시 내 학습기관의 증가, 상업적 왕래를 통한 의견 교환 등에 부분적으로 힘입어, 11세기 중반부터 급속히 팽창했다. 대중적인 이단의 활동은 수없이 많지만, 지적인 의견차이는 적어도 신학에 큰 영향을 미쳤다. 신학자들은 지식인 이단자들과의 대화를 통해 교리를 수정하고 가다듬었으며, 사회적인 이설(異說)에 대한 그들의 일반적인 반응은 논박을 목적으로, 지적인 용어로 바꾸는 것이었다.[59] 이단은 그들이 아니었다면 무시되었을 특정 영역에 신학의 초점을 집중했으며, 이단의 관점은 신학자들에 의해 거부되었을 때조차도 문학이나 예술로 종종 흘러들어갔다. 이단자들은 스스로를 이단이라 생각지 않았으며, 자신들이 진정한 사도의 전통을 따르고 있다고 믿었다. 중세 라틴에서 적용되었던 유일한 이단의 정의는 인위적인 것이다. 즉, 일정한 시기에 교황에 의해 받아들여지지 않는 교리이다. 근대의 역사적 사상은 이단과 정통파의 사상을 단정적으로 구분하기보다는 그들이 같은 문화적, 사회적 환경에서 비롯된 것으로 간주한다.

1140년부터 카타르파의 이단들에 의해 부활된 이원론은 악마론에 깊은 영향을 주었다.[60] 영지주의에 기반을 둔 카타르파는 두 가지 사상으로부터 직접적인 영향을 받았다. 때로 극단적인 금욕주의와 세상에 대한 거부로 이끌었던 이전의 개혁파 이단과 1140년대부터 불가리아의 선교사들에 의해 이탈리아로 들어오기 시작한 보고밀주의가 그것이다. 이탈리아 북부로부터 남프랑스, 아라곤, 라인란트, 그리고 네덜란드와 벨기에까지 퍼진 카타르파의 이원론은 중세 교회가 직면한 가장 큰 이단의 도전이었다. 그리고 그것은 십자군 전쟁과 종교재판에 의해서야 비로소 근절되었다. 카타르파의 이원론 교리는 집단마다 다른데, 일반적으로 가장 큰 차이는 악이 신으로부터 완전히 독립된 존재라고 믿는 "절대적 이원론자"와 악마가 신의 권력을 빼앗은 신의 창조물이라고 주장하는 "중도 이원론자"의 차이이다.[61]

카타르파의 주된 신학적 관심은 악의 문제에 있었으므로, 그들은 악마라는 표상을 굉장히 진지하게 받아들였다. 루시퍼에 대한 강조는 대중들의 의식 속에 그를 좀더 실재적인 존재로 만드는 기능을 하는 한편, 다른 한편으로는 악마의 중요성을 믿는 것에 반대하는 정통파의 반발을 불러일으켰다. 그러나 이원론의 문제에서 가톨릭 교도들과 카타르파 간의 차이는 지나치게 단순화되었다. 논쟁은 일원론과 이원론의 양 극단 사이에서 발생한 것이 아니라, 이원론과 일원론의 연속선상의 어디쯤에 진실이 놓이는지에 관한 것이다. 정통 기독교 자체는 준(準) 이원론적 종교이다. 정통 기독교가 악마에게 자리를 마련해줬다는 점, 그리고 세계를 거부하는 경향, 신으로부터 악의 책임을 면해주려는 노력 등에 있어 그러하다. 반면, 절대적인 카타르주의조차도 선한 신의 궁극적인 승리를 가정하기를 주저하며, 중도 카타르주의는 사탄이 신에게 종속되어 있다는 견해를 피력함으로써 연속선상의 중앙, 즉 정통 기독교에 가까운 위치에 놓인다.

본질적으로 카타르파의 악마에 대한 견해는 우리가 일상생활에서 보는 선과 악의 갈등을 설명하고, 우리 내부에서 벌어지는 둘간의 갈등에 대응하기 위하여 그리고 신의 능력을 제한함으로써 신의 선함을 구해내기 위한 것이다.

카타르파 종교는 부패하고 파괴된 이 세상을 초월하여 그 너머에 있는 아름답고 완전한 세계로 나가고자 하는 열렬한 바람을 표현한다. 중도 이원론에 대한 논의를 더 이상은 진전시키지 않았는데, 가톨릭교와 마찬가지로 악마를 신의 창조물로 보았기 때문이다. 오직 절대적 이원론만이 기독교에 대한 진정한 대안을 제시했다.

절대적 이원론은 악이 선한 신으로부터 완전히 독립된 존재인 사악한 신으로부터 비롯된다고 주장했다. 그들의 주장에 따르면, 만약 오직 하나의 신만이 존재한다면, 그는 선하거나 악하거나 둘 중 하나여야지 하나의 신이 양 극단을 포용할 수는 없으므로, 그렇게 될 수밖에 없다. 만약 유일한 신이 선하다면, 악은 어디에서 나왔는가? 만약 그가 악하다면, 선은 어디에서 나왔는가? 이들은 두 명의 신을 가정하

그리스도를 배반한 데 대한 보상을 받는 유다. 검고 흉포한 악마가 그의 뒤에서 배회하며 격려하고 있다 (캔버스에 유화. 파도마, 아레나 성당, 1306년. 알리나리 문서보관소).

지 않는 한, 이 딜레마는 해결될 수 없다고 주장했다. 그들은 만약 악마가 선한 신의 창조물이라면 그는 신의 의지를 거스르는 어떤 것도 할 수 없을 것이며, 신은 여전히 악에 대한 책임이 있다는 것을 근거로 중도적 입장을 거부했다. 완전히 선하고 전능한 신이 어떻게 우주 안에서 일어난 일에 대해 스스로 슬퍼하도록 우주를 만들 수 있단 말인가? 오직 네 가지 설명만이 존재한다. 하나는 무신론이다. 둘째는 절대적 이원론이다. 셋째는 하나의 신이 사실은 반대편도 포함할 수 있다는 양 극단의 일치로, 이것은 신비주의자들의 입장이다. 넷째는 악은 아무 존재도 아니라는 것으로, 이는 스콜라 철학자들의 입장이다.[62]

  절대적 카타르파의 교리와 중도 카타르파의 교리 간의 경계가 항상 명확한 것은 아니다. 따라서 악마에 대한 모든 카타르파의 견해를 주제별로 다루는 것이 가장 좋다. 악마의 본질에 대해 세 가지 기본적인 관점이 존재했는데, 첫 번째는 악마가 완전히 신으로부터 독립된 존재라는 것이다. 이 관점은 악마를 너무나 추상적으로 만들었기 때문에 다른 두 가지 관점 중 하나에 의해 수정되거나 대체되었다. 두 번째는 루시퍼가 신의 아들, 그리스도의 형제라는 것이었다. 이러한 견해를 고수하기 위해, 카타르파 사람들은 때로 돌아온 탕자의 우화를 이용했는데, 여기에서 그리스도는 충실한 아들이고 사탄은 죄악 속에서 방황하는 아들이다. 혹은 두 아들을 둔 포도주 상인의 이야기를 이용하기도 했는데, 아들 중 한 명은 포도밭에서 그를 돕고, 나머지 한 명은 그렇지 않다.[63] 세 번째 관점은 루시퍼가 선한 신의 아들이 아니라, 사악한 신의 아들이라는 것이다. 여기에서 악한 신은 숨어 있는 선한 하느님처럼 멀리 숨어 있는 존재가 된다. 반면 사탄/루시퍼는 실재하며, 구체적이다. 루시퍼는 어떻게 해서든 하늘나라로 들어가 교묘히 신의 신임을 산 후에, 그의 집사 지위를 얻었다(여기에서 카타르파는 부당한 집사의 우화를 이용했다). 그는 천사들을 유혹했다(혹은, 다른 설에 의하면 천사들을 창조했다). 그러나 루시퍼를 사악한 신 그 자체가 아닌, 사악한 신의 아들로 만든 이 전체 구성은 아무런 의미가 없다. 그러할 경우, 루시퍼/사탄은 결코 "진짜" 악마가 아니며, 그의 행위들은 악의 근원을 설명해주지 못하기 때문이다.

악마의 태생이 어떠하든, 모든 카타르파 집단들은 그가 이 물질세계의 왕자이자 조물주이며 지배자라고 믿었다. 진정한 신은 영혼만을 만들어낸다는 데 모두가 동의했다. 절대론자들은 신이 영적인 세계를 창조하는 것과 동시에, 혹은 그 이전에 악마가 물질세계를 창조했다고 말했다. 반면 중도 이원론자들은 신이 영적인 우주를 먼저 창조하고 난 후 악마가 형태 없는 물질을 빚어 창조물을 만듦으로써 서투르게 신을 모방했다고 말했다. 악마는 이 불행한 물질들에게 생명을 줄 수 없었으므로, 하늘나라로 가서 천사들을 유혹했다. 그들을 생명 없는 물질에 채워넣어, 이 세계에서의 포로 집단을 얻기 위해서였다.

인간의 육체는 물질이 특히 혐오스럽게 나타난 것인데, 이는 악마가 인간의 육체 안에 사로잡은 영혼—타락한 천사들이나(몇몇 설에서는) 타락한 천사로부터 전해진 영혼들—을 감금할 목적으로 그것을 만들었기 때문이다. 성교는 더 많은 영혼의 감옥으로 사용될 새로운 육체를 만들어내기 위한 악마의 발명품이다. 인간의 육체는 사탄에 의해 우리에게 맡겨진 엄청난 모욕이다.

구약성서에서 묘사된 신은 참되고 선한 신이 아니라, 악마 그 자신이다. 모세 5경에서 신의 속성으로 언급한 것은 사실은 악마의 속성이다. 이것을 카타르파는 다음의 대비(對比)로부터 추론해냈다. 신약성서에 나오는 사랑의 신은 구약성서의 악의적인 신과 반대이다. 구약성서의 신은 변덕스럽고, 무자비하며, 아담과 이브를 유혹하기 위한 나무를 세웠다. 구약성서의 신은 인류를 창조한 것을 유감스럽게 여겼다. 무엇보다도, 구약성서의 신은 완전히 악한 것으로 알려진 물질세계의 조물주로 불린다.[64]

육체는 사악한 것이므로, 그리스도는 물질적인 육체를 가질 수 없었으며, 우리를 위해 십자가 위에서 죽을 수도 없었다. 오히려 그의 구원 행위는 우리에게 새로운 소식—우리가 실제로 육신 안에 갇혀 있으며, 우리가 깨달음을 주는 지식을 받아들인다면 죽어서 육체를 빠져나가 신의 진정한 영적 세계로 올라갈 수 있다는—을 알려준 데 있다. 이러한 깨달음을 받아들이지 않은 영혼들은 받아들일 때까지 계속해서 인간의 육체로 환생하도록 정해져 있다.

이원론에 대한 가톨릭의 반응은 중세의 가장 영향력 있는 전(全) 그리스도 교회의 공의회인 1215년 제4회 라테란 공의회에서 잘 요약되었다. 공의회는 카타르파의 위협을 진지하게 받아들여, 첫 번째 항목에서 이 문제를 다루었다. 거기 모인 교부들은 참되고 선한 신은 무에서 만물을 창조했다고 단언했다. 악마와 다른 악령들은 본래 선하게 창조되었으나, 스스로의 자유의지로 악하게 된 것이다. 인류는 악마의 유혹에 굴복함으로써 죄를 지었다. 최후의 심판날, 전 인류가 부활하게 되면, 모든 이들은 자신에게 정당한 몫을 받게 될 것이다. 사악한 자들은 악마와 함께 끊임없는 고통을 겪을 것이고, 선한 자들은 그리스도와 더불어 영생을 누릴 것이다.[65] 스콜라 철학자들은 이원론자들에 대항하여 악은 비존재이며 두 명의 상반되는 영원한 신은 논리적으로 불가능하다고 주장했다. ① 악은 본질을 갖지 않으므로, 그것은 어떤 것의 원천이 될 수 없다. ② 악은 선을 감소시킬지 모르나 선을 소멸시킬 수는 없다. ③ 악은 존재를 갖지 않으므로, 우발적으로 무언가를 발생시키는 선에 속할 때를 제외하면 아무것도 일으킬 수 없다. ④ 모순과 무질서의 신은 존재할 수 없다. 왜냐하면 이들은 단지 일관성과 질서의 부정에 불과하기 때문이다. ⑤ 만약 영원한 두 신이 완전한 균형을 이룬다면, 우주는 그들 사이의 균형상태일 것이다. 그러나 그들이 완전한 균형을 이루지 않는다면, 하나가 다른 하나를 영원히 몰아낼 것이다. ⑥ 전적으로 악한 존재는 존재할 수 없다. 왜냐하면 전적으로 악한 존재는 그야말로 아무것도 아니기 때문이다. 더 나아가 그러한 존재는 자기모순적인데, 왜냐하면 그는 자기자신의 본질까지도 증오하며 해체할 것이기 때문이다. 만약 그가 그 자체로서 사랑하고 소중히 여기는 무언가가 있다면, 그는 완전히 악한 것은 아니다.[66] 실제로 내면적으로는 가톨릭의 관점과 카타르의 관점이 기묘하게 수렴된다. 만약 악이 절대적으로 존재한다면, 그것은 선과 전혀 다른 고유의 방식으로 존재할 것이다. 그러므로 오히려 반(反)물질 대 물질의 관계처럼 악은 악마의 관점에서는 존재이지만 신의 관점에서는 비존재일 수 있다. 양편은 서로 다른 용어로 완전히 성질이 다른, 악의 비신성(non-Godness)을 실제로 주장하고 있지만, 이성적인 논의는 심각한 갈등으로 변질되어버린다. 어떤 식으로 악을 정의했던지 간에 정말 악한 행위는 십자군 전쟁과 종교재판으로 카타르파를 무자비하게 말살시킨 것에서 표출되었다.

비록 마녀광란의 시대에 기준이 된 많은 죄명들이 본래 이단을 겨냥해 만들어진 것이기는 하지만, 다른 이단들은 악의 개념에 기여한 바가 거의 없다. 그러한 죄명들 중 가장 흔한 것이 과도한 성행위, 악마에 대한 헌신, 유아살해, 식인행위 등이었다. 비록 이단자들이 가끔씩 이러한 범죄를 저질렀을지는 몰라도, 역사가들은 조직화되고 광범위한 악마 숭배는 존재하지 않았다는 데 동의한다. 그러한 죄명들에 대한 근거는 이단에 반대하는 선전과 부정적인 심리적 투사가 결합된 결과인 듯하다. 이단자들은 적어도 자신도 모르게 악마의 종이 되거나 그의 초자연적인 육체의 일부가 된다고 여기는 오랜 전통은 그러한 오해를 부추겼다. 이단을 악마화하는 요소들은, 교회에 반대하는 이들은 사탄의 추종자라는 이론 내에 오랫동안 존재해왔으며, 특히 악마의 출현이 임박했다고 느껴지는 시기에 악마화는 더욱 심해졌다.

유대인들과 이슬람교도들 또한 악마화되었는데, 유대인들은 서부 유럽의 도시에 직접 출현하는 일이 더 잦았으므로, 악마화되는 경우도 더 흔했다. 유대인들은 기독교의 어린 아이를 유괴하여 제물로 바치고, 성체나 성상을 신성모독하며, 우물에 독을 넣었다는 죄목으로 고발되었다. 십자가에 못 박힌 그리스도에 대한 책임은 (모든 인간들에게 쏟아지기보다는) 이들에게 쏟아졌으며, 그들이 계속해서 예수를 구세주로 받아들이기를 거부하는 것은 사탄이 그들 안에 머물며, 그들의 마음을 무자비하게 만드는 징후라고 여겼다.[67]

제기되어야 할 질문들 가운데 하나는 악마에 대한 믿음이 어떤 결과를 가져오는지에 관한 것이다. 기독교의 악마론은 중세 후기와 르네상스, 종교개혁 시기의 지독한 반유대주의에 대해 어느 정도 책임이 있었는가? 아마도 비통한 결과를 초래했으리라. 그러나 만약 악마의 관념이 존재하지 않았더라도, 반유대주의의 노선에는 아마 별다를 바 없었을 것이다. 무엇보다도, 거기에는 종교적 요인만큼이나 많은 사회적 요인이 원인으로 작용했다. 둘째, 종교적 요인들은 유대인들과 기독교도들 간의 오래된 장벽으로 이루어져 있었다. 각 집단은 상대방을 자신들의 공동체로부터 추방시켰다. 악마가 없었다 하더라도, 기독교도들은 여전히 유대인들을 배척하고, 그리스도의 수난에 대해 그들을 비난하고, 그들을 그리스도의 초자연적인 육신, 즉 구원받은 이들의 단체로부터 떨어져나온 죄인들로 여겼을 것이다. 악마론은 편리한 무기였다. 그러나 단지 무기일 뿐, 근래 악마론과 관계없이 융성하고 있는 반유대주의의 원인은 아니었다. 기독교의 신학적 전통은 반유대주의에 많은 책임이 있지만, 악마론이 주요 범인은 아니다. 실제로, 최근 몇백 년 동안 악마가 시들해짐에 따라, 다른 대상들에 악을 투사하는 일이 증가했다. 만약 우리에게 우리의 그림자를 투사할 루시퍼가 없다면, 우리는 유대인, 자본가, 가톨릭교도, 공산주의자, 러시아인, 아랍인, 흑인들을 선택할 것이다. 유대인들이 불행히도 언제나 명단의 맨 위에 있기는 하지만, 이 명단은 길게 이어진다. 악마의 개념은 원인이 아닌 결과이다. 악마에 대한 이미지와 소수파를 악마화하는 것 등은 우리 내부에 깊숙이 존재하는 어리석은 잔인성의 발로인 것 같다.

　13세기 중반, 이러한 소란이 일시적으로 가라앉았을 때, 스콜라 철학자들 중 가장 영향력 있는 인물인 토마스 아퀴나스가 나타났다. 그는 역사상 가장 논리적이고, 정교하며, 포괄적인 철학자이다. 아퀴나스의 『명제집에 대한 주석서(Commentary on the Sentences)』는 1250년대에 쓰였다. 그의 가장 위대한 저작들은 1259년 이후의 시기에 출간되었다. 『이단논박대전(Summa contra gentiles)』, 『신학대전(Summa theologiae)』, 그리고 논문 「악마에 관하여(De malo)」가 그러하다. 그의 천재적인 지적 활동은 1273년, 12월 6일 돌연 중단되었는데, 이때 그는 어떤 신비한 경험을 통해 자신이 쓴 모든 것들을 비유하자면 지푸라기처럼 하찮은 것으로 여기게 되었다. 그는 집필을 중단했으며, 1274년 3월 7일, 리옹의 전 그리스도교 공의회에 가던 도중 사망했다.[68]

아퀴나스는 악의 이해를 위한 연구에서 자신의 악마관을 확립했다. 그는 오랫동안 기독교의 일부를 이루어온 신플라톤주의의 가정들에서부터 시작한다. 신은 순수한 실재이며, 완전히 실현되었으며, 완벽하게 선한, 완벽한 존재이다. 사물들은 그것들이 신의 존재 안에 참여할 때에만 존재한다. 따라서 존재하는 모든 것은 선하다. 선과 존재는 본질적으로 같은 것이다.[69] 존재와 선이 결여되지 않는 한, 어떤 것도 본질적으로 악하다고 불릴 수 없다. 악 자체는 아무런 본질도 가지고 있지 않으며, 선한 것 안에서만 존재할 수 있다. 마치 눈이 먼다는 것은 눈에서만 존재할 수 있는 것과 같다.[70] 모든 자연물들은 신으로 향해 가면서 스스로를 완전하게 실현시키는 방향으로 움직인다. 신 안에서는 만물이 실재를 갖는다. 악은 그러한 자연스러운 움직임으로부터 멀어지는 것, 실재로부터 돌아서서 무(無)를 향하는 것이다. 따라서 모든 악은 선을 향한 갈망으로부터 생겨난다. 마치 가족의 안전을 바

라는 아버지가 그러한 바람으로 인해 회사 돈을 횡령하게 되는 것과 같다.[71]

토마스는 네 가지 악을 구분했다. 그는 ① 절대적인 악을 실재에서 아무런 지시대상을 갖지 않는 추상적 개념으로 간단히 처리한다. 왜냐하면 절대적인 악이란 절대적으로 아무것도 아니기 때문이다. ② 그는 또한 "형이상학적인 악", 즉 창조된 존재들은 반드시 신보다 완벽하지 못하다는 사실을 폐기했는데, 그러한 상태는 논리적으로 필요한 것이다. 그는 ③ 결성의 악, 예를 들면 눈 먼 여인처럼 창조물 안에 본래 있어야 할 것이 결여된 것, 그리고 ④ 죄악, 도덕적인 선의 결여를 진지하게 고려한다.

플로티누스와 아우구스티누스는 형이상학적 악이 어느 우주에나 내재되어 있는 것이라고 주장했다. 신은 자신의 에너지를 최대한 우주로 쏟아붓기 때문에, 충분히 많은 형태, 가능한 한 다양한 창조물들로 우주를 채운다. 이는 몇몇 창조물들은 다른 창조물들보다 신/실재/선에 더 가까이 있다는 의미이다. 신으로부터 멀리 떨어져 있는 정도만큼 그들은 덜 실재하며, 덜 선하며, 따라서 더 "악하다". 아퀴나스는 이러한 분석을 단호히 거부했다. 그는 다음과 같이 말했다. "어떤 것을 악하다고 부르는 것은 오직 그것이 해를 일으킨다는 사실에 기인해서이다." 어떤 창조물들이 필연적으로 다른 것들보다 신으로부터 멀리 떨어져 있다고 해서 악은 아니다. 돌이 물고기가 아니거나 소가 여성이 아닌 것은 악이 아니다. 오직 창조물이 마땅히 가지고 있어야 할 것을 잃었을 때, 우리는 악에 대해 이야기할 수 있다. "악은 주어진 대상물이 그것의 완전한 실재에 이르지 못하는 것이다." 각각의 창조물은 신/실재/선 안에서 자신을 완전히 실현하도록 자연스럽게 끌린다. 그리고 악은 이러한 실현으로부터 차단된 정도를 측정한 것이다. 귀머거리 여인은 완전히 실현된 여성이 아니므로, 귀를 먹었다는 것이 여인에게 있는 악이다. 청각을 결여한 여성은 여자에게 마땅히 있어야 할 것을 결여하고 있으므로, 결여의 상태를 겪고 있다. 그러나 그녀가 천사 같은 성품을 가지고 있지 않다는 사실은 단순한 부정일 뿐, 결여가 아니다. 둘 중에서, 아퀴나스는 결여만이 악하다고 생각한다.[72] 그러나 아퀴나스는 우주의 다양성이 어느 정도의 타락성을 수반한다고 주장하는 이전의 입장에 굴복했다. 이러한 점에서 일종의 형이상학적인 악도 활동을 시작한다. 모든 것은 선하게 창조되었다. 그러나 어떤 것들은 다른 것들보다 더 선으로부터 벗어나 있다.[73]

　　악에 대한 아퀴나스의 가르침의 핵심은 결여이다. 눈이 먼 것은 악이다. 그러나 그것은 시력의 결여일 뿐, 그 자체로는 아무것도 아니다. 어떤 창조물이 자연적으로 가져야만 하는 선의 결여만이 악이다.[74] 기수의 눈이 먼 것은 악이다. 그러나 (아무리 날개가 탐나더라도) 날개가 없는 것은 악이 아니다. 왜냐하면 시력은 기수에게 당연한 것이지만 날개는 그렇지 않기 때문이다. 악을 결여로 보는 이러한 견해의 문제점은 그것이 의미있게 규정될 수 없는 플라톤의 인위적인 범주에 의존한다는 점이다. 물, 액체, 고체, 혹은 기체의 정상 상태는 무엇인가? 얼음은 유동성이 결여된 물인가, 아니면 내 수영장에 있는 물이 고체성을 결여한 얼음인가? 그리고 그 경계는 어디에 있는가? 어린 아이가 눈이 먼 것은 정상이 아니지만, 눈먼 아이가 시력이 없는 것은 정상이다. 많은 스콜라철학자들이 지지했던 플라톤의 "관념 실재론자" 철학에서의 난점들로 인해 최근 수백 년 동안 그러한 가정들은 대부분 폐기되기에 이르렀다. 몇몇 근대 작가들은 이와 반대로 악이라는 용어의 의미를 도덕적 결함에서 찾기 시작함으로써, 존재의 자연적인 악을 제한할 것을 제안했다. 그러나 아퀴나스는 자연적인 악을 실재하는 것으로 인정할 만한 용기를 가지고 있었다. 암은 고통을 유발하기 때문에 악하다. 암이 "악"이 아니라고 그러한 방식으로 악을 규정한다고 해서 악의 문제가 완화되지는 않는다. 왜냐하면 그것은 우리에게 암과 그로 인한 고통을 남기기 때문이다. 예를 들어, 만약 아퀴나스가 눈이 먼 것을 "사람"이 시력을 상실한 것이 아니라, 단지 "눈먼 사람"에게 있어서 시력의 부정으로 규정했다면, 그는 플라톤 학파의 함정을 피할 수 있었을지도 모른다. 그러나 그것은 비열하고, 무의미한 방식으로 악의 문제를 회피하는 것이었을 것이다.

그렇다면 어떻게 암의 존재는 선한 신의 존재와 조화되는가?『신학대전』의 맨 앞부분에서 아퀴나스는 우주에 악이 존재한다는 사실이 신의 존재에 대한 최상의 반증이라는 점을 인정한다.[75] 여기에서 그는 신의 존재에 대한 다섯 가지 합리적 증거들에 이의를 제기하고, 신의 존재를 악의 존재와 조화시키는 문제로 되돌아간다.

신은 우주 전체를 책임지고 있다. 다른 어떤 신도 존재할 수 없으며, 독립적인 악의 원인, 즉 완전한 악도 마찬가지이다. 완전한 악은 완전한 비존재이다. 그것은 아무것도 아니다. 악은 궁극적으로 선에 의존한다. 모든 악은 약간의 선에 기반하고 있어야 하며, 이러한 선의 요소들로 인해 그것은 완전한 악이 될 수 없다. 존재하는 모든 것들은 적어도 그것이 존재하는 정도까지는 선하다. 아무것도 아닌 악은 아무것도 일으킬 수 없다. 따라서 모든 악은 선에 의해 발생하는 것이다. 있을 수 있는 가장 악한 존재는 스스로를 철저히 파괴하려 하므로 멸망할 것이다. 완전무결한 신은 자신의 반대편을 전멸시킨다. 완전히 전멸되어서 그것은 전혀 존재하지 않는다. 따라서 악은 신으로부터 독립된 존재일 수 없다. 신의 존재는 신으로부터 나오며, 아무리 변형되었더라도 기본적으로 악은 선한 존재여야 한다.[76] 우주 안에 존재하거나 그 안에서 발생하는 모든 것은 자유의지를 가진 창조물들의 도덕적 행위들만 제외하면 모두 신의 의지의 직접적인 결과이다. 눈이 멀게 되는 운명도, 어떤 우연도, 우발적인 사건들도 존재하지 않는다.[77] 신은 각각의 악의 범주에 대해 어느 정도 책임이 있을까? "형이상학적" 악은 진짜 악이 아니므로, 질문은 신이 자연적인 악과 도덕적인 악에 대해 어느 정도 책임이 있는지에 대한 것이다.

　　모든 악에는 원인이 있다.[78] 아리스토텔레스의 용어를 이용하여, 아퀴나스는 악이 그 자체로는 아무것도 아니기 때문에 공식적이거나 궁극적인 원인을 가지고 있지는 않지만, 물질적인 원인—그것이 속해 있는 선—과 효과적인 원인—결함을 일으키는 대리인—을 가지고 있다고 주장한다. 자연적인 악에는 항상 자연적인 원인이 있다. 자연에서의 결함은 항상 먼저 발생한 다른 자연의 결함에 의해 일어난다. 신은 궁극적으로 그러한 결함의 원인인 것처럼 보인다. 그러나 이러한 결함들은 단지 선의 우발적인 부산물에 불과하다. 박테리아는 오직 우발적으로만 다른 것들에게 고통을 유발한다. 즉, 박테리아 자체는 선하다. 둥근 돌은 그 자체로는 선하지만, 지나가는 차에 우발적으로 굴러떨어져 고통을 가져온다. 신은 결코 결함이나 악을 원한 적이 없으며, 오직 악이 머무르는 선만을 바란다. 신은 오직 우발적으로만 자연적인 악의 원인이라고 이야기할 수 있다. 신은 스스로 아무런 결함도 없으므로, 다른 결함의 직접적인 원인이 될 수 없다. 그는 악을 원하지 않는다. 그러나 그는 또한 악이 사라지기를 바라지도 않는다. 그렇다면 그가 하는 일은 더 훌륭한 선을 위해 악이 발생하도록 허용하는 것이다. 신의 섭리는 모든 악으로부터 선을 추출해낸다.[79] 창조물의 사멸성과 타락성은 우주가 신성한 조물주를 충분히 표현하고 반영하기 위해 필요하다. 어떤 것도 사멸할 수 없는 우주는 정적이고 획일적일 것이다. 거미는 파리를 먹지 않고는 살 수 없다. 족제비는 쥐를 먹어치우지 않으면 사멸할 것이다. "그것을 쥐에게 말하는 것"은 적절한 응수가 아니다. 왜냐하면 이 이론은 쥐의 고통을 충분히 고려하기 때문이다. 타락성과 사멸성, 그리고 그에 수반하는 고통이 없이는 생명과 활기로 가득 찬 우주를 만들 수 없다.[80]

따라서 아퀴나스의 신은 자연적인 악을 원하는 것이 아니라, 우주의 현존을 위해 필요한 대가로 받아들이는 것이다. 우주의 현존이 그토록 많은 고통만큼의 가치가 있는가, 혹은 그토록 많은 고통이 선한 신이라는 개념과 양립가능한가? 아퀴나스는 그렇다고 생각했다. 모든 사람이 이에 동의하지는 않을 것이다. 그러나 그 공식에서 신을 제거한다고 해서 악의 문제를 피할 수 있는 것은 아니다. 신의 존재를 부인하는 주장은 신뿐만 아니라 어쨌거나 합리적이고 질서정연한, 혹은 목적이 있는 우주에 대한 모든 개념들을 흔들어놓는 것이다. 질서 있는 우주의 신은 그렇듯 결함이 있는 세계를 만들어낼 수 없었다. 악의 논리가 만약 타당하다면, 우리가 신이라고 부르는 존재뿐 아니라 우주의 법칙이라는 개념을 모조리 파괴한다.[81] 모든 질서와 원칙을 파괴함으로써, 악의 논리는 모든 가치판단을 주관적인 것으로 만든다. 우리에게는 나치의 집단학살수용소나 검은 돈을 받는 보안관을 비난할 하등의 이유가 없다. 그리고 나면 이상한 일이 발생한다. 원래의 주장이 역설에 의해 파기되는 것이다. 만약 아무런 질서나 목적이 존재하지 않는다면, 모든 인간의 가치와 열망은 어리석은 것이며, 선과 악은 인간 정신에 있어 단지 주관적으로만 존재할 뿐이다. 따라서 악은 객관적으로 존재하는 것이 아니므로, 신의 존재에 대한 반증으로 제시될 수 없다. 악의 논리는 순환적이며 타당하지 않다. 여전히 우주의 질서를 부인하고 따라서 신의 존재를 부인하는 사람이 있을 수 있다. 반면, 신의 존재를 주장하는 사람들은 자연적인 악의 존재에 대한 설명을 제시해야만 한다. 악이 결성이라는 아퀴나스의 답은 이를 설명하지 못했다. 왜냐하면 지금의 우주보다 훨씬 더 많은 고통을 포함하거나 제한하는 다른 우주를 생각해낼 수도 있기 때문이다. 예를 들면, 쥐는 스스로 족제비의 먹이가 되는 것에 대해 두려움과 공포를 경험할 필요가 없고, 대신에 행복을 느낄 수도 있기 때문이다.

도덕적인 악은 또 다른 모순을 일으킨다.[82] 아퀴나스는 한편으로 질서 있는 세상의 모든 것에는 원인이 있다고 주장하기를 원했던 반면, 다른 한편으로는 자유의지를 긍정하고, 신에게서 죄에 대한 책임을 면해주기를 원했다. 첫 번째 입장은 그로 하여금 도덕적인 악은 일종의 결성이며, 의지나 지성에서의 결함은 분명 죄의 원인이 된다고 주장하도록 이끌었다(이는 아우구스티누스가 그랬던 것처럼, 그로 하여금 존재론과 윤리학을 혼합하도록 했다). 미덕은 우리를 실재, 실현, 행복으로 끌어가는 반면, 죄는 무(無)를 향해 우리를 끌고간다. 그러나 만약 의지나 지성에서의 결함이 죄의 원인이라면, 그러한 결함의 원인은 무엇인가? 그 대답은 다른 어떤 결함에 의해서거나 아니면 신이어야만 한다.[83] 두 번째 입장은 반대방향으로 이끌어간다. 신은 어떤 면에서도 죄의 원인이 될 수 없다. 죄는 신이나 다른 어떤 전제조건으로부터 비롯되는 것이 아니라, 자유의지의 행위로부터 생겨난다. 이제, 의지는 자연적으로 신을 향해 이끌린다. 그러나 지적이고 이성적인 창조물들에게서, 의지는 부속물, 즉 결정의 자유를 갖는다. 그리고 의지의 자연스런 움직임을 지지할 수도, 중지시킬 수도, 무시할 수도 있다. 도덕적인 악, 죄는 악을 알고 자유롭게 선택하는 것이다.[84]

아퀴나스는 이 두 가지 입장을 조화시키려 했다. 문제를 해결하기 위해 그는 그 자체로는 악이 아니면서(그렇다면 그것은 그 자체로 악이 되므로 원인을 필요로 할 것이기 때문이다) 자유의지에서 나온(그렇지 않다면 그것은 자연에 원인이 있을 것이다) 결함을 분리시킬 필요가 있었다. 이러한 제한이 없다면, 끝없이 이어지는 원인의 고리로부터 아무런 해결책도 이끌어낼 수 없을 것이다. 그는 자유의지를 가진 창조물이 신의 우주의 규칙과 기준, 조화를 일부러 거부하는 것에서 자신이 원했던 것을 찾았다. 이러한 거부는 전적으로 자유로운 것이지만, 죄는 아니다. 오직 행위만이 죄가 될 수 있기 때문이다. 그것은 단순한 부정이지 결성이 아니다. 그것은 자유로우므로, 자연에 근거를 두지 않는다. 그리고 이러한 자연발생적인 결함이 죄의 원인이 될 수 있다. 죄는 일부러 규칙을 고려하지 않고 행하는 악한 행동이다. 해결책은 훌륭하지만,

전체적으로 보면, 그보다는 죄에는 원인이 없다는 안셀무스의 단순한 주장이 좀더 효과적이다. 규율을 무시하기로 한 자유의사의 결정은 그 자체로 악으로 여겨질 수 있다(비록 뒤이어 발생하는 행동에 비하면 완전치 못한 악이지만). 이성뿐 아니라, 죄에 대한 예수의 "진심어린" 비난이 그러한 관점을 지지할 것이다. 아퀴나스의 해결책에서, 신은 도덕적인 악에 대해 책임이 없다. 왜냐하면 도덕적인 악은 신의 대리인, 즉 인간이 자유의지로 직접 선택한 것이기 때문이다. 신이 예정한 운명과 신의 섭리가 전 우주를 다스리지만, 그의 계획에는 자유의지와 그로 인한 결과가 포함되어 있다.[85]

천사들이 자연적으로 죄를 범할 수 있는지를 묻는 질문에 대한 아퀴나스의 답은 일관되지 않았다. 신은 정의상 죄를 지을 수 없다. 지성이나 이성이 없는 창조물들은 자유의지가 없으므로 죄를 지을 수 없다. 그러나 (자유롭고, 이성적인 창조물인) 인간과 (자유롭고, 지적인 창조물인) 천사들은 죄를 지을 수 있다.[86] 만약 신이 죄가 존재할 수 없도록 모든 천사와 인간들을 신의 은총 안에 보존해주었다면, 그들에게 준 자유는 가짜였을 것이다. 그리고 선행을 하려는 자유의지의 선택이 없다면, 도덕적인 선은 가짜이다.[87] 따라서 천사들은 자연적으로 죄를 범할 수 있다. 그러나 천사들은 죄를 범하지 못한다. 왜냐하면 그들은 순수한 영혼이므로 어떠한 지성의 결함도 경험할 수 없기 때문이다. 생각할 필요가 있는 인간과 달리, 순수하게 지적인 창조물들은 즉각적인 직관으로 사물을 확실히 파악한다. 따라서 천사들은 자연적으로 죄를 범할 수 없다.[88] 아퀴나스는 인간의 죄에 대한 설명으로 발전시킨 자유의지의 개념을 천사들의 경우에도 적용시킴으로써 이러한 딜레마를 해결할 수 있었을 것이다. 악마는 신의 의지를 따라야 한다는 것을 알고 있으면서도, 어쨌든 그것을 무시하기로 결정했다. 여기에는 악의 외에 다른 이유가 없다. 그 대신에, 아퀴나스는 필요 이상으로 복잡한 또 다른 접근법을 선택했다. 악마는 자연적으로 죄를 지을 수는 없지만, 초자연적으로는 죄를 지을 수 있다.[89] 신은 루시퍼에게 더할 나위 없는 행복을 가져다주게 될 초자연적인 은총을 선물로 주었다. 완전한 지성을 가진 루시퍼는 그것이 어떤 자연적인 행복보다도 낫다는 것을 잘 알고 있었다. 그러나 그는 신이 주신 최상의 선을 한편에 제쳐둔 채 선에 대해 조금도 생각하지 않고 행동할 것을 선택했다. 이것이 그의 죄였다.[90]

악마의 죄는 내용과 질을 모두 갖추고 있다. 내용은 자연적인 행복을 추구하기 위해 초자연적인 은총이라는 신의 아낌없는 선물을 거절하기로 한 것이다. 가장 높은 계급의 천사였던 악마가 자신이 실제로 신과 대등해질 수 있다고 믿었다는 것은 있을 수 없는 일이다. 그는 자신의 조물주인 신과 대등해진다는 의미에서가 아니라, 자유롭게 스스로의 구원을 성취할 수 있고, 원하는 순간 즉시 스스로의 힘으로 지복을 얻는다는 의미에서 신과 비슷해지고자 했다. 이러한 방식으로 그는 신으로부터 자유로워지기를 희망했다. 둔스 스코투스는 이 설명에 동의하지 않는다. 그의 주장은, 악마는 그가 신과 대등해질 수 없다는 것을 알고 있으면서도 신과 똑같아지기를 바랐을 가능성이 짙다는 것이다. 만약 내가 은행을 털고자 하는데, 단지 성공하지 못할 거라고 판단해서 그만둔다면, 이러한 조건부의 의지 행위는 나에게 충분히 죄가 되는 것이다. 단지 성공하지 못할 것을 알고 있기 때문에 그만두었다면, 신과 대등해지려는 악마의 의지는 충분히 죄가 된다.

악마의 죄는 오만이다. 이는 스스로의 재주를 통해 행복을 얻으려 하고, 자기자신의 운명을 지배하고, 주인에게 아무런 감사의 빚도 지지 않은 신처럼 되고자 하는 바람에 있다. 다시 한번, 둔스는 이에 반대하면서, 비록 악마의 죄가 오만을 포함한다고 해도 악마의 주요 범죄는 정욕과 관련된 것이라고 주장했다. 그 이유는, 루시퍼는 모든 질서와 이성을 초월하여 자기자신을 사랑했기 때문이다.[91]

루시퍼의 죄는 창조의 순간에 발생하지 않았다. 왜냐하면 그 순간은 그의 자유의지가 발휘될 기회를 주지 않는 것이므로, 신에게 그를 악하게 창조한 책임이 있기 때문이다. 따라서 루시퍼의 죄는 약간의 시간이 지난 후 발생했을 것이다. 이 시간 동안 천사는 자신이 신이 아니며, 신에게 의지하고 있고, 이러한 종속의 상태를 받아들일 것인지 여부에 대한 선택권이 있다는 사실을 깨닫는다.[92] 이것은 인간 경험에 근거하여 재빨리 추정한 것이다. 우리가 맨 처음 우리가 신이 아니라는 사실― 우리의 의지대로 이루어질 필요가 없고, 우리는 미움받고 무시당할 것이며, 언젠가 죽을 것이라는 사실―을 알았을 때 발생하는 분노는 최초의 반란이다. 이 지구상의 창조물들 가운데 오직 우리 인간들만이 우주와 하나가 아니라는 사실을 깨닫고, 그러한 인식 위에 우리의 소외감이 놓여 있다.

카시아노, 그레고리우스 1세, 도이츠의 루페르트를 비롯한 다른 중세 작가들과 더불어 아퀴나스는 「요한계시록」의 12장을 사탄의 죄 이후에 하늘나라에서 전쟁이 발발했는데, 정당한 천사들이 천사장 미가엘의 지휘 아래 악마와 다른 배신한 천사들을 몰아냈다고 해석했다. 그러나 이러한 지배적인 신학적 견해는 악령들이 오로지 신의 명령에 의해 추방된 것으로 묘사했던 기적극에는 잘 반영되고 있지 않다. 대안적 견해는 「요한계시록」에서 언급된 전쟁이 세상의 폭군들에 대항한 교회의 투쟁에 해당된다는 것이다. 그러나 하늘나라의 전쟁은 이후 신학과 문학 모두에서 표준적인 견해가 되었다. 특히 밀턴의 『실낙원 (Paradise Lost)』에서 그러하다.[93]

아퀴나스의 다소 추상적인 악마는 우주 내의 다른 악들에 간접적으로만 책임이 있다. 악마가 우리에게 한 행위는 외면적인 것뿐이다. 그는 우리를 설득하고 유혹할 수는 있지만, 우리로 하여금 죄를 짓도록 함으로써 우리의 자유를 침해하지는 못한다. 그는 외부의 힘으로 당신의 육체를 강요할 수는 있지만, 당신이 악에 찬성하도록 만들 수는 없다. 악마는 다른 창조물들로 하여금 죄를 짓도록 설득하기 때문에, 악의 간접적인 원인이라고 말할 수는 있지만, 이것은 단지 말하는 방식일 뿐이다. 죄를 지은 사람 자신은 항상 죄의 직접적인 원인이 되며, 그러한 원인에는 아무런 이유가 없기 때문이다. 따라서 악마는 죄를 짓는 행위를 설명하기 위해 반드시 필요한 것은 아니다. 더 나아가, 심지어 유혹을 설명할 때에도 악마가 필요치 않다. 악마가 존재하지 않았더라도, 인류는 여전히 육체의 정욕으로 인한 죄의 유혹을 겪었을 것이다.[94] 신으로부터 독립된 악한 신은 존재할 수 없다는 것을 이미 입증한 후, 아퀴나스의 논리는 신에게 종속된 악도 악을 설명하는 데 필요치 않다는 데까지 이어졌다. 기독교의 성서와 전통은 악마에 대한 믿음을 요구하지만, 자연적인 이성과 논리는 그렇지 않다.

아퀴나스는 기독교인으로서, 기독교 전통에 의해 완전히 확인된 존재를 의심할 수 없었다. 그러나 만약 악마가 죄의 원인이 아니라면, 과연 그의 기능은 무엇인가? 아퀴나스의 대답은 그가 모든 악한 창조물들의 우두머리이며, 그들의 지배자이자, 왕이자, 주인이라는 것이다.[95] 그는 이들의 지도자일 뿐 아니라, 그들을 자신과 하나의 존재로 통합한다. 충실한 자들이 은총으로 그리스도와 하나가 되어 그의 초자연적인 몸을 이루는 구성원이 된 것처럼, 죄인들은 소외감으로 악마와 하나가 되어 그의 초자연적인 몸을 이룬다. 사탄은 신도 아니고, 악의 원인도 아니며, 모든 악의 중심이자 이들을 결합시키는 원동력이다.[96]

악마와 다른 타락천사들은 죄를 짓자마자 벌을 받았다. 그들은 하늘나라로부터 아래의 공중과 땅 밑으로 내던져졌다. 그들에 대한 처벌의 핵심은 신과의 자연스런 합일을 빼앗겼다는 인식이다.[97]

천사들은 일단 선택을 했으면, 뒤집을 수 없다. 신의 은총이라는 아낌없는 선물을 받아들이기로 한 천사들은 영원한 지복을 보장받으며, 죄를 지을 수 없다. 루시퍼와 그 추종자들은 영원히 저주받았으므로, 구원받을 수 없다.[98] 아퀴나스는 이러한 입장의 오래된 주장들을 재빨리 통과해서 자기자신의 고유한 주장에 이른다. 감각과 이성에 의존하는 이성적 존재인 인간과 달리, 천사들은 감각이나 이성을 필요로 하지 않고, 직관적으로 즉각 진실을 파악하는 순수하게 지적인 존재들이다. 따라서 상황에 대한 그들의 이해는 처음부터 절대적으로 완전하다. 감각이나 이성, 혹은 다른 기능에 의해 새로운 정보가 그들에게 도달할 수는 없다. 그들은 자신들이 알 수 있는 모든 것을 알고, 전적으로 그러한 지식에 비추어 선택을 하기 때문에, 사실상 그들의 마음을 바꿀 수 있는 일은 일어날 수 없다.[99] 바로 이 지점에서 천사들의 선택이 자연적인 것이기보다는 초자연적인 것이라는 논의가 들어맞는다. 한 가지 난점은 만약 순수한 정령들이 선택을 변경할 수 없다면, 천사들도 선택을 변경할 수 없으므로, 애초에 악을 택한 것이 될 것이라는 점이다. 그렇게 된다면, 물론 천사들은 자유의지를 갖지 않게 될 것이다. 아퀴나스의 초자연적 주장은 그 이상으로 나아간다. 천사들이 애초에 자연적으로 죄를 지을 수 없는 것은 사실이다. 왜냐하면 그들은 지성의 힘으로 자신들의 상황을 알고 있었고, 그들의 의지는 신을 향하고 있었기 때문이다. 그러나 신은 그들에게 자유의지를 발휘하도록 허락하는, 자연을 넘어선 선택권을 제공했다. 더 간단한 해결책은 천사들의 자유의지가 항상 진정으로 자유롭고, 언제라도 변화할 수 있다는 주장이 될 것이다. 그러나 이는 사탄이 구원받을 수 없다는 오랜 전통을 침범한다. 일단 죄를 짓고 나면, 사악한 천사들과 저주받은 인간들은 정의와 기쁨을 완전히 경멸하고, 신의 영광을 바라는 이들의 행복을 격렬히 증오하며 살게 된다. 그들은 선하거나 실재하는 모든 것을 싫어하며, 무의 상태로 끌어내리려고 노력한다.[100]

아퀴나스의 구원론은 안셀무스의 구원론에 바탕을 두고 있었다. 구원은 신에게 제공하는 배상과 인간과 신의 교섭을 회복하는 것을 포함하고 있다. 그리스도의 수난으로, 우리는 원죄의 결과 신이 사탄에게 허락했던 힘으로부터 자유로워질 수 있었다. 그러나 악마는 우리에 대해 아무런 권리를 갖지 못했다. 그리스도가 악마가 아닌 신에게 우리가 진 빚을 갚는다는 의미로 이해하기만 한다면, 배상이나 보상이라는 용어가 사용될 수 있다고 아퀴나스는 말했다.[101] 이러한 주장은 제물설과 배상설을 효과적으로 조화시키며, 다시 한번 악마는 해결에 필수적인 역할을 담당하지 않는다.

오랜 배상설의 소멸은 그리스도가 죽은 자들의 영혼을 자유롭게 하기 위해 지옥의 문을 부순다는 지옥의 정복이라는 극적 개념을 손상시켰다. 만약 사탄이 죽은 자들에 대해 아무런 권리가 없었다면, 신은 지옥의 입구에서 그와 싸울 필요가 없었다. 그럼에도 불구하고, 정복의 이미지는 그 시대의 상상력에 너무도 확고히 고정되어 있어서, 비교적 최근까지도 지속되었으며, 또한 승리를 거둔 군 지휘관/봉건적 지도자로서의 그리스도의 대중적인 이미지, 승리자 그리스도에 의해 강화되었다.[102] 몇몇 초기 저술가들은 그리스도가 지옥에 있는 죽은 이교도들에게 설교를 해서, 자신이 출현하기 이전에 살다 죽은 선한 영혼들을 모두 해방시켰다는 자유주의적인 입장을 주장했다. 아벨라르는 정당한 이교도들이 모두 살아생전에 그리스도에 의해 계몽되어 구원받는다는 좀더 진보적인 견해를 취했다.[103] 그러나 피터 롬바르드와 성 베르나르두스를 비롯한 대다수의 학자들은 좀더 편협한 관점을 취했으며, 이는 아퀴나스도 마찬가지였다. 구세주를 믿는 자만이 구원받을 수 있고, 그것은 하느님과의 계약을 충실히 이행한 고대 히브리 사람들만을 의미했다. 따라서 선한 이교도들은 심지어 철학자들조차도 구원받지 못했다. 비록 그들이 지옥의 변방의 법칙하에, 조용하고 고귀한 사후 생활을 제공받았더라도, 그들은 아무런 근심 없는 지복을 박탈당했다. 따라서 지옥과 연옥에서 단테를 인도했던 베르길리우스는 그와 함께 천상으로 올라갈 수 없었다.[104]

아퀴나스는 기독교의 사상에서 그리스도의 수난으로 사탄의 세력을 쳐부수었지만, 이후에도 죄와 악이 지속되는 오랜 모순을 해결할 수 없었다. 악마는 전과 마찬가지로 우리를 유혹하고 벌할 수 있도록 허락되었다. 그러나 그리스도의 수난은 그를 믿은 모든 이들을 보호하므로, 충실한 신도들을 유혹하려는 악마의 노력은 수포로 돌아간다.[105] 여기에 아벨라르의 견해를 참고함으로써 해결책을 발견할 수 있을 것이다. 한 특정 장소와 시간에 신이 육신을 입었다는 것보다는 그리스도가 시공을 초월하여 존재하는 모든 인류를 위해 죽었다는 사실이 더 중요하다. 그의 희생은 영원토록 구원의 계획에 포함되어 있었으며, 성육신 이전에 살았던 사람들뿐 아니라 성육신 이후에 태어난 사람들에게도 영향을 미친다. 따라서 성육신 이후의 인간 행동의 개선을 기대할 이유는 없다. 왜냐하면 성육신은 모든 시간과 공간에 영향을 미치기 때문이다.

악령들은 신의 왕국을 방해하기 위해 인간을 공격한다. 그들은 실제로 더 큰 악을 이루기 위해 때로는 작은 선을 행하기도 하지만, 의도는 항상 악하다. 신은 그들로 하여금 우리를 유혹하고 벌하도록 정당하게 허락한다. 그리고 악마는 죄를 일으키지는 못하지만, 어디에서나 악을 장려한다. 모든 죄인들은 신과 인류에 대항하는 악마의 전쟁에서 그를 돕고 있으며, 모든 죄인은 스스로 인식하건 그렇지 못하건 악마의 노예이다.[106] 악마의 모든 행위는 신의 허락과 자연법칙의 제한을 필요로 한다. 악마는 자연의 과정을 방해하는 어떠한 행위도 할 수 없다. 그는 왕자를 개구리로 바꾸지 못한다. 그러나 마음속에 환영을 보여주거나, 감각으로 볼 수 있는 외부의 환영을 만들어냄으로써 정신을 현혹시키는 등 자연을 통해 작용할 수는 있다. 우리를 유혹하기 위해 그는 금이나 재산 같은 외부의 물질을 이용하거나, 혹은 신체 일부나 체액과 같은 내부의 물질을 통해 활동할 수도 있다. 악마 자신은 몸을 가지고 있지 않지만, 예를 들면 자신이 육체관계를 맺을 수 있는 몸의 형체를 취할 수 있다. 비록 몽마는 자손을 만들어내지 못하지만 말이다. 그는 또한 소유한 사람들의 자유의지나 양심을 손상시키지는 못하지만, 일정 기간 동안 희생자의 육체를 소유할 수 있다. 가장 위대한 철학자들도 바람직한 판단의 범위를 벗어나는 그 시대의 가정들에 의해 오도될 수 있다.[107]

악마론의 오랜 문제들에 대한 스콜라 철학자들의 재치 있는 해결책은 지나치게 독창적이었다. 그들은 추상적인 개념들과 상세한 세부사항들을 역설적으로 결합한 영역으로 우리를 데려간다. 우선 악마의 개념을 불러일으킨 인간의 경험과는 지나치게 동떨어져 있다. 우리가 경험하는 악마는 검고, 잔인하고, 어리석고, 파괴적인 무언가가 우리 마음속의 함정과 별들의 비밀장소에서 파멸을 갈망하며 존재하는 것이다. 스콜라 철학자들이 보여주는 악마는 중대한 순간을 위해 질서의 법칙을 챙겨놓는 순수하게 지적인 존재이다. 이것이 내가 이 단락을 쓰는 동안 라디오에서 들은, 네 살 된 아동을 강간하고 목을 벤 아동 성

학대범에 대해 설명해줄 수 있는가? 그들은 우리에게 또한 몽마나 여자 몽마로 나타나 잠자는 사람들에게 굴욕감을 주는 낄낄거리는 악령의 모습을 제시한다. 원자무기로 지구를 족히 파괴할 수 있는 세력의 크기를 설명할 수 있는가? 어떤 개념이 살아남으려면, 인간의 공감대를 형성해야만 한다. 이 점에서 스콜라 철학자들의 개념은 거의 그렇지 못하다. 오히려 예술가들과 신비주의자들이 악마의 실체를 좀더 강하고 설득력 있게 포착할 수 있었다.

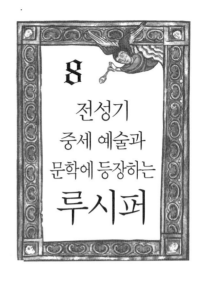

8
전성기
중세 예술과
문학에 등장하는
루시퍼

예술과 문학은 악마의 신학을 이끌었다기보다는 뒤따라갔다. 그러나 예술과 문학은 그 전통에 있어서 일정 부분을 극적으로 확대하고 정착시켰다. 예술적 통일성을 창조하고, 이야기를 훌륭하게 만들려는 노력과 설득력 있는 플롯의 개발로 어떤 면에서는 신학보다 더욱 일관성있는 시나리오가 탄생했다. 중세 중기와 후기에, 악마는 쇠락했다가 다시 살아나기를 몇 번이나 반복했다. 봉건주의나 궁정연애와 같은 세속적인 관심사를 바탕으로 하는 문학이 성장하고, 악을 악령의 음모라기보다는 인간적인 동기부여로 바라보는 인문주의가 성장하면서 결과적으로 12, 13세기 신학에서 루시퍼에 대한 관심이 사그라져가는 상황이 빚어졌다. 그러므로 위대한 작가들과 작품들—크레티앙 드 트루아, 볼프람 폰 에셴바흐, 하르트만 폰, 그리고 초서 등과 같은 작가들, 〈롤랑의 노래〉, 〈니벨룽겐의 노래〉, 〈엘 시드〉와 같은 작품들—에서는 대부분 악마를 피상적인 방식으로 다루거나, 부도덕함과 악 일반을 은유적으로 표현하는 장치로 다루었다. 반면에, 사막의 교부들, 그레고리나 앨프릭이 묘사하는 악마는 설교술, 기도서, 신학에서 가져온 설교문헌과 시가, 또는 극시에 생생하고 구체적으로 남아 있었다. 14, 15세기에 유명론과 자유의지가 승리하고 같은 시기에 끔찍한 기근과 역병이 발생하면서 중세 후기 예술과 문학에서 악마는 너무나 두려운 표상이 되었다.[1]

회화예술에서는 문학만큼 밀접하게 신학을 추종하지는 않았다. 회화 예술가들은 시인이나 철학자들처럼 개념적인 용어로 사유하는 데 익숙하지 않았고, 악마의 모습은 사용하는 재료에 의해 대체로 좌우되는 편이었다. 예를 들면, 조각에서는, 인간이나 인간과 유사한 형상이 작고 까만 새끼 유령보다는 묘사하기가 더 쉬웠다. 채색 사본이라는 좁은 영역에서는 새끼 유령을 묘사하기가 더 수월했다. 상아로는 검은 악마를 묘사하지 않았다. 신학이나 문학에서는 악마와 악령을 조심스럽게 구분하였다. 반면에 정확하게 신학적으로 구별하기 어려운 예술에서는 이 두 가지가 혼용되는 경우가 일반적이었다.[2]

악마를 예술적으로 표상해온 과정을 애써 추적해보아도 이렇다 할 결과를 얻지 못한다. 각각의 경향들은 시간과 장소에 따라 대체로 국부적인 한계를 띠며, 때로는 정반대의 모습을 나타내기도 한다. 11

세기까지, 일반적으로 악마는 인간 아니면 새끼 유령으로 묘사되었고, 이러한 경향은 비잔틴 예술에도 지속되었다. 서양에서, 그러니까, 1000년경에 영국에서 시작해서 1020년경이나 그 이후에도 독일에까지 퍼져나간 악마는 인간과 동물의 기괴한 혼합물로 나타나는 경향을 보인다. 그로테스크풍은 15, 16세기에 데렉 보우츠, 반 야이크, 함스 메믈링, 히에로니무스 보슈, 피터 브뤼겔, 얀 만다인, 그리고 페터 휴이스 등에 의해 예술적인 경지에까지 오르게 되었다. 오랫동안 이해되어왔듯이, 보슈나 다른 작가들의 그로테스크한 작품은 괴팍함에서 나온 것이 아니라 괴물이나 악령의 모습을 한 다분히 전통적인 종교 언어로 무의식의 심리를 파헤친 결과이다. 또한 악의 문제에 대한 도덕적인 발언이기도 하다. 실제로 보슈는 이 세상을 죄와 어리석음, 무용함이 판치는 지옥을 비추는 거울로 묘사한다.[3] 보슈는 교훈을 주는 중세의 예술 전통에 머물러 있었다. "악마적인" 예술은 두 가지 의미를 가질 수 있다. 먼저 보슈 같은 미술가들은 보는 사람들에게 도덕적인 본보기를 보이려는 목적으로 악마적인 것을 묘사하는 경우가 있고,[4] 두 번째는 예술가들 스스로 의식적으로나 무의식적으로 악마적인 것에 봉사하고 있는 경우이다. 두 번째 경우에 나타나는 부조화, 무의미, 그리고 왜곡은 이 우주에서 신의 계획을 가로막는 악을 반영한다. 그리고 예술은 풍자하거나 불쾌감을 주는 데 사용되지 않고 유인해서 곤경에 빠뜨리는 데 사용된다.[5] 이 장의 목표는 첫 번째 경우에 나타나는 도상학적인 경향을 지적하는 데 있다.

루시퍼는 지옥이나 죽음과 같은 무서운 표상과 때때로 밀접하게 연관된다(11세기 이후로 죽음과 악마는 가끔씩 서로 연관되어 나타나기도 하지만, 대체로 따로 분리되어 묘사되었고, 악마의 머리는 해골로 표시되어 연상작용을 일으켰다). 11세기까지 사탄은 인간이나 인간과 비슷한 모습으로 나타난다. 11세기부터 사탄은 동물이나 인간/동물의 모습을 한 괴물로 더 자주 등장하게 된다. 14세기부터는 점점 더 그로테스크한 형상으로 나타난다. 무릎이나 종아리, 발목 등에 뿔이 나 있고, 가슴이나 배, 엉덩이 등에 얼굴이 있는 괴물처럼 생긴 악마의 형상은 루시퍼의 내면에 있는 도덕적인 극악무도함을 반영한다. 중세 초기에 흔하게 등장하는 작고 검은 빛을 띠는 새끼 악령은 그 모습을 계속 유지하다가 점차로 기괴한 형상을 띠게 된다.[6]

대체로 악마는 검고 어두운 빛을 띠지만 그 반대의 경우도 흔하게 나타난다. 또한 악마는 납빛이나 창백한 안색을 띠는데, 이는 죽음이나 이교도, 종파분리론자, 마술사 등과 연관된다.[7] 악마는 대개 벌거벗은 상태로 나오고, 그렇지 않더라도 허리만 두르는 간단한 옷가지만을 걸치고 있다. 벌거벗음은 성적인 의미나 야수성, 그리고 동물적인 특성을 상징한다. 악마의 몸은 주로 근육질이거나 아주 마른 편이고, 살찐 경우는 거의 없다. 12세기 이전에, 악마는 잘생긴 얼굴이나 준수한 용모로 나타나기도 한다. 아주 가끔씩은 여성으로도 나오지만, 원하기만 하면 어떤 형태로든 자신을 감출 수도 있다.[8] 동물로 나오는 경우에는 대부분, 유인원이나 용, 뱀의 모습을 띤다. 인간의 얼굴을 한 뱀은 여러 문화에서도 나타난다. 이러한 표상방식은 13세기 기독교 예술에서는 아주 흔하게 나타나는 듯하다. 뱀에 붙어 있는 인간의 머리는 아담과 이브와도 설득력 있게 연관되었다. 이러한 예술적인 전통은 뱀이 말을 할 수 있도록 되어 있는 연극에서 가져온 것일 수도 있다. 또한 이러한 형상은 인간과 악마가 죄를 공모했음을 상징하는 것이기도 했다. 게다가, 여성을 혐오하는 전통은 아담보다는 이브의 죄를 강조하였고, 그래서 뱀은 아담보다는 이브와 더욱 닮은 것으로 나타났다.[9] 11세기 이후 악마가 가장 흔하게 사용한 동물적 특징은 뿔이었다. 뿔은 고대로부터 줄곧 권력이라는 의미를 담고 있었다.[10] 두 번째로 흔하게 나타나는 동물적 특징은 꼬리이다. 세 번째는 날개인데, 천사에게 어울릴 듯한 깃털이 있는 날개와 지옥 구덩이에 적당할 음흉한 박쥐의 날개로 나누어진다. 악마의 머리카락은 위를 향해 쭈뼛쭈뼛 날카롭게 덮여 있는데, 마치 지옥의 불꽃을 상징하거나 적을 위협하기 위해서 기름을 발라 머리카락을 위로 치켜세운 야만인들의 행위를 따라 한 듯하다.[11] 악령들은 긴 매부리코를 가지고 있는데, 이러한 특징은 유대인의 악마화에도 전승되어 나타난다. 또 다른 특징들로는 발굽이나 짐승의 발, 발톱, 무성한 털, 염소의 다리 등을 들 수 있다(가죽 같은 악령들의 피부도 들 수는 있지만). 악마에게는 좀처럼 영적인 기운이나 후광(반드시 성스러움을 나타내지는 않더라도 원래 권능의 표시였다)이 없다. 악마는 불을 들이 마실 수 있으며, 화살을 쏘아 영혼을 죽일 수도 있다. 악령들은 삼지창이나 갈퀴, 갈고리, 그리고 여러 가지 고문도구들을 가지고 다닌다. 지옥에서 저주받은 자들을 처단하는 이들의 무서운 능력도 악마가 나타나는 장면에서 가장 흔한 경우이다. 그밖의 가장 흔하게 나타나는 광경이라면 빙의 들린 사람들에게 행하는 액막이를 들 수 있다(사람들의 관심이 성서에 나오는 장면에서 이랑생활 속에서 곧바로 나타나는 악마로 옮아가면서, 이러한 행위는 중세 후기에는 흔하게 나타나지 않게 되었지만). 지옥으로 떨어지면서 천사들은 뒤틀리고 불에 태워진 악령으로 모습이 바뀐다. 예수나 마가는 악마를 창으로 찌르고 짓밟는다. 악령과 천사는 정의의 저울을 앞에 두고 죽어가는 사람의 영혼을 가지고 경쟁을 벌인다(고대 이집트의 모티프에서는 아누비스가 정의에 반대하는 저울을 가지고 영혼의 무게를 달았다). 지옥을 빼앗는 장면이야말로 가장 극적이었다. 그리스도는 지옥의 문을 막아버렸다. 이 장면은 최후의 심판과 일맥상통한다. 마지막 심판에서 루시퍼는 마침내 무릎을 꿇으며, 축복받은 영혼들은 하늘나라로 이끌려간다.[12]

12세기부터, 중세 문학은 점차 다양해지고 섬세해졌다. 서정시, 소설, 서사시, 역사, 동물 우화, 그리고 그밖의 여러 장르들이 추가되었고, 이것들이 설교나 성인들의 삶을 대체할 정도였다. 이러한 다양한 모습은 『켄터베리 이야기』에도 반영되어 있다. 이 책에서 초서는 수

많은 스타일과 장르, 그리고 지적인 세련미를 발휘해서 거장의 면모를 보여주었다. 11세기에 고대 영어는, 상당한 양의 중요한 문헌에 사용된 라틴어를 제외하면, 단지 서유럽의 언어에 불과했다. 그러다가 12세기에 이르러, 프랑스어, 프로방스어, 독일어, 이탈리아어, 스페인어, 그리고 그밖의 자국어로 된 문학이 등장하고 있었다. 단테의 『속어론 (De vulgari eloquentia)』에서 찬미된 이러한 변화는 초서나 랭글런드, 볼프람, 크레티앙과 같은 작가들이 라틴어보다는 자신들에게 더 자연스러운 말로 글을 씀으로써 더 쉽게 폭넓은 대중들에게 읽히게 되었음을 의미했다. 상당히 많은 분야에서는 여전히 라틴어가 사용되고 있었다. 예를 들면, 신학이나 역사, 철학, 서정시가, 성가, 성극, 설교문학(설교와 모범) 등이다. 하지만 라틴어는 성직자나 소수의 교육받은 사람들만이 이해할 수 있었다. 그래서 성인의 삶을 자국어로 쓴 글들이 11세기에 나타나기 시작했고, 설교도 자국어로 쓰게 되었으며, 성극도 라틴어와 함께 자국어로 상연되었다.

설교문학이나 예배문학, 그리고 성인전기 등은 전통 라틴어 장르와 새롭게 나타난 자국어 장르, 그리고 엘리트들이 독점하는 신학과 교육받지 못한 대중들의 믿음을 연결해주는 이음새 역할을 했다. 설교문학이 대중들에게 유행한 이유는 대중들에게서 그 내용을 끌어왔기 때문이 아니라 사람들이 이해할 수 있도록 그들의 경험을 고려하면서 씌어졌기 때문이었다. 신학적인 관념은 전설적인 자료들이 극적인 이야기와 뒤섞이면서 대중들에게 감동을 주게 되었다. 그러므로 설교문학은 성인 연구(성인들의 삶)에서 주도면밀하게 가져온 것이다. 사탄이 자유로이 이 세상에 존재하면서 모든 집마다 기웃거리던 사막의 교부 시대에 성인의 삶은 더 큰 의미를 지니게 되었으므로 성인연구는 악마의 개념에도 영향을 주었다. 고대와 중세의 세계관은 사물이 시간을 경과하면서 발전한다고 생각하지 않고 정지되어 있는 것으로 인식하는 경향이 있었다. 모든 것들은 신의 정신 안에서 하나로 존재했고, 이 땅의 모든 사물들과 개인들은 신의 영원한 관념이 표출된 것이다. 마치 왕이 왕이고 왕이듯이 성인은 성인이고 성인이다. 한 시대 한 나라의 왕은 다른 시대 다른 나라의 왕과 같다. 왜냐하면 본질적으로 왕은 신이 가지고 있는 왕이라는 영원한 관념이 실제로 구현된 것이기 때문이다. 그러므로 성인이 했던 행적은 수세기가 지나도 변함없이 그대로 남아 있었다. 성인이 살았던 삶의 형식은 최초로 아타나시오스의 안토니오스의 삶에서처럼 사막의 교부들에 의해 정립되었고, 그 이후로 그레고리 대제의 베네딕트의 삶에서처럼 사막의 교부들을 본받으려는 중세의 사람들에 의해 정립되었다. 결과적으로 악마는 중세의 성인전에서 성인에게 도전하거나 반대하는 존재이며, 모든 악한 세력, 모든 죄와 악덕, 그리고 세속적인 관심사의 뒤에 숨어 있는 권력의 우두머리 역할을 실감나게 하였다. 악마가 신학자들 사이에서 잊혀져가는 동안에, 성인들의 삶 속에서는 항상 등장하고 있었고 비록 늘 패배를 당하면서도 위협적인 힘을 간직하고 있었다. 축제일에 성인들의 삶은 항상 인기를 끌면서 오랜 동안 예배식의 일부가 되었다. 설교자들은 이처럼 다채롭고 극적인 이야기 속에서 도덕적인 본보기를 끝도 없이 찾아내었고, 지옥불과 같은 무시무시한 이야기들은 죄를 억제하는 데 효과적임을 알게 되었다. 신학자들과는 달리, 설교사들은 극적이고 교훈적인 목적을 위해서 루시퍼의 역할을 크게 과장하였다. 혹자는 그들 설교사들이 가난한 사람들을 지배하려고 획책하고 있다는 생각을 했지만, 사실 목사들도 그들의 양떼 못지않게 악마를 두려워했다는 사실을 간과한 셈이다. 성인전이 설교나 예배, 그리고 성인전에서 유래된 연극과 같은 수많은 장르에 미친 영향력이 심히 컸으므로 계속해서 악마는 중세 후기를 거쳐 르네상스 정신에까지 각인되어 있었던 것이다.

문학이라는 범주에는 초심자들을 교화하기 위한 예화나 설교, 영적인 우화 등이 포함된다. 앨런 번스타인은 실제로 잔존해 있는 얼마 안 되는 설교를 참고하면서 설교술이나 본보기를 담고 있는 안내서와 실제로 행해졌던 설교는 구분해야 한다고 주의를 준다. 이러한 장르에는 광범위한 주제가 포함된다. 예를 들면, 카에사리우스의 하이스터바흐는 다음과 같은 내용을 다루고 있는 이야기들을 자세하게 열거하였다. 악한 천사의 유래, 그들이 지니고 있는 자유의지와 추방, 지식과 권능, 유혹과 영혼의 타락, 빙의, 악령에 맞서 보호하는 방법, 죽은 사람들의 영혼을 차지하기 위해 벌이는 악령과 천사 사이의 싸움, 그리

고 지옥에서 죄를 지은 자에게 벌을 주는 악령의 이야기.[13]

　적어도 13세기까지의 저승을 다룬 환시 문학을 거슬러 올라가보면 11세기에 툰데일의 환시라는 걸작이 나왔다. 그 작품은 단테와 그이후에 예술이나 문학에서 루시퍼를 묘사하는 데 영향을 주었다. 툰데일은 지옥의 불타는 유황 구덩이에서 저주받은 사람들에게 가해지는 고문을 생생하게 묘사하면서 악령이 가지고 있는 두 가지 인상적인 모습을 제시하는데, 그 가운데 하나가 루시퍼에 대한 것이다. 툰데일은 "믿을 수 없을 만큼 커다랗고 말로 형언할 수 없이 무서운 짐승을 보았다. 이 짐승은 툰데일이 보았던 어떤 산보다도 크기에서 압도적이었다. 이 짐승의 눈은 타고 있는 석탄처럼 이글거렸고, 입을 쩍 벌리고 있으며, 얼굴에서는 억제할 수 없는 화염이 쏟아지는 듯했다." 그는 또 다른 악령도 보았는데, 두 개의 발과 두 개의 날개, 긴 목에 강철 같은 부리를 지니고 있었다. 이 짐승은 얼어붙은 연못 위에 앉아서 닥치는 대로 영혼들을 집어삼켰다. 이 영혼들은 잡아먹히자마자 짐승의 뱃속에서 녹아 없어져, 얼어붙은 얼음 위에 배설되었고, 그곳에서 다시 태어나 새로운 고문을 당해야 했다. 그리고 마침내 툰데일은 다음을 보았다.

　　어둠의 군주, 인류의 적, 이전에 지옥에서 보았던 어떤 짐승보다도 더 큰 존재…… 이 짐승은 까마귀처럼 검었고, 꼬리와 많은 손을 가지고 있다는 점을 제외하면 머리에서 발끝까지 인간의 몸과 같은 형상을 하고 있다. 사실, 이 끔찍한 괴물은 수백 개의 손을 가지고 있는데, 그 하나하나는 길이가 100완척(腕尺, 팔꿈치에서 가운데 손가락까지의 길이. 46-56센티미터 정도)에 두께가 10완척 정도 되었다. 각각의 손마다 20개의 손가락이 달렸는데, 그 길이가 100장척(掌尺, 손목에서 손가락 끝까지의 길이. 약 18-25센티미터 또는 손바닥 폭의 길이. 7.6-10센티미터)에 폭이 10장척 정도였으며, 손톱은 기사들의 창보다도 길었고 발톱도 그에 상당했다. 이 짐승은 또한 길고 두꺼운 부리를 가지고 있었으며, 저주받은 영혼들에게 상처를 줄 수 있는 대못과도 같은 날카로운 꼬리를 가지고 있었다. 이 끔찍한 존재는 악령의 떼들이 부채를 부치고 있는 불타는 석탄 위의 강철 쇠살대에 엎드려 있었다…… 인류의 적인 이 짐승은 두꺼운 강철 사슬로 모든 사지 마디가 묶여 있었다…… 이 짐승이 숨 쉴 때마다, 저주받은 영혼들을 불어서 지옥 구석구석까지 흩어놓았다…… 그리고 이 짐승이 다시 숨을 들이마시면, 모든 영혼들이 다시 빨려 들어왔고, 그 영혼들이 유황 연기가 피어나는 이 짐승의 입으로 떨어지는 순간 그들 모두를 남김없이 씹어 삼켰다…… 이 짐승은 루시퍼라 불리고 신이 만드신 최초의 창조물이다.[14]

문학작품 안에서 악마가 가장 중요하게 발전한 사례는 중세 후기에 자국어로 씌어진 시가에서 나타났다. 이러한 시가들이 너무나도 급격하게 쏟아져나와서 가장 영향력이 있었던 작가들 가운데서도 극소수만이 다루어질 수 있었다. 크레티앙 드 트로이에, 볼프람 폰 에센바흐, 하르트만 폰 등과 같은 서사시나 소설을 썼던 수많은 위대한 작가들은 악마를 그저 주변적이거나 은유적으로만 다루었다. 하지만 악마는 단테 알리기에리나 윌리엄 랭글런드의 작품에서는 부정적인 역할을 하는 핵심 인물로 등장하였다.[15]

대체로 동의하듯이 단테는 가장 위대한 중세의 시인이자 아마추어 신학자이다. 단테의 생에서 마지막 15년 동안 씌어지고 후대의 찬미가들에 의해 『신곡』이라 불렸던 희극은 복잡하고 신비로운 서사시이다. 이 작품에서 악마는 비록 자주 등장하지는 않지만, 지옥과 지상을 통틀어 강력한 세력을 행사하고 있다. 단테의 악마론은 기독교 전통, 스콜라 철학, 환시 문학, 그리고 그리스 로마 이슬람 사상에서 영향을 받았다.

『신곡』의 내재적인 의미는 이 작품의 가장 눈에 띄는 특징인 우주의 구조에서 나타난다. 이 작품의 구성은 아리스토텔레스, 프톨레마이오스, 그리고 신플라톤 철학의 영향을 받고 있지만, 이 서사시가 천문학이나 지리학 또는 근대적인 의미에서 우주에 대한 물리적이고 과학적인 논문을 작성하려는 의도에서 나오지는 않았다. 오히려 단테는 도덕적인 구도에 따라 우주를 묘사하고 싶어했다. 비록 세심한 예술가로서 단테는 자신이 그린 윤리적인 세계가 가능하면 물리적인 우주와 상당히 유사하기를 원했지만, 단테와 그 시대의 사람들에게, 우주의 궁극적인 의미는 물리적이라기보다는 윤리적이다. 희극에서 물리적 우주는 윤리적 실체인 우주를 은유적으로 표현한 것이다. 실제로 지구상에는 연옥이 존재하지 않고 지구의 깊은 내부에는 동굴처럼 생긴 지옥도 없다는 사실을 알았어도 놀라거나 곤혹스러워하지 않았을 것이다. 단테는 우주의 외적인 모습이 아니라 우주가 가지고 있는 내재적이고 도덕적인 실상을 묘사하려고 했다.

프톨레마이오스와 마찬가지로 단테가 그린 우주는 동심원을 그리며 천구가 차례대로 배열되어 있는 모습이었다. 지구는 우주의 중심에 존재하는 천구이다. 지구의 위쪽에는 달이라는 천구가 있고, 그 다음부터는 차례대로 수성, 금성, 태양, 화성, 목성, 토성, 붙박이 별, 그리고 전체 우주를 움직이는 원동천(原動天)이 자리하고 있었다. 이 너머에는 신과 천사들, 그리고 축복받은 사람들이 거주하는 천국이 있었다. 지구의 중심에는 지옥이 있고, 지옥의 정중앙에는 어두움과 차가움에 갇혀 있는 루시퍼가 있다.

우주를 이런 식으로 묘사하면서 단테는 디오니시우스와 다르지 않은 신비로운 미래상을 제시하였다. 우주의 모든 존재마다 신이나 악마를 향해 나아간다. 궁극적으로 신은 더 높고 더 바깥에 존재하고, 악마는 더 아래 더 안쪽에 존재한다. 우리가 신의 형상에 따라 만들어진 인간의 진정한 본성을 채우고 우리 안에 있는 성령의 작용에 의해 힘을 받게 되면, 자연스럽게 신을 향해 위로 올라가게 되고, 우리의 시야가 넓어져 스스로 빛이나 진리, 사랑을 향해 열리게 된다. 뿐만 아니라 깨끗하고 아름답고 진실하며 신성한 공기 속에서 넓은 전망을 갖게 된다(『실낙원』1.135-138). 천국의 문턱에 있는 신비로운 장미는 영원히 피어 있다. 하지만, 환영과 거짓된 쾌락을 즐기게 되면, 죄악과 어리석음에 짓눌리고, 신으로부터 멀어져 아래로 더 깊숙이 가라앉는다. 더욱 갑갑하게 갇혀 숨막히는 상황에 이른다. 우리의 눈은 짓물러 제대로 뜨지 못하고 시야는 우리 자신 안으로 향하게 되었다(『실낙원』1.134). 우리가 아래로 떨어질 때마다 지옥계는 점점 더 좁아지고 어두워진다. 이런 방향으로 가봐야 말 그대로 아무것도 존재하지 않는다. 적막함, 결핍, 상실감, 공허함만이 존재할 뿐이다. 신은 팽창하고 존재하며 빛이다. 반면에 자신에게 파멸을 가져오는 사탄은 무(無)이고, 증오와 어두움, 그리고 절망이다. 고립되어 있는 사탄의 모습은 신께서 우리의 정신과 함께하는 사랑의 공동체와는 극적으로 대비된다(『실낙원』2.29-30).

지상의 표면에 있는 어두운 숲에서부터 지옥의 중심에 이르는 단테의 여정은 타락해가는 도덕의 여정이다. 여기서 우리는 이 세상과 개개인들, 그리고 파멸로 떨어지는 단테 자신에서 나오는 온갖 죄악이 드러남을 알 수 있다. 신학적으로 지옥에 갔다가 돌아올 수는 없지만, 죄의 본질과 결과를 알게 되면 지옥을 이해하고 경험할 수 있게 된다.

이런 사실을 이해한 사람들은 자신의 삶을 바꾸거나 변화할 수 있다. 마침내 단테는 그 끔찍한 중심에 도달했다가 돌아온다. 사탄의 기괴한 소굴에서 힘들게 빠져나오는 상황과 지옥에서 빠져나와 다시금 별들을 볼 수 있는 빛으로 향해 가는 전환된 상황을 시인은 생생하게 묘사한다(「지옥편」 34.139). 단테가 지옥으로 내려간 이야기는 죄에 이끌렸다가 회개하고 개종해서 빛으로 다시 나올 수 있는 기회를 부여받은 모든 사람의 이야기이다. 또한 지옥으로 내려갔다가 부활한 그리스도의 알레고리이다. 단테의 핵심적인 통찰에 따르면 우주는 물질적인 실체일 뿐만 아니라 도덕적인 실체이기도 하고, 우주가 중성적이라 악은 전적으로 개별적인 인간 의식에 제한된다고 기묘하게 의인화된 근대적 견해와는 정반대로 선과 악이 긴장상태를 이루고 있다. 단테에 따르면, 제일운동체가 천상을 지배하듯이 윤리학은 여러 과학들을 지배한다. 그리고 모든 지식은 도덕적으로 관련되어 있다.

도덕적으로 강한 힘을 가지고 있지만 이러한 우주론도 여러 난점에 부딪힌다. 주로 기독교의 우주론에서 유래된 신플라톤주의의 도식은 원래 맨 위에 일자가 있는 수직적이고 선형적인 체계였다. 우주는 계급에 따라 아래로 펼쳐진다. 가장 밑바닥에는 질료가 있고, 일자에서 멀어질수록 점점 더 실재에서 멀어진다. 이러한 우주를 끝에서 아래로 구부려 원이나 구체를 만든다는 발상은 프톨레마이오스의 우주론과 일치할 수 있었다. 여기서 지구는 중앙에 위치했고, 주위에는 궤도 위에 행성계가 위치한다. 그밖에는 고정된 별자리들이 궤도 위에 있고, 가장 바깥에는 제일운동체가 있으며, 우주 전체가 돌면서 이 구체는 서서히 움직인다. 이러한 도식은 기독교 학자들에게 받아들여졌다. 이 학자들은 제일운동체 밖에 신을 위치시켰고, 지구는 중앙에, 그리고 보통은 지구의 밑에 지옥을 위치시켰다. 단테는 논리적이고 독창적으로 지구의 정중앙에 지옥을 놓고 지옥의 정중앙에 사탄을 위치지움으로써 이러한 생각을 완성하였다.

　이러한 체계에서 제기되는 난점이라면 우주의 중심에 신이 아니라 오히려 악마가 위치하는 듯한 형국이라는 것이다. 단테는 두 가지 점에서 어려움을 제기했다. 가장 중요하게는 신은 우주의 실질적이고 도덕적인 중심에 위치되어야 하지만 그런 모습을 공간적으로 재현할 수 없었고, 실제로 도덕적 중심은 시간이나 공간 안에 위치할 수 있다는 점을 부인하려고 애쓴 흔적이 보였다. 그러한 중심은 공간 안에 존재하지 않으며 극점도 없다(『실낙원』 22.67). 천국은 신의 정신 이외의 다른 "장소"가 아니다(『실낙원』 27.106-110). 천국은 모든 시간이 존재하는 바로 그 지점이다(『실낙원』 17.17-18). 모든 "장소"와 모든 "시간"이 모여드는 그 지점(『실낙원』 29.11-12). 프레체로가 지적하듯이, 사탄은 "물질세계의 중심이고 영적 세계의 경계에서도 가장 바깥쪽"에 존재하지만, 신은 "영적 세계의 중심과 물질세계의 경계"에 존재한다.[16] 신은 모든 개인의 영혼 깊숙이에도 존재한다는 그레고리 대제의 생각을 단테도 당연히 받아들였다.

개인들마다 각자 자기자신을 열어 빛을 보든지 아니면 빛에서 떨어져 자신을 감출지 선택할 수 있다. 마음을 열어 빛을 본 사람들은 자신의 모든 가식과 변명이 태양 아래 눈처럼 녹아내리게 되고, 신은 바라볼 때마다 춤을 추는 듯한 살아 있는 빛으로 그들을 채워준다(『실낙원』 2.109-111). 사람들은 또한 신을 향해 똑바로 바라보는 일직선을 따라 자신을 맞출지 아니면 뒤틀린 선을 따라갈지 스스로 선택권을 갖게 된다. 마치 신으로부터 펼쳐나가는 이 우주는 곧게 뻗어나가는 반지름을 가진 구체로서 신성한 중심에서 표면까지 펼쳐진 듯한 모습이다. 신은 자신 쪽으로 모든 사람과 모든 사물들을 끌어들인다. 제대로 보고 사용될 때 모든 것들은 신을 지향하게 된다(『실낙원』 28.19; 5.5-6). 하지만 개인들은 가끔씩 이런 점을 간과하거나 목적을 인식하지 못한다. 그렇게 되어서 잘못된 길을 따르게 되어 다른 방향으로 진로를 이탈하게 된다. 신이 우리들 모두의 마음속에 새겨놓은 신을 찾아가려는 충동은 이제 방향이 바뀌고 그 목적도 상실하게 된다(『실낙원』 1.129-135). 우리가 이 우주 안 어디에 있든지 그 중심에서 진리를 향해 있는 반지름을 따라 똑바로 볼 수 있다. 똑바로 볼 때마다 우리는 신을 보게 된다. 이러한 방향을 넘어서서 행동양식에 폭력을 가하게 되면, 우리는 바람직하지 않는 방향으로 흘러서 이 우주의 실상을 왜곡해서 우리의 견해에 맞추려 하기 때문에, 우리의 삶은 더욱 힘들어진다. 오직 중심을 향해 나아가야만 신에게 도달할 수 있으므로 잘못된 방식으로 행동하다보면, 결국 우리들은 신에게서 멀어질 수밖에 없다. 어떤 식으로든 신을 벗어나 움직이게 되면, 조만간 우주의 밖으로 밀려나고, 공동체나 사랑, 그리고 빛에서 멀어져 다시는 돌이킬 수 없는 저 바깥의 어둠 속으로 들어가게 된다. 중심에 존재하는 빛이야말로 유일한 빛이므로 다른 모든 빛이 비치는 빛이다. "내가 만일 살아 있는 빛에서 내 눈을 돌렸더라면 나는 파멸하고 말았을 거라고 뼈저리게 믿고 있다"(『실낙원』 33.76-78). 이러한 빛에 눈을 뜬 사람이라면 그 빛을 다른 어떤 것으로 대신하는 데 절대로 동의할 수 없다. 왜냐하면 그 빛이야말로 생명 그 자체이며, 모든 것을 완전하게 하기 때문이다(『실낙원』 33.100-105). 태양과 다른 별들을 움직이게 하는 것은 바로 사랑이다(『실낙원』 33.145). 사탄이 느끼는 고난과 두려움이라는 것은 자신이 이러한 사랑으로부터 영원히 단절되어 있다는 사실이다.

이 문제를 푸는 두 번째이자 더욱 구체적인 해결책은 아리스토텔레스의 물리학을 이용하는 것이었다. 아리스토텔레스의 물리학에서 모든 것들은 우주에서 각자 본래의 자리를 찾아간다. 이러한 견해는 성 아우구스티누스도 인정한 바 있었다.[17] 위쪽의 달에서부터, 본래의 궤도를 따라 곡선으로 움직인다. 달 아래, 그리고 지구 위나 안쪽에서는 직선으로 움직인다. 본래부터 불은 위쪽으로 움직이고, 물은 아래로 움직인다. 이러한 물리적인 운동관은 윤리적인 어휘로 바뀌어서 덕은 본래부터 위로 올라가고 죄악은 아래로 가라앉는 것으로 여겨진다. 우주를 다스리는 사랑은 자신의 빛으로 우리를 들어올린다(『실낙원』 1.74-75). 우주의 중심은 무겁고 죄 많은 모든 것들이 가라앉는 지점이다. 그리고 신에게서 가장 멀리 떨어진 지점이기도 하다(『지옥편』 14.118; 34.110-111; 34.93). 이 지점은 논리적으로 악마가 거주하는 장소이다.

또 하나의 난점이라면 이러한 체계에서 악마는 세상의 중심을 차지할 뿐만 아니라 단테가 전달하고자 하는 의도와는 정반대로 신을 우주의 경계 밖으로 밀어넣어 고립시키는 듯이 잘못 이해될 수 있다는 점이다. 이론상으로 가능한 또 다른 체계도 있다. 원래의 신플라톤주의적 도식이 가장자리에서 위쪽으로 끌어 올려져 원을 그리게 되면, 우주의 중심에는 신이 위치하게 되는 셈이다. 여러 가지 측면에서 이렇게 생긴 도식은 기독교 전통에 더 적합해지는 것이다. 아우구스티누스와 그레고리 대제는 내면성에 대해서 자주 언급했다. 즉, 신을 내적으로 추구해야 한다는 필요에 따라 외면적인 인간에 반대되는 내면적인 인간의 진실성을 언급했다. 신플라톤주의적 발상은 일자로부터 밖으로 차례차례 발산해나가는 구체로 표현될 수 있고, 이러한 양상에는 디오니시우스나 에리우게나의 사상이 저변에 흐르고 있다. 신이 모든 사물의 중심에 있으면서 자신에게로 끌어들인다는 윤리적인 발상은 전반적으로 신비주의적 발상—아니면 기독교적인 사상—에 더욱 들어맞는다. 그리고 단테 사상의 근간이기도 했다. 하지만 이러한 도식은 실제로 예술이나 문학에서 표출될 수는 없었다. 더욱이 이 도식은 아리스토텔레스의 물리학이나 프톨레마이오스의 우주론과 모순되기 때문에 과학적인 유비로도 표출될 수 없었다. 신이 중심에 있으면서 신으로부터 밖으로 우주가 발산된다면, 물질로 이루어진 지구는 모든 항성과 행성의 바깥에 존재해야 한다. 결정되지 않은 형태와 위치를 가진 실체로서 또는 천문학적으로 다른 천상의 궤도와는 융화될 수 없는 궤도 속에 위치한 천체로서 묘사될 수밖에 없다. 이러한 문제 때문에 신학적으로 물질적 우주를 묘사할 때 단테는 어려움에 처했다. 코페르니쿠스적 발상이라고 불리게 되었던 이러한 견해는 신과 빛이 중심에 있다고 주장함으로써 단테의 체계를 위해서 더 좋은 은유를 제공하게 될 수도 있었지만, 극소수의 중세 우주론자들만이 지지하는 입장이었다.

신께서 우주를 선하게 창조하셨지만, 루시퍼는 죄를 끌어들여서 우주의 완전함을 망쳐놓았다. 루시퍼는 자신의 자만심 때문에 신을 기다리지 않고 스스로의 노력으로 곧바로 지복을 얻으려 했다(『실낙원』 19.48; 27.26-27). 천사들은 창조된 이후에 곧바로 초자연적인 시련을 겪는데, 이 시련은 아주 짧은 순간 동안만 계속되었다(『실낙원』 29.49-51). 어떤 천사들은 신에게 충성하는 존재로 남기로 결정했고, 어떤 천사들은 죄를 선택했다. 그리고 또 다른 천사들은 아무것도 선택하려

하지 않았다.[18] 타락한 천사들은 자신들의 진짜 고향으로부터 추방된 지력을 갖춘 존재들이다. 이들은 하늘나라에서 비처럼 쏟아져 내려왔고, 지복으로부터 멀어진 혐오스런 존재들이다. 이 천사들의 10분의 1은 함께 멸망했는데, 신이 인간을 창조하고 성인들을 구원해서 이 숫자를 채운다.[19] 루시퍼는 천사의 우두머리였다(『실낙원』 19.47; 「지옥편」 34.46. 여섯 개의 날개를 보면 그가 세라핌임을 확인할 수 있다). 하지만 루시퍼는 마치 번개처럼 하늘에서 떨어져 내려와 천체를 가로질러 지구와 충돌했다. 루시퍼가 떨어진 지점은 구세주의 수난으로 이 세상이 치유되어야 할 예루살렘과 정반대에 있는 남반구였다. 육지는 루시퍼가 나타나자 두려움과 역겨움으로 뒤로 움츠러들었고, 그 충격에서 벗어나려고 거의 전체가 물로 덮여 있는 지구의 남반구를 버리고 북반구로 물러났다. 실제로 사탄이 지구와 충돌했기 때문에, 그 충격으로 사탄은 지구 중심부 여기저기에 부딪치면서 거대한 크레바스(갈라진 틈)가 생겼다. 신이 창조해서 신의 사랑으로 다스려지는 땅은 자력에 반발하듯 신에게 대항하는 존재에게서 물러난다. 사탄이 저지른 죄가 너무 무거워서 마치 푸딩 속에 빠진 추처럼 가라앉는 존재가 되었다. 동굴이나 "무덤"은 사탄의 타락으로 구멍이 뚫리고 "무덤"은 지옥이 되었다.[20] 이 거대한 굴로부터 지구는 표면으로 세차게 떠밀렸고 거기서 연옥을 형성했다.

　(단테처럼)사람들은 지옥의 가장 깊은 곳에 내려가본 후에, 그 중심

에서 "돌아와" 연옥의 언덕으로 올라간 후에 하늘나라로 간다. 물질세계에서, 예루살렘이 있는 지구의 표면에서 내려간 사람은 지구의 반대 지점으로 올라가려고 되돌아가지 않고 오히려 앞으로 계속 전진한다. 분명히 단테는 (자신의 등에 단테를 태운) 베르길리우스가 사다리를 타고 내려간 최초의 사람이었고, 중력의 중심에 다다른 후에 다시 사다리를 타고 돌아왔다고 상상했다.[21] 단테의 여정은 악을 향해 내려갔다가, 다시 선을 향해 올라올 수밖에 없었으므로, 이러한 반전은 그로테스크한 드라마 속에서 잊을 수 없는 전환점으로서 극적으로 상징된다. 사탄은 우주의 중심에 있으면서 그의 머리는 예루살렘과 북쪽을 향해 고정되었고, 엉덩이는 얼음 속에 얼어붙었으며, 크고 털이 많은 다리는 연옥과 남쪽을 향해 높이 쳐들려 있다. 베르길리우스는 악마의 털로 뒤덮인 가죽에 달라붙어서 등에다 단테를 지고 힘겹게 되돌아갈 수밖에 없다. 그래서 그들은 연옥과 위에 있는 밝은 별을 향해서 위로 향할 수 있었다.

「지옥편」의 마지막 부분에서 분명히 악마는 무대 위에 좀처럼 등장하지 않지만, 그의 모습은 무섭다기보다는 애처롭고 혐오스럽다. 몇몇 비평가들은 이후에 나온 밀턴보다 단테가 악마를 인상적으로 만들어내는 데 실패했다고 주장했지만, 이런 설명은 단테의 핵심을 놓친 것이다.[22] 좀더 엄밀히 말하면 루시퍼는 공허하고 어리석으며 비열해서 신의 에너지와는 대조적으로 무익하다는 점을 단테는 부각하려고 했다. 단테는 악을 부정적으로 보았고, 그래서 밀턴이 그린 악마가 너무 긍정적이고 유능하다고 생각했을 것이다. 희극이라는 작품 전체에서 그리고 「지옥편」에서도 루시퍼가 나타나지 않는 이유는 단테가 악마의 역할을 제한하는 스콜라 신학의 입장에 동의하고 있기 때문이다. 중세 문학에서 루시퍼가 등장하는 가장 극적인 부분이라면 지옥의 고통을 들 수 있지만, 단테가 고통을 다루는 부분(「지옥편」 4.52-63)에서는 전혀 악마를 언급하지 않는다. 「천국편」 7에서 시인은 구제론에 대해서 논의하지만 역시 이 암흑의 제왕(악마)은 언급하지 않는다. 단테는 그리스도 속죄론과 거리를 뒀는데, 속죄론을 거부했다는 의미는 구원의 섭리에서 악마를 주변적인 역할로 격하시켰다는 것이다. 단테가 묘사하는 루시퍼의 모습 속에 극적인 작용이 부족한 이유는 악마가 본질적으로 결여된 존재임을 일부러 진술하고자 했기 때문이다.

사탄을 제대로 밝혀보면, 그는 결여된 존재라서 무익하고 무(無)일 뿐이다. 사탄은 지구에서 생명을 잃어버린 바로 그 중심, 암흑 속에 존재한다. 그곳에서 죄는 제자리를 찾아 가라앉았다. 가장 낮은 곳에 있는 구역, 사람들이 지옥으로 내려가는 동안 반역의 구역에 이르기까지 각각의 구역은 더 중대하고 무거운 죄로 가득 차게 된다. 사탄은 회전하는 세계의 죽은 지점에 있는 얼음에 엉덩이를 붙인 채, 죽은 중심부에 존재한다. 바로 이곳에 가장 무거운 무게를 지닌 것들이 모두 모여든다. 이 지점에 이르면 더 이상 아무런 움직임도 있을 수 없다. 가장 무거운 것들은 자신들의 자리를 찾게 되었고, 사탄이 이 세상의 모든 무게 때문에 압착되어 영원히 움직이지 않는 덩어리로 서로 눌러붙었다(「천국편」29.57). 이런 막다른 상황은 이 생명 없는 지점의 무익함과 무의미, 암흑, 그리고 비존재를 나타낸다.[23] 모든 사물들이 신에게 이끌린다면, 무엇이 루시퍼에게 이끌릴 수 있을까? 바로 죽음과 죄의 무의미함뿐이다. 우리가 신을 외면하고 비현실적인 존재를 가까이 하면서 우리 자신에게 갇혀버리면, 지옥의 중심은 영원히 고립된 어둠의 집단이 되어, 현실로부터 완전하고도 영원하게 단절된다. 이러한 무의 상징인 사탄은 부정성을 제외하면 절대로 실재적인 특성을 지닐 수 없고, 그래서 사탄이 지니고 있는 이러한 무익한 부동성이야말로 단테가 정확하게 묘사하고 싶어했던 부분이다.

사탄의 무의미성은 어디든지 퍼져나가, 따뜻한 성령의 존재에 대응되는 차가운 존재이다. 차갑고 어두운 사탄의 기운은 죽음의 중심으로부터 퍼져나와서 지옥의 모든 틈을 통해서 죄 많은 지구로 서서히 확산된다. 사탄의 세력은 지구를 관통하는 중력처럼 작용한다. 그래서 남자들과 여자들을 자신의 마력으로 끌어들여 무겁게 만든 다음 지옥으로 끌어내린다. 이러한 중력은 신이 발휘하는 세력과는 정반대로 작용한다. 즉, 신은 빛이고 영혼이며 선한 모든 것들을 자신에게로 끌어들인다. 사탄의 맹목적이고 공허한 어리석음은 마치 진공청소기처럼 지상에서 생명과 개성을 빨아들여 고갈시킨다. 지하세계로 처음 내려가기 전에 어둠의 숲을 헤매고 있을 때, 단테는 세 가지 짐승과 조우했다. Lonza(암표범), Leone(사자), 그리고 Lupa(암늑대). 이는 죄, 잔인함, 그리고 루시퍼(이들의 이름은 루시퍼와 마찬가지로 모두 "L"로 시작한다)라는 삼위일체를 상징한다. 지옥의 모든 구역마다 루시퍼의 어리석음이 속속들이 영향을 미친다는 사실을 느낄 수 있는데, 심지어 루시퍼의 꾐에 빠진 아담과 이브가 타락하지만 않았어도 지옥의 변방에 머물지 않았을 선량한 이교도들의 구역까지도 영향을 미친다. 지옥의 영역을 통해서, 다른 사악한 악령들도 루시퍼의 화신이다. 카론(「지옥편」3), 미노스(5), 케르베로스(6), 플루토(7), 펠레기야스(8), 퓨리스와 메두사(9), 미노타우로스와 켄타우르스(12), 게리온(17), 기간테스(31), 그리고 그밖의 다른 것들.[24] 이러한 존재들을 악마와 동일시하는 사례로는 「지옥편」(7.1)에 나오는 플루토라는 등장인물에서 가장 명확하다. 플루토의 영토로 가는 지옥문 위에는 "pape Satàn, pape Satàn, aleppe"라는 글귀가 있는데, 그 의미는 불명확하지만, 플루토와 사탄의 연관성을 분명하게 해준다. 사탄처럼 더욱 전통적인 기독교 악령들이 좀처럼 등장하지 않는다는 점이 단테가 묘사한 지옥의 보기 드문 특징이다. 중세 예술과 극에서는 잔인한 도구로 저주받은 사람들을 고문하는 악령의 모습을 즐겨 묘사했는데, 단테의 작품에서 저주받은 사람들은 각자의 죄에 걸맞은 정교한 고문을 당하게 되고, 고문 자체도 대체로 눈에 보이는 악령이 나타나지 않은 채 가해졌다. 이처럼 단테의 작품에서는

예술적이고 문학적인 경향보다는 신학적인 입장을 더 밀접하게 고수하였다.[25]

지옥의 움직이지 않는 중심에 떨어진 루시퍼라는 존재는 여러 모로 신과 대비된다. 지옥에서 가장 낮은 세 개의 구역, 코키투스 또는 디스(하계)는 대리인을 통하지 않고 루시퍼가 직접 지배한다. 이곳에는 난폭한 자들, 부정한 자들, 그리고 악의를 가진 자들이 거주한다. 아홉 번째로 가장 낮은 구역이며 유다가 사는 곳인 쥬데카는 친척이나 국가, 초대받은 사람들에게 반역한 사람들이 점유하고 있다. 가장 낮은 부류들은 은혜를 베푼 사람들에게 반역한 자들이다. 반역죄는 지옥에서도 가장 낮은 구덩이이다. 왜냐하면 모든 죄 가운데서 반역죄야말로 우주의 정의로운 질서를 가장 뒤틀어놓기 때문이다. 신에 대한 반역은 가장 큰 죄이자 부조리이다. 자기자신의 어두움과 유한함 때문에 배신을 저지르면 전 우주와 자기자신이 의존하고 있는 빛과 정의의 원리는 끝난다. 예수가 하나님의 아들을 배반했듯이, 애초에 루시퍼는 하나님 아버지를 배반했다. 그리고 그러한 반역은 헛된 것이다. 신의 빛과 정의는 여전히 그리고 항상 우주를 채우고 있지만, 사탄과 유다는 이를 절대로 보지 못한다. 결국 그들은 자신들만의 어둠과 고통에 영원히 갇히고 만다. 반역자들과 모든 죄인들은 자신들의 맹목적인 어리석음 때문에 스스로를 속이고 배반한다. 신의 빛을 가로막는 기만과 자기기만이야말로 모든 죄로 통하는 관문이다.

악마의 무의미함은 그의 부조리함으로 강조된다. 악마는 빛도 없는 쥬데카라는 동굴에 자신의 다리를 공중에 내민 채 갇혀서 매장된다.[26] 신의 세계가 무한한 빛과 공감으로 충만한 것과는 대조적으로 악마가 갇힌 감옥은 비좁고 어둡다는 것은 악마의 고의적인 맹목성과 스스로 부여한 무지를 상징한다. 루시퍼의 어둠은 천국에 흘러넘치는 빛과 대조된다(「천국편」 1.79-81; 2.109-111; 5.118; 29.136-138). 악마를 꼼짝 못 하게 가두어두었던 얼음 같은 호수는 너무 단단하게 얼어붙어 깨뜨릴 수 없다. 이는 신에게서 단절된 영혼을 상징하며, 생명을 주는 물인 세례의 우의적인 이율배반이다.[27] 움직이지 못하는 사탄의 모습은 천사들과 축복받은 영혼들이 움직일 수 있는 모습과 정반대이고, 악마의 얼어붙은 증오심은 세상을 움직이는 신의 사람과 정반대이다(「천국편」 1.1-3; 14.23-24; 21.80-81; 23.103; 24.16-17; 24.130-133). 강제로 속박되어 움직이지 못하는 사탄의 모습은 움직이지 않고도 움직이는 신의 자율적인 평정과도 대조적이다(「천국편」 19.64-65). 예수가 생명을 주는 요단강에 허리까지 깊이 잠겼듯이, 사탄은 신의 사랑이 충만한 따뜻하고 살아 있는 물과는 달리 죽을 수밖에 없는 얼음, 생명이 없이 고여 있는 물에 허리까지 잠겨 있다(「천국편」 33.10-12).

이러한 세 개의 얼굴 아래에 루시퍼는 마치 세라핌의 여섯 날개와 같이 모두 여섯 개의 거대한 날개를 가지고 있다(「천국편」 9.78). 하지만 이 날개들은 살아 있는 금(「천국편」 30.13-15)으로 이글거리는 털로 뒤덮인 천사들의 날개가 아니라 어둠과 무지를 상징하는 가죽으로 덮인 박쥐의 날개이다.[28] 이 무거운 날개들은 얼어붙은 공기를 허무하게 가르지만, 날지 못하고, 코키투스에 깊이 가라앉으면서 지옥의 강들을 얼게 한 바람을 일으키고, 다시 대지로 퍼져나가 죄를 지어 죽을 수밖에 없는 영혼들을 선동한다. 마치 신의 빛이 퍼져나가 지상의 모든 영혼들을 어루만지듯이.[29] 사탄이 일으키는 얼음처럼 차가운 바람은 성령의 숨결에서 불어오는 사랑의 불(「천국편」 22.32), 그리고 터져나오는 기쁨과 직접적으로 대비된다(「천국편」 21.88).

사탄의 허무한 실체는 그의 엄청난 크기에서도 여실히 드러난다. 사탄은 소멸해가는 거대한 물질 덩어리이다. 신학에서 주장하기로는 착한 천사들이 더 진귀한 에테르로 만들어졌고 반대로 타락한 천사는 무겁고 더 낮은 풍모를 지녔지만, 천사들은 타락을 해도 천사로 남았다고 한다. 하지만 단테는 예수의 진정한 성육신을 조롱하는 추잡한 성육신이었던 형태로, 그리고 신의 영혼에 전적으로 반대하는 모습으로 악마를 추정했다. 플라톤/기독교 전통에서는 순수한 물질일수록 신으로부터 더 멀리 떨어지고 비존재와는 더 가깝다고 간주하였기 때문에, 사탄은 거의 순수 물질로서 생명이 희박하게 부여되었고, 우주에서 가장 조밀한 무게를 지닌 것들로 이루어져 있다. 사탄의 털로 뒤덮인 짐승 같은 몸은 이성이나 진리, 그리고 영혼과는 정 극단에 있음을 강조한다. 사탄은 벌레이며 괴물이다(「지옥편」 34.107-108). 나약하면서도 몸집만 거대한 악마는 문학적인 선례들을 수없이 남기고 있지만, 지상에서 강력하고 총명해보일 수도 있는 존재들이 내적으로는 무기력하다는 것을 극명하게 상징했다.[30] 악마는 자신의 비참한 왕국의 황제이다(「지옥편」 34.28). 마치 신이 영원한 지배자인 황제이듯이(「천국편」 12.40).

한때 빛의 천사였던 이 보기 흉하고 애처로운 창조물의 추함은 신의 아름다움과 전적으로 대비된다(「천국편」 7.64-66). 자만심 때문에 악마는 자신의 창조주에게 감히 도전함으로써 천국에서 추방된 후에 그의 아름다움은 모두 추하게 변해버렸다.[31] 저주받은 악마는 세 명의 배반자 유다, 카시우스, 부루투스를 영원히 씹어대는 고문을 반복하는 것에서 그 지독한 잔인함의 절정을 보여준다. 반역자 우골리노의 운명을 통해서도 이러한 맹목적이고 무익한 저주의 모습들이 예고되었었다. 루기에로에게 배신을 당했던 우골리노 스스로도 자신을 배반했던 사람의 머리 속에서 영원한 분노로 남아 고통스런 차가움 속에 갇힌다(「지옥편」 33). 툰데일의 환시와 다른 문헌이나 예술적인 자료에서도 사탄, 지옥 또는 죄인을 집어삼키고 불구덩이에 먹은 자들을 배설하는 여러 악령들을 묘사했다. 단테는 전통적으로 내려오던 작품들에서 미숙하고 조잡한 부분들을 걸러내서 공포감을 더욱 분명히 나타냈다. 사탄이 인간을 잡아서 잘근잘근 씹으면서 눈물을 흘리면 그의 눈물은 인간들의 피와 섞여 뺨에 흘러내린다. 기쁨으로 항상 웃고 있는 베아트

리체와 대조되는 너무나 끔찍한 모습이다(「천국편」 18.19; 30.42). 죄인 몬테펠트로(「연옥편」 5)를 구매(救贖)했던 참회의 눈물과는 달리, 좌절에서 오는 분노 때문에 흘리는 사탄의 눈물은 구원에 도움이 되지 않는다. 오디세우스에게 결박당한 키클롭스 폴리페무스가 흘린 피눈물처럼, 이 끔찍한 거인의 눈물은 불쾌한 감정을 자아낼 뿐이다. 사탄의 눈물은 불쾌한 느낌을 주고, 십자가 위에서 하늘의 주께서 흘리신 피, 물, 그리고 눈물을 패러디한다.

단테가 베르길리우스와 쥬데카로 내려가면서, 어둠 속에서 자기 앞에 불쑥 나타나는 거대한 형상을 보았다. 그 모습은 기괴한 풍차처럼 생겼거나 아니면 구세주의 십자가의 외곽선이 뒤틀린 듯이 보였다. 루시퍼가 가진 세 개의 얼굴과 세 쌍의 날개는 십자가의 세 점과 같았고, 이 같은 삼위일체의 악마는 성 삼위일체를 악마적으로 패러디한 것이다. "지옥 왕의 깃발이 나아간다"(「지옥편」 34.1)라는 대사는 포르투나투스의 유명한 찬송가를 패러디한 것이고, 또한 포르투나투스가 "왕의 깃발"이라고 했던 십자가의 패러디는 그리스도의 십자가를 말하는 것이다.[32] 존 프레체로는 이와 같은 십자가에 대한 패러디를 사탄의 세 가지 얼굴색과 연관지었다. 단테는 다른 곳에서도 타락한 천사를 검은 색으로 지칭하기는 했지만(「지옥편」 21.29; 23.131; 27.113), 사탄의 세 얼굴에 세 가지 다른 색깔을 부여한다. 누르스름한 흰색, 빨간 색, 그리고 검은 색. 이러한 색깔을 설명하기 위해서 오랜 기간 동안 수많은 이론들이 만들어져 왔지만, 피레체로의 이론이야말로 문헌적인 배경을 주의 깊게 분석해서 근거를 찾고 있다.[33] 그는 「누가복음」 17장 6절에서 자신의 설명을 시작한다. 그 구절에서 예수가 말하기를 깊은 신앙심을 가지고 오디나무를 옮길 수 있다고 말하면 나무는 움직인다고 했다. 성 암브로세는 오디나무를 악마의 상징으로 사용했다. 오디나무의 열매는 처음에는 하얗다가 익으면 빨갛게 되고, 마지막으로 검은 색을 띠기 때문에, 마치 악마가 처음에는 빛나고 하얗다가 힘을 얻게 되어 빨간 색을 내다가 죄에 빠져 검은 색으로 변하는 것과 마찬가지이다. 하지만 아우구스티누스는 세 가지 색을 나타내는 오디나무를 십자가의 상징으로 사용하였고, 우베르티노 다 카살레는 예수의 깃발을 마찬가지 색을 사용해서 묘사하였다. 단테는 십자가와 악마를 나타낼 때 세 가지 색을 공통으로 사용했다. 프레체로는 단테가 틀림없이 마음속으로 오디나무를 실제로 상상했다고 주장하면서 논의를 매듭짓는다. 비록 자료들에서는 색깔을 흰 색, 빨간 색 , 그리고 검은 색이라고 사용했지만, 처음에 오디 열매는 창백하고 노르스름한 희색이었고, 단테는 그 색깔을 흰 색과 노란 색의 중간이라는 식으로 묘사한다. 프레체로의 설명방식은 색들을 여러 가지로 해석할 여지를 남기고 있다. 암브로세나 단테처럼 모든 세부 사항을 의미로 엮을 수 있는 자료들이 주어지면서, 붉은 얼굴은 죄나 수치를 암시하고, 검은 얼굴은 무지와 타락, 하얀 얼굴은 무능을 나타낼 수 있게 된다. 하지만 단테가 주로 염두에 두었던 내용은 이 우주에서 그리스도와 사탄 사이에 도덕적으로 대립하고 있다는 의미를 확대 심화하는 것이었다.

　도덕적인 우주를 관통하는 듯한 단테의 영향력이 감지되는 중세 문학의 또 다른 걸작은 윌리엄 랭글런드의 『농부 피어스(Piers Plowman)』라는 작품이다. 작은 교단의 목사였던 랭글런드는 유명론적인 신론과 세상에 대한 신비주의적인 발상을 가지고 있었고, 신랄하고 풍자적인 소신의 소유자였다. 그는 1360년에서 1400년에 사망할 때까지 적어도 네 가지 판본의 시를 썼다. 세 번째 판본 B판본은 그 시 자체로 찬양을 받았고, C판본은 작가가 가지고 있던 더욱 성숙한 사상을 반영하고 있어서 유명해졌다.[34]

　문체나 구성, 관점은 다르지만, 『농부 피어스』는 희극과 마찬가지로 일종의 환시 문학이고, 그 중심에는 현실에 대한 신비주의적인 견해가 들어 있다. 단테처럼 랭글런드는 지성보다는 사랑을 통한 구원의 방식을 신봉했고, 이러한 그의 견해는 유명론과 신비주의에서 유래되고 두 사상을 모두 공유하고 있었다. 부두의 농부는 작품 속의 신비주의적 견해가 저 세상보다는 이 세상에 더 관심을 가지고 있다는 점에서 희극과 다르다. 『농부 피어스』에는 농부, 목사, 양조자, 법률가, 상인, 거리 청소부, 일상적인 노동을 하는 탁발 수도사 등이 등장한다. 사회관은 단테의 작품만큼이나 폭이 넓지만, 거리와 들판에서 벌어지는 일상적인 삶이 설정된다. 랭그런드는 가난한 사람이었고, 그의 철저한 신비주의는 영적인 면에서 공동생활 형제단과 유럽 대륙의 토마스 아 켐피스와 유사했다. 『농부 피어스』의 중심인물은 그리스도, 성 베드로, 보통 사람으로 이해될 수도 있고, 아니면 선한 기독교인, 선한 지배자, 정직한 노동자라는 유형으로도 이해될 수 있다. 진정한 목사나 수도사, 농부나 왕들은 사물의 중심에 있는 신에게 관심을 기울이고 신과 함께 현실과 빛의 여행을 하지만, 이들과 대립되는 거짓된 존재들은 스스로 환상에 얽매여 미지의 장소를 향해 방황한다. 우리는 사물을 똑바로 명확하게 바라보면 그 안에서 신의 모습을 볼 수 있다. 아니면 어떠한 빛도 통과할 수 없을 때까지 우리 자신이 가지고 있는 욕망의 먼지로 사물들을 더럽힐 수도 있다. 악마는 무대 뒤에 무덤덤하게 웅크리고 앉아 있다. 그러면서 우리의 시야를 흐리고 우리의 견해를 왜곡하면서 아무것도 보거나 이해하지 못할 때까지 우리를 어둠 속으로 끌어내린다.

선택은 우리 손에 있다. 14세기 후반의 신론에서 유명론과 주의설(主意說)에 함께 영향을 받아서 랭글런드는 인간 의지의 자유를 주장했다. 악마가 그리스도, 정의로운 사람, 또는 개별적인 기독교인들을 상징하는 자비의 나무(C. 16)를 공격하자, 피어스는 자유의지의 상징인 "리베룸 아르비트리움"을 불러내어 나무를 지킨다. 자유의지가 피어스(여기서는 그리스도나 정의)의 뜻을 따르며 악마를 물리친다. 자유의지가 피어스의 뜻을 따르지 않을 때, 사탄에 대항할 아무런 힘도 가지지 못한다. 이러한 의지는 선을 선택할 때만 진정으로 자유롭다. 그렇지 않은 경우라면 죄의 굴레에 빠지고 만다. 이런 분석은 신비주의적인 색채를 띠는 익명의 논문 「게르만 신학(Theologia germanica)」(c. 1350)과 닮았는데, 이 논문에서 의지가 지닌 본래의 목적은 신을 위해 봉사하는 것이지만, 죄 때문에 좌절된다. 랭글런드가 인간의 자유를 강조하고 현세에 관심을 보인 이유는 천사나 악령들보다는 오히려 인간이 중심이 된다는 의미를 가지고 있었기 때문이다. 하지만 시에서 인격적으로는 좀처럼 나타나지 않더라도, 악마는 세상사 속에서 부정, 거짓, 사기와 같은 자신의 분신을 우의적으로 인격화해서 끊임없이 스스로를 드러낸다. 이전에 루시퍼는 주의 깊고 능동적이지만 개별적인 인간들이 불러주거나 환영해주었을 때만 자기가 하는 일을 구체화할 수 있다. 사물을 있는 그대로 보려는 자유의지를 선호할지 아니면 우리의 욕망이 덧씌운 환영을 유지하는 고된 일을 선호할지를 선택하는 것은 우리들 자신이다. 우리는 스스로를 진리와 함께할 수도 있고 맹목적 숭배를 따를 수도 있다. 맹목적 숭배란 궁극적인 선보다는 제한적인 선을 선택하는 행위이다. 랭글런드가 보기에, 돈이나 이윤이야말로 주요한 맹목적 숭배이지만, 거짓말이나 잘못된 생각, 책임회피 등, 신보다 명예나 부, 쾌락을 더 좋아하고, 심지어는 단순하고 정결한 진리보다 교회나 신학을 우위에 두는 행위도 악마에게 봉사하는 것이다.[35]

랭글런드는 악마를 따르는 사람들의 불의의 행위 속에서 존재하는 악마의 소행들을 강조했다. 정의란 신의 의지와 계획에 맞추어 이 세상사가 똑바로 이루어질 때의 지배적인 상황이다. 부정의란 올바른 질서를 방해하는 인간의 사악함과 어리석음에서 비롯되고, 또한 그것이 만연한 상황이다. 랭글런드는 부정의를 경멸하고 분노한다. 그는 흔들리지 않는 부정의의 어리석음을 혐오하며 부정의를 저지르는 사람들을 거칠게 다룬다. 중요한 맹목적 숭배는 이익을 추구하는 행위인데 미드 부인으로 인격화된다(B. 24와 C. 24). 미드 부인은 초기 자본주의 경제체제를 상징하는 것으로 볼 수 있고, 랭글런드가 그러한 용어를 생각해냈다면 그러한 생각에 동의할 수도 있지만, 그의 세계관은 미드 부인을 고대의 가장 대표적인 죄인 탐욕, 열정이나 이기심과 동일시하는 데 더 가깝다. 탐욕이야말로 가장 치명적인 죄악이라는 랭글런드의 믿음은 중세 후기에 상업이 발전하면서 실제로 금전 경제가 발전하게 되고 돈이 모든 것들의 척도가 되면서 일반적인 현상이 되었다. 돈을 경멸하는 랭글런드의 태도는 미드 부인에 대한 구절에서뿐만 아니라 탐욕스러운 탁발 수도사들을 풍자할 때도 나타나며, 부패한 수도사들은 반그리스도와 연관된다(C. 21-22). 다른 여섯 가지 죄악들처럼, 미드(보상)는 악마의 딸이거나 악마의 분신 프로드(사기)나 디시트(허위)의 딸이다.[36]

미드(보상)와 팔즈(허위)의 결혼은 돈과 관료제도, 그리고 법률에 대한 일종의 풍자이다. 파벨(사기)이 결혼식을 마련했고, 팔즈후드(허위), 가일(교활), 그리고 디시트가 모두 미드의 탐욕에 만족해서 그녀에게 험담하고 으스대고 거짓 증거를 대며, 가난을 경멸하고 탐욕과 폭리, 태만 그리고 온갖 악행을 향유할 공식적인 허가장을 발급해준다는 내용의 법적인 계약을 체결한다. 그들은 "그녀가 죽은 후에도 그 문서에 나와 있듯이 영원히 연옥에 달린 모든 부속물들과 지옥의 고통과 더불어 루시퍼를 섬기면서 거주하도록 허락해준다"(C.2.106-108). 이 허가장은 우리 주의 연도 대신에 "악마의 날짜"로 기록되어 봉인된다.[37] 미드를 따르기로 선택한 사람들은 거짓된 삶을 살게 되고, 다음과 같이 소리 지르는 양조업자처럼 부정의를 부추긴다. "흥, 하찮은 찌꺼기를 팔 수 있거나 술꼭지에서 내가 좋아하는 대로 진한 맥주나 아니면 멀건 맥주를 따를 때면, 예수 당신이 지껄이든 말든, 정의로운 영혼이나 양심, 그리스도 따위에게 난 지배받지 않을 테야. 난 성스러움을 찾아헤매는 그런 인간은 아니야. 그래서 예수의 혀와 양심을 붙들어매서, 정의로운 영혼에 대해서 좋은 소리를 늘어놓지 못하게 할 테야"(C.21.296-402).

루시퍼의 타락은 거짓과 진실 사이의 투쟁이라는 맥락에서 설정된다. 루시퍼가 단지 메타포에 불과한 것은 아니라도, 대체적으로는 그렇다는 말이다. 루시퍼가 이 세상에 죄와 악을 끌어들였다기보다는 오히려 그의 행동 때문에 진리와 정의라고 하는 영원한 원리가 손상되었다. 신은 천사들에게 10단계의 지위를 부여하였다. 그런데 그 가운데 하나가 타락을 했다. "하늘의 천사장이며 신의 기사였던"(C.1.107) 루시퍼는 죄를 지어 10번째 지위를 가진 많은 천사들과 강등당했다. 이들은 떨어지면서 무서운 형상을 갖게 되었다. 이들은 9일 동안 자신들이 저지른 죄의 무게에 따라 어떤 것들은 짙은 공기 속으로, 어떤 것들은 지상으로, 또 어떤 것들은 지하로 떨어졌다. 그리고 루시퍼는 이 가운데 가장 낮은 곳으로 떨어졌다. 루시퍼가 저지른 죄의 본질은 루시퍼와 그와 함께 떨어진 것들이(C.1.108). 그리고 그 결과로 루시퍼는 지옥에 갇히게 되었다.[38]

   『농부 피어스』에서 악마는 지옥의 정복 장면에서 거창하게 등장하지만 랭글런드는 자신의 동시대인들과는 사뭇 다르게 이 장면을 이용한다. 그리스도의 수난으로 지옥의 변방에 있던 영혼들이 해방되는 장면은 원래 악마가 원죄 때문에 정당하게 사람들을 잡아두고 있다는 속죄 이론에 바탕을 두고 있었다. 랭글런드가 살던 시대 이전에도, 하나님이 악마에게 예수를 몸값으로 치렀다는 생각은 점차로 기사인 그리스도가 억압당하는 사람들을 구해주러 온다는 전투적인 메타포로 나타나게 되었다. 따라서 랭글런드는 속죄이론을 염두에 두지 않고도 자유롭게 지옥의 정복 장면을 사용하게 되었다. 랭글런드의 경우에 정복의 드라마는 정의의 본질을 제시하는 데 포함되었다. 그는 생명의 나무에서 떨어지는(죽어가는 모든 영혼들) 사과들을 남김없이 가로채려고 악마가 자진해서 기다리고 있는 장면을 묘사하는 많은 문단들에서 다가올 정복의 순간을 암시하고 있었다. 원죄의 결과 때문에, 악마는 인류에게 권력을 행사해서 죄인들을 지옥으로 끌고 간다. 악마는 장로들의 힘을 빼앗고 그들을 지옥의 변방에 가두어두었다.[39] 루시퍼는 자신이 이러한 영혼들에 대한 권리를 가지고 있다고 주장하지만, 랭글런드는 루시퍼야말로 거짓말쟁이이고, 심지어는 사탄조차도 그러한 주장에 의문을 가지고 있다고 생각한다. 우리가 농간을 부려서 영혼들을 가로챘지만 사탄이 보기에 우리들은 실제로 아무런 권리도 가지고 있지 못하다. 사탄의 의구심은 저스티스와 머시, 그리고 그리스도와 루시퍼 사이의 논쟁의 전조가 된다. 사탄, 머시, 그리고 그리스도는 한결같이 루시퍼에 대항해서 악마는 인간을 지배할 권리가 없다고 주장한다. 루시퍼는 정의를 주장하지만 정의는 루시퍼에게는 불리한 덕목이다.

B판본의 18절과 C판본의 20절에서 벌어진 정복 바로 직전에, 신의 네 딸들—진리, 정직, 자비, 그리고 평화—은 정의의 본성에 대해서 논쟁을 벌인다.[40] 인간은 자신의 자유의지로 신과의 계약을 파기했으므로 당연히 사탄의 권능 안으로 들어가야 한다는 논리에 따라 진리와 정의는 엄격한 정의관을 옹호한다. 그리고 신은 인간들을 구원해야 할 아무런 의무도 없다. 하지만 평화와 자비는 형평성의 논의로 대응한다. 정의란 항상 엄격하게 적용해야만 가장 잘 충족되는 것만도 아니고, 인간이 스스로 죽을 수밖에 없는 운명이지만 신은 자비를 베풀어

인간들을 구원해줄 것이다. 형평성은 정의를 파괴하는 행위하고는 거리가 멀다. 오히려 정의가 가장 높은 수준으로 표출된 것이다. 실제로 세상은 이런 식으로 구축된다. 구법(舊法)은 그 자체로는 훌륭하지만 정의를 진실하게 표출하지는 못한다. 왜냐하면 형평성과 자비가 부족하기 때문이다. 신약은 이러한 완벽한 현실을 선포한다. 신의 네 딸 사이의 논쟁은 지옥문에서 그리스도와 악마 사이에 벌어진 논쟁을 예시한다.[41]

때는 성 토요일이고 예수가 다가온다. 애초에 예수는 악마의 권리를 거두어가려는 재판관이 아니다. 하지만 한 전사가 지옥의 도시를 무너뜨리려고 왔다. "예수는 자신에게 대항하는 모든 자들을 부수고 물리쳐서 지옥에서 자신이 선택한 자들을 구하러 온 거인처럼 왔다."[42] 예수는 투구와 갑옷을 하고 군마에 올라타고 전투에서 악마와 다투는 기사나 마창 선수이다. 그리고 악마를 물리치고 지옥에서 예언자들을 구해온다. 말 위에서 창을 들고 있는 예수가 다가오자, 신의 딸들이 왔을 때와는 상황이 바뀌어 악령들은 미친 듯이 떠들어댄다. 악령들의 숫자는 B판본과 C판본에서 서로 다르게 나타난다. B판본에서는 루시퍼와 사툰 들에다가 세 번째는 세미데몬, 의인화된 헬레 등이 나온다. C판본에서는, 다른 수많은 악령들이 평의회에 추가된다. 예를 들면, 매혼드, 라자모핀, 베리알, 그리고 아스타롯 등이다. 랭글런드는 이 가운데 누가 우두머리 악마인지에 대해서는 별로 개의치 않는 듯하다.

루시퍼가 그러한 역할을 가장 빈번하게 수행하지만, C판본에 따르면, 라자모핀, 베리알, 그리고 아스타롯에게 명령을 내려 문을 막게 하고, 진군하는 그리스도의 군대를 격퇴할 준비를 하게 한 장본인은 바로 사툰이다(사툰 기병대를 포함해서 자신에 대항하는 엄청난 군대를 예수가 집결시켰다고 상상한 듯하다). 그리고 아담과 이브를 유혹하기 위해서 에덴으로 갔던 장본인은 사탄이 아니라 루시퍼이다. 악령들 사이에 의견이 분분한 것은 생생한 토론을 이끌어내기 위해 고안해낸 순전히 문학적인 장치이다.

엄청난 빛이 지옥의 어둠을 가르면서, 한줄기 목소리가 크게 울려 퍼진다. "문을 열라!" 움찔한 사탄은 자신들로부터 라자루스를 빼앗아 가려고 왔던 그런 빛이었는데 이제는 모든 인간을 구하려고 왔다고 헬에게 중얼거린다. 루시퍼는 격분한다. 왜냐하면 신이 자신에게 인류를 지배할 권리를 주리라고 약속했는데, 그리스도가 자신에게서 그러한 당연한 권리를 빼앗아갔다고 믿기 때문이다. 사탄은 루시퍼를 나무란다. "그래, 네가 우리를 이곳에 들어오게 했다. 그렇지 않은가? 처음에 아담과 이브를 유혹하기 위해 온 것이 너의 잘못이다. 네가 가지 않았더라면 상황은 훨씬 더 좋았을 수도 있었다. 이제 너의 거짓말 때문에 먹이를 모두 놓치는 꼴이 되었다." 하지만 루시퍼는 문 앞에 그리스도와 대적하기 위해 버티고 서 있다. "당신은 어떤 주인가?"라고 루시퍼가 다그치지만 그때 한 줄기 빛이 밀려와 루시퍼를 강타하니 눈이 멀었다. 그리스도와 루시퍼 사이에 논쟁이 벌어지면서, 루시퍼는 자신이 두 가지 이유에서 인간에 대한 권리를 가지고 있다고 주장한다. 첫째, 신은 원죄를 저지른 시점으로부터 자신에게 인간들을 넘겨주었는데, 신은 자신의 말을 되돌려서는 안 된다. 악마가 혐오하고 매일 배반하던 주의 정의에 입각해서 논리를 편다는 것이 기막힌 아이러니이고, 그러한 논리는 자비를 허용치 않는 보복의 법률인 구법의 엄격한 정의관에 입각한 논의인 셈이다. 두 번째 이유는 영국의 관습법에서 유래한 것인데, 랭글런드는 자신의 독자들이 지상의 부당한 집주인처럼 루시퍼가 관습법을 자신에게 유리하도록 어떤 식으로 변형하고 있는지 주목하기를 원한다. 법에 따르면, 7,000년 동안 인간에 대한 소유권을 가지고 있으므로, 관습에 따라 인간들을 억류하리라고 그는 말한다. 요컨대, 루시퍼는 그리스도를 상대로 색다른 점유 침탈 소송을 제기한 셈이다.

그리스도는 자신이 정의의 폭력을 행사하기 위해서가 아니라 정의를 구현하려고 영혼들을 데리고 가려고 왔다는 논리로 루시퍼의 주장을 논박한다. 나는 권리와 이성으로 나의 하인들의 죄를 갚는다.[43] 하지만 랭글런드는 속죄라는 말을 막연하게 사용한다. 그리스도는 악마에게 죗값을 치르러 온 것이 아니라 오히려 정의의 힘으로 악마에게서 인류를 빼앗으려고 온 것이다. 그리스도는 세 가지 논거를 주장한다. 첫째, 엄격한 구법의 체제하에서도, 그리스도가 영혼들을 취하는 것이 정당한데 그 이유는 루시퍼가 에덴에서 속임수를 썼기 때문이다. 그리고 "구법이 가르치기를 사기꾼들은 사기를 당해도 되고 자신들이 저지른 부정으로 파멸당할 수도 있다." 두 번째, 신법은 정의와 더불어 공평을, 처벌뿐 아니라 은혜와 자비를 베푼다. 따라서 자비는 교활함 때문에 잃어버렸던 것을 다시 되찾을 수 있고, 부정은 은총에 의해 그 능력을 빼앗긴다. 세 번째, 왕으로서 그리스도는 저주받은 자들을 용서해주어 지옥에서 풀어줄 수 있는 강력한 힘을 가지고 있지만, 정의에 입각한 두 가지 논리가 유효하기 때문에 그러한 힘을 굳이 사용할 필요가 없다. 악마는 정의에 굴복할 수밖에 없고, 그리스도는 강철 굴레로 악마를 묶어둔다(C.20.55-56). 단테와 마찬가지로, 랭글런드가 보기에, 신의 세계는 빛과 정의로 이루어진 단일체이다. 이 세계는 죄와 어리석은 인간들, 그리고 천사들 때문에 막히고 더럽혀졌지만, 궁극적으로 죄는 사라지고 사랑만이 퍼져나간다.

랭글런드가 속죄론을 거부하고, 자유의지를 강조하면서 사랑에 초점을 맞추어 유명론적이고 신비적인 가정들이 결합되면서 약화되기는 하지만, 그의 세계관에서 악마의 중요성이 없어지지는 않는다. 악마는 특히 랭글런드가 가장 중요시했던 탐욕과 같은 죄로 인해 생겨난 사랑의 방해물이다. 랭글런드의 말처럼 우리는 악의 문제를 해결할 수 없다. 아우구스티누스의 충고에 따르면, "적절한 이상으로 알려고 하지 마라". 그리고 유명론자들은 지적인 구성물들을 신뢰하지 않는다.

시인은 경고한다. "왜 신이 자신의 자식들을 사탄이 속이도록 내버려 두었는지 알려고 하지 마라. 교회의 가르침을 믿고 신에게 용서를 구하라. 신이 악마로 하여금 우리가 길을 잃도록 놔두었는지 그 이유를 알고 싶다면, 또는 전능한 신의 의도를 헤아려보고 싶다면, 눈이 엉덩이에 가 붙어야 할 것이다. 모든 일은 신이 선택한 대로 이루어지고 계속 그렇게 될 것을 신에게 감사하고, 우리가 그렇게 되더라도 걱정해 주심을 감사하라"(B.10.120-130).

랭글런드와 거의 정확하게 같은 시대를 살았던 제프리 초서(1344-1400)는 귀족들의 친구였고, 세상사를 잘 아는 사람이었다. 셰익스피어와 마찬가지로, 그는 다양한 장르와 문체의 대가였고, 다양한 인물들을 신중하게 찾아냈다. 셰익스피어처럼 초서가 담고 있는 신학이나 철학은 정의하기 어렵다. 그가 신실한 기독교인이었다는 점은 토파스 경의 이야기 말미를 보면 명확하지만, 그가 악마를 신봉했다고 가정할 만한 이유도 상당히 있다. 그가 강조하고자 했던 것은 우주가 아니라 인간이고, 데블, 핀드나 사타나스는 어리석은 인간에 대한 메타포에 불과하다.[44]

『켄터베리 이야기』에서, 악마는 메타포로 사용된 경우를 제외하면 좀처럼 중요한 역할을 하지 않는다. "수도사 이야기"에서는 아담이나 헤라클레스, 네브카드네자르(신바빌로니아의 왕)처럼 높은 지위에서 강등당한 여러 위대한 인물들 사이에서 루시퍼의 모습을 제공해준다.

"오, 루시퍼여, 모든 천사들 가운데 가장 밝은 자여!" (14-16줄). "탁발 수도사 이야기"에서, 루시퍼는 소환자들을 신랄하게 풍자하는 데 기여한다. 소환자가 인간의 모습을 한 악마를 만나고, 악마는 조용하고도 진부한 말로 악령들이 자신들만의 고정된 형태가 없이 환영을 만들어내거나, 여러 요소를 가지고 일시적인 육체를 만들어내거나, 심지어 죽은 육체에 생기를 불어넣으면서 어떤 식으로 형상을 바꿀 수 있는지를 설명한다.[45] 하지만 악령들은 신의 허락이 있어야만 이런 일들을 가능하게 할 수 있다. 신은 단지 그러한 유혹을 자신의 정당성을 강화하려는 목적으로 바꾸려 하기 때문에 악령들에게 유혹하도록 허락한다. 기독교인이 유혹에 저항하게 되면, 악마가 공들인 결과는 의도한 것과는 정반대가 된다(169-203줄). 극작가 아놀 그레방(Arnoul Gréban, 9장 이하)이 그랬듯이, 초서는 악마의 말을 사용해서 자신의 성격을 내면화하고 이 극악무도한 세상의 도착된 가치를 조롱했을지도 모른다. 하지만 시인의 관심은 늘 그렇듯이 인간의 탐욕과 어리석음에 고정되어 있다. 악마와 소환자는 서로 상대방이 어떤 식으로 일을 처리하는지 보여주게 된다는 점을 알아차리고는 함께 말을 타고 간다. 이들은 어떤 남자를 만나는데, 그는 자신의 말에게 욕을 해대며 악마에게 그 말을 건네주려 했다. 그리고 소환자는 어떤 이유로 악마가 그 짐승을 채가지 않는지 의아해한다. 그러자 악마는 그 남자의 말이 진실일 리가 없다고 대답한다. 악마의 소심함에 정나미가 떨어진 소환자는 아무런 거리낌 없이 어떤 식으로 일을 처리하는지를 악마에게 보여준다. 나무랄데 없는 성격을 가진 늙은 미망인의 집으로 가서, 소환자는 1실링을 강제로 빼앗으려 한다. 화가 난 미망인은 소환자에게 욕을 해댄다. 그 소환자는 회개하기를 거부한다(328-340줄).[46]

소환자는 탁발 수도사들을 비꼬면서 자신의 이야기 속에서 대답한다. 그는 프롤로그에서 사탄은 지옥에서 2만 명 이상의 탁발 수도사를 자신의 휘하에 유지하고 있다고 주장한다.

하지만 시인의 관심은 악령에게 있지 않고 탁발 수도사들에게 있다. 이 이야기는 악마에 대해서보다도 방귀에 대해 더 많은 말들이 나오므로 넓은 의미에서 분변학(糞便學)에 대한 것이다. 무대 위에서 뀌어대는 악마의 방귀, 영혼들을 소화하고 배설하는 행위, 자신의 뒤쪽을 관객들에게 들이대거나, 어두운 밤이면 자신의 은밀한 부분을 드러내고 마녀를 숭배하는 행동, 유황 냄새를 뿜는 짓 등, 이런 모든 행동들은 우스꽝스러움과 역겨움을 자아낸다. 악마는 우스꽝스럽지만, 혐오감을 불러일으키기도 한다. 그리고 악마는 자신을 돋보이게 하기보다는 우리들이 경멸하거나 멀리 하게 함으로써 기묘한 느낌을 준다. 분변학적인 내용은 악마를 좇는 특성도 담고 있는데, 특히 민간전승에서 악마는 마늘(씹을 수도 있고 목에 두를 수도 있다)이나 아위(阿魏, 식물의 일종)와 같은 자극적이고 독한 냄새가 나는 식물을 들이대면 도망을 치게 된다.[47]

"면죄부 판매원 이야기"에서, 플랑드르에서 한 무리의 젊은이들은 흥청망청대는 오르기를 개최한다. 하지만 이 부분은 악마의 연회가 아니라 그저 젊은이들의 음주와 음란한 행동, 그리고 기타 못된 짓거리들을 언급한 것이다. 이런 일은 대마녀 광란 바로 직전에 있었고, 그때는 이미 그러한 연회에 대한 소문이 돌고 있었다. 시인은 단지 연회에 대해서 언급하려는 의도였지만 상당히 비꼬는 투로 다룬다.

모든 이야기 가운데, 여자 수도원장의 이야기가 가장 강렬한 종교적 감정을 드러낸다. 비록 이야기하는 사람이 반드시 초서 자신이 아니라 여성 수도원장이라는 인물이기는 하지만 말이다. 이 이야기는 유대인을 신랄하게 반대하는 내용이다. 그리고 악마가 사람의 모습을 하고 나타나지는 않지만, 독자들은 이 불길한 존재가 유대인으로 의인화된다는 점을 전혀 의심하지 않았을 것이다. 성가를 불러서 거리에서 붙잡힌 신앙심 깊은 어린 청년의 운명은 좁다란 인생의 길목을 지나면서 악마에게 급습을 당한 그리스도를 믿는 영혼의 운명과 같다. 이슬람의 '이교도'나 이단적인 '마녀'와 마찬가지로 유대인들은 악마의 충복이었다.[48]

초서는 도덕적인 행위의 중심을 신과 악마 사이의 보편적인 투쟁에서 인간의 영혼 속에 깃들여 있는 선과 악의 투쟁으로 전환하였다. 적어도 셰익스피어의 작품에 등장하는 몇몇 악역들—이아고, 맥베스 부인, 에드먼드—은 깊은 악의 우물에서 길어 올려진다. 그 물은 우리가 알지 못하는 어디에선가에서 나와서 우물 안으로 스며든다. 악마가 그 근원으로 지명되지는 않는다. 이러한 움직임이 인간을 향해 나아가면서 악마의 역할이 약화됨과 동시에, 14, 15, 16세기의 설교 문학이나 극문학에서 악마는 일반적으로 이전보다도 대중들에게 더욱 다채롭고 생생하게 다가갔다. 이러한 광범위한 대중적인 믿음에 기초한 대마녀광란은 르네상스적인 현상이었고, 마녀광란은 정확하게 셰익스피어가 전성기를 누리던 시기에 영국에서 절정에 달했다. 그 이야기는 신랄한 반유대적인 성격을 지니고 악마가 인간으로 나오지는 않지만, 사악한 존재가 유대인으로 인격화된다는 것을 전혀 의심하지 않았을 것이다.

9 연극에 나타난 루시퍼

중세 후기의 신비극이나 기적극에서는 악마의 모습이 가장 확실하게 부각되었다. 이러한 극들은 대부분 교화(겁을 주거나)를 하거나 여흥을 목적으로 목사들에 의해서 씌어졌다. 설교나 사례와 마찬가지로, 극들은 엘리트에 의해 만들어졌지만 그보다 훨씬 많은 수의 교육받지 못한 청중들에게 호소하도록 구성되었다. 악마는 14세기와 15세기 초반을 유린했던 역병, 기근, 전쟁 때문에 당시에 대중적인 인기를 폭넓게 누리고 있었다.

극적인 통일성을 유지하려는 극작가들의 노력 덕택에 악마의 탄생에서부터 멸망할 때까지 모든 행동들이 처음으로 연대기적으로 일관되게 기술되었다. 이 책은 연극의 역사가 아니라 악마의 역사를 다루기 때문에 개념적인 일관성을 견지하면서 다양한 연극에서 여러 장면들을 끼워맞춤으로써 예술 작품으로서 연극의 미를 해치고 있다. 이 모든 점을 고려해보면, 연극은 구원의 역사이면서도 지옥의 역사이기도 하다.

중세의 연극은 처음에 예배식에서 유래되었고 원래는 라틴어로 되어 있었지만, 라틴어 예배극은 곧 자국어로 된 극과 비슷한 비율로 상연되다가 결국에는 자국어로 된 극이 성행하게 되었다. 16세기 중반에 예배극에 정치적인 동기가 가미되면서 급작스럽게 자취를 감추게 되었다.[1] 전통적으로 중세의 연극은 세 가지로 나뉘어졌다. 신비극, 기적극, 그리고 교훈극. 신비극은 직간접적으로 예배에서 유래된 듯하다. 처음에는 특정한 축제일에 어울리는 단 하나의 연극들이 그 날에 맞추어 상연되다가 천지 창조에서 최후의 심판까지 구원의 역사를 폭넓게 묘사하는 일련의 연극들로 발전했다(수난극, 부활절 연극, 성체축일 연극). 12세기에 시작된 기적극은 성인들의 삶에 기반을 두고 있었다. 15세기와 16세기 초에 융성했던 교훈극은 설교문이나 고해 문헌에서 유래되었다. 이러한 연극에서는 자유롭게 도덕적 선택을 하게 되는 평범한 사람들의 삶에서 생길 수 있는 선과 악 사이의 긴장이 묘사되었다. 모든 사람들은 순진무구하게 각자의 삶을 시작한다. 그러다가 죄에 빠지거나 타락하게 된다. 신의 은총에 힘입어 회개하고 구원된다. 악마는 가끔 교훈극에 무대 위에 등장하거나 무대 밖에 몸을 숨기고 있다. 악마는 우리를 타락시켜서 신에게서 멀어지게 하는 궁극적인 죄의 원천이므로, 악마는 인간의 모습으로 나타나기도 하고, 간접적으로 악의 형상을 하거나, 악과 관련이 있는 인물로 등장하기도 한다.[2]

세계의 역사는 창조로부터 시작된다.[3] 스콜라 신학이나 철학에서 뿐만 아니라 근대과학의 견해에서 보아도, 이 세계는 시간과 공간이 시작되는 바로 그 지점에서 순식간에 시작된 것이다. 은유적으로 성서에 나오는 육일이나 아니면 진화의 영겁이든지, 그 순간 이후로 우주는 점진적으로 전개된다. 대체로 신은 모든 창조물 가운데 천사를 제일 먼저 만들었다고 여겨졌다. 어떤 연극에서는 물질적인 세계가 먼저 만들어졌다고 가정하지만, 이러한 관념은 타락한 천사들을 대신하기 위해서 신이 인간을 창조했다고 하는 널리 알려진 신학적인 견해와 일치될 수 없었다. 신은 9등급의 천사를 만들었고, 가장 높은 등급의 가장 높은 천사로 루시퍼를 창조했다. 그래서 이 우주에서 신 다음의 2인자가 되었다. 신은 루시퍼를 자랑스러워한다. "나는 너를 나와 가장 가깝게 모든 힘을 부여해서 만들었노라. 나는 너를 내 권세의 주인이요 귀감으로 만드노라. 나는 너를 천상의 지복으로 아름답게 창조하노라. 그리고 너를 빛을 가진 자, 루시퍼라고 부른다." 루시퍼를 따로 떼어놓으면 필연적으로 악이 여러 가지 원인을 통해서 발사되기보다는 하나의 사악한 인격에 집중된다고 생각하는 견해에 이른다. 많은 악령들이 존재하지만 악마 하나에게로 통일되는 것이 필요하다.

중세의 문헌에 따르면, 악마는 대체로 루시퍼 아니면 사탄으로 불려진다. "루시퍼"는 중세 초기만 해도 그리스도를 빛을 가진 자라고 명명한 전통이 있었기 때문에 흔하게 불려지지 않았다. 하지만 루시퍼라는 이름은 중세 후기 문헌에 나오는 사탄만큼이나 흔하게 되었다.[4] 비록 문학적인 대화를 강화하기 위해서 종종 구분되기는 했지만, 루시퍼와 사탄 사이에 중대한 차이가 보편화되지 않았다. 예를 들면, 엘로이 다메르발의 『마법의 서』에서는 루시퍼와 사탄 사이에 학식 있고 풍자적인 대화가 나온다. 마치 수세기 후에 C. S. 루리스가 자신의 작품 『스크루테이프의 편지』에서 그랬듯이, 작가는 악마의 눈으로 세상을 바라보는 견해를 역설적으로 드러내고 있다.[5] 루시퍼라는 이름은 타락 전후의 어디에서나 악마의 대명사로 자주 불려졌지만, 사탄이라는 이름은 자신의 지위에서 강등된 이후에 정해졌다.[6] 이런 이유로, 루시퍼는 다소 높은 지위를 누렸고 몇몇 작가들은 루시퍼를 지옥의 지배자로 사탄을 루시퍼의 부관으로 만들었다. "기욤 드 디귈르벨(Guillaume de Digulleville)"의 환시에서, 사탄이 기욤의 영혼을 붙잡으려고 위로 올라가는 동안에 루시퍼는 지옥에 묶여 있다. 주인인 루시퍼와 충복인 사탄 사이의 긴장은 우스꽝스러운 효과를 내기 위해서 아놀 그레방에 의해 활용되었다.[7]

비록 몇몇 근대의 작가들은 루시퍼에게 사탄이 복종했다는 점을 강조했지만, 신학이나 가장 주요한 문학에도 예를 들면, 단테나 랭글런드, 성체축일 연극에서도 그런 상하관계로 나타나지 않았다.[8] 특히

N-타운 연극에서는 둘을 동등하게 다룬다. 여기서 루시퍼는 이렇게 말한다. "나는 너희들의 주 루시퍼다. 나는 지옥에서 나왔으며, 이 땅의 군주이고 지옥의 대공이다. 그런 이유로 나는 사탄 경이라고 불린다." 지옥의 지배자는 인페루스(Inferus, 의인화된 지옥)인데, 사탄에게 악한 심부름을 보낸다. 사탄은 지옥의 군주이고, 바알세불을 보내 부자들의 영혼을 잡아오도록 시킨다. 메리의 후온에서 사탄은 몰려드는 그리스도의 군대에 맞서 절망의 도시를 방어하는 악의 군대의 사령관이다.[9] 『농부 피어스』에서처럼, 가끔씩 지상으로 올라와 아담이나 그리스도를 유혹하고 악마가 시키는 여러 가지 짓을 하는 것은 바로 루시퍼다. 사탄이 루시퍼에게 복종했다고 썼던 작가들은 아무런 신학적인 정당성도 없이 오직 문학적인 목적을 위해서만 그렇게 했던 것이다. 그러한 복종은 우발적이거나 일시적이거나 사소한 것이었으며, 악의 인격화라는 측면에서는 아무런 개념적인 중요성도 가지고 있지 않다. "사탄", "루시퍼", 그리고 때로는 "바알세불"이라는 다른 이름도 모두 어둠의 지배자 하나만을 의미한다.

이와는 대조적으로, 악마와 사소한 악령들 사이의 차이는 신학적으로도 문학에서도 대체로 분명히 나타난다. 중세의 문헌에서는 악령들에게 수많은 이름이 붙여졌는데, 그중에서 극소수만이 악마 그 자신과 동격으로 불리는 이름이었다. 15세기 "빛의 제등(Lanterne of Light)"에 나오는 일곱 가지 악덕의 악령들에게 붙여진 일곱 개의 이름들은 마왕과 가장 흔하게 연관되는 것들이다. 루시퍼(자만심), 바알세불(질투), 사타나스(분노), 아바돈(나태), 마몬(탐욕), 벨페고르(폭식), 그리고 아스모데우스(호색).[10] 악마에게 붙여진 다른 이름들로는 베리알, 베헤모트, 베리트, 아스타로트, 인페루스, 그리고 바알 등이 있었다.[11] 때로는 투티빌루스와 같은 작은 악령도 인류라고 하는 교훈극에서처럼 온갖 악덕을 대표하는 중요한 악령으로 등장할 수도 있다. 투티빌루스는 대체로 기록 담당 천사의 패러디였다. 이 악령은 부주의한 수도사들이 의식을 거행하는 동안에 빠뜨리거나, 필사실에서 서투른 필경사가 빼먹은 죄의 목록이나 문장들이 담긴 가방을 들고 다녔다.[12]

어떤 이름들은 루시퍼, 루시비아우스, 라이트베렌드처럼 중요한 이름들을 변형하거나 번역한 것들이었다. 대체로 사소한 악령들에게 붙여진 또 다른 이름들은 고전에 나오는 신들이거나, 고전의 저자들 자신이 악이라고 생각하는 존재에서 유래했다. 이들 가운데에는 아폴로(「요한계시록」 9:11에 나오는 아폴론(악마)이 힘을 불어넣어 주었고, 실제로는 히브리어의 아바돈을 번역한 것으로 그리스의 신과는 아무런 연관이 없다), 케르베루스, 카론, 다이아나, 주피터, 넵튠, 오르쿠스, 플루토, 프로세르핀, 탄탈루스, 비너스, 그리고 불칸 등이 있었다. 암몬, 몰로크, 그리고 베리트와 같은 몇몇 이름들은 성서에서 유래되었다. 테네브리퍼(어둠을 가진 자), 코코니퍼(뿔을 가진 자, 이것은 유부녀의 바람기를 암시하기도 한다), 그리고 숀스피겔(귀여운 거울)이나 스피겔그란츠(거울의 희미한 빛)처럼 몇몇 이름들은 반어적이었고, 마지막 두 개의 이름은 여자들의 허영심을 날카롭게 관찰한 결과였다. 다른 이름들은 조잡하게 묘사하는 식이거나 모욕적인 것들이었다. 라버, 머더러, 라가머핀, 리발드, 카코데먼(악한 악령), 크룸나제(메부리 코), 회른리(뿔달린 것), 스랑에(뱀 같은), 고블리, 바바린 또는 헬훈트. 아마도 악한 인간의 이름들이 악령에게 적용되었다. 아그라파르트(헤롯 아그리파), 아마발(한니발), 헤로디아스, 무하마드, 파로스(파라오), 그리고 빌라도. 어떤 이름들은 은유적이었다. 아비스메(지옥), 데세스페란스(절망), 인페루스, 아버시에르(역경), 마우페(나쁜 신앙), 즈르툼(실수), 나이드(질투), 운트루(거짓), 팔스(허위), 프라우엔쪼른(여인의 분노). 특히 거인들의 이름 등은 민간전승에서 나왔다. 페르갈루스는 페르구시우스와 코르날루스, 두 거인에게서 유래하고 마우페라스와 앙기나르스와 같은 악령의 이름은 아골라퍼, 아스트라구트, 그리고 아스코파드라는 거인의 이름과 닮았다.[13] 또 다른 이름들은 권력을 갖지 못한 사람들에게서 유래되었다. 잭, 로빈, 올리버, 그리디구트, 럼펠스틸츠킨. 어떤 이름들은 비웃는 투로 되어 있었다. 판타구루엘(라벨라이스라는 인물의 원형), 고르고란트, 갈라스트, 말로스트, 리비코코, 카그나쵸, 리세강글, 푸크, 로젠크란츠(굴덴스테른이 아니라), 크뤼틀리, 래플리, 루포, 뤼케타페, 푼켈듄.[14] 어떤 이름들은 단순히 자연에서 유래되었다. 푼드르, 템페스테, 오라쥐, 스파벤토, 프라카소.

　　루시퍼는 천사 가운데서도 가장 현명하고 아름답게 창조되지만 신이 그를 천사들의 "통치자"로 삼았을 때, 이 똑똑한 천사의 머리가 돌기 시작한다. 신의 권좌는 중앙에 있고 그 주위를 둘러싼 천사들은 찬미의 노래를 부르고 있다. 신이 일어나 외출을 하게 되면, 루시퍼는 재빨리 빈 권좌를 응시하고는 자기자신의 영광에 대해 숙고하기 시작한다.

> 아, 나는 너무도 현명하도다.
> 이 모든 권좌가 내 것이 된다면,
> 나도 신처럼 현명해질 것이다(체스터, "루시퍼", 126-130).

루시퍼는 충성스럽게 상투스를 부르고 있는 천사들을 비웃고는 대신에 자신을 바라보라고 종용한다. "내가 가진 아름다움을 보라. 너희들은 누구를 숭배해서 이 노래를 부르고 있는가? 신인가 아니면 나인가? 나야말로 이제껏 가장 가치 있는 존재이니라." 선한 천사들은 두려움에 움찔한다. "우리들은 당신의 자만심에 찬동하지 않겠노라"(체스터 134). 하지만 루시퍼는 단념하지 않는다.

루시퍼의 공모자인 라이트보르네는 터무니없는 아첨을 떨며 루시퍼를 부추긴다. "네 몸의 빛은 신보다 천 배는 더 밝게 빛난다"(체스터, "루시퍼", 164-165). 선한 천사들은 마지막 안간힘을 쏟는다. 그만 두라. 천사들은 울부짖는다. "애석하도다. 그 아름다움이 너를 망치겠구나"

(체스터, "루시퍼", 166). 천사들의 경고를 무시하면서 루시퍼는 권좌를 차지하기로 결심한다.[15] 그리고 나서 루시퍼는 자신의 자만심을 충분히 만끽한다. "이 세상의 모든 즐거움은 내게 모아진다. 내게서 밝은 광선이 너무도 밝게 타오르기 때문이다. 영광스러운 환희 속에 나의 광휘가 빛난다. 나는 높은 곳에서 가장 높은 신과 같게 되리라."[16]

의인화된 천사들이 신의 권좌를 둘러싸고 논쟁을 벌이는 이 극적인 장면은 태초에 엄청난 우주의 힘이 만들어내는 한순간에 결정되는 냉철한 선택이라는 신학자들의 관념과 대조된다. 신학 속에 나오는 천사들은 상당한 지혜와 힘을 가진 지적인 존재들이지만, 연극에 나오는 천사들은 인간의 이미지가 만들어낸 제한적인 존재들이다. 이러한 상황은 우주의 중심에 우리들 자신을 위치지우려는 어리석음에서 나온 결과이다. 극이 필요로 하는 이러한 상황 탓에 사탄이 신과 동등해지려고 노력할 만큼 어리석을 리가 없었겠지만 자기자신의 노력을 통해서 그리고 신의 전성기 이전에 자신의 지복을 성취하기 위해서만 노력했음이 분명하다는 스콜라 철학의 세밀한 논리는 무색하게 되었다. 권력 탈취라는 주제는 극작가들이 놓치기에는 너무나 극적인 이야기였다. 이런 상황 속에서 연극은 4세기 이후로 일반화되었던 중요한 신학적 가설을 강조하는 데 기여하였다. 인류의 원죄가 처참한 재앙이자 인간이 저지르는 온갖 악의 근원으로 여겨지면서, 그토록 끔찍한 사건에 참여하는 것도 전적으로 악으로 여겨질 수밖에 없었다. 전적으로 악이 되려면 처음부터 악해야 했고, 그러한 증오는 인간이 창조되면서 야기되기보다는 처음부터 신에게 집중되어야 했다.

심약한 천사들은 신의 자리에 앉은 루시퍼의 모습이 빛나 보인다는 데 동의하고, 루시퍼는 그 자신을 위한 예배자로 천사들을 불러들인다. "모든 천사들은 내가 시키는 대로 내게 마음을 돌리고 자신의 군주에게 무릎을 꿇었다"(체스터, "루시퍼", 190-191). 선한 천사들은 거부하지만 약한 천사들은 그의 발 아래 엎드린다. 그리고 사탄, 바알세불, 아스타로트, 그리고 여러 천사들은 루시퍼를 자신들의 지도자로 기꺼이 받아들인다. 악마를 추종하는 천사들은 자만에 빠져 어리석게도 루시퍼를 따른다. 타락한 후에 그 천사들은 루시퍼의 악령이 된다. 이제 루시퍼는 자만심이 극에 달해 신을 모독하는 언동을 한다. "신이 돌아온다 해도, 나는 떠나지 않으리라. 바로 여기 그의 면전에 앉아 있으리라"(체스터, "루시퍼", 212-213). 그리고 이런 식으로 자신의 운명을 결정한다. 화가 난 신이 돌아와 발칙한 반역을 비난한다. "루시퍼여, 너의 지나친 자만심 때문에 나는 너를 하늘에서 지옥으로 떨어뜨린다. 네 편이 된 모든 자들과 함께. 그리고 다시는 나와 함께 지복을 누리며 살지 못하리라." 신은 성 금요일에 전례에 규정된 비난의 음성으로 루시퍼를 꾸짖는다.

루시퍼여, 누가 너를 여기에 앉혀놓았는가, 내가 떠나면서 그랬는가?

내가 너에게 어떤 해를 끼쳤는가?

나는 너를 나의 친구로 만들었는데 너는 나의 원수가 되었구나.

왜 너는 나의 자리를 넘보았느냐? (체스터, "루시퍼", 222-225)

갑작스럽고 치욕적이며 저주스럽게 하늘나라에서 지옥으로 루시퍼가 추방되면서 빛나던 천사가 추한 악마로 변하는 과정이 강조된다. "이제 지옥으로 가면서 끝없는 고문에 던져진다. 불이 무서워 나는 방귀를 뀐다."

루시퍼가 추방된 이후에, 지옥에서 타락한 천사들이 갑작스런 자신들의 멸망에 충격을 받아 자신들의 운명을 비통해하는 동안에 신은 계속해서 물질세계를 만들기 시작한다. 루시퍼와 그의 동료들은 자신들이 "feeyndes blacke"가 되었음을 알고는 겁에 질린다(체스터, "루시퍼", 251). 루시퍼 자신도 저주받은 자만심 때문에 "이전엔 빛나는 천사였지만 이제는 어둠뿐인 악마"임을 인정하고는 비참해진다(N-Town, "루시퍼의 타락", 77-78). 어떤 판본에 따르면, 악마의 불평은 「다니엘서」 3장 92절에 나오는 천사의 노래를 감상적으로 바꾼 것이다.

나는 너희에게 불평한다. 바람과 공기. 나는 너희에게 불평한다. 비, 이슬, 그리고 안개. 나는 너희에게 불평한다. 더위, 추위, 그리고 눈. 나는 너희에게 불평한다. 꽃과 푸른 초원…… 나는 너희에게 불평한다.

새들의 달콤한 노랫소리. 나는 너희에게 불평한다. 언덕과 깊은 계곡. 나는 너희에게 불평한다. 바위와 온갖 돌들. 나는 너희에게도 불평한다. 신의 자비로 만들어진 온 세상. 오늘 나는 이 모든 것들에 그들이 친절하게 나를 위해서 전능한 자에게 기도를 드려야 한다고 부르짖는다.[17]

악마가 보기에는 신이 자신을 하늘나라에서 부당하게 내쫓았다고 생각했다. 게다가 하늘나라에서 자신이 차지하고 있던 자리를 대신할 인간을 창조함으로써 굴욕감을 더했고, 인간이라는 형상을 택해서 자신을 더욱 좌절시키려고 계획했다고 여겼다. 마침내 신은 천사의 형상보다는 인간의 형상을 선호함으로써 악마를 모욕했다. 처음에 신은 자신의 형상대로 인간을 창조했다가 다음에는 인간의 육체 안에 성육신할 계획을 세운다. 사탄은 불만을 토로한다. "우리들은 흠 없고 밝게 빛났으므로, 나는 신께서 우리의 형상을 취하리라고 생각했다. 그런데 나는 실망했노라. 신은 인간의 형상을 취하려 계획하고 있기 때문에 나를 질투 나게 만든다." 그저 흙으로 만들어진 인간과 같은 그러한 조잡한 창조물이 어떻게 그런 지복을 누릴 수 있단 말인가?(체스터, "루시퍼", 177-178).

타락한 천사들이 자신들의 상태를 논의하면서, 구원을 방해하던 전력을 가지고 있는 많은 평의회의 수석 천사들은 천사들의 마음을 복수심으로 바꾸어놓았다. 천사들의 불평은 점차 새로운 창조물, 특히 가장 귀중한 보석인 아담과 이브를 파괴하려는 음모로 바뀐다. 사탄은 스스로 이렇게 하리라고 말한다.

타락한 천사들의 의회에서는 자신들 가운데 하나를 에덴 동산에 보내 이 임무를 수행하게 하기로 결정한다. 창세기에는 원래 에덴에서 유혹하는 역할을 뱀이 맡았지만, 아담과 이브의 죄는 적어도 3세기 이후로 모든 인간이 저지르는 악의 원천으로 간주되었고, 그래서 유혹자는 악마나 적어도 악마의 대리인과 동일시되었다. 에덴으로 임무를 수행하러 가는 악마가 취했던 형상은 육체적으로 나타낼 수 있는 모습을 가져야 했고, 이브에게 매력적으로 보여 설득할 수 있는 그런 존재여야만 했다. 이는 전통적인 악령들의 기괴한 복장으로는 에덴에서 유혹자로서의 역할을 하기에 부적절함을 의미했다. 그래서 악마는 인간의 머리를 가진 뱀이나 천사든 인간이든 고상한 형상으로 나타났다. 때로 이 두 가지가 뒤섞이기도 했다. 처음에는 자신의 목적을 설명하기 위해서 인간의 형상으로 나타났다가 다음 번에는 뱀으로 다시 나타난다. 그 뱀이 형체를 갖는다면, 대체로 인간의 머리 그것도 여자의 머리를 갖게 되었다. 뱀이 이브처럼 보이게 만듦으로써, 극작가들은 악마의 유혹을 더욱 신빙성 있게 만들 수 있었고, 한편으로는 여자를 싫어하는 발언도 할 수 있었다.[18]

미술과 문학 속의 악마들이 통합된 모습으로 등장하는 것은 무대 위의 악령을 통해서이다. 지옥의 모습을 그리고 있는 정교한 환시 문학은 단테는 물론이고 구상미술에도 영향을 미쳤고, 어떤 그림들은 그러한 환시의 모습을 사실적으로 그려냈다. 자국어로 된 연극이 대중화되기 시작하던 때인 12세기 말부터 미술과 연극은 서로 영향을 주었다. 무대 위에 악마가 출현하게 된 것은 문학적인 영향뿐만 아니라 시각적인 영향에서 비롯되었다. 그리고 반대로 무대 위의 작품을 보았던 미술가들도 자신들의 견해를 수정하였다.[19] 쉽게 무대 위로 등장시킬 수 없었던 작고 검은 꼬마 악령들은 중세 후기에 자취를 감추게 되었다. 기괴한 복장으로 청중들에게 인상을 남기려는 요구 때문에 미술에서 그로테스크 풍이 발전하게 되었고, 뿔이나 꼬리, 송곳니, 갈라진 발굽, 날개가 달린 동물 복장들, 반은 괴물이고 반은 인간인 괴물 복장들, 엉덩이·배·무릎 등에 얼굴이 달린 복장들이 있었다. 가면, 발톱이 달린 장갑, 그리고 악령의 얼굴에서 연기를 뿜어내는 장치들이 사용되었다.

대부분의 연극에서, 사탄이 에덴에 가기로 선출되고 자신의 전략을 마련한다. "나는 처녀의 얼굴과 뱀의 몸과 발을 취할 것이다." 그레방은 다음과 같이 무대 연출을 한다. "여기서 사탄은 뱀처럼 네 발로 기어 올라가 나무에 자신의 몸을 감는다."

에덴에서 벌어진 모든 극적인 장면들이 처음으로 재연된 아담의 비의에서, 무대 연출이 지시되지 않은 상태에서 처음 "디아볼루스"가 등장해서 논쟁을 벌인다. 나중에 디아볼루스는 말을 못하며 인공적으

로 만들어진 뱀의 형상을 하고 다시 나타난다.[20]

아담이라는 작품에서 디아볼루스는 아담을 유혹하는 데 실패해서 결국 이브에게 다가가게 된다. 창세기 속에 나오는 이야기에서 시작된 이 내용은 고대 영어로 된 창세기B까지 거슬러 올라간다. 수많은 연극에서 상연된 이 시나리오가 인기를 끈 이유는 봉건적이고 성차별적인 가설 때문이다. 악마는 힘있는 존재이므로 당연히 열등한 여자보다는 남자와 가장에게 먼저 접근하기로 결정한다. 아담이 유혹을 물리침으로써 이브 자신의 연약함이 강조된다.

악마는 처음에 아담에게 지식을 제공하고, 다음으로 권력을 제공한다. 악마는 먼저 조롱하듯 힐난하면서 점찍어둔 자신의 희생자에게 다가간다. "아담아 무얼 하느냐?"(Adam 113)라고 묻자 아담은 행복하게 잘 지낸다고 대답한다. 하지만 악마는 아담에게 더 잘살 수도 있을 텐데라고 아쉬워하면서 방법을 일러줄 수도 있다고 대답한다. 아담은 무슨 이유로 신께서 그 과실을 금지하셨는지 자신도 이해할 수 없다고 인정하자 악마는 그 열매는 모든 것을 알게 해주는 지혜의 과실이라고 설명한다. "네가 그 열매를 먹으면, 더 잘할 수 있다." 실제로 너는 신과 똑같아질 것이다. 악마는 두 번째 유혹, 권력에 대한 유혹으로 쉽게 말을 바꾼다. 만일 아담이 열매를 먹으면 위엄을 가지고 통치하게 되고, 신이 가지고 있는 권위를 나누어 가질 수 있게 되므로 더 이상 주의 도움이 필요 없어진다고 아담에게 설명한다. 하지만 12세기의 아담은 봉건 영주를 없애려는 시도가 무익함을 잘 알고 있었다. 유혹자의 정체를 알아내고서 아담은 신앙심 없는 배신자—봉건시대 가장 나쁜 범죄 행위—라고 비난하면서 악마를 내쫓는다. "당장 사라져라"라고 아담은 소리친다. "네가 사탄이로구나"(Adam 196).

아담을 유혹하는 데 실패하자 디아볼루스는 관심을 이브에게로 돌린다.[21] 이브는 악마를 곧바로 알아보고는 그의 이름을 부르지만 순진해서 악마가 악하다는 사실을 깨닫지는 못한다. 사탄은 이브에게 유혹의 꽃다발을 선사한다. 사탄은 아담과 이브를 돕고 싶어한다. 신은 자기 본위로 열매를 두 사람에게 허락하지 않았다. 만일 아담과 이브가 그 열매를 먹으면 자신과 같아지기 때문이다. 아담은 너무 둔감해서 자신들 두 사람에게 뭐가 이익인지를 이해하지 못한다. 아담은 확실히 아름답고 섬세한 자신의 아내만큼 똑똑하지 않다. 아담은 우둔하기에 아내의 도움이 필요하다. 이브는 자신의 남편보다 유능하므로 남편과 동등해져야 한다. 이브는 그 열매를 따먹음으로써 자신의 호기심을 충족시킬 수 있다. 이브가 그 열매의 맛을 보기만 하면 이 세상의 여왕이 되는 것이다. 모두가 말하듯이 그 열매의 맛은 상상을 초월한다. 신은 자신만이 가지고 있는 특권을 지키려고 몹시 경계하면서 인간들이 넘보지 못하게 하고 싶어한다고 사탄은 설명한다. "신은 영리하게도 너희들이 그 열매를 먹지 못하게 한다. 난 그걸 잘 알고 있지. 왜냐하면 신은 어느 누구도 그 열매가 주는 엄청난 힘을 향유하기를 원치 않기 때문이지." 아담처럼 이브도 자신들은 현재로도 너무나 행복한 것 같다고 말한다. 하지만 사탄은 그 말을 하찮게 여겨 무시해버린다.

루시퍼는 자신을 파멸시켰던 자만심이라는 같은 죄로 이브를 끌어들인다. 너는 창조자와 똑같이 하늘의 군주가 되리라. 너는 모든 지식을 가지리라. 아담의 저자는 "알다"라는 의미의 saver와 "맛"이라는 의미의 savor라는 단어를 가지고 말장난을 한다. 그 열매는 너에게 권능(saver)을 주리라고 사탄은 말한다. 이브가 어떤 맛이냐고 묻자, 사탄은 "천국과도 같다!"고 대답한다(Adam 251-252).

부끄러운 줄도 모르고 사탄은 이브에게 아첨을 한다. 사탄은 그녀의 얼굴, 몸매, 눈과 머리카락을 찬미한다. 한 남자와 그의 부인 사이에서 교묘하게 환심을 사려는 궁정의 정부처럼 사탄은 행동한다.[22] 이브가 여전히 마음을 정하지 못하자, 악마는 잠시 자리를 비웠다가 뱀의 모습을 하고 다시 돌아온다. 이브는 뱀에게 가서는 뱀의 말을 듣는 듯하더니 갑자기 열매를 베어 문다. 유혹자가 여전히 말을 할 수 있는 것으로 나오는 영어로 된 연극에서는, 죄를 짓는 순간이 덜 갑작스럽다. 그 열매를 먹은 후에, 이브는 약간의 환시를 경험한다. 고대 영어로 된 창세기 B에서처럼, 청중들은 그것을 악마의 미혹으로 받아들이도록 의도된다. 그런 다음에 이브는 아담에게 돌아가 악마의 말을 남편에게 반복한다. 대부분의 판본에서 아담은 금방 유혹에 무너진다. 이러한 행동은 아담이라는 작품에서 가장 잘 묘사된다. 이 작품을 두고 인간의 동기를 분석한 아우어바흐의 논리는 설득력이 있다.[23] 연극의 도입부에서, 이브는 남에게 의존적인 아이처럼 떠들어대다가, 마지막에 가서는, 사태를 장악하고는 직접 사과를 먹고 남편에게도 건네준다. 그렇게 함으로써, 이브는 아담을 위험한 처지에 몰아넣는다. 아담이 자기 아내(말 그대로 세상에서 단 하나뿐인 여자)와 인연을 끊고 그녀 혼자만 알 수 없는 위험에 직면하게 해도 그렇고, 아니면 아내의 말을 따라도 마찬가지다. 놀라고 갈피를 못 잡은 아담은 이브의 말을 따른다. 이처럼 남편이 아내의 말에 순종하는 장면은 중세의 청중들에게는 충격적이었을 것이다. 그리고 작가는 사람들이 이 점을 놓치지 않으리라고 확신했다. 아담은 이브에게 이렇게 말한다. "당신은 나와 동등하오." 신과 같아지고 싶었던 이브는 적어도 남편과는 동등해졌다. 이 모두는 충격적인 발상이었다. 원래의 질서가 이런 식으로 혼란스러워진다는 것은 죄로 인해서 자연의 법칙이 방향감각을 상실했다는 징표였다.

돌아온 신은 화가 나서 아담과 이브를 꾸짖고 사탄에게 호되게 저주를 퍼붓는다. "자만심으로 가득한 사악한 존재여!"("인간의 타락", 341). 악마는 신에게 직접 설명하려 한다.

하지만 이 변명은 아무런 소용도 없었고, 신은 악마를 지옥으로 쫓아버린다. 그레방의 판본에서는 악마가 자신의 임무를 달성해서 만족한 것으로 나온다. "난 내 역할을 충실하게 해내서 이제 집으로 갈 수 있다. 어떤 악마도 나처럼 이토록 멋지게 해낼 수는 없으리라." 하지만 영어 판본에서는, 악마가 낙원에서 이탈하는 모습이 처음에 천국에서 지독하고도 굴욕적으로 추방당하는 장면의 반복으로 나온다. "신의 명령에 의해……." 그레방은 사탄에게 잠깐 동안의 승리를 허락하지만, 사탄이 루시퍼에게 보고하려고 지옥으로 돌아왔을 때 그에게 돌아온 보상은 더 큰 형벌이었다. "나를 찬미하라, 루시퍼여. 앞으로도 영원할 최악의 재앙을 야기했으니." 영리한 루시퍼는 사탄에게 면류관을 만들어주리라고 말한다. "면류관을 장미로 만들면 어떨까요?"라고 아스타로트가 묻는다. "왜 안 되겠는가, 번개처럼 타오르는 두꺼운 강철로 만들라."

이 세상을 지배하는 무서운 군주이자 강력한 신의 적이 어떻게 패러디와 풍자, 심지어는 천한 웃음거리가 되었는가? 악마가 우스꽝스럽게 나타나던 경향은 민간전승이나 무언극, 마술사, 가면극 배우 등이 벌이는 민속 공연의 영향 아래서 12세기 초의 연극에서 시작되었다.[24] 희화화된 악령은 웃음을 선사함으로써 다음에 닥쳐올 비극적인 행동에 대비하면서 관객들을 즐겁게 해주고 이완시켜 주는 기능을 한다. 이러한 희극적인 역할을 고대극에서는 농부들이, 르네상스 극에서는 바보들이 수행한다. 사실 농부들이나 바보들은 원숭이나 난쟁이, 괴물, 그리고 거인들과 더불어 중세 극에서도 등장했고, 이러한 등장인물들은 무서운 역할에서 우스꽝스러운 역할로 바뀌어나갔다.[25] 그렇지만 가장 두려움을 자아내는 악령들이야말로 역설적인 이유에서 가장 효과적으로 희극적인 등장인물이었다. 악령들은 다른 희극 인물들보다 훨씬 더 즉각적으로 두려움을 준다. 그리고 이 두려움이 사람들의 마음을 제어하고 마음을 놓지 못하게 한다. 희극을 통해서 사람들은 자신들의 기고만장한 허풍들이 좌절되고 말리라는 것을 알게 된다.

악령들이 겪는 좌절은 성인전이나 설교문학에서 유래되었다. 악마(또는 악령들)는 끔찍한 협박이나 유혹으로 성인들을 괴롭히지만, 성인들은 악마에게 모욕을 주거나 심지어는 호되게 다루어 이야기의 결말을 재미있고 희극적으로 만든다. 여기서 전달하고자 하는 메시지는, 아무리 거대하게 다가오더라도 끔찍한 어둠의 세력들은 항상 그리스도나 성인들의 힘으로 진압될 수 있다는 것이었다. 사람들이 역병이나 전쟁, 그리고 여타 다른 재앙들을 두려워할수록, 자신들의 죄에 대한 죄책감은 더 커지고 그에 따라 악마가 패해서 도망가는 모습을 통해 희극적인 기분전환을 더욱 더 만끽할 수 있었다. 청중들은 악령들에게 공감하기보다는 오히려 악령들을 조롱하고 그들의 멸망에 기뻐하도록 유도되었다. 따라서 악령들은 항상 경멸과 역겨움으로 저속하고 조잡하며 야비하게 그려졌다.[26] 많은 장면들이 대체로 재미있도록 꾸며지고, 세련되지 못하고 교육도 받지 못한 청중들에게도 호소할 수 있게 의도되었지만, 항상 악마를 놀림감으로 만들어 농담을 하는 식이었다. 진정한 희극이라면 긴장이나 두려움, 급소를 찌르는 말로 표출될 수 있는 견해 등 몇 가지 장치가 마련되어야 한다. 오늘날 미네르바나 페르세포네에 대한 농담이 먹혀들지 않는 칵테일 파티 같은 데서 악마에 대한 농담이 지속적으로 회자되는 것을 보면 여전히 악마에게 어떤 두려움을 자아내는 요소가 있음을 보여주는 셈이다.

중세 악령극에 나오는 희극에는 몇 가지 수준이 존재한다. 가장 낮은 수준으로는 법석을 떠는 익살극이 있다. 여기에서 악령들은 소리를 지르고, 펄쩍펄쩍 뛰고, 방귀를 뀌며, 맹세나 모욕적인 말을 크게 떠들고, 외설적인 동작을 하며, 엉덩방아를 찧으면서 무대를 휘젓거나 청중들 속으로 뛰어든다. 대체로 악마 자신을 대변할 수 있는 대장 악령들—루시퍼와 그의 부하들—과 실수를 연발하는 디아브로츠 같은 사소한 악령들은 구분이 이루어졌지만, 그레방의 수난과 같은 연극에서는 지옥의 군주들까지도 대담하게 희화화하면서 그들을 익살극의 소재로까지 끌어내린다.

두 번째 수준의 유머는 지위가 높은 악령들에 대한 대담한 풍자였다. 루시퍼는 사제들이 하는 축복기도를 패러디해서 악령들에게 모욕을 줄 때 그들의 사타구니에 손을 얹고 축복을 해준다. 지옥이란 모든 가치가 전도된 곳이다. 모든 찬미는 저주가 되고 모든 노래는 불협화음이 된다. 가끔 이러한 유머는 선의를 지닌 종교적인 농담과 닮아 있다. 성 피에르와 음유시인이라는 13세기의 시에서 루시퍼는 악령들을 지상으로 보내 영혼들을 지옥으로 데려오라고 시키는데, 악령들은 고위 성직자, 귀족, 상인들을 이끌고 돌아온다. 루시퍼는 기뻤지만, 한 악령은 도박으로 전 재산을 날린 벌거숭이 음유시인만을 데리고 올 수 있었다. 그 시인은 루시퍼에게 시를 지어 노래하겠다고 제안하지만, 마왕은 그 제안을 거절하고 대신에 지옥에 있는 커다란 가마솥을 휘저으라고 명령한다. 루시퍼와 그의 동료들은 저주받은 영혼들을 더 많이 찾기 위해서 지상으로 올라간다. 하지만 그들이 자리를 비운 동안에 지옥으로 내려온 성 베드로는 음유시인과 주사위 놀이를 해서 수많은 타락한 영혼들을 되찾아온다.[27] 이런 이야기 속에서, 악마는 이미 무기력해지고 평범해지고 있지만 특히 악령들이 인간의 악덕이나 죄를 드러낼 때면 풍자는 더욱 날카로워진다. 악마가 검사로 등장하는 "인류의 재판"(4장 참조) 장면은 여러 많은 기적극에 다양한 형태로 등장한다.

세 번째 수준은 악마에 사로잡힌 인간의 행동을 풍자하는 것이었다. 1484년에 세바스티안 브랜트(Sebastian Brandt)는 엄청난 영향력을 지녔던 "바보들의 배"라는 작품을 출간했다. 인간들은 바보가 선장인 배를 타고 항해하는 바보들이다. 바보들은 어리석은 자들을 상징하면서 악덕한 자들은 궁극적으로는 악령들을 상징한다. 브랜트 자신은 악령들보다는 어리석은 자들에 초점을 맞추었지만, 이후의 작가들, 특히 루터교 사제들은 악령들과 함께 그 배의 선원으로 일하게 되고, 인간의 행위를 악마와 밀접하게 연관지었다. 악령들의 성격이 더욱 발전하고 그들이 가지게 되는 동기들도 심리학적으로 이해할 수 있게 되면서 인간화되었다. 동시에 인간의 감정과 동기를 밝혀보니까 인간의 마음속에 악령들이 내면화되어 있음을 알게 되면서 인간이 이제 악마화되었다. 이러한 두 가지 경향이 하나로 결합되면서 악령들은 더욱 인간과 같아지고 인간들은 내적으로 더욱 악해진다. 이런 식의 두 가지 현상이 통합되면서 중세의 악마는 셰익스피어의 작품에 등장하는 인간 악역들로 대체되는 토대가 마련되었고, 그들 속에서 악이란 개별적인 인간의 성격으로 제한된다.[28]

　　네 번째 수준의 유머는 고상한 반어법이었다. 악마는 정말로 강력하고 위협적이지만, 신은 항상 악마의 거창한 계획을 수포로 만들어버린다. 악마가 신의 만만치 않은 적수로 진지하게 묘사될 때, 그의 멸망은 불경스러운 웃음거리가 아니라 해방과 즐거움을 촉발한다. 어거스트 발렌신은 이러한 유머를 신비한 환희라고 불렀다.[29] 우리는 세상을 있는 그대로 받아들인다. 그리고 우리는 악마가 그렇지 않다는 것도 알고 있다. 이 세상을 있는 그대로 받아들이지 않는 맹목적이고 악의를 가진 사람들을 통해서 악마가 이 세상에 공포를 조장하고 있다는 점을 알기 때문에 우리는 악마를 두려워한다. 그러나 우리는 또한 알고 있다. 악마의 운명은 확실하다. 조화와 질서, 정의를 뒤흔드는 악마의 행위는 지엽적이고 일시적이며, 곧 흔적도 없이 암흑 속으로 사라질 것이다. 신은 충만하지만 악마는 공허하다. 우리는 바보 같은 "가엾은 악마"를 동정할 수도 있고, 악마가 그렇게 되지 않기를 바랄 수도 있다. 하지만 어둠을 향해 단 한번 눈길을 주었다고 해서 빛을 향한 우리의 열정이 소멸되지는 않는다. 희극적 농담은 언제나 악마에 관한 것이다. 그리고 이는 악마가 선택한 것이다. 악마는 자신의 행동을 다른 방식으로 밀고 나가려 하지 않는다.

다음 장에서는 성육신 이전의 구법 체제하에서 벌어지는 극적인 세계사적인 삶을 다루었다. 악마는 계속해서 온갖 악행을 부추긴다. 에덴 동산에서 추방된 이후에 최초로 저지른 죄는 카인이 아벨을 살해하게 한 짓이었다. 아스타로트와 바알세불은 카인에게 범죄를 저지르도록 부추긴다.[30] 인간의 타락이 성공할 때마다 즐거워할 만한 일이 된다. 악령들은 선한 영혼이든 악한 영혼이든 모두를 지옥으로 데려갈 수 있는 구실이 되는 원죄라는 결과에 만족하고 있는데, 카인이 아벨을 살해하면서 최초의 죄수가 생긴 것이다. 악마에게 인류를 지배할 권리가 있다는 가정은 당연히 과거의 속죄 이론이다. 오래 전에 신학자로부터 폐기되었지만, 안셀름의 속죄론이나 아벨라르의 신비적인 사랑보다 훨씬 더 극적인 논리에 기여했다. 인간에 대한 지배권을 둘러싼 그리스도와 사탄 사이의 투쟁은 이런 상황을 대체하려는 신학자들의 노력에도 불구하고 문학이나 대중들의 상상 속에서 지속되었다. 카인이 아벨을 죽였을 때, 삐걱거리던 극적인 동기가 모습을 드러낸다. 악령들은 살인을 저지른 카인이 아니라 무고한 그의 동생을 데리고 간다. 루시퍼는 그를 지옥의 변방으로 억지로 데리고 가라고 명령한다. 루시퍼는 천국의 문이 모든 인간들에게 가까이 있었기 때문에 자리를 비울 수 없기 때문이다. 루시퍼나 바알세불도 그렇게 생각한다. 하지만 극적인 긴장이 이제 조성되기 시작한다. 왜냐하면 청중들은 그들이 실수를 저지르고 구원자가 문을 다시 열어 지옥을 빼앗아 악령들의 마수에서 성인들을 해방시켜 주리란 것을 알기 때문이다. 한편 사탄이 루시퍼에게 보고한 대로 아담과 이브는 지옥으로 끌려 내려간다. "그들도 지옥의 변방에 끌려왔다." 악마는 구약시대 동안에 줄곧 세상에 대한 지배권을 행사한다. 욥의 유혹이나 소돔과 고모라의 죄, 형에게 팔려가는 요셉, 황금 송아지 숭배, 느부갓네살의 유대인 공격 등에서처럼 직접적으로 간여하기도 한다.[31]

성수태(聖受胎) 고지가 있고 나서 악령들은 비밀 종교 회의에서 다시 만난다. 악령들은 깜짝 놀랄 이 사건을 전해듣고는, 악취가 나는 지옥의 구덩이에 모여서 이 사건이 어떤 의미를 가지는지 논쟁을 벌이게 된다. 그레방은 이 사건을 이용해서 반전의 희극을 만들어낸다. "신은 너를 저주한다"고 루시퍼가 사탄에게 말하고, 아스타로트는 "악마는 여기서 나가라"고 소리친다. 루시퍼는 이러한 상황의 반전을 비통해한다. "나의 고귀함과 아름다움은 그 형태를 잃고 추하게 되었구나. 나의 노래는 슬퍼지고, 나의 웃음은 처량해지고, 나의 빛은 그늘이 되고, 나의 영광은 구슬픈 분노가 되며, 나의 환희는 치유할 수 없는 슬픔이 되었구나." 루시퍼가 노래하거나 웃으려 할 때마다 마치 굶주린 늑대처럼 울부짖는 모습을 사탄은 조롱한다. 루시퍼는 부하들에게 노래를 부르라고 명령하면, 아스타로트, 사탄, 바알세불, 그리고 베리히는 작은 합창단을 만들어 죽음과 저주의 짧은 노래를 부른다. 하지만 그들이 부르는 노래는 너무 끔찍해서 마왕은 견딜 수가 없다. 그는 이렇게 소리친다. "이 어릿광대들이여, 너희들이 내는 소음 때문에 죽을 지경이 구나, 악마에게 멈추라고 하라. 너희들은 하나같이 음조가 맞지 않는 다."

마침내 그들은 성수태 고지에 대한 토론에 착수한다. 루시퍼는 그의 동료들에게 자신들에게 결박된 영혼들을 구해낼 권능자가 과연 있을 수 있는지를 묻는다. 아스타로트와 베리히는 그런 일은 있을 수 없다고 확신한다. 지옥 정복이 곧 준비중임을 알고 있는 청중들은 단호한 웃음을 짓는다. 베리히는 영혼을 잃어버린 자들은 절대로 탈출할 수 없다고 주장하지만 사탄은 그렇게 확신하지 않는다. 왜냐하면 구약 성서에서 메시야를 예언하고 있음을 기억하기 때문이다. 그리고 루시퍼는 마리아의 수태가 의심의 여지가 있는지를 곰곰이 생각한다. 이들은 사탄을 보내서 동정녀 마리아를 유혹하기 위해 수천 번을 시도하지만 실패하고는 돌아와서 루시퍼에게 마리아는 매수되지 않는다고 보고한다. 그리고 사탄은 계속해서 이렇게 말한다. "상황이 더욱 나빠지고 있다. 이 처녀는 아이를 가지고 있고, 소문에 따르면, 온 인류를 구원하러 오는 메시아가 바로 그 아이라는 말이 있는데, 그 훌륭한 아이는 우리를 더욱 곤경에 빠뜨릴 것 같다." 루시퍼는 이처럼 나쁜 소식을 가지고 온 사탄에게 벌을 내리라고 명령한다. 그러자 사탄은 굽실거리며 애원한다. "오, 주인이시여, 내게 자비를!"(그레방, 7389). 재빨리 머리를 굴린 사탄은 자신을 곤경에서 구하려는 심산으로 헤롯 왕을 유혹해서 아이들을 학살하게 만들러 가겠노라고 제안한다. 루시퍼의 심기는 곧바로 바뀐다. "참으로 기막힌 생각이구나!" 나중에 헤롯이 죽자, 악령들은 그를 지옥으로 데려온다. 더 시간이 흐른 뒤에, 악마는 소 헤롯을 부추겨 세례자 요한을 죽이게 하고, 막달라 마리아를 유혹해서 창녀로 살게 만든다.

악령들은 여전히 예수가 마법사인지 예언가인지 메시아인지 아니면 신 자신인지를 확신하지 못한다. 아퀴나스나 다른 신학자들이 광야의 유혹 시기에 예수가 자신의 진짜 모습을 감추었다고는 하지만, 이 점은 연극에서 더욱 강력하게 이루어졌다. 사탄은 이 문제를 파고든다. "내게 복통을 일으키고 있는 이야기를 들어보라. 나는 이 예수란 자에 대해서 매우 우려하고 있다. 난 정말로 이 자의 아버지가 누구인지 알고 싶다. 만일 이 자가 신의 자식이고 처녀에게서 태어났다면, 우리는 처참하게 허를 찔린 셈이다. 그리고 우리가 이룬 일은 순간에 지나지 않으리라." 악령들은 모여서 성육신의 의미에 대해서 토론하는데, 어리석고도 혼란스러웠다. 예언자들은 그리스도가 오리라고 예언했지만, 악령들이 보기에는 명백히 우려할 일이 아니었다. 왜냐하면 마리아의 아들은 그리스도가 아니라 예수라고 불려졌기 때문이다.[32] 악령들의 혼란은 극에 달한다. "한때 사람들은 그를 세례자 요한이라고 불렀는데 지금은 바뀌어 예수가 그의 이름이다. 하지만 처음에 예수라고 불렸던 그가 지금은 그리스도라고 알려져 있다…… 그리고 그 자는 스스로를 신의 아들이라고 부른다."

베리알과 바알세불은 사탄/루시퍼에게 부탁해서 자신들이 가서 그리스도를 꼬드겨 그의 정체를 알아오겠다고 말한다. 악마는 가서 첫 번째 아담을 유혹했던 방식으로 두 번째 아담을 유혹하지만 결과는 사뭇 달랐다. 넬슨이 지적한 대로, 그리스도는 악마에게 진실을 알려주려고 하지 않는다. 루시퍼가 사원의 꼭대기에서 몸을 던지라고 예수를 유혹해서 만일 성공했더라면, 두 가지 결과 가운데 하나가 발생했을 것이다. 예수는 자신이 신이 아님을 증명하면서 죽었거나 아니면 신임을 증명하면서 천사들에 의해 들어올려졌을 것이다. 유혹에 흔들리지 않음으로써, 그리스도는 악마를 경멸하면서 애를 태우게 했다.[33] 사탄은 지옥으로 슬그머니 도망을 친다.

그리고 사탄은 비참하게 방귀를 뀌면서 떠난다. 집으로 돌아오자, 사탄은 달갑지 않은 대접을 받는다. "가거라, 사탄아"라고 말하며 루시퍼는 진노한다. "신이 너를 저주하리니! 악마가 너를 데리고 가리라!" 아스타로트는 예수란 자는 거짓 예언자일 뿐이라고 소리치지만, 성 수태 고지 때부터 시작된 루시퍼의 두려움은 서서히 커지고 있다. 십자가형을 시도해서 마칠 때까지 악령들이 보여준 괴물 같은 어리석음은 그들의 본질적인 성격이다. 그들은 사태를 있는 그대로 단순하게 파악하지 못한다. 그들은 자신들이 이전에 저지른 짓이나 정말로 불가피하게 이루어지는 신의 의지나 섭리를 이해하지 못하기 때문에 반드시 자신들의 이익에 어긋나도록 행동한다.

예수가 자신의 사명을 시작하자, 악령들은 예수가 동시에 여러 곳에 있는 듯이 보여서 예수를 따라 잡을 수 없게 된다. "사탄아, 예수가 지금 어디에 있는지 말하라, 어느 곳인가?"라고 루시퍼는 묻는다. 사탄은 대답한다. "내가 알기로는 가르치고 설교하느라고 날로 쇠약해지고 있다." 나사로가 일어나 지옥에서 해방되자 악령들은 그리스도의 권능을 멈출 수 없음을 확인하게 된다. 만일 그리스도가 지옥에서 하나의 영혼을 구원할 수 있다면 모두를 구원할 수도 있음을 알게 된다. 하지만 악령들은 계속해서 희망을 갖는다. 지상에서 자신들의 왕국이 영원토록 지속되었기 때문에 순식간에 멸망하리란 사실을 믿지 못한다.[34]

점점 더 절망에 빠지고 자신들의 적수에 대해서 여전히 확신을 갖지 못하게 되자, 악령들은 예수를 죽이려는 계획을 세운다. 그들은 루시퍼의 딸 데스페어(절망)를 유다에게 보내서 그의 선생을 배반하라고 부추긴다. 유다가 이 일을 해내자 데스페어는 유다를 자살하도록 유도하고, 악령들은 유다의 파멸에 기뻐한다. 한편 그리스도는 산헤드림(고대 이스라엘의 의회 겸 법정)에 끌려가 빌라도에게 재판을 받게 되자 사탄은 기뻐한다. 사탄은 곧 바로 지옥으로 내려가 이 기쁜 소식을 전한다. "헤로, 너무나 행복하구나!" 하지만 루시퍼는 생각이 달랐다. 만일 예수가 정말로 신성한 존재라면, 그를 죽이려는 자신들의 계획은 좌절될 뿐이고 곧 멸망하게 될 것이다. "어리석은 사탄아. 네가 모든 일을 망쳐놨구나"라고 외친다. 얼른 올라가서 너무 늦기 전에 멈추게 하라. 그러자 동료들에게 멸시당한 사탄은 최후의 절망적이고 무모한 계획이었던 십자가형을 멈추게 하려고 지상으로 달려간다. 사탄은 빌라도의 아내 프로큘라의 꿈에 나타나서 만일 빌라도가 이 무고한 남자에게 유죄 판결을 내리면 끔찍한 재앙이 기다리고 있다는 것을 말해주기로 결심한다. 프로큘라는 이 꿈의 내용에 충격을 받아 남편에게 알려주러 달려간다.[35] 하지만 제사장 가야파는 마법으로 예수가 자신의 목숨을 구하려고 꿈을 조작한 것이라고 말하면서 그녀의 말을 무시하고, 빌라도는 케사르에 대한 자신의 임무 때문에 머뭇거려서는 안 된다는 이유로 의구심을 일축한다. 몇몇 연극에 등장하는 이 이야기는 지옥 정벌의 효과를 반감시켜 극적으로 불리한 상황에 이르게 한다. 사실 지옥 정벌의 효과는 그리스도가 지옥의 문을 두드려 악령들이 그리스도의 본질을 알게 될 때야 비로소 절정에 달한다.

악령들은 그리스도 자신의 죽음에는 등장하지 않는다. 왜냐하면 악령들이 출현하게 되면 그들이 지니고 있는 우스꽝스러운 성격으로 인해서 그 엄숙한 순간이 훼손된다는 것이 충분하게 드러났기 때문이다.[36] 하지만 그들은 뉘우치지 않는 도둑의 영혼을 유괴하면서 그리스도의 죽음 이후에 바로 거기에 있다. 그때 루시퍼는 또 다른 회의를 소집해서 사탄과 몇몇 동료들에게 십자가로 돌아가서 예수의 영혼을 빼앗아오라고 명령한다. 사탄은 이 명령에 따르려 하지만, 십자가 아래서 대천사장 가브리엘과 마주친다. 가브리엘은 칼을 뽑아 사탄을 쫓아낸다. 악령들은 공포에 질려 지옥으로 철수한다. 여기가 분기점이다. 지금까지 그들은 신에 맞서 공격적인 자세를 취했지만, 이제부터는 방어적인 태도만을 보이게 된다.[37]

이제, 지옥의 은신처로 쫓겨난 악령들은 방어망을 배치해야만 한다. 그런데도 그들은 여전히 자만심에 들떠 있다. 사탄은 이렇게 소리친다. "만일 예수가 여기까지 내려오면 감히 한마디해주겠노라. 너의 머리털을 불태워버리겠노라." 사탄은 아직도 예수가 누구인지를 간파하지 못한다. "나는 그의 애비와 일면식이 있었다. 그는 장인으로 생계를 꾸려나갔는데, 무엇 때문에 예수가 그토록 고귀하고 강하단 말인가? 그는 실제로 한 남자에 불과하다. 그러니 너희 악령들이여, 그 허풍선이를 잡아서 지옥의 고통 속에 묶어두라. 우리는 그를 십자가에 매달았으니 이제는 그를 제거하리라. 가서 그를 잡아서 그 비열한 인간을 때려 눕히라." 하지만 지옥의 어둠 속 깊은 곳으로 엄청난 한 줄기 빛이 비춘다. 영혼들이 기뻐하는 익숙하지 않은 소리가 악령들이 모여 있는 곳을 훑고 지나간다. "이는 무슨 소리인가"라고 루시퍼가 다그친다. "인간이 내는 소리이다. 그들의 구원이 다가왔다"라고 베리히는 대답한다.[38] "알고 있었다. 나는 항상 그가 와서 우리의 유산을 훔쳐 가리라고 알고 있었노라." 이렇게 루시퍼는 말한다.

이제 구원의 역사에서 결정적인 순간이 다가온다. 예수의 영혼이 지옥문으로 들어와 「시편」 24장 7절에서 10절까지의 위대한 말씀을 선포한다. "너희 문을 열라!" 이제야 악령들은 진실을 확실하게 알게 된다. 베리알은 이렇게 울부짖는다. "아아, 슬프도다. 우리는 너의 명령에 복종해야 하는구나. 이제야 우리는 네가 신임을 알게 되는구나." 사탄과 루시퍼는 예수와 논쟁을 벌이려고 필사적으로 애를 쓴다. 잠깐, 사탄은 소리친다. "어쨌든, 난 저주받은 영혼들을 차지할 수 있다고 약속을 받았다!" 예수는 대답한다. "좋다, 난 관여하지 않겠노라. 가서 카인, 유다, 그리고 모든 죄인들과 불신자들을 차지하라." 좋다, 사탄은 그렇게 하기로 하고 이렇게 말한다. "하지만 네가 만일 나의 영혼을 차지하려 한다면, 난 이 세상을 돌아다니며 너의 충복들을 멸망케 하리라." 하지만 존엄한 그리스도는 이 거래를 받아들이지 않는다. "안 된다. 악마여, 너는 그럴 수 없다. 내가 너를 지옥에 단단히 묶어둘 것이기 때문이다." 예수는 미가엘을 불러들여 악마를 사슬에 묶는다. 그리고 승리한 예수는 복 받은 영혼들을 지옥에서 이끌고 나온다. "예수는 한때 주였고 왕이었던 사탄을 붙잡아 노예의 상태로 그를 영원히 타오르는 불 속에 묶어두었다." 어느 시점에 사탄을 묶어두었는지는 신학적으로도 일치되지 않는 부분 가운데 하나이다. 여기서 이러한 신학적인 불일치 현상은 연극 곳곳에 배어 있다. 사탄이 하늘나라에서 떨어진 직후에 묶였는지, 아니면 아담과 이브를 유혹한 이후에 그랬는지, 그리스도의 수난이나 지옥 정벌 이후인지, 아니면 최후의 심판 이후인지는 의견이 다양하다. 구조적으로 이 모든 사건들은 하나였고, 시간적으로 일렬로 배치하려다 보니까 혼란만을 초래하게 된다. 만일 사탄이 타락했을 때 또는 그리스도가 수난을 받을 때 묶여 있었다면, 어떻게 세상을 돌아다니며 영혼들을 멸망시키고 파멸할 수 있었겠는가? 만일 그리스도가 지옥을 정벌할 때 사탄에게 그런 짓들을 못 하게 했다면 어떻게 지금까지 사탄이 우리를 자유롭게 유혹하겠는가? 그러나 사탄이 최후의 심판이 있고 나서야 묶여 있게 되었다면, 죽음과 지옥을 이긴 그리스도의 승리는 제한적인 것일 뿐이었다. 시간적으로 들어맞지 않는 이면에는 훨씬 더 심각한 신학적인 어려움이 깔려 있다. 그리스도는 사탄의 권세를 이겼으면서도 동시에 이기지 못했다. 왜냐하면 그리스도의 수난이나 지옥 정벌 이후에도 악마의 권세는 여전히 세상에서 강하기 때문이다.

지옥 정벌에서의 패배는 극적인 구원의 역사에서 결정적인 분기점이었다. 예수의 부활 장면에서 악령들은 사태의 추이를 파악하느라고 분주하다가 위기가 사라지자 우스꽝스럽거나 비참해질 수밖에 없다. 지옥에서 나가는 도중에 있는 예수와 장로들 중 낙오자 몇 명이라도 데려올 수 있는지 알아보러 뒤따라가지 않은 것에 대해 루시퍼가 사탄을 비난하자, 마침내 사탄은 자신의 주인에게 덤벼든다. "당신은 여기 지옥에서 쉽게 말하면서 앉아 있을 수 있지만, 나는 돌아다니며 온갖 더러운 일들을 처리하고 있다!"[39] 악마의 운명은 지옥 정벌로 정해졌던 셈이고, 이제 그의 파멸은 확실해진다.

그렇지만 악마는 파멸되는 마지막 날까지 세상을 휘젓고 다니고, 이러한 계속되는 활동은 기적극이나 시, 설교 등에서 포착되는데, 그 내용은 악마가 성인들을 공격하고 성인들에게 영원히 패배한다는 것이다. "인내의 성"이라는 15세기 교훈극에는, 처음 장면에서 주인공 맨카인드가 선한 천사와 악한 천사들과 맞서는데, 이들은 함께 살아가면서 주인공을 서로 정반대되는 목표로 밀어붙이려 한다. 악한 천사는 악마, 월드, 플레시, 그리고 의인화된 모습이 악령과 상당히 유사한 7가지 심각한 죄의 도움을 얻는다. 베리알은 이 죄들을 이끌고 인간들이 안전하게 피신해 있는 영혼의 성을 공격한다. 베리알에게 내려지는 무대 지시는 생생하다. 맨카인드가 죽자 선한 천사와 악한 천사는 이 영혼의 소유권을 놓고 언쟁을 벌인다. 마지막 장면에서, 인간에게 저주를 요구하는 올마이티, 저스티스, 트루스, 그리고 구원을 청하는 피스와 머시 앞에서 신의 딸 네 사람은 변호한다. 신은 자비를 베풀기로 결정하고 행동으로 이행한다.[40]

예수 부활과 마지막 심판 동안 내내, 그리스도가 자신의 근엄한 자리에 물러나 있고, 마리아가 인간과 심판자, 그리스도 사이에서 사려 깊은 중재자가 되면서, 악마에게 적극적으로 대항한 사람은 바로 성모 마리아이다. 마리아는 이 세상을 위해 벌이는 전쟁에서 선한 군대의 지도자가 되었다. 그래서 교훈극에서는 한편은 마리아가 지휘하고 다른 편은 루시퍼가 지휘하면서 선과 악을 대표하는 "정예 조직들"을 서로 싸움붙였다.[41] 메시지는 분명했다. 마침내 선한 편이 항상 승리를 거둔다. 라자르(Moshé Lazar)가 지적하듯이 "순결한 여왕은 반드시 사악한 왕을 저지한다."[42] 사람들은 말하기를, 두 주인을 섬길 수 없다. 악마를 따라서는 영원한 이익을 얻을 수 없다. 늦었다고 생각하는 그 순간에도 선한 길로 향한 문은 언제나 열려 있다. 엄격한 정의에 따라 반드시 받게 되어 있는 처벌로부터 진정으로 회개하는 죄인을 마리아는 보호해줄 것이다.

구원의 역사에서 마지막을 장식하는 행위는 최후의 심판이다. 최후의 심판은 신랑을 맞을 준비를 하는 현명한 처녀들과, 자신들의 생을 낭비하는 어리석은 처녀들이 지옥으로 끌려오는 이야기에서 시작된다. 지옥에서 루시퍼는 처녀들을 기쁘게 맞이한다. 이 장면에서는 최후의 심판이 벌어지는 순간에 죄인들로부터 구원받을 자들을 분리하는 내용이 전개될 것을 청중들은 미리 알고 있다. 하지만, 두 번째 재림 직전에 사탄은 신의 왕국에 최후의 필사적인 공격을 감행하려고 준비한다. 악령들은 최후의 회의를 열어 유일한 희망은 악마가 적그리스도라는 아이를 낳아 이 세상으로 보내는 일뿐이라고 결정한다.[43] 적그리스도의 탄생이 알려지자, 지옥의 의회는 기뻐한다. 악마는 어린 적그리스도를 방문하고는 그리스도를 유혹했던 상황을 풍자하여 악의 군주는 그에게 이 세상 왕국을 주겠다며 열렬히 유혹한다. 적그리스도는 세상으로 나아가 거짓 기적을 일으키고, 사람들을 미혹시키고, 성인들을 핍박하며, 부정한 지배자와 타락한 성직자들을 부추기고, 그리스도와의 최후의 결전을 준비한다. 그의 패배는 곧바로 확실해진다. 그는 헛되이 부르짖는다.

적그리스도가 죽자, 두 악령이 나타나 영원한 고통 속에서 그의 아버지와 함께 영원히 남게 될 지옥으로 그의 시신을 끌고 내려간다. 적그리스도가 지옥으로 내려오자 그 자체로 지옥 정벌의 패러디인 악령들의 반응은 다양하게 나타난다. 어떤 악령들은 자신들의 동지를 보고는 기뻐한다. 어떤 악령들은 적그리스도가 저주를 받은 모습에 기뻐한다. 영혼의 금고에 그를 추가로 넣게 되기 때문이다. 하지만 어떤 악령들은 적그리스도의 파멸이 자신들의 멸망을 불가피하게 만든다는 사실을 알고 있다. 지옥에서 적그리스도의 지위는 그의 아버지와 마찬가지로 양면성을 띠고 있다. 적그리스도는 지옥에 영원히 갇힐 수밖에 없는 저주받은 영혼이지만, 또한 분명히 파괴될 왕국을 상속하는 어둠의 군주이다.

이제 최후의 심판일이 되었고, 악령들은 여전히 영원한 혼란에 고통스러워할 뿐만 아니라 행복해한다. 이제 지옥은 온갖 저주받은 죄인들로 영원히 채워질 테니까. 그들은 죄인들의 이름이 적혀 있는 명부와 문서가 가득 들어 있는 가방을 메고 이리저리 뛰어다닌다. 그들은 죄인들이 도착할 때마다 기뻐한다. 그들에게 이날은 뒤집힌 크리스마스보다도 흥분되는 순간이다. 엄청난 무리의 저주받은 죄인들이 지옥으로 줄지어 오고, 악령들은 그들이 울부짖을 때마다 환호한다.[44] 하지만 지금이야말로 사탄이 마지막으로 영원히 묶이는 날이다. 신이 사탄에게 말한다. "루시퍼여, 너는 네가 저지른 엄청난 죄에 대해서 기꺼이 책임을 져본 적이 없었다. 대신에 자신들의 죄를 뉘우치지 않았던 파라오나 유다처럼 너의 악행을 매일같이 고집해왔다. 그로 인해 나는 너를 저주한다."[45] 악령들은 자신들의 왕국이 마지막으로 파괴되는 장면을 보고는 겁에 질린다. 악령들은 자신들이 오래 전에 죄를 짓는 그 순간부터 지금까지 줄곧 두려워했다. 자신들의 왕국을 잃고 신의 왕국을 가로막을 권능도 잃었다. 우주는 원래의 완벽한 조화를 되찾고, 죽음과 죄, 그리고 슬픔은 더 이상 나타나지 않는다. 청중들 한 사람 한 사람의 마음속에는 악령들이 느꼈던 양면성과 비슷한 이중적인 감정이 남는다. 하나는 빛의 승리에 대한 기쁨이고, 다른 하나는 최후의 심판에 멸망한 루시퍼와 함께 저 밖의 어둠으로 내던져질지도 모른다는 두려움이다. 이 세상의 무대에서 이루어지는 최후의 행위는 갑작스럽

고 결정적이다. 그리고 우리 마음에 깊은 여운을 남긴다. 즉, 그리스도
는 지옥문을 닫아 잠그고 열쇠를 가져간다.

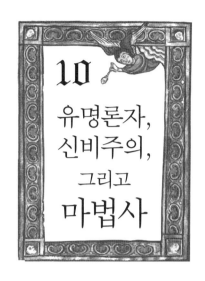

10
유명론자,
신비주의,
그리고
마법사

최근까지도 우리는 14, 15세기를 제대로 이해하지 못했다. 중세 연구자들과 가톨릭 신자들에게 이 시대는 번성했던 12, 13세기로부터 급격하게 쇠락하는 듯 보였다. 개신교 신자들에게는 타락의 시대이자 찬란한 르네상스가 처음으로 태동하기 시작한 시대로 보였다. 미학자들에게 이 시기는 미술과 문학의 르네상스였다. 몇몇 사학자들에게는 해체와 두려움의 시대, 마녀광란이 시작된 어두운 시기로 보였다. 이 모든 견해에 진리의 편린들이 흩어져 있지만, 이 세기들이 복잡하고 다양하게 나타나면서, 중세의 끄트머리나 종교개혁의 서막이라기보다는 그 시대 자체로 보려는 새로운 공감대가 최근 들어 형성되고 있다. 중세와 종교개혁 사이에 획을 긋는 행위는 그러한 구분만큼이나 자의적이다. 전반적으로 이러한 이행은 다양하고 점진적이었고, 14세기와 16세기 사이의 정신적이고 사회적인 분위기는 차이점보다 유사성이 더 크다. 1500년경에서 이 책을 마무리하는 것은 인위적이다. 그리고 이러한 나의 시대 구분이 다른 여타의 시대구분보다 더 인위적이지는 않다고 말해도 크게 잘못된 논리는 아닌 듯하다.[1]

　이 시대의 주요한 정신적 흐름 가운데 어떤 내용도 악마학에 전도되지 않았다. 스콜라주의적 사실주의가 이미 악마를 경시하였고, 유명론이나 신비주의, 인본주의 등이 악마를 더욱 무시하는 방향으로 흐르게 되었다. 하지만 이와 동시에 성인들의 삶이나 설교, 그리고 신비극이나 교훈극이 전하는 악마학을 보고 들은 사람들에게 각인된 종교재판 이론의 산물인 대대적인 마녀 사냥이 시작되었다. 대중적 설교를 통해 악마에 대한 믿음이 계속적으로 강요되었으며, 초기의 전통들이 사라진 종교에서 악마학이 얼마나 강력한 요소로 남게 되었는가를 대다수의 개신교 설교에서 발견할 수 있다. 가톨릭 종교개혁이라 할 수 있는 트렌트 공의회에서는 악마를 강조하지 않았지만, 개신교 사상에서 악마의 권능은 커져서 마침내 17세기 영국에서 가장 찬란한 기념비인 밀턴의 『실낙원』을 탄생하게 했다.

　14세기와 15세기에서 가장 강력한 정신적 흐름이라면 유명론을 들 수 있다.[2] 유명론의 뿌리는 12세기의 보편 논쟁으로 거슬러 올라가지만, 직접적인 기원은 13세기 후반의 신학적인 긴장 상태, 특히 1277년 파리 대학의 "기독교 아베로에스주의" 비난에 있다. 14세기 초에서

16세기까지, 윌리엄 오컴, 피에르 다이이, 장 제르송, 니콜라스 쿠사누스, 그리고 가브리엘 비엘 같은 유명론자들은 학계를 지배하던 둔스 스코투스, 존 위클리프, 얀 후스, 그리고 가예타노와 같은 실재론자들과 경쟁하였다. 유명론이란 말은 근대에 만들어졌는데, 몇몇 현대의 사학자들은 이 말을 쓰지 말자고 주장한다. 하지만 다른 어떤 말도 합의가 이루어지지 않아서, 매우 다양하게 "유명론자들"이 존재했음을 인정하더라도 중세 후기의 사유에 나타나는 특정한 경향을 분류하기에는 유용해 보인다.

유명론의 일반적 경향 중에 첫째는 보편성이 실재한다는 믿음을 거부하는 것이다. 최초로 유명론을 이끌었던 옥스퍼드 프란체스코 수도사인 윌리엄 오컴은 이러한 입장을 강하게 고수하였다.[3] 오컴이나 그의 추종자들이 보기에, 플라톤의 관념론이나 실재론은 잘못되었고, 초기 스콜라 신학이 불필요하게 복잡해지는 근원이 되었다. 오컴의 면도날(증거와 일치하는 가장 단순한 설명이 대체로 최상이라는 논리)은 초기 신학자들이 만들어냈던 추상적인 "실재"를 잘라내버린다. 오컴이 주장하듯, 소크라테스와 플라톤 모두 직접적으로 경험하고 직관하는 인간임을 우리는 알고 있다. 이런 사실을 알기 위해서 그 두 사람의 추상적이고 질적인 "인간성"을 언급할 필요는 없다. 플라톤이 실재론을 만들어내기 이전에 사람들은 긴 수염고래에서 인간이 유래했다고 말할 수 있었다. 개념으로서 "인간"이 존재한다는 증거는 없고, 다만 개별적인 인간만이 존재할 뿐이다. "긴 수염고래"라는 관념이 존재한다는 증거는 없지만, 개별적으로 긴 수염고래는 존재한다. 따라서 명제를 통한 진리란 "실재 세계"에 대한 진술이라기보다는 인간의 창조물이다. 오컴의 견해는 근대의 현상학에 영향을 주었던 칸트에게 영향을 주었다. 우리가 추상 개념을 안다고 할 때, 사실 우리는 오직 인간이 만들어낸 개념만을 알고 있는 셈이고, 그런 개념들이 어떤 "추상적인 실재" 그이상과 일치하는지는 추정할 수 없다. 14세기에서 16세기까지 이러한 교의는 두 가지 방향으로 이끌려지는 경향을 보였다. 첫째는 종교적인 진리를 이해할 때 현실적인 이성보다는 믿음을 강조하는 신앙주의였다. 두 번째는 물질적인 대상을 감각적인 관찰을 통해서 지식을 구축하는 경험론이었다.

신에게 직접 적용되면서 이 교의는 몇 가지 결과를 얻어냈다. 첫째, 우리가 신에 대해서 뭐라고 말하든 그것은 신의 본질을 진정으로 묘사한다고 가정할 수 없는 인간이 만들어낸 명제일 뿐이다. 예를 들어, 우리의 감각으로 경험하는 사물들을 범주로 만들기 위해서 존재라는 용어를 쓴다. 만일 이 존재라는 용어를 신에게 적용했을 때, 우리는 똑같은 사물을 의미한다고 기대할 수 없다. 모든 사물들이 공유하는 추상적인 "존재"라는 개념은 없다. 어떤 사물의 존재는 다른 사물과는 다르다. 신이라는 존재는 우리가 관찰하는 물질적인 사물이 가지고 있는 존재와는 근본적으로 다르다. 용어들은 "다의적"이다. 즉, 어떤 용어가 신에게 적용될 때 나타나는 의미는 인간이나 바위에 적용될 때 생기는 의미와는 상당히 다르다. 경험과 직관을 통해서 우리는 신을 알 수 있다고 오컴은 믿었지만, 신의 본질에 다가가기 위한 합리적인 과정으로서 논리적으로 타당한 신학을 구축하려고 하자마자, 우리는 다의적인 용어를 사용할 수밖에 없으므로 인간이 신에 대해서 만들어 낸 개념 이상으로 신에게 더 가까이 가지 못하게 된다.

오컴이 보기에 이 세상 어디에도 보편적인 개념이란 존재하지 않는다. 토마스 아퀴나스는 보편성이란 사물 안에 존재한다는 논리를 기꺼이 받아들이지 않았지만 보편 개념은 사물에 앞서 존재한다고 주장했다. 인간성이라는 관념은 개별적인 인간이라는 원형으로서 신의 마음 안에 존재한다고 주장했다. 오컴은 이를 부정했다. 신의 마음속에는 어떠한 관념도, 신이 논리적으로 선택해야 하거나 모범으로 삼아야 하는 원형도 없다. 신은 내적, 외적 필연성에 얽매이지 않아서 절대적으로 자유롭다. 신이 가지고 있는, 즉 원하면 뭐든지 할 수 있는 절대적인 권능과 실제로 이 우주를 정립했던 방식을 유명론자들은 구분했다. 신은 이 우주의 물리적 법칙과 도덕 법칙을 상당히 다르게 만들었을 수도 있었다. 그렇다고 신이 변덕을 부린다는 의미는 아니다. 신은 선택했던 우주를 선택했고 인간에게 감각과 지성을 부여해서 창조했기 때문에 우리는 우주에 대해서 알 수 있다. 이 우주에서 벌어지는 사건은 곧바로 신에게 책임이 있다. 신은 산소와 수소를 섞어서 과일 케이크를 만들 수도 있지만, 신은 사물들을 미리 규정해놓았기 때문에 보통은 물이 만들어진다. 신은 아무 일도 하지 않았고 앞으로도 하지 않지만 많은 일을 할 수 있는 힘을 가지고 있다. 신의 "절대적인 권능"은 오직 모순의 법칙으로만 제한된다. 하지만 "정해진 권능"은 단순히 존재하는 것을 기술할 뿐이다. 신이 악은 나쁘다고 선언하므로 나쁜 것이지 신이 그렇게 선언하기 전에 담고 있었던 악의 내재적인 성질을 신이 알게 되었기 때문은 아니다.

이러한 추론들은 자유의지와 결정론에 대해서 상당히 다른 두 가지 전통에 이르게 되었다. 한편으로, 신의 절대적인 자유와 불가해성 때문에 몇몇 유명론자들은 결정론을 강조하게 되었다. 신은 어떤 원리를 선택하느냐에 따라서, 또는 어떠한 원리에 따르지 않고도 구원할 수도 저주할 수도 있다. 우리가 할 수 있는 일이라야 우리 자신을 알 수 없는 신의 의지와 희망에 맡기는 것뿐이다. 토마스 브래드워딘 같은 유명론자들의 주장에 따르면, 신은 구원하고 싶은 자들을 선택해서 그들에게 거부할 수 없는 은총을 부여한다고 한다. 인간이라는 존재는 신에게 귀속될 수밖에 없는 선이나 악을 위한 도구가 된다. 하지만 대다수의 유명론자들은 "정해진 권능"에 신이 충실하다는 점을 강조했고, 신이 창조했던 질서, 자유롭게 부여되지만 강요되지 않는 자유의지와 은총을 포함하는 질서를 강조했다. 이러한 견해는 수세기 동안 논의되면서 수없이 변경되었다. 대체로 운명예정론적인 입장을 받아들인 사람들로는 아퀴나스, 스코투스, 브래드워딘, 스타우피프, 루터, 칼뱅, 그리고 얀센주의자들이 포함된다. 대체로 자유의지론적인 입장을 취하는 사람들로는 오컴, 가브리엘 비엘, 피에르 다이이, 제수이트들, 아르미니우스주의자들이 있다. 온화한 신의 섭리에 반대되는 운명이나 행운의 변덕스러움을 강조하는 신플라톤적이고 신비적인 입장을 칼뱅은 공격하고 있었지만, 운명예정론을 강조하기 위해서 두드러지게 자유의지를 강하게 주장하는 오컴주의자들을 루터와 칼뱅은 반대했다.

자유의지와 운명예정론의 요소들을 결합하는 온건한 입장이 아우구스티누스 시대부터 존재했었다. 신은 시간을 초월해서 사람들이 도덕적으로 어떤 선택을 하게 될지 알고 있다. 아우구스티누스가 생각했듯이, 오컴 자신은 그러한 이유를 신이 외부에 존재하기 때문인지 아닌지 분명히 말하지 않았다. 하지만 적어도 신은 미래를 내다보는 선언적인 전제의 진위를 안다고 말할 수도 있다고 오컴은 주장했다. 예를 들면, 2034년에 전쟁이 날지 안 날지 미리 안다는 것이다. 전쟁을 일으킬지 말지를 선택할 때 인간의 자유의지에 신이 개입하지 않더라도 신은 "2034년에 전쟁이 날지 안 날지"를 알고 있다. 당신의 인생이 양호하다는 것을 신이 알더라도 당신이 구원되도록 신은 운명짓는다. 하지만 신이 당신의 선함을 결정하지는 않는다. 이러한 관념은 "공적을 미리 내다본 이후"에 신이 운명을 예정한다는 식으로 표출되었다.

신은 사람들이 자유롭기를 바란다. 사람들이 올바로 살기로 결정하는 것을 신은 알고 있다. 신은 사람들이 하늘나라로 가도록 예비한다. 자유의지에 대한 오컴의 입장은 둔스 스코투스에 비해서 온건했다. 사람들은 아무런 도움 없이도 자신의 천성적인 힘을 가지고 구원을 얻을 수 있다고 둔스 스코투스는 말했다. 오컴은 어떠한 선행으로도 구원을 얻을 수 없다고 주장했다. 오직 신의 은총으로만 구원을 받을 수 있다. 하지만, 신은 자신을 찾는 사람에게 그러한 은총을 주려고 결정할 수도 있다. 결정론자들은 타협을 거부했다. 신은 "공적을 미리 내다보기 이전"에 운명을 예정한다고 브래드워딘은 주장했다. 신은 사람들을 먼저 선하도록 예정하고, 사람들의 착한 마음은 신의 예정으로부터 나온다. 악을 행한 사람들은 외부의 신으로부터 즉각 선을 행할 수 있는 은총이 베풀어지지 않았기 때문에 그런 짓을 하게 된다.

운명예정론의 입장에서는 악에 대한 책임을 신에게 지운다. 왜냐하면 신은 악을 예방할 수도 있었던 은총을 악마에게 줄 수도 있었지만 그렇게 하지 않았기 때문이다. 루터와 칼뱅이 운명예정론에 헌신하고 스코투스주의자들과 오컴주의자들의 자유의지를 성서에 입각하지 않은 것으로 비난을 했지만, 근대의 가톨릭과 마찬가지로 근대의 개신교들은 자유의지를 신봉하는 경향이 있다. 아우구스티누스 시대로부터, 설교자들은 단상에서 운명예정론을 설교하면서 목회의 어려움을 인식했었다. 이미 구원을 받았기 때문에 자신들이 좋아하는 일을 할 수 있다거나, 이미 저주를 받았기 때문에 차라리 하고 싶은 일을 마음대로 할 수 있다고 사람들을 설득하게 되는 결과를 실제로 낳게 되기 때문이다.

하지만 오컴의 자유의지론적인 입장도 절대로 제한받지 않는 신의 절대적인 권능이라는 가정에 뿌리를 두고 있었다. 악이 나쁜 이유는 신이 그렇게 규정하기 때문이다. 신은 사악한 선함과 다정한 악도 만들어낼 수 있었다. 신은 악과 더불어 우주를 창조하고, 내적으로나 외적으로나 그 무엇도 신에게 강요한 것은 없다. 만일 신이 악 속에서 함께 작용한다면, 적어도 신은 악의 원인이 되기에는 불완전한 것이 틀림없다. 그리고 신은 악의 완전한 원인이 될 수도 있다고 오컴은 생각했다. "우주의 창조자이며 보호자로서 신은 어떠한 행위, 심지어 신을 증오하는 행위에서도 함께 작용한다. 하지만 절대적인 원인으로서 신은 부분적인 원인으로 함께 작용하는 그와 같은 행위도 야기할 수 있다."[4] 신의 눈에는 악이 나쁘지 않을 수도 있다는 유명론적인 원리를 상기시킴으로써 신 안에 악을 위치지우려 하지는 않았다. 그렇지만, 만일 오컴이 묵인했더라면, 오컴의 입장에서는 우리가 악으로 경험하거나 직관하는 사태에 대해서 신이 직접적으로 원인이 된다고 생각할 수도 있다.

유명론자이며 신비주의자로서 『박식한 무지에 대하여(On imformed Ignorance)』(이후 Ig로 표기)라는 중요 저작을 냈던 니콜라스

쿠사누스(1401-1464)는 악을 신에 귀속시키는 데 더욱 접근했다.[5] 그가 신플라톤주의와 디오니소스주의에 의존하지만, 그의 중심적인 가정들은 유명론적이었다. 인간성은 그 자체로 아무것도 알 수 없다. 그 내용이 어떻든 절대적인 진리는 우리의 이해력을 영원히 넘어서 있다. 우리가 신에 대해서 알 수 있는 것이라면 모든 대상의 경험을 전적으로 넘어서 있어서 본질을 이해할 수 없는 극한이라는 점이다. 비록 우리가 이 우주 안에 신이 표출해놓은 것들에 대해서 어느 정도는 알 수 있더라도. "그러므로 신학에서 신에 대해서 확인된 진술은 모두 의인화된 것이다"(Ig, 1.24). 우리는 심지어 신이 극한의 존재라고도 말할 수 없다. 왜냐하면 신은 우리의 존재 개념을 초월해 있고, 극한의 존재는 질량이나 힘 또는 어떠한 지각할 수 있는 현상과 연관되지 않기 때문이다. 신은 유한한 것과 어울리는 관계를 맺을 수 없으므로, 우리가 신에 대해서 뭐라고 말을 하든 애매모호할 뿐이고, 우리가 신에 대해서 뭔가를 이해할 수 있는 유일한 방법이라면 신에 대한 선언적인 명제를 거부해야 한다는 점을 이해하는 것이다. 신은 시초라고 말할 수 없다. 그렇게 말함으로써 마지막을 배제하게 된다면. 또는 신은 매우 크다고도 말할 수 없다. 그렇게 말함으로써 작음을 배제하게 된다면. 우리는 창조된 사물들에 대한 관찰에서 유래한 모든 것과 떼어놓음으로써 극한이라는 의미를 이해하기 시작한다.

신은 어떠한 제한도 없이 절대적으로 존재한다. 신의 본성에는 배제하거나 반대하는 어떠한 성질도 없다. 신이 가지고 있는 특성은 모든 특성을 포함한다. 니콜라스는 아리스토텔레스 논리학의 가정들을 과감하게 거부한 진술을 통해서, 모든 대립물들은 신 안에서 통일된다고 주장했다. 신은 존재하면서 존재하지 않는다. 신은 존재이면서 비존재이다. 신은 가장 크면서 가장 작다. 신은 초월하면서 내재한다. 신은 시초이며 종말이다. 신은 무에서 우주를 창조했지만 그 우주는 신에게서 나온 것이다. 신은 하나이며 다(多)이다. 신은 단일하면서도 모든 차이를 받아들인다. 이러한 "대립물의 일치"나 모순의 통일은 모든 이성을 초월한다. 니콜라스는 이것을 이해할 수 없다고 고백하지만, 우리가 확신을 가지고 신에 대해서 말할 수 있는 것은 바로 이뿐이라고 확신한다(Ig, 1.24). 이성은 기껏해야 우리가 신을 정의할 수 없다고 이해하는 데까지만 이를 수 있게 한다. 왜냐하면 신은 스스로를 정의하고 모든 사물들은 신에 의해 정의되기 때문이다. 하지만 "우리가 알 수 없는 방식으로, 절대적인 진리는 무지의 어둠을 밝혀준다"(Ig, 1.26). 신을 알 수는 없지만, 직접적으로 경험하고 직접적으로 직관할 수는 있다. 그리고 학식을 갖추면서도 단순해져야 이렇게 할 수 있다. 신은 우리들에게 마음을 주었으므로, 우리는 신을 이해하려고 애쓴다. 하지만 가장 민감한 이성보다도 사랑이야말로 우리를 신에게 무한히 더 가까이 가게 해준다.

그 자체로 신은 절대적 극한자이다. 우주 역시 극한자이지만, 축소된 극한자이지만, 신 자신의 한계, 또는 더 적절하게는 신 자신의 축소판이다. 우주는 신의 강림이며, 신 자신이 눈에 보이도록 표출된 것이다(Ig. 2.2). 신은 무에서 만물을 창조했다고 말할 수도 있지만, 무는 실제로 무이며 아무리 실체가 없고 모호해도 어떤 것을 지칭하는 이름이 아님을 이해해야 한다. 무는 말 그대로 사물이 아니며, 어떤 것도 담고 있지 않은 절대적인 부재이다. 무로부터의 창조라고 하는 전통적인 교의는 신 이외의 다른 원리가 존재해서 그로부터 신이 우주를 창조할 수는 없음을 단언하기 위해서 마련되었다. "무로부터" 창조된 우주가 정말로 신으로부터 왔듯이 신 이외에는 아무것도 존재하지 않는다. 신은 자신으로부터 모든 것들을 펼치고 자신 안으로 모든 것들을 포함한다.[6] 하지만 이러한 진술은 범신론을 의미하지는 않는다.[7] "모든 것들이 신 안에 있는 식으로" 신은 모든 것들 안에 존재한다. 이것은 모든 시간과 공간, 모든 생명과 모든 사유가 신 안에 존재함을 의미한다. 하지만 신이 우주에 제한된다는 의미는 아니다. 우주는 신이다. 그러나 신은 우주 이상이다. 이 우주는 우주를 초월하고 넘어서서 통합하는 신이 표출된 것이다. 마치 작은 불꽃들을 아우르며 타오르는 불처럼(Ig, 2.5).

축소된 극한자인 이 우주는 신 그 자체 안에 존재하며 그 안에서 영원히 존재한다. 신이라는 존재는 창조를 포함한다. 신에게 창조란 필수적이고 적절한 것이다. 이 우주 안에서 시간은 왔다 사라진다. 하지만 신에게 모든 것은 동시에 현존한다. 존재하는 것은 그것으로 존재하면서 다른 것으로 만들어질 수 없다. 어떤 의미에서 신은 자신의 신성(神性)을 증가시키기 위해서 이 세상을 창조했을지도 모른다. 하지만 더 깊이 생각해보면, 우주는 그저 신의 영원한 의지로부터 필연적으로 기인한다. 우리는 태어나서 살다가 죽는다. 그러나 신의 입장에서 우리의 삶 전체는 동시에 현존하는 것이다. 그러므로 우리는 어떤 의미에서는 유한하지만 더 넓은 의미에서 보면 영원하다(Ig, 2.1-2.2).

존재하는 것은 존재한다. 신의 섭리는 변하지 않으므로, 발생하는 모든 일은 필연적으로 그렇게 된다(Ig, 1.22). 하지만 신의 영원한 의지 역시 인간의 자유를 포섭한다. 내가 선을 택할지 악을 택할지 신은 항상 알고 있다. 하지만, 신은 모든 것들을 즉각적으로 알게 되므로 그러한 선택을 이해하고 대비한다. 이 우주가 완전해지려면 창조자와 그의 창조물을 연결해주는 성육신이 필요하다. 니콜라스가 암시한 바에 의하면 죄가 저질러졌든 그렇지 않든 간에 성육신은 필요해진다(Ig, 3.3-4).

이제 니콜라스는 막 마지막 단계에 도달해서 신의 일부로서 악을 인식하려 한다. 신이 빛과 어두움, 크고 작음, 시간과 무시간성, 그리고 모든 대립물들을 포괄하고 있다면, 또한 선과 악 모두를 포괄하고 있다고도 말할 수 있다. 하지만 니콜라스는 자신의 이론에서 도출되는 이러한 논리적 귀결을 끝까지 밀고 나갈 용기가 없었다. 그는 이러한 결과를 보고는 움찔해서 결국 회피했다. 따라서 그는 악을 설득력도 개성도 없이 전통적인 방식으로 다루고 있다.[8] 악은 반드시 추구해야 하는 절대성을 찾아내지 못한다. 악은 우리의 제한적이고 동물적인 본성에서 유래하는 영적인 이해력이 부족하다. 또한 악은 결핍이고 비존재이며, 신이 스스로를 우주 안에 제한하고 축소하면서 나오는 필연적인 결과물이다. 신의 영광은 악을 초월하면서 표출될 수 있으므로 이러한 결핍을 허용한다. 이러한 관념들은 성서의 논리보다는 신플라톤주의에 더 가깝다. 그리고 니콜라스가 이 주제를 간단하게 처리한 것을 보면 별로 마음에 두지 않았던 듯하다. 니콜라스의 이론은 대립물의 일치로서 악을 이해하는 데 커다란 기회를 제공했다(C. G. 융은 5세기나 지나서야 이 문제를 정확하게 파악했다). 하지만 니콜라스는 이 문제를 입증하는 것은 불경스럽고 위험하다고 생각했다.

악이라는 문제를 피하곤 했던 니콜라스의 관념은 결핍이라는 신플라톤주의적 학설이었는데, 이는 대부분의 기독교 신학자들이 아우구스티누스 시대부터 받아들이고 있었다. 이제 이 학설의 근본적인 결점을 지적할 때가 되었다. 근본적으로 악이란 무엇인가? 유명론자나 근대의 상대론자라면 악은 우리의 정신이 특정한 사태를 범주화하기 위해서 창조해낸 추상이며 개념에 불과하다고 반응할 것이다. 하지만 우리는 직관에 의해서 이러한 사물들의 유사성이나 공통적인 기반을 인식하는 듯하다. 악은 보편적으로 받아들여지든 아니면 직관적으로 경험된 악의 총체로 받아들여지든 이 우주 안에 존립하는 듯 보인다. 그렇다면 이 우주를 신이 현현되어 표출된 것이라고 한다면, 악은 신의 현현을 통해서 존립하게 된다고 할 수 있다. 신의 정수, 절대적인 신 그 자체에 대해서는 말할 수 없어도 우주 안에 현현된 신, 니콜라스가 말하는 축소된 극한자에 대해서는 뭔가를 말할 수 있다. 이런 의미에서라면 적어도 악은 신 안에 존재하는 꼴이 된다.

　　하지만 여기서 신플라톤주의의 결핍론은, 악이란 실제로 무이고 신의 결핍이므로 악은 신 안에 존재할 수 없다고 주장하기 시작한다. 이러한 주장은 함정이다. 우리는 신을 절대적인 선이고 절대적인 존재로서 정의할 필요도 없고, 신을 존재와 동등하다고 생각할 필요도 없다. 우리가 우주를 관찰할 때, 곧바로 선의 실재를 직관하듯이 마찬가지로 악의 실재를 직관한다. 즐거움이 존재하듯이 고난도 존재한다. 만족이 존재하듯이 고통도 존재한다. 선한 의지가 존재하듯 악한 의지도 존재한다. 신은 고난이나 나쁜 의지보다 즐거움이나 조화를 선호할지도 모른다. 즐거움이나 만족, 선한 의지가 사태를 신에게 더 가깝게 끌어들이는지도 모른다. 그리고 신은 악 자체는 물론이고, 우주 안으로 악이 들어오는 것을 막고 있을 수도 있다. 하지만 이러한 가능성들 때문에 악이 존재하지 않는다는 의미는 아니다. 악은 신의 본성이 충분하게 드러나지 않을 수도 있는 공간적인 의미에서만 비존재라고 말할 수 있을지 모른다. 그러나 이렇게 말하면, 실제로는 공간적인 의미에서 존재라는 말을 사용하고 있음을 깨달아야 한다. 악은 신의 본성을 충분하게 발현하지 못하므로 악은 존재하지 않는다고 말한다면, 상당히 다른 존재한다는 말의 두 가지 의미를 뒤섞어버리는 셈이다. 그리고 이러한 혼란으로 인해 신은 악에 대해서 책임을 회피하게 되고, 악이 신 안에 존재한다는 너무나 무서운 생각(초기 히브리인들에게는 무섭게 생각되지 않았지만!)으로부터 재빨리 빠져나오게 된다. 신이 발현되어 나타난 우주란 악이 급격히 증가하는 세계이다. 우리는 자신의 나라에 그러한 상태를 허락했던 인간이라는 지배자를 선하다고 부를 수 없다. 그리고 우리는 인간이라는 지배자보다 신을 더 낮은 기준으로 여길 필요가 없다. 어떤 의미에서 신은 정말로 선할지도 모르고, 우리의 모든 이해력을 넘어서는 지상선(至上善)일지도 모른다. 그러나 신의 선함은 우리가 생각하는 선처럼 단 하나의 의미를 가지고 있지 않다. 신의 "선함'은 논리적으로 우리가 "악"이라고 부르는 범주를 포함하고 있을 수도 있다.

니콜라스는 단순하게 우리가 선이라고 부르는 것과 악이라고 부르는 것을 신은 모두 포함하고 있다고 분명히 함으로써, 신플라톤주의의 함정을 피하고 신 안에 선과 악 모두를 둘 수도 있었다. 이를 통해서 신이라는 존재는 우리들 자신과는 다르면서도 초월해 있는 선을 가지고 있어서 전적으로 선하다고 인정하게 된다. 이런 식의 해명 때문에 악마의 신학이 발전하게 되었을 것이다. 우리가 우주 안에서 경험하고 직관하는 악한 권세를 기독교인들이 묘사하는 데 사용하고자 했던 이름이 바로 악마이다. 그러한 악마의 권세는 우주 안에서 신이 스스로를 펼쳐나갔던 축소된 극한자의 일부분임에 틀림없다. 악에 대한 증오와 용감하게 악을 극복하려는 욕망은 신 안에서 대립물들이 일치되는 부분이다. 이러한 이론은 항상 악마를 신의 적이면서도 신의 창조물이자 종복으로 인식했던 히브리와 기독교적인 전통과 일맥상통하는 면이 있었을 것이다.

　니콜라스는 대담하게 여기까지 가지는 않았다. 조금 더 일찍 영국의 종교개혁가 존 위클리프는 대담하게도 그를 이단으로 몰아붙이는 많은 비난들 가운데 하나로 인용되었던 것과 유사한 견해를 밝혔던 적이 있었다. 위클리프는 1382년에서 1418년 사이에 몇 차례나 "신은 악마에게 복종해야 한다"고 주장을 해서 고소된 적이 있었다. 이 충격적인 발언의 진의는 우주를 있는 그대로 계획하는 신의 질서를 통한 힘을 최대한도로 전달하려는 것이었다. 우주 안에 존재하는 어떤 권력이나 왕, 지배자도 신이 이미 그곳에 있도록 한 것들이고, 그래서 그것들도 지배를 해야만 한다. 신은 왕을 창조해서 그가 어떤 왕인지를 훤히 알고 그에게 권력을 부여했으므로, 그 왕이 어떤 사람이고 무슨 일을 할지 분명하게 계획하고, 신은 그 자신이 규정해놓은 질서에 충실하게 따른다. 그러므로 신은 당연히 스스로 규정해놓은 지배자에게 "복종"해야 한다고 말할 수도 있고, 이런 논리는 악마 자신에게도 확장해서

적용된다.[9]

신비주의는 또 하나의 새로운 관점을 제공했다. 신비주의라는 용어는 18세기까지도 사용되지 않았다. 그리고 최근에 신비주의라는 말은 비술(祕術)에까지도 폭넓게 남용되기 때문에, 더 오랜 기원을 가진 관조적 전통이라는 말이 더 나을 수도 있다. 하지만 신비주의라는 말은 기독교 이외의 종교에서도 인지될 수 있는 현상을 지칭하기도 한다.[10] 모든 사람들은 근본적으로 불완전한 감각을 지니고 있다. 아무리 열심히 노력하더라도, 우리를 둘러싸고 있는 물리적인 우주를 완전하게 이해할 수는 없다. 또한 다른 사람들을 완전하게 이해할 수도 없다. 심지어 우리 자신에 대해서도 완전하게 이해하기란 불가능하다. 인생에는 궁극적인 의미가 깃들여 있음을 알고 있고, 우리를 둘러싸고 있는 제한들을 초월해서 진리를 알 수 있기를 갈망한다.[11]

신비적인 경험을 통해서, 초월적인 실재(신이라고 불리든가 아니면 다른 이름으로 불리든)란 다른 모든 실재의 기초가 되는 실재로 여겨진다. 물리적인 우주도 그 가운데 단 하나에 속한다. 우리 인간은 지성이나 감각을 통해서는 신에 다다를 수 없지만, 어떤 면에서 우리가 신과 유사하다고 은연중에 나타내주는 경험이나 직관을 통해서 직접적으로 신을 경험할 수 있다. 인간이라는 존재 하나하나의 본성은 두 겹으로 되어 있다. 즉, 하나의 자아와 하나의 존재의 근원으로 이루어져 있다. 존재의 근원이란 신과 닮고 신과 동일시할 수 있으며, 신의 현존을 느낄 수 있게 하는 불꽃이다. 우리 인생의 목적은 그 불꽃에 마음을 열고 그러한 존재의 근원, 우리의 진정한 존재와 우리 자신을 동일시하는 것이다.[12]

모든 종교에서 신비적인 체험이 유사하게 나타나는 이유는 그러한 체험을 묘사하거나 정의하기 이전에 직접적이고 직관적으로 나타나기 때문이다. 예수의 존재, 크리쉬나, 아니면 어떤 존재라도 경험한 내용을 정의하거나 설명하는 순간, 그 내용은 인간이 만들어낸 개념에 종속되고 만다. 바로 신이라는 용어는 가설을 전한다. 신은 절대적이고 완전하게 인간이 만들어낸 개념을 모두 초월해 있어서 신을 말로 표현할 수 없다는 점을 신비주의자들은 예리하게 통찰하고 있다. 그래서 불교의 전통에서는 신에 대해서 언급하지 않는다. 그리고 기독교인들은 절대적이고 심지어는 전통적인 기독교의 신 개념 대신에 무슨 개념을 설정해도 우상 숭배라고 깨닫는 순간 "무신론자"가 될 수 있다. 신비주의는 자기자신만의 개념, 심지어는 신이라는 개념조차도 독선적으로 집착하지 않도록 해준다. 신비주의는 대분분 종교의 자기중심주의를 진정한 신중심주의로 대체하는데, 그 안에서 사람은 사랑 그 자체가 목적인 사랑을 신에게 바친다. "오직 신만이 있고, 오직 신만을 생각하고, 신이 없다면 모든 것이 자신에게 무의미하다고 이해하는 사람이 있다. 그는 어떤 행동을 하든 어느 장소에 있든 신을 드러낸다. 이 사람이 하는 일을 모두 합해놓으면 신이 된다."[13] 14세기의 독일 신학에서는 이렇게 말한다. 아무런 대가를 바라지 않고 선을 추구하고 사랑하며 따르는 자는 누구든지, 선을 사랑하는 마음으로 그것을 찾게 될 것이다.[14]

직접적이고 직관적인 경험은 묘사될수록 그 핵심을 놓칠 뿐이다. 그러므로 그 묘사란 기껏해야 부분적인 요소들만 건드릴 뿐이다. 하나의 요소는 모든 것들을 엄청난 에너지로 감싸안는 신의 절대적 완전성을 인식하게 되는 것이다. 신은 절대적인 고요이며 휴식이고 동시에 에너지로 가득 차 넘쳐흐른다. 두 번째 요소는 신 안에서 그리고 신과 함께 모든 것이 통일되어 있다는 인식이다. 모든 것은 신 안에서 존재한다. 우주 전체는 신 안에 있지만 신은 우주를 넘어서 초월해 있다. 세 번째 요소는 스스로 신과 통일되어 있다는 인식이다. 힌두교도들은 우주를 둘러싸고 있는 브라만과 함께하는 영혼 안에서 아트만의 모습을 이야기한다. 기독교 신비주의자들은 두 가지 방식으로 통일을 이야기한다. 신격화, 이를 통해서 인간은 은총과 신앙의 힘으로 그리스도로 변화해서 신의 에네르게이아와 하나가 된다. 그리고 마지막 때에 모든 것들이 신으로 돌아오면 개인들도 신으로 돌아온다. 넷째로, 에고는 이러한 과정을 통해서 변화된다. 그래서 사도 바울이 말했듯이, "나는 더 이상 살지 않지만, 그리스도가 내 안에 사신다."

14세기와 15세기야말로, 신비주의가 가장 강력하게 영향을 미친 시기였다. 묵상적인 전통 자체가 발생했을 뿐만 아니라 다른 어느 시기보다도 지지자나 후원자들이 폭넓게 나타나는 형국이었다. 직접 묵상하지 않았던 많은 기독교인들도 묵상하는 사람들을 이해하려고 했다. 어쩌면 기근이나 역병, 전쟁 때문에 생겨난 불안감이나 두려움 때문에 많은 사람들은 현실을 더 완전하게 알고 싶어했다. 제도권 교회의 부패상이 폭넓게 알려지면서 많은 기독교인들은 더 정화된 방식에 관심을 돌리게 되었다. 여러 사건을 통해서 이 시대에는 배우지 못한 사람들 사이에 대중적인 종교 운동이 시작되었고, 이들은 제도권 교회에서 부족했던 점들을 신비주의나 평등주의에서 발견했다. 신은 학자의 영혼뿐만 아니라 평범한 사람의 영혼도 사로잡았던 모양이다.[15]

신비주의는 또한 유명론의 영향을 받았다. 아퀴나스는 묵상을 초월적인 실재를 인식하는 수단으로서 생각했지만, 유명론자들은 인간에게 초월적인 실재를 인식할 수 있는 방법은 아무것도 없다고 주장했기 때문에, 신비주의와 유명론은 모순된다고 여겨졌다. 하지만 유명론자들은 인간의 이성을 가지고 초월적인 실재를 이해할 수 있다는 생각을 부정했으나, 초월적인 실재 그 자체를 부정하지는 않았다. 이성보다는 체험, 직관, 사랑을 통해서 신에게 도달할 수 있다는 전제만큼은 유명론이나 신비주의 모두가 공유하였다. 유명론자 장 제르송(1363-1429)은 1402년과 1403년에 쓴 자신의 논문 「사변적 신비주의 신학에 관하여(On Speculative Mystical Theology)」에서 두 가지 전통이 본질적으로는 일치한다고 파악했다. 제르송은 신비주의 신학과 스콜라적인 신학의 차이점을 이해했다. 스콜라 철학자들은 훈육된 이성, 신의 외적인 영향력을 강조했고, 진리이신 신을 추구했다. 신비주의자들은 훈련된 사랑, 신의 내적인 영향력을 강조했고, 사랑인 신을 추구했다.[16] 신비주의자들 사이에도 상당한 차이가 존재했다. 아우구스티누스, 베르나르, 보나벤투라, 제르송과 관련된 전통은 영혼과 신의 통합을 이야기한다. 디오니시우스에서 유래하면서 에크하르트와 라인 지방의 신비주의자들로 간주되는 또 다른 전통은 한 방울의 물이 바다가 되듯 영혼이 신이 되는 통합을 이야기한다. 재판관 디오니시우스의 영향력이 커지면서 라틴어로 다음에는 자국어로 번역되었다.[17] 그러나 디오니시우스가 신과 영혼 서로를 위한 동경과 갈망을 심원하고 엄숙한 말로 이야기했던 것에 반해서, 중세 후기의 신비주의자들은 의지의 행위이면서 감정적인 열망인 사랑을 이야기했다.

우주가 신의 사랑으로 만들어지고, 사랑으로 다시 신에게 되돌아가는 신 자신의 양상이라는 인식은 다른 어떤 기독교 전통보다도 악의 문제를 더욱 신랄하게 지적한다. 모든 것이 신 안에 있다면, 그리고 우주는 신의 사랑으로 넘쳐흐른다면, 악이나 악마가 끼어들 자리는 전혀 없는 셈이다. 그런데 어떻게 이 세상에서 악이라는 존재와 마주치게 되는가? 다른 신학자들과 마찬가지로 신비주의자들도 악은 결핍이라는 오래 되고 지지할 수 없는 논의를 끌어안게 되었다. 에크하르트에 따르면, 신만이 절대적인 존재이고 피조물들은 신 안에 존재하는 한에서만 존재할 수 있다고 한다. 만일 신 안에 있지 않으면 피조물들은 "완전한 무"일 뿐이다. 만일 악이 존재의 근원을 신 안에 두고 있지 않다면, 완전한 무로 간주될 수도 있다.[18] 하지만 이러한 논리구조에는 다른 결핍 이론들보다 더 진전된 면이 없다. 다른 곳에서도 에크하르트는 더욱 정면으로 이 문제와 맞섰다. 우리는 신의 선이 인간의 선과 같다고 가정할 수 없다. 우리는 인간이 만든 개념과 언어를 신에게 부과할 권리를 가지고 있지 않다. 신은 선하지도 더 선하지도 가장 선하지도 않다. 신을 선하다고 말하는 사람은 태양이 검은 색이라고 말하는 사람과 마찬가지로 잘못을 저지르는 것이다.[19] 이른바 악의 존재는 "우주의 완벽함 때문에 필요한 것이고, 악은 좋은 것 안에도 존재하고, 우주의 선한 질서를 따른다."[20] 노르위치의 줄리안 역시 신의 선함은 선과 악을 이해하는 인간의 능력을 초월한다고 보았다. "한 사람에게 어떤 행동은 잘된 것으로도 간주되고 어떤 행동은 악으로도 간주된다. 하지만 우리 주님은 모든 행위를 그런 식으로 보시지 않는다. 자연에 존재하는 모든 것들은 신의 피조물이므로 행해진 모든 것에는 신의 속성이 들어 있게 된다. 우리의 주님은 선한 일이라면 뭐든지 하시고 악한 것을 관대하게 허용해주신다. 악이 존경스럽다고 말할 수는 없지만 주님의 관용은 존경스럽다고 말할 수 있다."[21] 궁극적으로 신은 이른바 악이라고 하는 것을 자기 안에 포함할 수밖에 없지만, 우리에게 요구하시는 악의 고통을 그분 자신도 똑같이 겪으신다. 성육신과 예수 그리스도의 수난은 이러한 악의 영향 속에서 신이 우리와 기꺼이 함께하겠다는 징표이다. 우리의 제한된 정신은 이러한 의미를 파악하지 못하지만 신은 모든 것을 올바르게 만든다. "보라. 나는 신이다. 보라. 나는 모든 것 안에 있다. 보라. 나는 모든 일을 한다. 보라. 나는 절대로 내가 하는 일에서 손을 떼지 않으며 내가 하는 일에는 끝도 없을 것이다. 보라. 시간이 시작되기도 전에 나는 모든 것들을 내가 정해놓은 대로 끝까지 내가 그것들을 만들었던 똑같은 권능과 지혜와 사랑으로 이끈다. 그러니 어떻게 잘못될 수 있겠는가?"

신은 모든 것들을 자신 안에 있으면서 자신을 지향하도록 우주를 만들었다. 하지만 종종 사물들은 중심에서 이탈하기도 한다. 모든 것은 신을 비추는 수정이나 렌즈와도 같다. 어떤 렌즈들은 깨끗하고 선명하며 실재를 크게 보여준다. 또 어떤 렌즈들은 덜 깨끗하다. 어떤 렌즈들은 너무 불투명해서 가장 날카롭고 가장 밝은 눈으로 보아야만 사물을 꿰뚫어볼 수 있다. 이처럼 혼탁한 렌즈들은 사람들에게 신을 가리키지 않고 신으로부터 빗나가게 한다. 하지만 어떤 렌즈들은 사람들의 시야가 밝기만 하면, 역병이나 전쟁이 나도 신에게 가는 길을 가르쳐준다. 사람들이 원래 부여받은 시력은 신의 빛 때문에 날카롭고 밝은데, "우리가 근심으로 괴로워하고, 감각의 우상에 가려지고, 현실적인 욕망에 이끌리는 바람에",[22] 무지와 죄로 인해 어두워질 수 있다. 시력이 약화되는 과정을 가지고 죄의 효과를 설명할 수도 있다. 하지만 렌즈나 수정은 왜 혼탁해지는가? 전쟁이나 분쟁과 같은 죄가 어떤 렌즈들을 혼탁하게 만든다. 하지만 역병처럼 어떤 렌즈들은 신 자신이 혼탁하게 만든다. 왜 그래야 하는가? 줄리안은 이렇게 대답한다. "이 문제에 있어서 나는 우리 주님으로부터 계시로 받은 다음 말씀 외에는 어떤 답도 갖고 있지 않다. 즉, 너에게 불가능한 것도 나에게는 가능하다. 나는 모든 것 안에 내 말을 간직해놓겠다. 그리고 모든 일이 잘되어가도록 역사하겠다. 그리고 그분이 악함마저도 선으로 바꾸실 것이다. 그러나 구체적으로 어떤 행동 어떤 방식으로 이루어질는지 그녀는 모른다.[23] 주기도문에는 "우리를 죄에서 사하여 주옵시고"라고 나와 있다. 그리고 우리는 악보다는 자유에 집중해야 한다. 독일 신학의 저자는 조잡한 경고를 제기했다. "인간이나 다른 존재들이나 어느 누구라도 숨겨진 의도와 신의 의지를 알려고 한다. 신은 무슨 이유로 이런저런 일을 했고 이런저런 일은 그대로 남겨두었는지를 알고 싶어서 그러는 것이다. 사람은 아담과 악마처럼 그들과 똑같은 주장을 되풀이한다. 신의 계획을 알고자 신을 재촉하는 동안 사람은 오직 교만으로만 가득 찬 마음이 된다…… 정말로 겸손하고 깨어 있는 사람이라면 신이 자신의 비밀을 드러내도록 요구하지 않는다."[24]

　　신비주의자들의 근본적인 시각은 하나였다. 죄로 가득한 창조물들을 포함해서 모든 것들은 신과 하나로 묶여 있다. 이 우주 안에서 악마는 궁극적인 의미를 가지고 있지 않다. 결국 악마란 무이고 공허함이다. 신비주의자들에게 공허함이란 세 가지 의미를 갖는다. 첫째는 긍정적인 의미이다. 영혼이 모든 집착을 비우게 하므로 영혼은 신을 깨닫고 만날 수 있게 된다. 또 하나의 의미는 존재론적이다. 신이 개입하지 않으면 어떤 것도 존재하지 않는다. 마지막으로 도덕적인 의미를 갖는다. 신으로부터 멀어지는 것들은 존재하지 않거나 의미를 잃게 된다. 그러므로 악마는 우리들을 실재에서 비실재로 밀어내는 거대한 진공 상태와 같다. 신비주의자들은 실체를 정의하지 않으려 하고 억지로 설명하기를 꺼려했기 때문에 악마를 이성적으로 사유하지 않게 되었다. 하지만 실제로 신비주의자들은 대다수의 사람들보다 악마의 존재를 더욱 자주 그리고 더 직접적으로 느끼고 있었다.

명상주의자들은 이렇게 믿고 있었다. 악마는 다른 누구보다도 강렬하게 신과의 합일을 추구하는 자신들에게 악한 관심을 쏟아붓고, 사탄은 신과 합일되는 영혼을 가장 간절하게 부러워하면서도 혐오한다. 신비주의자들은 악마야말로 명상을 가로막고 방해하는 모든 원천이 된다고 생각했다. 악마는 기도와 명상에 간섭하려고 한다. 악마는 우리들에게 이렇게 말한다. 우리들은 그럴 시간도 없고 그런 짓은 환상에 불과하며, 기도와 명상은 어느 곳으로도 이끌어주지 않고, 시간 낭비이며, 아무런 가치도 없으며, 차라리 다른 일을 하는 게 더 낫고, 명상하고 기도하는 모습은 다른 사람들에게는 어리석게 보인다라고. 악마는 더 심하게 명상 그 자체를 왜곡하고 곡해한다. 그래서 사람들이 영적 성취를 뽐내게 만들고, 우리들이 영적으로 다른 사람들보다 우월하다고 생각하게 하고 동정심이나 경솔함 같은 잘못된 감각을 갖게 하고, 시각적·청각적 망상에 사로잡히게 한다. 감각이나 시각은 정말로 신에게서 오는데, 악마는 그것들을 이용해서 우리들이 경험에 집착하게 만들거나 신에게 마음을 열고 다가가려는 진정한 목적에서 빗나가게 만들 것이다. 이러한 장애들을 극복할수록, 악마는 하나의 길로 가지 못하도록 악마는 더욱 분투하게 된다. 신비주의자들의 이러한 설명은 모든 종교적 맥락에서 하나의 길을 추구하는 사람들의 경험과 상당히 일맥상통한다. 통합의 과정에 대항하는 엄청난 힘과 공세는 놀랍고도 두렵다.

악마가 명상주의자들을 공격하는 방법은 영적인 유혹에서부터 육체적인 공격에 이르기까지 다양하게 나타났다. 보벤투라는 악마가 정욕과 식욕, 그리고 무엇보다도 두려움과 절망으로 성 프란시스를 유혹하며 박해했다고 전했다. 아빌라의 테레사는 하나의 영혼이 또 다른 영혼과 접촉하는 것으로 사탄을 직접적으로 경험했고, 사탄은 무서운 형상으로 그녀에게 나타났고 그녀를 자주 때려주었다. 『무지의 구름』을 쓴 저자는 악마를 힐끔 보고는 놀란 적이 있었다. 그는 지옥의 불을 볼 수 있을 정도로 크고 벌어진 콧구멍을 가진 끔찍한 모습을 한 사탄을 본 적도 있었다. 구체적이고 특별한 환시 경험을 한 노르위치의 줄리안은 자신을 목 졸라 죽이려고 한 악마를 세세하게 묘사하고 있다.[25]

신비주의자들은 자신들이 영적인 경험에 극도로 민감하기 때문에 선한 권세뿐만 아니라 악한 권세도 즉각적으로 직관할 수 있도록 열려 있을지도 모른다고 믿고 있었다. 악마는 신비주의자들을 끊임없이 괴롭히고 혼란시킨다. 악마는 처음에 선하게 보이지만 결국엔 무미건조하고 역겨움만을 남긴다. 악마는 신비주의자들을 쾌락과 험담, 부질없는 이야기, 원한, 강퍅한 마음, 질투, 절망, 우울, 독선, 그리고 거짓된 겸손에 빠뜨린다. 톨러는 "만일 당신이 신의 사랑을 받기를 원한다면, 이런 모든 일들을 포기해야만 한다."[26] 예수가 신비주의자들에게 진리의 빛을 보여주고 있음을 악마는 알고 있고 그래서 서둘러서 거짓의 빛을 만들어 그들을 속이려고 한다.[27] 악마가 명상가들에게 불어넣을 수도 있는 거짓된 지식이나 그럴싸한 동정심이 훨씬 더 위험할 수도 있다. 악마가 명상가의 영혼에 장난을 치게 되면, 명상가는 자신이 신을 경험하고 있다고 생각하게 된다.[28] 이런 경우에 신이 하고 있는 일인지 아니면 악마의 짓인지를 시험하는 방법은 그런 경험을 통해서 흥분되거나 아니면 혼란스럽게 되는지(확실한 악의 징표), 아니면 만족스럽거나, 고요하거나, 조화가 잘되는지를(행위의 주체가 신이라는 징표) 알아보는 것이다. 줄리안이 주장했듯이, "사랑과 평화에 반대되는 것들은 모두 악마에게서 나오기 때문이다."[29] 이 모든 것들 가운데 가장 위험한 것은 우리에게 이 세상과 우리 자신의 영혼이 지니고 있는 서글픈 상태를 보여주면서 우리들을 절망으로 이끌려는 악마의 속셈이다. 신이 우리를 버렸기 때문에 우리가 고통과 유혹에 빠진다고 믿게 만들려 하는데, 사실은 그런 경험을 통해 신을 더 완전하게 이해하게 된다. 우리가 절망에 빠지면, 사랑을 부질없다고 생각하게 되는데, 이는 최악의 착각이며 가장 나쁜 죄이다. 우리가 악마의 권고에 따라 절망을 믿게 되면, 신에 대한 확신을 잃게 되고 신에 대한 신뢰가 부족하게 되면서 악마는 우리에게 승리를 거두게 된다.[30] 그러므로 우리로 하여금 기도와 사랑의 삶을 방해하기 위해서 악마가 던지는 혼란함을 거부하면서 언제나 마음을 놓아서는 안 된다.

명상가들은 악마의 유혹을 느낀 사람들에게, 직접적으로 저항하려고 하지 말고 오히려 생각을 돌려 신의 은총을 구하는 기도를 하라고 강조했다. 왜냐하면 악마는 우리를 물리칠 실질적인 힘을 가지고 있지 않기 때문이다.[31] 톨러는 "어떤 사람이 악마로 하여금 자신을 이기도록 허락하는 것은 중무장한 군인이 한 마리 곤충에게 굴복해서 그 곤충에게 쏘여 죽음을 당하는 것과 마찬가지라고"[32] 주장했다. 신의 은총으로 보호를 받고 있기 때문에 우리는 신앙심과 동정심, 복종과 사랑, 그리고 환희를 통해서 악마를 물리치게 된다. 많은 신비주의자들은 우리를 위협해서 절망에 빠뜨리려는 악마를 이기는 효과적인 방법으로 웃음과 환희를 권장했다. 월터 힐턴은 이렇게 말했다. "온전한 예수의 권능에 속박당해서 꼴사나운 악당처럼 보이는 모든 악의 우두머리 악마를 보면, 악이 전복되는 것을 본 사람들의 환희와 즐거움을 우리는 얻을 수 있다. 악마는 정복되어 힘을 잃고 만다……어느 창조물도 악마처럼 무력하지는 않다. 그리고 사람들은 비겁하게도 악마를 너무나 두려워한다."[33] 그리고 "우리의 주께서 악마의 악행을 경멸하고 그를 하찮게 멸시하므로 주께서는 우리도 그렇게 하기를 원한다. 이러한 광경 때문에, 나는 크게 웃었다……나는 악마가 정복당하는 것을 즐거운 마음으로 알고 있다. 신이 악마를 경멸하고 악마가 경멸당할 것을 안다. 나는 진지하게 알고 있다. 축복받은 수난과 우리 주 예수 그리스도의 죽음으로 악마는 정복당할 것을"[34] 줄리안은 깨달았다. 궁극적으로 악을 해결하는 방법은 머리를 짜내어 생각하는 것이 아니라 사랑하며 유쾌하게 사는 것이다.

인문주의자들에게 악마는 결코 중심적인 인물이 아니었다. 인문주의자들은 자연주의적이고, 현세적이며, 고전적인 기호를 가지고 있었기 때문에 악마를 무시하게 되었다. 플라톤주의와 신플라톤주의가 부활되면서 인문주의자들의 행동지침에 기반을 제공하게 되었다. 신플라톤주의는 발생할 때부터 주술을 받아들이고 있었다. 신플라톤주의는 감추어진 "오컬트"를 당연시했지만, 현인들이 조정할 수 있는 우주 안에는 자연의 힘도 존재했다. 돌이나 풀, 별 등이 지니고 있는 오컬트적인 속성을 이해하고 있는 사람들은 이러한 속성을 이용해서 바라는 결과를 얻을 수 있도록 작용할 수 있다. 중세 초기에, 다양한 형태의 플라톤주의가 두드러지게 나타났을 때, 신이 일으키는 기적과 악마가 주도하는 환상 사이에 도덕적으로 중립적인 중간 단계의 주술이 존재했다고 추정되었다. 이러한 주술은 사실 변형된 형태의 기술이다. 어떤 사람은 생산을 증진시키기 위해서 자신의 들에다가 분말을 뿌리고, 또 어떤 사람은 화학물질을 뿌린다. 13, 14세기에 지배적이었던 아리스토텔레스주의에는 오컬트의 힘이 미칠 만한 여지가 없었기 때문에, 이러한 견해에 근본적인 변화를 가져왔다. 토마스 아퀴나스나 다른 기독교적인 아리스토텔레스주의자들은 신의 기적과 악마의 환상 사이에 중간 단계를 없애버렸다. 모든 이적들은 신이 일으킨 것이 아니라 악마의 소행이 틀림없다고 보았다. 모든 마술은 사탄의 소행이 되었다. 의식하든, 못 하든 마법사들은 악마와 결탁하고 있다고 보았다.[35] 15세기 말과 16세기에 새롭게 나타난 마술적인 세계관은 오컬트라고 하는 자연관을 부활시켰고, 매우 정교하고 일관된 지적인 체계를 가지고 오컬트를 설명했다. 피치노나 지오다노 부르노(1548-1600)와 같은 근대 초기의 많은 "과학자들"은 이런 의미에서 진정한 마법사들이었다. 연금술, 점성술, 본초학, 그리고 이와 유사한 학과들은 강력하고 훌륭한 지적 체계의 일부를 형성하였고, 그래서 17세기에 등장하였던 과학적 유물론에 효과적으로 반대하게 하였다. 더 나아가, 신플라톤주의-오컬트-마법 체계는 우주를 관장하는 운명의 역할을 강조하였고, 따라서 초자연성이나 신의 섭리가 개입하거나 악마가 끼어들 여지가 매우 적었다. 피코 델라 미란돌라(1463-1494)와 피치노와 같은 인문주의자들은 주술을 도덕적으로 선하거나 적어도 중립적이라고 인식하였다. 이들은 심지어 신플라톤주의적인 입장을 채택해서 타락한 천사들과 똑같은 악한 악령들뿐만 아니라 선한 악령들도 존재한다고 생각하였고, 선한 악령들이 주술 안으로 합법적으로 들어올 수도 있다고 보았다.[36] 인간 본성을 원죄에 의해 타락한 것으로 보기보다는 선과 악의 균형, 자유의지를 폭넓게 수용할 수 있는 균형의 상태로 보았는데, 자유의지는 아우쿠스티누스의 견해—인간 본성은 악마의 영향력하에 죄의 사슬에 묶여 있다는—를 경시하게 한다. 에라스무스(1466-1536)나 15, 16세기의 인문주의적 지도자들에게 악령이나 악마는 주로 인간의 마음속에서 일어나는 악행이나 악한 경향성에 대한 메타포가 되었다. 악령이나 악마의 존재가 부정되지는 않았지만, 이들이 실제로 사용될 여지가 전혀 없는 체제 속으로 들어오면서 이면으로 밀려나게 된다. 기독교인들의 생활을 실질적으로 지도하기 위한 책, 『기독교 편람(Enchiridion christianum)』에서 에라스무스는 개인의 도덕적인 갈등은 드물게 언급하면서 악마라는 관념을 거의 순전히 은유적으로 사용하였다. 그는 이렇게 말한다. "우리를 그리스도와 그의 가르침으로부터 가로막는 어떤 것이든 악마라고 간주하라."[37] 토마스 모어(1478-1534)는 『위로서(Book of Comfort)』에서 악마를 진지하게 받아들이고 있지만, 유혹에 대해서 논의하면서는 자연적이고 세속적인 죄를 더욱 더 강조한다.[38]

15세기가 끝나고 16세기가 시작되면서, 수많은 지식체계들이 경쟁하게 되었다. 그 가운데 신플라톤주의/마술, 그리고 유명론/신비주의 두 가지는 악마의 중요성을 경시하는 경향을 보였다. 반면 아우구스티누스주의와 아리스토텔레스주의에 기반하고 있는 스콜라적인 실재론은 이 세상에서 악마의 역할에 중요성을 부여하였다. 이러한 견해는 곧 트리엔트 천주교 신학(트리엔트 공의회에서 정한 신학)과 프로테스탄트 신학 모두에게 강력한 지지를 받게 되었다. 이 두 신학은 희한하게도 아우구스티누스와 스콜라적인 악마론에 강하게 의존하였다. 아우구스티누스주의와 아리스토텔레스주의는 계속해서 강력한 영향력을 떨치고 있었다. 예외가 있다면, 피우스 2세와 같은 소수의 영적인 지도자들과 더 새로운 견해를 받아들인 교회의 엘리트들뿐이었다. 18세기까지 유럽 사회의 상당 부분을 지배했던 마법 신앙은 중세 말기에 바로 아리스토텔레스의 영향을 받은 스콜라 철학의 가설 위에서 성립되었다.

마법은 세 가지 다른 의미를 가지고 있었다. 이는 모든 시대에 모든 나라에서 아이를 치료하거나, 곡물이 풍작이 들고 사냥감이 풍성하도록 보장하거나, 적대적인 적들을 피해보려는 실질적인 목적을 달성하기 위해서 순진한 사람들이 사용하는 마술이나 주문 등을 일컫는다. 최근에 이 말은 20세기 말에 주로 앵글로 색슨 국가들에서 소수의 집단에서 제한적으로 부활된 현대의 신이교주의(新異敎主義)를 일컫기도

하였다. 세 번째가 악마의 역사에서 유일하게 중요하게 거론되는 의미인데, 이른바 1400년에서 1700년에 횡횡하던 악마의 마법이다.[39] 고소당한 마녀들은 자신들이 가지고 있는 악마 숭배를 신봉하거나 실천했는지 또는 반대자들이 마녀들에게 사탄주의를 온통 투영하였던지 간에, 사탄주의적인 마법이 300년 동안 서구 사회에 정말로 널리 퍼졌고, 10만 명가량의 희생자들을 죽이고 수백만 명에게 말할 수 없는 고통과 공포를 유발하는 박해를 불러일으켰다는 점만은 사실이었다.

15세기에 이르러, 악마적인 마법의 전형이 등장하였다. 목요일이나 토요일 밤에, 몇몇의 남자들, 좀더 많은 여자들이 배우자들을 방해하지 않도록 침대에서 조용히 기어 나온다. 회합 장소나 "시나고그" 근처에 있는 마녀들은 걸어서 오지만, 불편할 정도로 멀리 사는 마녀들은 동물의 형상을 하고 날아갈 수 있게 해주는 연고를 몸에 바르고, 다른 마녀들은 빗자루나 울타리를 타고 온다. 이들은 "시나고그"에서 10이나 12명의 동료 마법사들과 합류한다. 신참자가 가입되는 날이면, 새로 온 마법사가 이 집단의 비밀을 지킬 것과 다음 모임에 아이를 한명 죽여서 가져오겠다는 명세를 하면서 의식이 시작된다. 이 신참자는 기독교 신앙을 부인하고 십자가나 성체를 짓밟거나 더럽힌다. 그리고나서 악마나 그의 대리인을 숭배한다는 의미로 생식기나 엉덩이에 키스를 하는 절차를 밟는다. 입회식이 끝나면, 계속해서 먹고 마신다. 식사를 하면서 그들은 성체 축제를 흉내내는 연기를 한다. 마법사들은 희생으로 삼을 아이들을 데려오거나 이미 살해한 아이들의 시체를 가져온다. 이 아이들은 악마에게 희생양으로 바쳐진다. 그리고 아이들의 지방은 날아다니다가 독을 만들 때 사용되는 연고를 조제하는 데 쓰인다. 마법사들은 성만찬을 모독하면서 아이들의 살과 피를 함께 나눈다. 만찬을 마친 후에, 불빛이 꺼지고 근처에 있는 사람이 남자든 여자든, 어머니, 아버지, 아들 아니면 딸이든지 아무나 부여잡고 성적인 주연에 빠져 흥청거린다. 마법사들이 악마와 성적인 관계를 맺는 경우도 있다.[40]

이와 같은 환상적인 생각들이 어떻게 신빙성을 갖게 되었을까? 악마적인 마법이라는 현상은 수세기에 걸쳐 많은 자료를 통해 발전되었다. 간단한 마술의 여러 요소들은 개념 형성에 관여한다. 쇼몽의 로렌트 모티의 부인 바르도네체는 궐레메라고 불리는 악령을 불러내서 남편의 성욕을 누그러뜨리는 데 도움을 주게 만들었다. 악마는 긴 옷을 걸친 창백한 젊은이로 또 다른 때는 수탉의 모습으로 나타났다. 마거리트는 그리파르트라고 하는 악령을 불러냈는데, 이 악령은 그녀가 적들에게 복수하는 일을 도와주었다. 악마는 검은 수탉이나 검은 두건과 붉은 옷을 입은 불그레한 남자의 모습을 하고 있었다. 마이클 루피르는 거대한 검은 남자의 모습을 한 "루시퍼"를 불러냈고, 루시퍼는 그를 부자로 만들어주었다.[41] 중세 초기에, 수많은 요술이나 주문이 성욕에 영향을 미치거나 보복을 강요하거나, 부를 획득하기 위해서 사용되었지만, 그런 행위들이 악령들과 연루되었다고 생각되지 않았다. 오히려 그런 행위들은 자연 속에 감추어진 힘이 교묘하게 조작된 것으로 여겨졌다. 하지만 나중에, 지배적인 영향력을 미치게 된 아리스토텔레스적인 스콜라 철학의 영향 때문에, 주술이란 존재하지 않으며 마술은 루시퍼나 그의 부하들의 도울 때만 효과를 발휘할 수 있다고 믿게 되었다.

마법의 두 번째 구성 요소는 이교도의 종교나 민간전승으로부터 구체화된 몇 가지 특성들로 이루어졌다. 예를 들면, 남자를 유혹하거나 유아를 살해하는 두 가지 역할을 하고 있는 피를 빠는 여자 악령들이다. 난잡한 주연이나 근친상간, 유아살해, 카니발리즘과 같은 죄과는 고대에 로마의 바커스 축제를 묘사한 자료로부터 유래되었고, 안티오쿠스 4세 에피파네스가 유대인들을 비난할 때, 로마인들이 초기 기독교인들을 비난할 때, 그리고 기독교인들이 그노스주의자들과 마니교도들을 비난하면서 유래되었다.[42]

세 번째 요소는 중세 이단이었다. 기독교의 교의를 완강하게 받아들이지 않는 이교도들은 악마에게 봉사하고 있다고 여겨졌고, 1022년 프랑스 오를레앙에서 로베르 왕이 지시한 재판이 시작되면서, 난교 모임이나 유아살해, 그리고 기타 신을 거스르는 난잡한 외설 행위 등은 고소당할 수밖에 없었다. 1140년대부터, 순교파의 이원론에서는 사탄이 엄청난 권능을 가지고 있다고 주장하면서, 이는 신의 권능에서 독립해 있는 것으로 간주했고, 언제 어디서고 신의 엄청난 영향력에 간섭할 수 있는 사탄의 능력은 점점 두려움의 대상이 되었다.

스콜라 신학은 네 번째이면서 가장 중요한 요소였다. 마법은 지식인들이 학식이 없는 사람들에게 부과한 관념들보다는 대중적으로 덜 알려진 활동이었다. 마법이라는 관념을 지지해준 근본적인 신학적 가정은 신약과 교부들에게서 유래되었다. 구원받은 자들이 그리스도의 신비로운 몸을 이루듯이, 악마의 추종자들은 사탄의 몸을 이룬다. 이 땅에서 그리스도의 구원 사명에 반대하는 자들은 이교도든, 죄인들이든, 유대인이든, 이단자든, 마술사든 모두 사탄의 수족인 셈이다. 기독교인들은 가능하다면 의무감을 가지고 그들을 바꾸어놓아야 하고, 필요하다면 없애버려야 한다. 그래서 루시퍼의 무리들은 자신들의 추종자들을 보호하기 위해서 불과 칼이 필요하다고 생각하게 되었다.

마법신앙의 체계에서 중요한 핵심은 계약의 개념이었다. 이 개념은 데오빌로의 이야기까지 거슬러 올라가지만, 처음 이야기가 생겼던 상황에서부터 발전하는 데 있어서 몇 가지 중대한 방식이 있다.[43] "데오빌로"에서 계약이란 거의 동등하다고 여겨지는 두 부류가 동의하면서 이루어지는 단순한 협정이었다. 데오빌로는 악마와 서면으로 계약을 했다. 하지만 중세 후기에 계약이론에서 이러한 두 부류는 변화한다. 계약을 한 사람은 비천한 노예처럼 그리스도를 비난하고, 십자가를 짓밟고, 사탄을 숭배하며, 무릎을 꿇어 사탄에게 경의를 표하고, 음란한 입맞춤을 하고, 심지어는 사탄과 성관계를 맺는 행동을 했다고 추정되었다. 계약은 이제 드러나지 않는 곳에서 은연중에 존재한다고 여겨졌다. 이교도들이나 기타 악행을 저지르는 자들은 의식적으로 복종하든 일부러 복종하든 루시퍼의 지휘 속으로 들어갔다.

이런 식으로 마법은 이단의 항목이 되었다. 심문관 버나드 귀가 1320년경에 주장하였듯이, 마법은 계약을 수반하고 계약은 이단에 이르게 되는데 이것은 종교재판의 지배하에 놓이게 된다. 균형 감각이 가장 희박했던 교황 가운데 한 사람인 교황 요한 12세(1316-1334)는 그의 여러 가지 기벽 가운데 마법을 지나치게 두려워하는 것도 포함되었다. 교황과 여러 추기경을 죽일 목적으로 강령술이나 흙점, 악령을 불러내는 행위를 한 죄로 의사, 이발사, 성직자를 재판에 회부하도록 명령했다. 피고인들은 최음제를 만들고, 악마를 숭배했으며, 악령들과 성관계를 맺고, 치명적인 음료를 만들고, 밀랍으로 교황의 모양을 만들어 찌르거나 녹인 죄를 범했다고 추정되었다. 요한은 악령들을 찬양하고 악마와 계약을 체결하는 모든 마술사들에게 종교재판을 진행하라고 명령했다.

따라서 신학 자체만큼이나 중요한 다섯 번째 요소는 종교재판이었다. 이 종교재판은 로마나 다른 지역에서 유래되어 정비된 절차는 절대로 아니었기 때문에, 그 영향력이나 활동 범위는 시대나 지역마다 매우 다르게 나타났다.[44] 하지만 심문관들은 서로 정보를 공유하면서,

일정 기간이 흐른 후에 마법사들에 대해서 모종의 합의된 가설들을 도출해냈다. 이 가설들은 피고인에게 적용할 질문 목록의 형식으로 심문관들의 편람으로 집대성되었다. 대부분은 답을 미리 전제해놓은 유도 심문이었다. 고문이나 고문의 위협을 받은 대부분의 피고인들은 이와 같은 상투적인 죄과를 순순히 자백했다. 그러면 다시 자백을 받은 내용은 하나같이 가설이 타당함을 더욱 입증해주는 증거로 사용되었다.

1438년 남프랑스의 피에르 발랑이라는 노인의 재판은 전형적인 사례이다. 마법이라는 죄목으로 종교재판에 회부된 이 남자는 여러 차례 고문을 받고 나서는 고문 장소에서 옮겨와 심문을 당하고 죄를 자백할지 아니면 다시 더 혹독한 고문을 받을지 선택해야 했다. 이런 압력을 받으면서, 발랑은 자신이 바알세불을 불러내서 그를 찬미했고, 63년 동안 악마의 종복으로 살아왔다고 인정했으며, 그 동안 하나님을 부인하고 십자가를 모독했으며, 자기 딸아이를 희생으로 바쳤다고 모두 시인했다. 그는 정기적으로 마법사의 시나고그에 가서는 바알세불과 성관계를 맺고 아이들의 살을 뜯어먹었다고 했다. 종교재판에서 그는 이단, 우상 숭배, 배교, 그리고 악령을 부른 죄로 유죄 판결을 받았다. 그는 다시 일주일 동안 공모자의 이름을 댈 때까지 고문을 받도록 돌려보내졌다. 발랑의 죽음도 발랑이 어쩔 수 없이 댈 수밖에 없었던 무고한 '공모자들'의 죽음도 알려지지 않았지만, 화형에 처해지기 전에 이들의 모든 재산이 몰수되었던 모양이다.[45]

결과적으로 마법은 상당 부분이 스콜라 철학자들과 심문관들이 날조해낸 것이지만, 마법에 얽힌 대중적인 믿음은 하이스터바흐의 캐사리우스, 쟈크 드 비트리, 그리고 대중적인 목사들의 설교나 훈화에 의해서 조장되었다. 엘리트들과 대중문화를 연결해주는 가장 중요한 매개체가 바로 설교였고, 악마의 권능이나 다가올 세상의 종말, 그리고 루시퍼가 이끄는 엄청난 숫자의 이교도들과 마법사들에 대한 생생한 설교를 자주 듣다보면, 사람들은 그 내용을 점점 믿게 되고 두려워하게 된다. 유명론이나 신비주의, 인문주의의 영향을 받은 신학에서 약화되고 있기는 하지만, 설교를 들으면서, 악마에 대한 이미지는 대중들의 마음속에 생생하게 남게 되었다. 심지어 요한 톨러와 같은 위대한 신비주의자도 자신의 교훈적인 설교에서 사탄의 활약상을 자세하게 그린 이야기를 써먹었다. 설교에서 악마와 관련된 내용들을 강조했다는 이야기는 개신교의 교리에 스콜라적인 악마학이 남아 있음을 설명해주는 것이다. 왜냐하면 개신교에서는 자신들의 신학에서 설교를 핵심으로 삼고 있기 때문이다.[46]

마녀 사냥은 악마의 역사에서 가장 중요한 사건이다. 악마의 즉각적이고도 무서운 권능에 대한 믿음은 사막의 교부시대를 능가할 정도로 전 사회에 걸쳐 다시 유행하였다. 그리고 마녀 사냥은 악마의 존재를 믿는 것이 불러올 수 있는 끔찍한 위험성을 드러내었다. 불신하고 두려워하는 자는 사탄의 종복이고 증오와 파괴의 표적이 되기에 적합하다는 가정을 스스럼없이 하게 된다. 적에게 절대적인 악을 뒤집어씌우는 행위가 악마의 존재를 믿는 자들의 독점적인 특성은 아니지만—무신론을 신봉하는 공산당 정치위원은 심문관들만큼이나 아주 열심히 그런 짓을 했다—사탄의 존재에 대한 믿음은 특히 기괴한 방식으로 마법을 손쉽게 악마적인 것으로 만들 수가 있었다. 르네상스와 종교개혁이 한창 진행되고 있을 때, 가톨릭과 개신교 양측에서 1550년부터 1650년까지 극에 달했던 마녀 사냥은 계몽주의라는 철학적인 이념과 마녀 사냥꾼들의 명백히 지나친 행위로 인해 책임 있고 반성적인 사람들 사이에서 혐오감을 불러일으켜 수그러들게 되었다. 마법을 불신하게 되면서 마법의 기반이 되었던 악마에 대한 믿음도 상당히 불신을 받게 되었다. 악마의 존재를 확대포장하여 알리기에 급급했던 수세기 동안의 사회현상은 18세기 이후 악마의 쇠퇴에도 충분한 책임이 있었다.

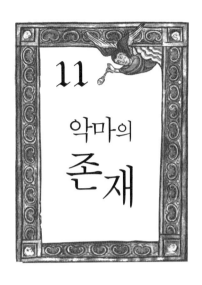

11
악마의
존재

도덕적 상대주의가 오늘날 여러 방면에서 유행하고 있지만, 실제로 그
렇게 행동하는 사람보다는 그런 척하는 사람들이 더 많다. 선이나 악
이 정말로 존재하지 않는다면, 어떤 일을 불평하거나 뭔가를 희망할
만한 실질적인 근거가 없어지는 셈이고, 사람들의 관념이나 가치는 자
의적이거나 인위적이어서 어느 누구에게도 진지하게 받아들여질 필요
가 없게 된다. 이러한 신념을 실행으로 옮기는 사람들은 정말로 극소
수에 불과하다. 대다수의 사람들은 악이 실제로 존재한다고 직관적으
로 알고 있으며, 고문, 기아, 그리고 잔혹함은 받아들일 수 없고 무시
될 수도 없다는 점을 알고 있다. 악은 고통의 연결고리이며, 고통을 의
식적으로 촉발시키려는 의도이다.

  악마라는 개념은 악을 이해하는 데 도움이 되는가? 악마란 유대

교-기독교-이슬람교에서 나온 개념이지만, 적어도 축소할 수 없는 악의 본성과 개인의 책임을 초월하는 악의 은유로서 다른 이들에게도 가치있는 것일 게다. 악은 인간 존재에만 한정될 필요도 없고 다른 존재에도, 우주나 심지어 신적 존재에도 존재할 수 있다. 악은 인간의 잘못을 이용하고 수많은 사람들을 죽음과 파멸로 몰아넣은 히틀러나 스탈린의 몰지각한 충동을 옮기는 사악한 힘에서 비롯되는 듯하다. 이처럼 초월적인 악은 인간 밖에서, 인류의 집단의식에서, 아니면 인간 안에 있는 어떤 다른 근원에서 생겨나는 듯하다. 어떤 경우든, 악은 의식의 경계를 초월하는 실제적이고 의도적인 힘으로 스스로를 드러낸다. 예전에 융이 말했듯이, 이것을 악마라 부르는 것이 좋겠다.

이제 근대적인 인식에서는 은유의 가치가 희석화되고 별 의미 없이 식상하게 되었을지도 모른다. 하지만 표상―사탄, 루시퍼 또는 뭐라고 부르든―이 식상해졌더라도, 그 표상이 의미하는 현실은 아우슈비츠나 히로시마의 세계에서보다 더욱 강력하다. 우리에게 새로운 은유가 필요할지도 모르지만, 은유 뒤에 숨어 있는 개념은 이 지구를 집어 삼킬 듯 위험하고 있는 악과 맞설 용기가 부족한 사람들에게만 하찮아 보일 수도 있다. 우리가 살아남기를 바란다면, 환상이나 공허한 말이 필요 없이 악과 대면해야만 한다. 만일 악마라는 말이 공허한 단어에 그치고 만다면, 악마는 제거되고 말겠지만, 악마가 의미하는 개념을 제거해서는 안 된다.

비기독교인들은 악의 원리를 설명하기 위해 다양한 용어나 은유를 사용할 수도 있지만, 기독교인이 되기로 결정했다면 기독교의 용어를 사용해야 한다. 누군가가 다른 전통에서 유래한 개념을 가지고 기독교의 용어들을 수정하거나 살을 붙일 수도 있지만, 그런 용어들을 버릴 수는 없다. 따라서 악마는 다른 견해를 가진 사람들과는 달리 기독교인(그리고 이슬람교인)에게는 중요한 의미를 갖는다. 최근에 몇몇 기독교 신학자들은 기독교에서 악마에 대한 믿음을 "정화"해야 한다고 주장했다. 문제는 이렇다. 기독교라는 현상을 목도한 공정하고 이지적인 어떠한 불가지론자라도 악마에 대한 믿음은 신약이나 전통, 그리고 사실상 아주 최근의 모든 기독교 사상가들에 깊이 뿌리 박혀 있어서 항상 기독교에서 중요한 부분을 차지해왔다고 이해하리라는 점이다. 악마에 대한 기독교의 믿음에 반대하는 사람들은, "실제로" 기독교가 역사적으로 보여준 것과는 다르다고 말하는 편견에 치우치지 않은 관찰자들을 설득시켜야만 한다. 이러한 관찰자는 몇몇 현대의 기독교인들이 성경이나 전통에서 당혹스럽거나 평판이 나쁜 요소들을 아첨하듯 제거하는 방식으로는 감동을 받지 않을 것이다. 성경과 전통을 바탕으로 하는 기독교의 역사적인 발전이 무시된다면, 철학적으로 의미 있게 기독교를 정의할 수 있는 방식을 알기 힘들다. 그렇다고 이 말이 곧 어떠한 혁신도 도입될 수 없다는 의미는 아니지만, 혁신적인 내용들이 역사적 발전에 관련되어야만 한다는 의미도 아니다. 창조적인 추진력이란 항상 전통과 개혁의 긴장 속에서 피어난다.

악마는 성경과 전통에 너무 깊이 뿌리 박혀 있기 때문에, 기독교를 배제하고 악마를 연구하는 사람들은 이를 입증할 책임이 있다. 매우 강력하고 견고하게 다져진 여러 논의들을 통해서 성경과 전통의 주장을 상쇄할 필요가 있다. 사람들은 반드시 성경과 전통 이외에서 나온 지식에 접근한다고 가정해야 한다. 그리고 공평한 관찰자가 항상 이전부터 지금까지의 모습대로 인식하고 있는 내용의 이면에 깔려 있는 "실제" 기독교에 대해서 안다고 추정해야 한다. 이러한 지식은 어디에서 오는가? 과학은 아니다. 과학은 이러한 문제를 제기하지 않는다. 개인적인 계시를 통해서도 아니다. 그런 것은 다른 사람들에 의해서 판단되거나 입증될 수 없기 때문이다. 어떤 주어진 시간이나 장소에 적합할 수도 있는 어떤 것에서 나오지도 않는다. 시간과 공간은 끊임없이 변화하기 때문이다. 물론, 누군가가 기독교가 틀렸다고 믿으면, 다른 입장을 취하고 자신을 기독교인이라고 부르지 말아야 한다. 기독교—아니면 다른 어떤 것이라도—는 자의적이거나 일방적인 선언을 기반으로 해서가 아니라 그 자체를 기반으로 해서 공격받거나 옹호되어야 한다. 스콜라 철학의 난해한 점은 악의 원리에 관한 문제가 아니라 오히려 철학과 신학 둘다에 관한 문제이다. 따라서 기독교인이 악마의 개념을 없애버릴 수는 없지만 재해석할 수는 있다.

왜 오늘날 악마에 대한 믿음을 거부하는 경향이 나타나는 걸까?

현대 서양의 지식사회에서 악마가 한물 간 개념이라는 것은 부인할 수 없다. 하지만 서양의 지식사회가 지식에 대한 일정한 특권을 가지고 있다고 가정해야 한다면, 단순한 현세중심주의나 현재 유행하고 있는 다양한 자민족중심주의에 불과하다. 악의 목적의식적인 힘을 의인화한 악마에 대한 믿음은 과학을 초월해 있기는 하지만, 비과학적인 것은 아니다. 왜냐하면, 과학은 악을 탐구하지 않거나 탐구할 수 없기 때문이다. 악령들이 질병을 유발한다는 믿음은 도덕적인 세계가 아니라 물질적인 세계에 대한 진술이기 때문에 과학을 악령들에게 적용하게 되면 질병을 연구하는 실용적인 방법이 더욱 발전한다는 말은 터무니없는 것이다. 과학은 절대로 도덕적인 문제를 다루지 않는다. 믿음을 방해하는 또 다른 요소는 의미론이다. "나는 악마를 믿는다"라는 표현을 사람들은 삼간다. 왜냐하면 "나는 신을 믿는다"라는 말과 똑같기 때문이다. 하지만 두 가지 진술은 같지가 않다. "나는 신을 믿는다"라는 말은 통상 신이라는 존재에 대해서 지적으로 동의하면서 동시에 개인적으로 신과 연관되어 있음을 의미하는 반면에, "나는 악마를 믿는다"라는 말은 악마와 도덕적으로 연관되어 있지 않고 악마의 존재에 지적으로만 동의한다는 의미이다.[1]

또 하나의 문제는 악마를 어떻게 정의할 것인가, 다룰 것인가를 결정하는 일이다. 이 개념은 구약에서 그리고 구약과 종말론적 문헌을 거쳐 신약에 이르기까지 상당한 변화를 겪었기 때문에 그와 같은 "성서의 견해"는 없다. 오직 성서에만 의존해야 한다고 주장했던 종교개혁의 신학자들은 사실 성서에 나온 악마를 통해서 중세의 스콜라 철학자들이나 극작가들이 정교하게 만들어낸 모든 것을 다시 읽었다. 신학자들과 시인들은 서로 동의하지 않았다. 역사적으로 발전한 개념에 의해 설정된 범위 안에서 악마를 정의하는 편이 훨씬 더 만족스러운 결과가 나온다. 우리가 악마에 대해서 확실하게 가지고 있는 유일한 지식이 있다면 역사적으로 발전해온 악마에 대한 지식이다. 아무리 학구적이고 정교하게 악마에 대해서 모든 것을 말해봤자 근거 없는 공론에 불과하다.

역사적으로 발전하는 개념은 줄곧 수많은 모순이 발생하더라도 상당히 일관된 견해를 내놓는다. 어떤 모순들은 사소해 보인다. 악마가 천사들의 우두머리인가 아니면 하위 천사들의 우두머리인가? 악마는 일종의 몸을 가지고 있는가? 악마의 죄는 자연적인가 아니면 초자연적인가? 이러한 질문들은 이성이 경험과 떨어지는 지점까지 확장될 수는 없다는 점을 설명해준다. 이러한 모순들은 구조적인 관점에서 보면 제거될 수 있다. 악마가 공중이나 땅 또는 지하세계로 떨어졌다. 이세 가지 견해는 구조적으로 단순히 악마의 파멸을 설명한다. 악마를 물리친 것은 그리스도인가 아니면 미가엘인가? 이 두 견해도 신이 악마의 패배를 예비했다는 점에서 구조적으로 동일한 것이다. 하늘나라에서 떨어진 이후로 사탄은 그리스도의 수난으로 속박을 당하는가 아니면 최후의 심판으로 속박을 당하는가? 이 말의 의미도 구조적으로 보면 똑같은 뜻을 갖는다. 일치하지 않는 몇몇 견해들은 중요한 쟁점이었으나 시간이 흐르면서 해결됐다. 속죄론이 종국에는 배제되는 것으로 결론났듯이 말이다.

하지만 여전히 중요한 문제들이 풀리지 않고 남아 있었다. 악마는 주로 인간의 원죄를 초래하는가 아니면 악마의 역할은 불필요하거나 거의 관계가 없는가? 악마의 권능을 파괴한 것이 그리스도의 성육신인지 아니면 그리스도의 수난인지는, 마침내 수난을 통해서 악마의 권능을 파괴했지만 그 효과는 최후의 심판 때까지 유보했다는 논의로 결론짓기엔 무척 중요한 문제이다. 가장 큰 문제는 루시퍼가 상징하는 악은 결국 어디까지가 신의 계획 안에 속하는 것이냐 하는 문제이다. 이처럼 커다란 모순들은 악마를 믿는 데 이성적으로 어렵게 만든다. 또한 중립적인 관찰자들은 신이라는 역사적 개념에도 커다란 모순들이 들어 있다는 점에 주목할 것이다. 하지만 이러한 모순에 주의를 집중시키게 되면 상황을 똑바로 볼 수가 없다. 왜냐하면 가장 본질적인 측면에서 전통은 이성적으로 일관성이 있고 잘 정의되기 때문이다.

이 개념은 본질적으로 현실적인 힘은 능동적으로 악을 부추기는 우주 안에 현존한다는 것이다. 이 악한 힘은 그 중심으로부터 선과 우주, 우주 안의 모든 개인을 향해 목적의식적으로 혐오를 내뿜는다. 악한 힘은 우리에게 선, 우주, 다른 개인들, 그리고 우리들 자신을 혐오하도록 지나치게 강요한다. 이러한 힘은 무섭고 엄청난 효과를 가지고 있지만, 궁극적으로는 헛된 것이다. 모든 개인들은 신이 가지고 있는 사랑의 권능에 의지하게 되면 스스로 악한 힘을 이겨낼 수 있다. 그래서 기독교인들에게 악마라는 존재는 은유일 수도 있지만, 악마란 실재하면서 매일 이 세상에 공포를 불러오고 온 세상을 쓸모없게 만들려고 위협하는 어떤 존재에 대한 은유이다. 이런 현실 속에서 뭐라고 부르든 어떤 개념이나 은유는 필요하다. 하지만 악마라는 존재는 너무 진부해져서 악을 이해하는 데 실제로 방해가 될 수도 있다. 그렇다면 어떤 일이 벌어진 걸까?

기독교에서 악마라는 관념을 제거해서는 안 된다. 만일 그렇게 하면 성경과 전통을 모독하는 것이다. 그리고 또한 인간 사유의 풍부한 보고는 절대로 고갈되어서는 안 된다는 원리를 어기는 셈이 된다. 2,000년 동안 폭넓게 공유된 인간의 경험을 포기한다면, 이는 인류의 역사를 풍성하게 하는 것이 아니라 피폐하게 만드는 꼴이 될 뿐이다. 기독교의 경험에서 악마를 제거하면 장애물이 없어져 통합될 수 있다고 생각되기도 한다. 이런 생각이 퍼지는 양상을 띠게 되면 단기적으로는 이익을 얻을 수도 있다. 하지만 실제로는 경험이라는 보고를 고갈시켜서 사람들이 깊은 심리적 단계로 나아가기 힘들게 만들어 지혜를 넓히기보다는 오히려 좁히는 결과를 초래한다. 이상하게도 의도한 상황과는 정반대의 결과를 초래한다. 즉, 종교적인 전통들이 다른 종교적 전통의 풍부함을 인정하지 못하게 만들어왔던 편협성만이 있게 된다. 우리는 최소한의 공통 분모를 찾으려고 인간의 경험을 덜어내서는 안 된다. 왜냐하면 그것은 거의 0에 가깝기 때문이다. 실재를 향해 끝없이 펼쳐나가는 지혜를 따라 세상의 모든 풍성과 모든 조직에 도달 흡수해야 한다. 기독교와 힌두교가 창조적으로 만나려면 일정한 수준의 합의에 도달할 때까지 서로에게서 뭔가를 덜어나가는 것이 아니라 두 전통의 모든 지혜를 모아서 그것을 통해서 진리를 바라볼 때 가능하다.[2)]

사실 악마를 제거함으로써 몇몇 근대의 신학자들은 악의 문제를 회피하거나 하찮게 생각하게 되었다. 악이 우리들을 완전히 삼킬 듯이 위협할 때, 이전 세기를 모두 합한 것보다 이번 세기에서 악은 이미 더 많은 희생자들을 요구하고 있는 이때에, 사람들이 더욱 더 신학적인 주제에 귀를 기울이지 않고 있다는 점은 이상한 일이다. 악과 화해하지 않는 종교라면 주의를 기울일 가치가 없다. 악의 존재를 인정하지 않는 대신 악마를 극복하고 초월할 필요가 있다. 이러한 행동은 악마라는 메타포가 이제는 너무 약화되어서 그것이 상징하는 내용을 이해하는 데 장애가 된다는 설득력 있는 주장에 대한 대답이다. 이러한 행동에는 성경과 전통의 힘이 존속하고 있다. 그리고 악의 문제를 해결할 수 있게 이끌어준다. 전통을 저버리는 것이 아니라 전통을 더 큰 맥락과 더 깊은 수준으로 이끌어서 악마라는 관념을 초월한다. 문제는 악마 연구의 풍부한 전통이 우리에게 우주와 신, 그리고 현실에 대해서 뭔가를 말해줄 수 있다는 점이다.

악마는 메타포이다. 그렇더라도 악마는 완전히 사라지지는 않을 것이다. 왜냐하면 우리는 절대적인 실재에 접근할 수 없고, 우리의 정신이 감각적인 관찰이나 이성, 무의식적인 요소들로부터 만들어낸 메타포에 항상 의존해야 하기 때문이다. 악마라는 관념은 메타포이다. 기독교, 이슬람, 힌두교 혹은 무엇이든 신을 이해할 수 없는 한 어떤 이의 관점도 메타포에 불과할 뿐이라는 의미에서 신이라는 관념 또한 메타포이다. 물리학도 메타포이다.[3] 우리가 악마라고 하는 메타포를 초월하여 능가하면, 여전히 메타포이지만 더 깊은 수준의 지성을 요구하는 메타포를 이해할 수 있을 것이다.

유대교나 기독교, 이슬람 교, 그리고 모든 일신교에서 악의 문제가 안고 있는 가장 통렬한 부분은 신의 권능과 선함이 악이라는 존재와 화해한다는 점이다. 어반과 월튼은 이 문제가 철학적으로 의미가 있다는 것을 보여주었다.[4] 이 문제는 종종 연역법(삼단논법)으로 나타난다.

1. 신은 전능하다(모든 것을 알고 매우 강하다). 신은 악이 존재하지 않는 우주를 창조할 수 있다.
2. 신은 전적으로 선하다. 신은 악이 존재하지 않는 우주를 원한다.

3. 그러므로 악은 존재할 수 없다.

4. 그러나 우리는 악이 존재함을 보고 있다.

5. 그러므로 신은 존재하지 않는다.[5]

이러한 주장에 대한 전통적인 신학자들의 대응은 충분하지도 결정적이지도 않았다.[6]

이처럼 강력한 무신론에 적절히 대응하려면 신의 전능함이나 선함 둘 중 하나를 또는 이 둘 다를 제한해야만 한다. 신은 전적으로 전능하지도 않고 전적으로 선하지도 않다는 식으로 정의된다면, 신의 존재를 반증하는 것은 공허해진다. 신에 대한 정의를 이런 식으로 변형하는 것은 둘러대기는 아니다. 인간들이 신에게 부여한 어떤 특성들은 인간의 지성으로부터 유래되었고, 신을 절대적으로나 완전하게 묘사할 수는 없다는 전통적인 입장과도 일치하는 것이다. 예컨대, 전능함이란 용어는 무턱대고 신에게 적용될 수 없다. 왜냐하면 그 말은 수많은 논리적 한계를 가지고 있기 때문이다.[7] 선이란 개념도 유사한 한계를 가지고 있다. 전능함이나 선함이라는 인간이 만들어낸 개념은 제한적이고, 유비적이며, 은유적으로만 신에게 적용된다. 상황이 이렇다면, 신에 대한 전통적인 정의는 적절하게 제한될 수 있고, 무신론자들의 주장은 약화된다.[8]

신의 전능함을 제한하거나 허락하는 선택권은 현대의 과정 신학자들에게서 발전되어왔다. 신의 전능함이란 논리(즉, 신은 둥근 사각형을 만들 수 없다)에 의해서, 더 나아가서 실제 우주를 창조하는 과정에 내재하는 한계에 의해서 적절하게 제한된다고 과정 신학자들은 주장한다. 실재의 우주는 자기 결정권과 자유 또는 불확정성을 가지고 있는 존재들이 있는 우주이다. 신은 아무렇게나 우주를 창조할 수는 없었을 것이다. 모든 사건이 신의 직접적인 의지의 결과인 우주, 그럴 경우에 본질적으로 신 자신과 구별할 수 없었던 우주를 창조할 수 있었을 것이다. 혹은 신은 불확정성을 담고 있는 우주 속에 그 자신과 본질적으로 다른 우주를 창조할 수 있었을 것이다. 이 마지막 우주야말로 과정 신학자들의 주장에 따르면, 신이 실제로 창조했던 우주이다. 정말로 불확정한 우주는 완전하지도 않고, 발전하기 위해서 시간과 신의 허락이 필요한 우주이다. 우주는 불화와 하찮은 것에서 점점 더 조화롭고 강한 것으로 진화되어 나아간다. 한편, 창조된 존재가 가지고 있는 자유와 불확정성은 정말로 위험스럽고, 우주가 완전하게 되기 전까지는 반드시 악을 초래하게 된다.[9]

이 문제를 진척시키는 한 가지 방법은 신의 전능함과 피조물의 자유의지 또는 불확정성 간에 조화를 이루게 하는 것이다. 신의 전능함은 악이나 선을 절대적으로 자유롭게 선택할 수 있는 자유의지가 펼쳐지는 영역에서는 그 자신의 권능을 제한하려는 그 자신의 선택과 공존하고 있다. 그렇다면 도덕적 악이란 악을 행하려는 피조물의 전적으로 자발적인 자유 선택에 의한 것이라고 볼 수 있다. 그리고 신은 자유의지와 그에 따른 선택을 포용하는 방식으로 우주를 창조했을 것이다. 신은 악을 자유에 따르는 필수적인 수반물로 허용했을 것이다. 자유가 없다면 어떠한 도덕적 선도 존재할 수 없다. 이런 주장에 의하면, 신은 선이 자율적으로 활동할 수 있도록 자신의 전능함을 제한하기로 한다. 이 주장에는 두 가지 중대한 결함이 있다. 하나는 이 세상에 존재하는 고통의 양이 자유의지가 실현되는 데 필요한 정도를 넘어선다는 점이다. 또 하나는 창조적으로 일어나는 자유의지가 자연적인 질병이나 재앙을 유발하는 것과는 거의 관련이 없기 때문에, 뇌막염이나 토네이도에 대해서는 아무런 설명도 해주지 못한다. 고통의 양이 인간의 자유의지가 존재하는 데 필요한 정도를 훨씬 초과하는 세상에 대해서 신은 책임을 지고 있다. 그런데 악마의 존재를 설정하게 되면 이러한 딜레마는 개선된다. 넘쳐나는 고통은 천사 루시퍼가 악을 자유롭게 선택한 결과이고, 자연 발생적인 악은 루시퍼가 저지른 죄의 결과로 돌릴 수 있기 때문이다. 하지만 이것만으로는 딜레마가 해결되지 않는다. 그렇게 되면 한 창조물이 선택한 결과 때문에 공포가 존재하게 되는 우주에 신은 여전히 책임이 있기 때문이다. 신은 악의 활동을 더욱 제한하도록 이 우주를 만들 수도 있었을 것이다. 과정 신학에서는 (인간이나 천사뿐만 아니라) 모든 창조물에게 자율권을 확대하고 신의 예지 능력을 부정하거나 제한하면 이 문제는 해결될 수 있다고 주장한다.

또 다른 접근 방법으로는 신의 외연과 현시로서의 이 우주의 존재를 포함한 신이라는 존재의 총체성을 받아들이는 것이다. 이런 주장에 따르면, "선"이라고 하는 인간에게 해당하는 개념은 신에게는 제한적으로만 적용되는 것으로 본다. 신은 존재하는 모든 것이다. 신 이외에는 아무것도 존재하지 않는다. 신에게는 존재라는 용어를 사용하지 않는 것이 낫다. 존재라는 말은 창조물에 따라 붙는 어떤 것이고, 신의 "존재"는 이 말의 의미를 전적으로 능가하거나 초월하기 때문이다. 신은 그냥 있다. 나는 존재하는 나이다. 창조에 대한 신비주의적인 교의는 이를 대담하게 표현한다. 신을 제외하면 아무것도 없다. 혼돈도, 제일물질도, 악이라는 독립적인 권능도 없다. 뭔가로부터 나올 수 있는 원리란 아무것도 없다. "무"란 단순히 어떤 것이 아니다. 그리고 무에서는 아무것도 나올 수 없다. 우주가 만들어지는 "무"란 구체적인 어떤 것이 아니고, 존재하는 것은 무로부터가 아니라 신에게서 나와야 한다. 모든 것들은 신이 "가지고 있는 것"으로 만들어진다. 모든 것들은 신의 확장이고 현시이며 표현이다. 모든 것은 신의 현현이다.[10] 존재하는 모든 것은 신의 소유이다. 악이 존재한다. 그러므로 악은 신이 소유하고 있는 일부이다. 굶주림이나 고문 같은 고통은 실재하는 고통이다. 그리고 이것은 신이 가지고 있는 것으로 만든 우주의 일부이다.[11]

신의 성질 안에 어떻게 악이 존재할 수 있을까? 인간이 악을 이해하는 데 세 가지 점진적인 단계로 볼 수도 있다. 첫 번째 단계는 대부분의 일원론적인 종교와 초기 히브리 사상으로 대표되는데, 선과 악이 완전하게 구분되지 않았던 인간 심리 발전의 초기 단계와 비슷하게 선과 악의 구분이 불분명한 특징을 나타냈다. 이란과 그노시스파, 그리고 마니교의 이원론으로 대표되는 두 번째 단계는 선과 악은 전적으로 다르고 대립되며, 연관되어 있지 않다고 주장했다. 이 단계는 인간의 발달단계에서 청년기와 비슷해서 모든 사태가 흑 아니면 백으로 보이는 때이다. 니콜라스 쿠사가 넌지시 비쳤다가 융이 확실하게 이야기했던 세 번째 단계는 선과 악을 초월하는 통일체라는 관념이다. 이 단계에서는 악이란 거부한다고 해서 극복되는 것이 아니라 악을 초월함으로써 극복할 수 있다고 주장한다.[12] 악이 신 안에 존재한다면, 그러한 악과 맞서서 싸우려는 욕망도 존재하는 것이고, 이것은 삶과 많은 사람들의 작품 속에서 표출된다. 이러한 욕망도 신이 만든 것이다. 그리고 역시 신의 일부인 셈이다. 그러므로 신의 총체적인 모습에는 악뿐만 아니라 악에 대한 저항도 포함된다. 신은 악과 더불어 우주를 창조하고, 그 안에 악에 맞선 투쟁도 함께 창조한다. 신의 양면성보다 더 깊은 것이 바로 신의 사랑이다. 신의 사랑은 사랑으로 우주를 낳고 우주를 불러내어 사랑으로 돌아오게 한다.[13]

악마는 우주 안에 존재하는 악에 대한 메타포이다. 신 안에 존재하면서 동시에 신이 반대하는 악. 악마는 개별적인 인간의 악한 의지를 넘어서는 초의식적이고 초개인적인 악을 상징한다. 악마는 우주 안에 존재하는 급격하고 통제불능의 그러나 궁극적으로는 초월이 가능한 악의 상징이다. 우리는 이러한 힘에 대해서 또 다른 이름을 붙일 필요가 있을지도 모른다. 어떤 이름이 발견되면 그렇게 해도 좋으리라. 하지만 고통을 회피하고 느끼지 못하거나 사소한 일로 만들지 않는 그런 이름을 붙여야 할 것이다.

본문의 주

1장 루시퍼의 삶

1) W. C. Rempel, *Los Angeles Times*, March 8, 1981.

2) R. West, *Los Angeles Times*, April, 29, 1981.

3) J. Harris, *Violence and Responsibility*(London, 1980). p.19. 또한 다음과 같은 책을 참고할 것. J. Ellul, *Violence*(New York, 1969); H. Arendt, *On Violence*(New York, 1969); S. Yochelson and S. Samenow, *The Criminal Personality*, 2vols.(New York, 1977), 특히 vol.1, p.104 참조

4) 모르핀 같은 약물은 고통 자체를 줄이는 것이 아니라 고통이 만들어내는 괴로움을 덜어주는 것이다. D. Bakan, *Disease, Pain, and Sacrifice*(Chicago, 1968), p.86 참조. 괴로움의 문화적 상대성에 대해서는 M. Zborowski, *People in Pain*(Fransisco, 1969) 참조.

5) Paul VI, Allocution of Nov. 15, 1972, Ecclesia, 32(1972/II), 1605.

6) 지속적인 진보주의는 그 중심에 논리적 허점이 있다. 만약 인간을 뛰어넘는 어떠한 절대자도 존재하지 않는다면, 인류를 특정 방향으로 이끌어줄 수 있는 것은 아무것도 없고, 우리는 닥치는 대로 행동하게 된다. 목적 없는 행위는 무의미하다. 만약 포틀랜드가 당신의 목적지라면, 당신은 포틀랜드를 향해 1.6km씩 운전해감으로써 전진할 수 있다. 그러나 목적이 없다면, 포틀랜드를 향해서건 어느 방향으로건 1.6km를 운전해가는 것은 전진이 아닌 의미 없는 행동일 뿐이다. '인간은 스스로 목표를 설정한다'는 것은 핑계에 불과하다. 인간의 목적은 자주, 급격하게 변화하기 때문이다. 이러저러한 제한된 목적을 향해 전진할 수는 있지만, 일반적인 최종목적이 없는 한, 전반적인 전진에 대해 말할 수 없다.

7) S. Toulmin, *Human Understanding*, 3 vols.(Princeton, 1972), 특히 vol.1, p.51 참조.

8) "보편적 권위는 먼저 그러한 보편적이고 절대적인 권위가 어디에 기반하고 있는지를 보여줄 때에만 추상적이고 영원한 '합리적 기준(rational standard)'임을 주장할 수 있다. 그러나 어떤 형식적인 도식도 그 자체로 자신의 적용 가능성을 증명할 수 없

다"(Toulmin, vol.1, p.63).

9) 교리의 발전에 대한 고전적인 진술은 물론 J. H. Newman, *Essay on the Development of Christian Doctrine*(London, 1846)에 나와 있다. Günther Biemer, *Newman on Tradition*(London, 1967); G. Ladner, *The Idea of Reform*(Cambridge, Mass., 1969); K. F. Morrison, *Tradition and Authority in the Western Church 300-1100*(Princeton, 1969); B. Tierney, *The Origin of Papal Infallibility*(Leiden, 1972); O. Chadwick, *From Bossuet to Newman*(Cambridge, 1957); J. Pelikan, *Historical Theology*(New York, 1971) 참조. 이야기체(narrative) 역사적 방법의 타당성은 여러 차례 증명되었으며, 특히 A. C. Danto, *Analytical Philosophy of History*(Cambridge, 1965)와 P. Munz, *The Shapes of Time*(Middletown, Conn, 1977)에 의해 증명되었다.

10) 오로지 성서에만 의존하여 신학을 이해하려는 노력은 수많은 어려움에 봉착한다. ① 성서는 4세기 이후 만들어진 신약성서의 정전(正典)에 의존하는데, 이것 또한 하나의 전통에 불과하다. ② 학자들은 성서의 서로 다른 절의 역사적 실재에 대한 상대적 정확성에 대해 의견 차이를 보인다. ③ 특히 번역을 포함한 모든 성서는, 해석 혹은 자기해석이다. ④ 성서에 의존하는 것은 비기독교인들에게는 받아들여질 수 없다. ⑤ 악마뿐 아니라 삼위일체와 그리스도론을 포함한 거의 모든 기독교의 교리가 성서에서는 모호하고 불완전하므로 그것을 발전시키기 위해서는 긴 토론과 논쟁이 필요하다. 물론 신약성서에서 악마의 역할은 이후의 전통에서만큼이나 강력하다. 신약성서의 작가들은 "주의 재림을 열렬히 기다리는 교회에 속해 있었다. 그들은 주의 구원을 '만족'이나 '상'과 같은 법률적인 범주보다는 악마와 악령들을 싸워 이긴 승리의 전투라는 좀더 극적인 범주에 속하는 것으로 이해했다"(W. J. Dalton, *Christ's Proclamation to the Spirits*(Rome, 1925), p.278). 떡갈나무는 도토리이다. 그러나 또한 가지를 넓게 뻗은 푸른 나무이기도 하다. 한 개념의 진실성은 그것의 기원에서뿐만 아니라 온전한 그 자체에서도 발견된다.

11) 융의 관점에서 악을 새롭고, 훌륭하게 다룬 저서로는 J. Sanford, *Evil: The Shadow Side of Reality*(New York, 1981)가 있다. 시간의 종말 가능성으로 인해 초역사적인 새로운 합의가 나타나고 있는 것으로 보인다. 이러한 견해를 나타낸 것으로는 R. Panikar, "Is History the Measure of of Man?" *The Teilhard Review*, 16(1981), pp.39-45가 있다.

2장 비잔티움의 악마

1) 이 책은 주로 기독교에서 악마론의 발전을 다루고 있다. 이슬람교의 악마론은 간단하게만 다루고 있으며, 랍비의 전통뿐 아니라 영지주의와 기독교에 그 뿌리를 두고 있는 중세 유대교 신비철학의 복잡한 영역에는 아예 발을 들여놓지 않고 있다. 신비적이고 통합적인 신비철학의 사상은 일원론으로 향했으며, 때로 악을 신격으로 격상시키기도 했다. 12세기 후반에 씌어진 초기 신비철학의 저작, *Bahir*에서는 악마는 신 안에 있는 요소이며, "신의 입안에 존재한다"고 이야기한다. G. Scholem, *On the Kabbalah and Its Symbolism*(New York, 1965), p.92 참조. 동방정교회에 대한 서구의 이해는 근래에 증가하였다. 특히 E. Benz, *The Eastern Orthodox Church*(Chicago, 1963); D. J. Geanakoplos, *Interaction of the "Sibling" Byzantine and Western Cultures in the Middle Ages and Italian Renaissance*(330-1600)(New Haven, 1976); G. Maloney, *A History of Orthodox Theology since 1453*(Belmont, Mass., 1976); J. Meyendorff, *Byzantine Theology: Historical Trends and Doctrinal Themes*, 2d ed.(New York, 1979); D. M. Nicol, *Church and Society in the Last Centuries of Byzantium*(Cambridge, 1979); D. J. O'Meara, *Neoplatonism and Christian Thought*(Albany, 1982); J. Pelikan, *The Christian Tradition*, vol.2: *The Spirit of Eastern Christendom* (600-1700)(Chicago, 1974); B. Tatakis, *La philosophie byzantine*(Paris, 1949); T. Ware, *The Orthodox Church*(Baltimore, 1963) 참조.

2) 동방교회는 신의 참됨뿐만 아니라 아름다움과 발달된 성상을 강조했는데, 이는 상대적으로 서방에 알려지지 않은 종교적 표현형식이다. 초기 기독교인들은 성상을 만들어내는 것 자체를 꺼렸으나, 그리스도의 그림이 2세기에 최초로 등장했으며, 4세기부터는 성화의 사용이 널리 보급되었다. 그러나 악마의 모습은 6세기에 이르러서야 비로소 알려진다. 성상들에 대해서는, E. Kitzinger, *The Art of Byzantium and the Medieval West*(Bloomington, 1976); E. Kitzinger, *Byzantine Art in the Making*(Cambridge, Mass., 1977); M. V. Anastos, "The Ethical Theory of Images Formulated by the Iconoclasts in 754 and 815," *Dumbarton Oaks Papers*, 8(1954), pp.151-160; C. Cavarnos, *Orthodox Iconography*(Belmont, Mass., 1977); J. Lafontaine-Dosogne, "Un thème iconographique peu connu: Marina assomant Belzèbuth," *Byzantion*, 32(1962), pp.251-259; L. Ouspensky and V. Lossky, *The Meaning of Icons*(Boston, 1952). 에이레(L. Ayres) 교수와 키칭거(E. Kitzinger) 교수, 그리고 시페를

(E. Schiferl) 교수와 개인적으로 이야기해본 결과, 6세기 전에 악마의 그림이 없었던 이유를 설명하기 위한 충분한 이론이 아직까지 제시되지 않았음을 확인할 수 있었다.

3) Pelikan, pp.216-255

4) 여기에 인용된 디오니시우스의 저작들은 *Mystical Theology*(이하 *MT*); *Divine Names*(이하 *DN*); *Celestial Hierarchy*(이하 *CH*); *Ecclesiastical Hierarchy*(이하 *EH*)이다. 초기 신비주의 전통에 대한 가장 훌륭한 연구는 A. Louth, *The Origins of the Christian Mystical Tradition* (Oxford, 1981) 참조.

5) *MT* ₃; C. E. Rolt, *Dionysius the Areopagite: The Divine Names and the Mystical Theology*(London, 1920), pp.198-199; V. Lossky, "La théologie négative dans la doctrine de Denys l'Aréopagite," *Revue des sciences philosophiques et théologiques*, 28(1939), pp.204-217; T. (K.) Ware, "God Hidden and Revealed: The Apophatic Way and the Essence-Energies Distinction," *Eastern Churches Review*, 7(1975), pp.125-136; Lossky, pp.209-212

6) *DN* ₄.₁₀; Rolt, p.101.

7) *DN* ₄.₁₂; Rolt, p.105

8) 신은 접근할 수 없으며(*DN* ₇.₂), 보이지 않고(*MT* ₁.₃), 만질 수도 없으며(*MT* ₁.₃), 이름 붙일 수 없고(*DN* 1.8), 관찰 불가능하다(*MT* ₁.₃). 근대 철학자 필립 휠라이트는 인간의 세 가지 근본적인 불완전성을 이야기하곤 했다. 우주에 대한 우리의 지식은 항상 불완전하며, 다른 사람에 대한 우리의 이해는 항상 불완전하고, 우리 스스로에 대한 이해 역시 항상 불완전하다.

9) W. Völker, *Kontemplation und Extase bei Pseudo-Dionysius Areopagitica*(Wiesbaden, 1958), pp.38-71.

10) Louth, p.178

11) 동화와 합일(*DH* ₃.₂)

12) 그레고리우스 1세는 9개의 계급을 알고 있었으나, 그것이 세 개씩 이루어진 세 개의 등급인 것을 몰랐으므로, 프린시펄리티스와 버츄즈의 자리를 바꾸어놓았다.

13) 악마와 악은 *DN* ₄.₁₈₋₃₄에서 논의되며, 디오니시우스의 다른 저작에서는 거의 나타나지 않는다. 즉, *EH* ₃.₇과 Epistolae, 8에서만 일부 다루어짐.

14) *DN* ₄.₃₂; Rolt, p.127

15) R. Roques, *l'univers Dionysien*(Paris, 1954), pp.36-92. 형태의 완전함이라는 관념에는 날개 달린 소나 모차르트처럼 작곡을 하는 오리와 같이 자기모순적이고, 불가능한

형태는 포함되지 않는다. "피가로의 결혼"을 쓴 오리는 오리가 아닐 것이다.

16) 여기에 인용된 막시무스의 저작은 *Questions to Thalassios*(이하 *QT*); *Chapters on Charity*(이하 *Ch*)임.

17) *QT* pref.; *Ch* 4.48. 요한 다마센(John Damascene)의 *Against the Manicheans*, 14; Procopius of Gaza, *Commentaries on Genesis*, 1.2.를 비교해볼 것.

18) *QT* pref., 11, 26, 31; *Ch* 2.67. 요한 다마센의, *The Orthodox Faith*와 교황 그레고리우스 1세의 *Moralia in Job*을 비교해볼 것.

19) 요한 클리마쿠스, 『천국의 사다리』, 제26장. S. Salaville, "Saint Jean Climaque, sa vie et son oeuvre," *Etudes orientales*, 22(1923), pp.440-454 참조.

20) 여기에 인용된 다마센의 저작은 *The Orthodox Faith*(이하 *OF*); *Dialogue against the Manicheans*(이하 *Man.*)임.

21) *OF* 2.4: "맨 처음 선으로부터 멀어지자, 그는 악마가 되었다."

22) *OF* 2.3-4, 2.30, 3.1, 4. 악마와 선한 천사들을 갈라놓는 방대한 거리는 천사들과 신 자신의 모든 창조물을 갈라놓는 심연의 광대함을 묘사하기 위한 비교의 기준으로 사용되었다. *Man.* 46: "세라핌은 악마가 세라핌 아래에 있는 것보다 신으로부터 훨씬 더 아래에 있다." "악은 더 이상 세라핌이 아니다. *OF* 2.3: 선한 천사들은 그 본질에서는 동일하거나, 동일하지 않을 수 있다. 그러나 그들은 서로 다른 계급에 속하여, 디오니시우스가 말한 것처럼, 신성한 빛을 아래 계급으로 전달한다. 마니교도들은 악이 세상을 창조했다고 이야기한다. 그러나 어떤 천사도 창조할 수 있는 능력은 없다. 창조의 힘은 오직 신에게만 있다.

23) *OF* 2.4, 4.4; *Man.* 45. *OF* 2.2: 악마에게는 육체가 없다. Dionysius, *DN* 4.1, 4.27 참조.

24) 프셀로스의 저작 *On the Work of the Demons*는 이 책에서 *WD*로 표기함. 마르실리오 피치노(1433-1499)는 르네상스 시대의 플라톤주의자였음.

25) 마귀의 분류에 대해서는 *WD* 11; J. Grosdidier de Matons, "Psellos et le monde de l'irrationel," *Recherches sur le XLe siécle*(Paris, 1976), pp.343-349; A. Ducellier, "Le diable à Byzance," in *Le diable au moyen âge*(Paris, 1979), pp.197-212; K. Svoboda, *La démonologie de Michel Psellos*(Brno, 1927), pp.7-12. 참조. 프로클로스와 올림피아도로스는 비슷한 분류를 하고 있음. 프셀로스가 "악마"를 나타내기 위해 가장 많이 이용한 단어들은 고대 그리스에서 "원소(element)"를 뜻하는 단어들로 후기 그리스에서는 "악마"를 나타내는 공용어가 되었다. A. Delatte and C. Josserand, "Contribution à l'étude de la

démonologie byzantine," Melanges J. Bidez, vol.2(Brussels, 1934), pp.207-232 참조.

26) 프셀로스는 마귀가 육체를 갖는지에 대해 일관되지 못한 입장을 보였다. WD 10에서 그는 마귀들이 육체를 가지고 있다고 주장했으며, WD 7에서는 그들의 육체가 보이지는 않지만 실재하며, 자신들이 선택하는 어떤 형태도 취할 수가 있다고 설명했다. WD 8에서는, 천사들과 마귀들은 모두 육체를 가지고 있으나, 천사의 육체는 분명하고 빛나는 반면, 마귀의 육체는 흐릿하고 불명확하다고 이야기했다. 천사의 육체는 비물질적인 것으로 고체를 통과해갈 수 있으나, 마귀, 특히 낮은 계급의 마귀들의 육체는 물질적인 것이어서 그러한 통과가 불가능하다. 그러나 Life of Saint Auxentius를 비롯한 그의 저작에서, 프셀로스는 마귀에게는 형체가 없다는 견해를 보였다. 그가 Auxentius에 주장한, 모든 마귀는 동일하게 악하며, 물질적인 환경에 의해 아무런 영향을 받지 않는다는 견해는 보다 대중적이며 덜 철학적인 견해이다. WD 16-18에서 그는 마귀들은 남성도 여성도 아니지만 양성 모두의 형태를 취할 수 있다고 주장한다. 그들은 또한 원하는 모든 언어를 말할 수 있다. 성인들이 그들을 한 대 치면, 그들은 아픔을 느낀다(WD 17).

27) WD 10-24. P. P. Joannou, Démonologie populaire, démonologie critique au XIe siècle(Wiesbaden, 1971), pp.41-46; Grosdidier, pp.343-349. 참조.

28) 여기에서 나는 보고밀주의에 대한 복합적인 관점을 제시한다. 사실상, 시간과 공간에 대해 상당히 다양한 이견이 존재한다.

29) 매우 다른 해석들이 존재한다. H. A. Peuch and A. Vaillant, Le traité contre les Bogomiles de Cosmas le prêtre(Paris, 1945)에서 「누가복음」 15장에 나오는 탕아의 우화를 끌어들여, 코스마스에 의해 묘사된 초기 보고밀파는 악마를 신의 작은 아들로 생각한다고 주장했다. 그러나 루스(M. Loos)는 특히 "Satan als Erstgeborener Gottes," Byzantinobulgarica, 3(1969), 23-35에서 이것을 부인했다. 그는 보고밀파가 「누가복음」 15장을 단지 우화적으로 이용했을 뿐이며, 그것을 두 아들의 신화에는 적용시키지 않았다고 주장했다. 프셀로스는 둘 중 어느 입장도 취하지 않은, 자신만의 독특한 해설을 가지고 있었는데, 보고밀파가 하느님, 그리스도, 악마가 일종의 삼위일체를 이룬다고 믿었다는 것이다. 삼위일체에서, 하느님은 영원한 것들을 지배하고, 악은 이 세상의 것들을 지배하며, 그리스도는 하늘의 것을 지배한다. 몇몇 이단들은 그리스도와 악마를 모두 숭배했으며, 그 둘 사이의 조화를 찾았다. 어떤 이단들은 악마가 지구에 대해 떨치는 권능에 대해 알고 있으면서도 그리스도만을 숭배했으며, 어떤 이단들은 이 세상의

쾌락과 영광을 좇아 악마만을 숭배했다. 이러한 정교화는 단지 프셀로스의 상상 속에서만 존재했을 것이다. 9세기에, 포티우스는 이미 악마에게 아버지가 있다고 믿는 사람들에게 반박해야 할 의무감을 느꼈다. 그가 주장하기를, 악마에게는 오직 "자녀들"만이 있는데, 그들은 바로 죄인들이다(Photius, *Questions to Amphilochius*, 47).

30) 사탄의 자녀이자 이브의 상징으로서의 카인은 R. Mellinkoff, *The Mark of Cain*(Berkeley, 1981) 참조.

31) 프셀로스는 남자들과 여자들이 향연을 즐긴 후 불을 끄고 근친상간과 동성애를 비롯한 난잡한 성교로 빠져드는 사탄의 주연을 포함하여 술 마시고 흥청대는 행위에 대해 유키트파와 보고밀파를 비난했다. 이러한 결합을 통해 태어난 아이들은 생후 8일째 되는 날, 사탄의 모임에 다시 불려가(일상적인 기독교의 세례과정에 대한 패러디) 죽음을 당했으며, 사탄에게 제물로 바쳐져 먹히곤 했다. 이러한 비난의 역사는 매우 길다. J. B. Russell and M. W. Wyndham, "Witchcraft and the Demonization of Heressy," *Mediaevalia*, 2(1976), pp.1-21 참조. 에우티미오 지가베누스(Euthymius Zigabenus) 또한 사탄의 악습에 대해 이야기했는데, 그러한 생각은 특히 에리파니우스의 *Panarion*에 나타난, 바벨로(Barbelo)와 카포크레티안(Carpocratian) 영지주의자들의 습속으로 알려진 것에 근거하고 있다. 역사가들은 그러한 비난이 사실에 기반한 것인가를 두고 논쟁을 벌인다. 그러한 비난에 반대하는 주된 주장은 ① 출처의 편향성, ② 그들이 반복하는 학문적 전통이 적어도 시리아의 왕 안티오쿠스 4세 에피파네스 시대까지 거슬러올라간다는 점, ③ 널리 입증된 이교도들의 금욕주의에 기반하고 있으며, 그러한 비난에 동조하는 주장은 ① 계몽된 사람들 혹은 완성된 사람들(그러한 쾌락을 거부하는 사람들)과 미경험자들(완성 이전에 그 모든 것이 허락된 사람들) 간의 구분이 이루어지는 한, 금욕주의와 그러한 방탕함이 양립할 수 있다는 점, ② 어떤 사람들은 악마가 이 세계와 모든 물질적 쾌락의 절대적인 지배자라는 사실을 깨닫고, 멀리 있는 영적 존재인 신 대신에 악마를 받들기로 결심하는 경향이 있다는 점, ③ 고대, 이교도의 세계와 현대 세계 모두에 술마시고 흥청되는 습속과 의식이 명백히 존재한다는 점, ④ 이단이든 정통이든, 누군가는 그러한 관념들을 생각해냈어야 했다는 명백한 사실, 그리고 어떤 사악한 것이나 타락한 존재라고 생각되는 심리적 원칙들이 사실은 어딘가에서 누군가에 의해 행해져왔을 거라는 점이다. 그러한 논쟁이 과연 해결될 것인지는 미지수이다.

32) Obolensky, pp.277-282; Runciman, pp.86-87. 종교에서 그리스도/사탄과 유사한 한

쌍(예를 들면, 이집트의 신 호루스/세트)의 존재는 오랜 전통을 지니며, 널리 퍼져 있다.

33) 통속 악마론에 대해서는, 특히 Joannou, Ducellier, Delatte and Josserand, M. Garidis, "L'évolution de l'iconographie du démon dans la période postbyzantine," L'information d'histoire d'art, 12(1967), pp.143-155 참조.

34) Garidis; Delatte and Josserand, pp.218-227; Joannou, pp.10-26.

35) Delatte and Josserand, pp.227-230; Joannou, pp.14-25.

36) Joannou, pp.22-25; Ducellier, p.205.

3장 이슬람교의 악마

1) 이슬람교에 대한 일반적인 개관 중 가장 뛰어난 것으로는 M. G. S. Hodgson, Introduction to Islamic Civilization, 3vols.(Chicago, 1958)이 있다. 이슬람 사상에 대한 훌륭한 입문서로 는 W. M. Watt, Islamic Philosophy and Theology(Edinburgh, 1962)가 있다.

2) W. M. Watt, Bell's Introduction to the Qur'ān, 2d ed.(London, 1970)과 Companion to the Qur'ān(London, 1967) 참조. 이 책에서는 처음부터 끝까지, A. Y. Ali, The Holy Qur'ān, 3d ed.(Lahore, 1938)의 장(sura)과 절 번호를 사용하고 있다.

3) Sura 12. 53. 이슬람교의 악과 고난에 대해서는 특히 J. Bowker, Problems of Suffering in Religions of the World(Cambridge, 1970)과 J. Bowker, "The Problem of Suffering in the Qur'ān," Religious Studies, 4(1969), 183-202 참조.

4) 이슬람의 악마에 대해서는 B. Bamberger, Fallen Angels(Philadelphia, 1952), pp.112-113; E. Beck, "Iblis und Mensch, Satan und Adam," Le Muséon, 89(1976), pp.195-244; A. J. Wensinck and L. GArdet, "Iblīs," The Encyclopedia of Islam, vol.3, pp.668-669; F. Rahman, Islam, 2d ed.(Chicago, 1979), pp.31-35; H. Gätje, The Qur'ān and Its Exegesis(Berkeley, 1976), pp.164-171 참조.

5) 다른 설명도 존재하기는 하지만, Iblis라는 이름은 아마도 그리스어의 Diabolos로부터 유래되었을 것이다. 그리고 마호메트는 아람말을 하는 기독교인에게서 그 단어를 배웠을 것이다. W. Eickmann, Die Angeloogie und Dämonologie des Koran(New York, 1908),

p.35; Beck, p.217; Wensinck and Gardet 참조. Iblis라는 이름은 『코란』 이전에는 어디에도 알려져 있지 않았다. A. Jeffery, *The Foreign Vocabulary of the Qur'an*(Baroda, 1938), pp.47-48 참조.

6) Suras 4.117; 7.18-20; 19.44; 20.116-120 참조.

7) "거부된" 혹은 "돌로 치는 형벌을 받은" 사탄: Suras 3.36과 16.98; 복수형 샤이아틴의 예: Sura 7.27-30. 악한 천사 아즈라일('Asra'il), 혹은 이즈라일(Izra'il) 또한 인간의 영혼을 죽음에 붙잡아두려고 시도하는 죽음의 천사로 나온다. 그러나 이 천사는 사탄과 같은 것은 아니다. Jeffery, pp.187-190; L. Gardet, "Les fins dernières selon la thèologie musulmane," *Revue Thomiste*, 56(1956), pp.427-479; 57(1957), pp.246-300 참조. 샤이아틴은 이슬람 이전의 사상에서, 사악한 정령의 동의어로 존재했다. 마호메트는 이 단어를 유대교와 기독교 영향 아래에 있는 악마의 방향으로 명백하게 이동시켰다.

8) Eickmann 참조. 집합적인 개념인 '정령(jinn)'(단수는 jinni, 여성형은 jinniya)은 "숨겨진 새(be hidden)"이라는 뜻의 아라비아 어근을 가지고 있다. 신은 정령을 창조했다: Suras 51.56, 6.100. 그들은 불로부터 생겨났다: Suras 15.27, 55.15. 이븐 압바스는 정령은 그들의 우월성으로 인해 다른 천사들을 피해 숨어 있었다고 말했다. 그러나 이것은 전통적인 견해와는 일치하지 않는다. 전통적인 견해에 따르면 만약 정령이 천사라면, 그들은 하위 계급이다. Eickmann, p.13 참조. 기독교가 타락 전 악마의 지위에 대해 모순된 견해를 보이는 것과 비교해볼 것.

9) Beck, p.218. 사탄이 아담에게 절하기를 거부했기 때문에 쫓겨났다는 생각은 출처미상인 1세기 유대교의 "아담과 이브에 관한 책들"로부터 나온 것이다.

10) Sura 15.30-31. 본질적으로 같은 이야기가 Suras 2.34; 7.11-18; 17.61-65; 18.50; 20.116; 38.76에도 나온다. 이 이야기는 기독교의 계시록에 나오는 Life of Adam and Eve, chaps. 12-16에서 유래된 듯하다. 거기에서는 인간의 본성이 천사보다 열등하다는 이유로 악마가 아담을 숭배하기를 거부한다.

11) 이블리스는 불로 만들어졌다: Sura 7.12; 38.76.

12) 하디스는 천사들이 빛(nur)으로부터 창조된 반면, 정령은 불(nar)로 만들어졌다고 이야기한다. 이 두 단어는 소리와 어원 모두에서 서로 연결되어 있다. "창조물 중 가장 천한 것"이란 말은 타락 이후의 이블리스에게만 적용되는 것이었는지 모른다. 몇몇 논평가들은 이블리스를 정령이라고 정의한 『코란』 18.50의 구절이 나중에 덧붙여진 것이라고 주장해왔다.

13) Wensinck, p.669: "어쨌든 그가 천사인지, 정령인지에 대해 이슬람교의 사상은 확실히 얘기해주지 않은 채 있다고 말할 수 있다." 또한 F. Jadaane, "La place des anges dans la théologie cosmique musulmane," *Studia islamica*, 41(1975), pp.23-61 참조.

14) 자유의지: Suras 16.98-100; 58.10. 인간을 유혹하는 적, 사탄: Suras 2.204-206; 3.155; 4.60; 4.116-121; 6.43; 7.175-176; 7.200; 8.11; 8.48; 12.5; 16.63; 24.21; 28.15; 29.38; 35.6; 36.60; 41.36; 43.62; 114.4-6. 사탄은 지키지 못할 약속을 한다: 4.119.

15) 이단과 배교: Suras 2.161-165; 6.142; 59.16. 우상숭배: Suras 4.117; 26.92, 27.24. 탐욕: Sura 2.275. 싸움: Sura 17.53. 음주, 폭식, 도박: Sura 5.93-94. 신에 대한 망각: Sura 6.68; 12.42; 18.63. 거짓 예언과 계시: Suras 22.52-53; 58.10. 두려움: Sura 3.175. 추종자들을 버림: Suras 25.26-31, 59.16. 신의 자비가 우리를 구하네: Sura 4.83.

16) 악의 개념에 대한 보다 상세한 내용은 W. M. Watt, *The Formative Period of Islamic Thought*(Edinburgh, 1973); W. M. Watt, *Free Will and Predestination in Early Islam*(London, 1948); G. von Grunebaum, "The Concept of Evil in Muslim Theology," *Middle East Studies Association Bulletin*, 2, no.3(1968), pp.1-3; G. von Grunebaum, "Observations on the Muslim Concept of Evil," Studia Islamica, 31(1970), pp.117-134; D. Gimaret, "Un problème de théologie musulmane: Dieu veut=il des actes mauvais?" *Studia islamica*, 40(1974), pp.5-73; 41(1975), pp.63-92; G. F. Hourani, "Averroes on Good and Evil," *Studia islamica*, 16(1962), pp.13-40 참조.

17) Rhaman, p.91 인용

18) Rahman, pp.100-107; Bowker, Problems, pp.102, 123-126; Gimaret, p.62; Grunebaum, "Observations," pp.118-119; Watt, Free Will, pp.238-242. 이러한 몇몇 주장들의 논리적 필연성은 지식의 사회학에 대해 심각하게 생각해보도록 한다. 사회 상황의 변화가 인식을 변화시키고 발전시키도록 하는 것은 사실이다. 그러나 관념들이 사회적인 문제들로부터 독립된 내재적인 논리를 가지고 있는 것 또한 사실이다. 파리의 기독교 신학과 바그다드의 이슬람교 신학 간의 밀접한 조화는 유사한 사회 상황보다는 문화의 융합과 상호 영향과 연관되어 있으며, 무엇보다도 관념의 본질적인 논리와 가장 크게 관련된다. 전지전능하고 완전히 선한 하나뿐인 신을 믿는 것은 필연적으로 일련의 순환적인 질문을 제기한다. 여기에 대해 일련의 순환적인 해답과 반대, 반대에 대한 반대가 어김없이 나타난다.

19) G. Anawati, "La notion de 'Péché originel' existe-t-elle dans l'Islam?" *Studia islamica*,

31(1970), pp.29-40.

20) Gätje, p.167; G. Calasso, "Intervento d'iblīs nella creazione dell'uomo," *Rivista degli studi orientali*, 45(1970), pp.71-90, pp.71-72, pp.83-88.

21) M. Kably, "Satan dans l' 'Ithia' d'Al-Ghazāli," *Hespéris Tamuda*, 6(1965), pp.5-37. 아불 파라즈 이븐 알 자우지(Abu'l-Faraj Ibn al-Jawzī, 1116-1200)의 "Devil's Delusion"(Talbis Iblis)은 악마론에 대한 저작이라기보다는 알 가잘리와 수피교도들에 대한 공격에 가깝다. D. S. Margoliouth, "The Devil's Delusion: Talbīs Iblīs of Abu'l Faraj ibn al-Jawsī," *Islamic Culture*, 19(1945), pp.69-81; Margoliouth, "The Devil's Delusion by Ibn-al-Jauzi," *Islamic Culture*, 9(1935), pp.1-21 참조. 기독교 수사인 폰투스의 에바그리우스(Evagrius of Pontus)의 생각(logismoi)을 알 가잘리의 견해와 비교해보라.

22) A. Schimmel, *The Mystical Dimension of Islam*(Chapel Hill, 1975), pp.191-196; A. Schimmel, *Pain and Grace*(Leiden, 1976), p.185. 이슬람교의 비전통적인 근대적 해석을 보려면 A. Shimmel, "Die Gestalt Satans in Muhammad Ipbals Werk," *Kairos*, 5(1963), pp.124-137; A Bausani, "Satan nell'opera filosoficopoetica di Muhammand Iqbal(1873-1938)," *Rivista degli studi orientali*, 30(1955), pp.55-102; I. Joseph, *Devil Worship*(Boston, 1919); G. S. Gasparro, "I miti cosmologici degli Yezidi," *Numen*, 21(1974), pp.197-227과 22(1975), pp.24-41 참조.

4장 민담

1) 캘리포니아 샌타바버라 대학교의 캐런 졸리(Karen L. Jolly)는 후기 앵글로색슨의 기적과 마법에 관한 박사논문을 준비중이다.

2) R. Manselli, *La religion populaire au moyen âge*(Montreal, 1975), pp.79-80.

3) Margaret Murray, *The Witch-Cult of Western Europe*(Oxford, 1921); R. Lowe Thompson, *The History of the Devil, the Horned God of the West*(New York, 1929); 그리고 Robert Graves, *The White Goddess*(New York, 1948)의 이론들은 이해에 방해될 뿐이다. 이들 머레이파(Murrayites)에 대한 비판은 J. B. Russell, *A History of Witchcraft*(London, 1980), pp.41-42 참조. 드루이드교가 광범위하고, 일관된 종교였다는 증거 역시 존재하지 않는다.

S. Piggot, *The Druids*(New York, 1968) 참조. 켈트족에 대해서는 P. F. Bober, "Cernunnos: Origin and Transformation of a Celtic Divinity," *American Journal of Archeology*, 55(1951), pp.13-51; P. MacCana, *Celtic Mythology*(London, 1970); A. Ross, *Pagan Celtic Britain*(London, 1967) 참조.

4) 물론 튜튼의 종교는 시간과 장소에 따라 매우 다르다. 주요 출처는 고대 영어 문헌들 (7-12세기까지)과 고대 스칸디나비아어 문헌들(9-13세기)이다. 고대 신들의 힘에 대해 서는 13세기에 와서야 비로소 알려졌다. 그러나 기독교적 색채와 해석이 가미된 경우가 거의 대부분이었다.

5) H. R. E. Davidson, *Gods and Myths of Northern Europe*(Baltimore, 1964); *Scandinavian Mythology*(London, 1969), esp.pp.94-96; G. Dumézil, *Gods of the Ancient Northmen*(Berkeley, 1973), esp.p.4; U. Dronke, ed., *The Poetic Edda*(Oxford, 1969); Snorri Sturluson, *The Prose Edda*(New York, 1929).

6) Snorri, pp.33-34; Davidson, pp.176-182; G. Dumézil, *Loki*(Darmstadt, 1959); F. S. Cawley, "The Figure of Loki in Germanic Mythology," *Harvard Theological Review*, 32(1939), 309-326.

7) 유대-기독교-영지주의의 이름에 관해서는 C. D. G. Müller, "Geister(Dämonen): Volksglaube," *Reallexikon für antike und Christentum*, 9(1975), cols. 762, 791-793 참조. 알파벳 순서로 된 긴 목록을 보려면 M. Rudwin, *The Devil in Legend and Literature*(Chicago, 1931), pp.26-34 참조. 마귀-작가(demon-scribe)인 튜터빌루스(Tutivillus)에 대해서는 R. Düchting, "Tutivillus," *Reperto Carola*, 58/59(1976/1977), pp.69-93 참조. 8-9세기 시리아에 서 생겨나 보고밀파에 의해 광범위하게 채택된 이름인 사타나엘에 대해서는 M. Dando, "Satanaël," *Cahiers d'études cathares*, 30, no. 83(1979), pp.3-11; 30, no. 84(1979), pp.3-6; 31, no. 85(1980), pp.14-32; no. 86(1980), pp.3-16 참조.

8) J. Grimm, *Teutonic Mythology*, 4vols.(London, 1882-1888), vol.3, pp.984-1030; J. Orr, "Devil a Bit," *Cahiers de l'association internationale des études françaises*, 3/4/5(1953), pp.107-113.

9) 몇몇 관련성들이 확인되었다. 뱀과 용은 하나이자 같은 것이며, 「창세기」에서 유래된 것이다. 원숭이는 사탄이 신을 조롱한 것의 상징이다. 곰은 정욕과 관련되며, 표범은 사기행위와 관련된다. 여우는 교활함의 상징이며, 돼지는 여성의 성욕을, 고양이는 허영을 상징한다. 고래는 (「요나서」를 통해) 입을 크게 벌리고 있는 지옥을 상징하며, 리바이어던과 동일시된다. 말은 남성의 성욕의 상징이다. 갈가마귀는 카인과 오딘 둘 다와 관련되며, 고양이는 프레야와 힐다, 염소는 판과 토르와 관련된다. 두더지는

눈이 어두우며, 땅 밑에 살고, 식물(영혼)을 잡아뽑아 먹어치운다. 몇몇 동물들은 그리스도와 관련되었다는 이유로 악마와의 관련성에서 제외되었다. 「베드로서」 5:8 에 보면 악마는 사자로 묘사된다. 그러나 사자는 그리스도의 상징인 동시에(「요한계시록」 5:5), 마크 성인의 상징이기 때문에, 거의 사용되지 않았다; 그리스도가 신의 어린 양이었으므로, 악마는 결코 어린 양이 될 수 없었다; 또한 악마는 황소도 될 수 없었으며, (그 논리적 적절성에도 불구하고) 나귀로 나타나는 적도 거의 없었다. 황소와 나귀는 그리스도 탄생 당시에 마구간에 있었던 것으로 여겨졌으며, 나귀는 또한 종려성일에 예수를 태우고 예루살렘으로 갔기 때문이다. B. Rowland, *Animals with Human Faces: A Guide to Animal Symbolism*(Knoxville, 1973); B. A. Woods, *The Devil in Dog Form*(Berkeley, 1959); C. G. Loomi, *White Magic*(Cambridge, Mass., 1948); G. Faggin, *Diabolicità del rospo*(Venice, 1973); K. M. Briggs, *A Dictionary of British Folk-Tales in the English Language*, 2vols. in 4(Bloomington, Ind., 1970), vol.2:1, pp.45-47, 74-75, 121-122, 143; F. C. Tubach, *Index Exemplorum: A Handbook of Medieval Religious Tales*(Helsinki, 1969), items 1530-1532; H. W. Janson, *Apes and Ape Lore in the Middle Ages and the Renaissance*(London, 1952) 참조. "악마", "마귀"라는 단어 아래에 the Center for the Study of Comparative Folklore and Mythology, University of California, Los Angels에서 인용되는 것은 이후 UCLA로 인용됨. 켈리(H. A. Kelly)는 "The Metamorphoses of the Eden Serpent during the Middle Ages and Renaissance," *Viator*, 2(1971), 301-327에서 뱀과 용의 전환에 대해 완벽하게 다루고 있다.

10) Loomis; Tubach, 1529, 1552-1553, 1558-1559; Briggs, vol.2:1, 61-62; S. Thompson, *Motif-Index of Folk Literature*, 2d ed., 6 vols.(Bloomington, Ind., 1955-1958), G 303.3; M. R. James, *The Apocryphal New Testament*(Oxford, 1924), p.149.

11) Thompson, G 303.4, 303.4.5.6, 303.4.1.1; Briggs, vol.2:1, pp.47-48, 143(다리 셋 달린 산토끼로 나타난 악마); UCLA. 판과 악마와의 관련성에 대해서는 P. Merivale, *Pan the Goat-God*(Cambridge, Mass., 1969) 참조. 그 책에서는 주로 근대 문학을 다룸. 불타는 눈: 프루덴티우스Prudentius(348-405)는 Hamartigena라는 시에서 그들을 다음과 같이 언급했다: "질투심에 사로잡혀 올바른 이들의 기쁨을 시샘하는 그의 불타는 두 눈이 까만 털가죽 위로 유난히 눈에 띄었다."

12) 에티오피아인의 모습으로 나타난 악마에 대해, Loomis; Briggs, vol.2:1, pp.49-51, 54, 65-67; Thompson, G 303.5, 303.5.1; Tubach, 1534-1535, 1643; James, p.345; UCLA;

G. Penco, "Sopravvivenze della demonologia antica nel monachesimo medievale," *Studia monastica*, 13(1971), pp.34-35. 447년 열린 톨레도 공의회에서는 악마를 머리에 뿔이 달리고, 갈라진 발굽과 나귀의 귀, 갈고리 발톱, 불타는 두 눈에 거대한 남근을 가졌으며, 유황냄새를 풍기고 이를 가는, 크고 검은 기괴한 도깨비로 묘사했다, B. Steidle, "Der 'schwarze kleine Knabe' in der alter Mönchserzählung," *Erbe und Auftrag*, 34(1958), pp.329-348. Gregory the Great, Dialogues 2.4 참조. 아프라 성인(St. Afra, c. 750-850)의 전기에 따르면, 악마는 검고, 벌거숭이이며 쭈글쭈글하다(Acta Sanctorum, 5 August, 1.9). 검은색과 흑인들의 나쁜 이미지에 대해서는 I. Sachs, "L'image du Noir dans l'art européen," *Annales*, 24(1969), pp.883-893 참조.

13) 붉은 색은 고대 이집트에서 메마른 사막과 피의 색으로써 악과 관련되어 있었다. 중세시대에는 붉은 머리의 사람들이 일반적으로 악한 것으로 여겨지기도 했다. Thompson, G 303.4.1.3.1, 303.5.3; UCLA. E. Kirschbaum, "L'angelo rosso e l'angelo turchino," *Rivista di archeologia cristiana*(1940), pp.209-248 참조. 악마나 마귀들의 머리를 위로 솟은, 뾰족한 모습으로 그린 중세의 미술에서 흔히 나타나는 도상학적 특징은 불타는 머리를 묘사한 것이다. 또 다른 설명은 그것이 상대를 위협하기 위해 머리에 기름을 발라 위로 뾰족하게 빗어올린 야만인들의 방식이라는 것이다. R. Mellinkoff, "Judas's Red Hair and the Jews," *Journal of Jewish Art*, 9(1983), pp.31-46 참조.

14) Thompson, G 303.5.2.2; UCLA. 악마는 초서의 『수도사 이야기(*Friar's Tale*)』에서 초록색으로 나타나며, 가웨인 경과 녹색기사에서도 초록색은 악마의 색조를 띤다. D. W. Robertson, Jr., "Why the Devil WEars Green," *Modern Language Notes*, 69(1954), pp.470-472; J. L.Baird, "The Devil in Green," *Neuphilologische Mitteilungen*, 69(1968), pp.575-578 참조. 악마가 파란색으로 나타나는 경우는 매우 드문데, 이는 신플라톤주의에서, 파란색은 가장 낮은 세계에 사는 마귀들을 상징하기 때문이다. Thompson, G 303.5, 그리고 B. Brenk, *Tradition und Neuerung in der christlichen Kunst des ersten Jahrtausends*(Vienna, 1966) 참조.

15) Thompson, G 303.21; UCLA

16) 「이사야서」 14:13에서 루시퍼는 북쪽에 자신의 왕좌를 세웠다, 「욥기」 26:6-7; 「예레미야서」 1:14; 참조;「집회서」 43.22 참조. 보나벤투라는 「전도서」 11:3에 대한 설명(*Commentray on Ecclesiastes* 11:3)에서 지옥을 북쪽에, 천국을 남쪽에 명확히 위치시켰다. Rudwin, The Devil, p.63; UCLA; S. Shahar, "La Catharisme et le début de la cabale,"

Annales, 29(1974), pp.1185-1210 참조. 여기에서는 히브리 신비철학에서 악마가 북쪽, 왼쪽과 관련되어 있다는 것을 보여준다. 왼손잡이는 라틴어 '사악한'과 연결되어, 악의 상징으로 널리 간주되었다. 악마와 산타클로스(성 니콜라스)와의 관련성은 명백하다. 북쪽 및 순록과의 관련성뿐만 아니라, 악마는 붉은 털옷을 입을 수 있다. 그는 그을음으로 덮여 블랙잭이나 검은 인간으로 변장하고 굴뚝을 타고 내려간다. 그는 (못된 아이를 포함하여) 죄악이나 죄인들을 집어넣는 커다란 자루를 가지고 다니며, 죄인들을 때리기 위한 몽둥이나 지팡이를 들고 다닌다(지팡이 모양 사탕(Candy Cane)의 유래). 그는 동물의 도움을 받아 공기중을 날아다닌다. 그를 위한 뇌물로 음식과 포도주를 내놓는다. 악마의 별명(!)인 늙은 닉은 성 니콜라스로부터 직접 유래되었다. 성 니콜라스는 종종 풍요의 의식과 관련되며, 따라서 그가 주는 선물의 상징인 과일, 땅콩, 프루트케이크와도 관련된다. C. W. Jones, *Saint Nicholas of Myra, Bari, and Manhattan*(Chicago, 1978), pp.309-323; A. D. de Groot, *Saint Nicholas: A Psychoanalytic Study of His History and Myth*(The Hague, 1965) 참조. 드 그루(De Groot)의 책에서는, 네덜란드에서는 성 니콜라스가 종종 작고 검은 동료, 츠와트 피트(Zwarte Piet)를 동반한다고 지적한다.

17) Thompson, G 303.15.3, 303.15.5; UCLA. 때로 마귀들은 물 아래에 궁전을 짓는다: 그렌달의 호수(Grendel's mere) 참고

18) Briggs, vol.2:1, pp.56, 139-140; Thompson, G 303.6, 303.17. Müller, pp.775-776에서는 신플라톤주의 및 영지주의가 밤낮으로 매시간마다, 혹은 주마다 매일 하나의 악마가 존재한다는 믿음에 영향을 미친 예를 보여준다. 일주일 내내 다른 악마가 존재한다는 것은 신플라톤주의자들의 일곱 행성의 마귀들로부터 유래된 것이다.

19) Müller, pp.772-773. Bonaventure: "커다란 파리떼처럼". 때때로, 특히 신플라톤주의의 영향하에 있던 이집트에서는, "집사 마귀들"이 하늘로 올라가는 영혼을 막으려고 시도했다. 악마의 총수에 대한 계산이 이루어졌다. 그리고 그 결과는 민담보다는 대중 종교에 속하는 것이 더 맞는 듯하기는 하지만, 사악한 정령들의 무시무시한 편재에 대한 증거로서 널리 받아들여졌다. A. D. 180년경, 티루스의 막시무스(Maximus of Tyrus)는 3만 이상의 마귀들이 존재한다고 추정했다. 「요한계시록」12:4의 영향하에, 모든 천사의 3분의 1 정도가 타락했다고 여겨졌다. 13세기, 대수도원장 리켈름(Richalm)은 바다 전체에 있는 모래알 수만큼이나 많은 마귀들이 존재한다고 말했다. 16세기의 학자 요한 비어는 각각 6,666명의 마귀들로 이루어진 1,111개의 군단의

목록을 제시하였는데, 이것을 모두 합하면 740만 5,926이다. 다른 이들은, 6,666개 군단의 천사들 중 1/3인 2,222개 군단이 타락했다고 생각해서, 1억 3,330만 6,668로 계산하기도 했는데, 이 역시 인간의 수에 비하면 적은 것이다. Müller, col. 765; Rudwin, The Devil, pp.17-25. 민담에 존재하는 전설에 따르면 선한 천사와 악한 천사 외에 중립적인 제3의 천사집단이 존재하는데, 이들은 신의 편도, 루시퍼의 편도 아니다. 이러한 전설은 영지주의자들로부터 비롯되어 『성 브렌던의 항해(The Voyage of Saint Brendan)』를 비롯한 다른 아일랜드 설화문학에 의해 널리 보급되었다. 단테가 이 개념을 이용한 것에 대해서는 M. Mando, "Les anges neutres," Cahiers d'études cathares, 27, no.69(1976), pp.3-28; 아래 8장 참조.

20) J. Kroll, Gott und Hölle: Der Mythos vom Descensuskampfe(Leipzig, 1932); K. Maurer, "Die Hölle auf Island," Zeitschrift des Vereins für Volkskunde, 4(1894), pp.256-358; H. R. Patch, The Other World(Cambridge, Mass., 1950) 참조. 지옥은 거대한 장소일 뿐 아니라 거대한 주제이기도 하다. 그러나 이것은 악마라는 주제와는 거의 관련이 없으므로, 지옥론자들에게 맡겨두기로 한다. 애리조나 대학교의 앨런 번스타인은 13세기 프랑스에서의 지옥을 불러오는 주문에 대한 책을 준비 중이다. 현재 연옥에 대한 대표적인 저작은 Jacques LeGoff, The Birth of Purgatory(Chicago, 1984)이다.

21) 여기에서 "God Bless You" 혹은 Gesundheit라고 말하는 관습이 생겨났다. Tubach, 346, 1620-1622; UCLA.

22) Briggs, vol.2:1, pp.45, 53, 80-81, 141-143.

23) Briggs, vol.2:!, pp.54-56, 71-74, 79-80, 109-111, 140-141; Thompson, G 303.6.2, 303.7.1.3, 303.24; Tubach, 1202, 2452, 3503.

24) Briggs, vol.2:1, pp.61-62, 67-68, 74, 114, 152-153; A Runeberg, Witches, Demons, and Fertility Magic(Helsinki, 1947), pp.7, 126-132; E. H. Carnoy, "Les acousmates et les chasses fantastiques," Revue de l'histoire des religions, 9(1984), 370-378; J. B. Russel, Witchcraft in the Middle Ages(Ithaca, 1972), pp.48-50, 79-80, 211-213. 종종 이러한 주제들이 섞이기도 한다. 예를 들면, 유령 사냥에 대한 한 설명에서는 악마가 그의 "멋쟁이 개들"을 데리고 사냥을 나간다고 했는데, 이것은 음탕함을 이유로 악마가 지옥으로 데려가던 유령 파슨 댄도의 개들에 관한 이야기와 뒤섞인 것이다.

25) Briggs, vol.2:1, p.148; A. Wünsche, Der Sangenkreis vom geprellten Teufel(Leipzig, 1905), p.71.

26) 시합: Tubach, 4931; 의회: Thoompson G 303.25.19.

27) Sigebert of Gembloux, Chronica, year 858, in MPL 160.163; Tubach, 240.

28) R. Mellinkoff의 "Riding Backward: Theme of Humiliation and Symbol of Evil," *Viator*, 4(1973), 153-176에서는 거꾸로 말에 올라타는 것이 원래 수치스러움의 표시였다가, 어떻게 악의 상징으로 변화되었는지를 보여준다. 이와 유사하게, 거꾸로, 즉 태양이 도는 반대방향으로 말을 타거나, 걷거나 춤을 추는 것도 마녀의 의식 및 악과 관련된다.

29) 이러한 이야기들은 악마에 관한 민담에 뿌리를 두고 있을 뿐 아니라 성자들의 활동을 패러디한 것이다. 나는 성 요셉이 하룻밤에 세웠다는 뉴멕시코의 계단을 본 적이 있으며, 로레토에 있는 신성한 집은 성모마리아가 팔레스타인에서 이탈리아로 옮긴 것이다. Thompson, G 303.9.1; Briggs, vol.2;1, pp.52, 60-61, 73, 85-89, 91-92, 95-96.

30) Briggs, vol.2:1, pp.56-59, 65-83, 92-94, 116-117, 124-128, 145-149; Wünsche, pp.80-108; Tubach, 1567.

31) Thompson G 303.9.9, 303.22; Tubach, 953.

32) Briggs, vol.2;1, pp.105-106, 120-121, 132, 145-148; UCLA.

33) Briggs, vol.2;1, pp.153-155; Thompson, G 303.11; H. Bächtold-Stäubli, ed., *Handwörterbuch des deutschen Aberglaubens*, 10 vols.(Berlin, 1927-1942), vol.8, col. 1844; UCLA.; Tubach, 1452, 1589. 7대 죄악은 또한 사탄이 가지고 있는 7마리 사냥개로도 나타난다. 사탄은 또한 4명의 딸을 가질 수 있는데, 이는 신의 4명의 딸인 평화, 자비, 정의, 정직을 흉내낸 것이다. Traver, *The Four Daughters of God*(Bryn Mawr, 1907) 참조. 악마의 딸들은 9명 내지 10명에 달할 수도 있다. 중세의 이교도들은 때때로 예수를 풍자하여, 12명의 사도들을 가진 것으로 묘사되었다. G. R. Owst, *Literature and Pulpit in Medieval England*(Oxford, 1961), pp.93-96; M. W. Bloomfield, *The Seven Deadly Sins*(East Lansing, Mich., 1952), p.194 참조. 또한 M. Rudwin, *Der Teufel in den deutschen geistlichen spielen*(Göttingen, 1915), pp.86-87, 141 참조.

34) Grimm, vol.2, p.444, vol.4, p.1611; R. Bernheimer, *Wild Men in the Middle Ages*(Cambridge, Mass., 1952). 농업의 정령은 허구 상에서 살아간다. Kingsley Amis, *The Green Man*(New York, 1969).

35) F. Gagnon, "Le thème médiéval de l'homme sauvage dans les premières représentations

des Indiens d'Amérique," in G. Allard, ed., *Aspects de la marginalité au moyen âge*(Montreal, 1975), pp.86-87; B. Roy, "En marge du monde conny: Les races de monstres,": in Allard, pp.74-77; J. B. Friedman, *The Monstrous Races in Medieval Art and Thought*(Cambridge, Mass., 1981); H. Schade, *Dämonen und Monstren*(Resensberg, 1962). 또 다른 동일시, 악마와 대장장이의 동일시를 보려면, M. Eiade, *The Forge and the Crucible*(New York, 1962), pp.107-108 참조.

36) D. Kaatz, "Fictus lupus: The Werewolf in Christian Thought," *Classical Folia*, 30(1976), 57-79; M. Summers, *The Vampire*(London, 1928) and *The Werewolf*(New York, 1934)를 이용할 때에는 극도로 주의해야 한다. Wer는 "간"을 뜻하는 고대 영어이다.

37) Thompson, G 303.16.18.1; UCLA.

38) Hincmar는 이 이야기를 860년경 쓰여진 그의 저서, *Divorce of Lothar and Teutberga*에 끼워넣었다(MPL 125, 716-725).

39) 테오필루스 이야기는 840년경, 바울 부제(副祭)에 의해 최초로 라틴어로 번역되었다. (*Miracula Sanctae Mariae de Theophilo penitente*); 다음으로 영향력 있는 버전은 10세기 흐로슈비타(Hroswitha)에 의한 것이다. (*Lapsus et conversion Theophili vicedomini*); 이 이야기는 말보드(Marbod, 11세기), 기베르(Guibert, 12세기), 하르트만(Hartmann, 12세기)의 저작에 나타났다. 12세기 고티에 드 코엥시(Gautier de Coinci)의 버전(*Comment Théophile vint à pénitence*)과 13세기 리트뵈프(Rutebuef)의 버전(*Miracle de Théophile*)은 모두 이 이야기가 빠르게 인기를 얻고 있다는 신호이자 원인이 되었으며, 많은 다른 버전들도 붙어, 이탈리어어, 독어로 나타나기 시작했다. L. Radermacher, "Griechische Quellen zur Faustsage," *Sitzungsberichte der Bayerischen Akademie der Wissenschaften, Philologisch-historische Klasse*, 206.4(1930), pp.153-219; M. de Combarieu, "Le diable dans le Comment Theophilus vint à pénitence de Gautier de Coinci et dans le Miracle de Théphile de Rutebeuf," in *Le diable au moyen âge*(Paris, 1979), pp.157-182; M. Lazer, "Theophilus: Servant of Two Masters," *Modern Language Notes*, 87, no. 6(1972), pp.31-50; Tubach, 3572; H. van Nuffel, "Le pacte avec le diable dans la littérature mediévale," *Anciens pays et assemblées d'états*, 39(1966), pp.27-43 참조. 반 누펠은 pp.40-41에서, 계약과 세례식, 그리고 충성서약(나는 이것을 약간 변형시켰다)을 비교했다: 세례식: 대부모에 의한 소개, 주교의 질문, 입회요청, 복종, 신의 자녀가 됨, 서명, 평화의 키스. 계약: 유대인의 소개, 악마의 질문, 보호의 요청, 복종, 악마의 종이 됨, 서명, 평화의 키스. 봉건 계약: 가신의

소개, 보호의 요청, 복종, 영주의 가신이 됨, 서명, 평화의 키스 계약이 마녀 광란에 미친 영향에 대해서는 J. B. Russell, *A History of Witchcraft*, pp.55-58, 76-78; 아래 10장 참조.

40) 머플(mufle)은 지저분한 사람을 나타내는 구어체적 프랑스어 표현이기 때문에, 반-플랑드르적 편견이 여기에 나타난 듯하다. 계약에 대해서는, Briggs, vol.2:1, pp.111-115, 132-133, 138; Tubach 3566-3572, 4188; Thompson, F 81.2; Bächtold-Stäubli, 1842 참조.

41) M. Lazar, "Theophilus," *Modern Language Notes*, 87, no.6(1972), 31-50; G. Frank, *Le miracle de Théophile*, 2d ed.(Paris, 1969). 테오필루스는 235행에서 악마를 "폐하"라고 부른다; 악마는 테오필루스에게 충성의 표시로 그의 두 손을 자신의 손에 얹으라고 이야기한다(pp.239-240); 테오필루스는 경의를 표한다(p.242); 그는 정식 계약을 한다; M. de Combarieu, "Le diable dans le Comment Theophilus vint à pénitence de Gautier de Coinci, et dans le Miracle de Théophile de Rutebeuf(I)," in *Le diable au moyen âge*(Paris, 1979), pp.157-182; 리트뵈프보다 계약 이야기가 더 발달된 15세기 "Chevalier qui donna sa femme au diable," 참조: T. W. Andrus, "The Devil on the Medieval Stage in France"(Ph. D. diss., Syracuse, 1979), pp.147-150.

42) J. Strange, ed., *Caesarii Heisterbacensis monachi Ordinis Cisterciensis Dialogus miraculorum*, 2 vols.(Cologne, 1851), bk. 5, chap.19.

43) 유대인들의 악마화에 대해서는, 아래, 5장 참조.

44) G. Ashby, "Le diable et ses représentations dans quelques chansons de geste," in *Le diable au moyen âge*(Paris, 1979), pp.7-21.

45) R. A. Wisbey, *A Compete Concordance to the Rolandslied*(Leeds, 1969).

46) 모리스 샌닥(Maurice Sendak)의 동화 Outside over There 참조.

47) G. de Tervarent and B. de Gaiffier, "Le diable voleur d'enfants," in *Homenage a Antoni Rubió I Lluch*, vol.3(Barcelona, 1936), pp.33-58; 그리고 앤드러스(Andrus)가 논의한 "Miracle de l'enfant donné au diable," pp.37-39, 56-57, 135-136 참조.

48) J.-P. Poly, "Le diable, Jacques le Coupé, et Jean les Portes, ou les avatars de Santiago," in *Le diable au moyen âge*(Paris 1979), pp.443-460. 번스타인(A. Bernstein) 교수에게 자신의 미간행 논문, "Theology and Popular Belief: Confession in the Later Thirteenth Century"을 볼 수 있도록 허락해준 데 대해 감사를 표한다. 그 논문에서, 그는 무엇보다도 고해가 악마를 물리치는 데 효과적이라는 사실을 설명함으로써 성직자들이 어떻게 대중들

에게 고해를 하러 가도록 설득했는지를 보여준다.

49) 인류에 대한 재판이라는 발상은 아르메니아의 에즈닉(Eznik of Armenia)의 15세기 논문 "Against the Sects"로 거슬러 올라간다. 논문에서, 그리스도와 사탄은 지옥에서 논쟁을 벌이는데, 그리스도는 악마가 주장하는 엄격한 정의에 대항해 자비를 주장한다. 재판에 대한 여러 버전에는 12세기의 "Altercatio Diaboli contra Christum"과 13세기의 "Pianto di Dio col nemico"를 비롯하여 수많은 설교들이 있다. 이것은 법률교본과 논평에 있어 확실한 판례가 되었다. 위대한 법학자 사소페라토의 바르톨로(Bartolo da Sassoferrato)는 1359년경 가장 성공적인 버전 가운데 하나를 썼는데, 이 논문은 수많은 제목으로 발견된다. 특히 M. Goldast Haiminsfeld의 *Processus juris joco-seriosus*(Hanau, 1611)에 있는 "Processus Satanae contra Dominam Virginem coram judice Jesu"와 바르톨로의 *Opera omnia*(Venice, 1590), vol.10에 나온 "Tractatus quaestionis ventilatae coram domino nostro Jesu Christo inter virginem Mariam advocatam humani beneris ex una parte et diabolum contra genus humanum ex alia parte"가 있다. 14세기 바르톨로 논문의 프랑스 판은 시 L'advocacie nostre-dame, ed. A. de Montaiglon and G. Raynaud(Paris, 1869: 일반적으로 인용되는 1896이 아니라)이다. 여기에 대해서는 *Le diable au moyen âge*, pp.237-258에 나온 G. Gros, "Le diable et son adversaire dans l'Advocacie nostre dame(Poème du XIVe siècle)" 참조. 가장 영향력 있는 또 다른 버전은 야코부스 팔라디누스(Jacobus Palladinus, 스폴레토의 주교)의 것으로, 1382년 "Consolatio peccatorum, seu Processus Belial"이라는 제목하에 쓰여졌다. 이것은 또한 "Processus Luciferi contra Jesum coram indice Salomone," "Compendium perbreve de redemtione generis humani"를 비롯한 다른 제목으로도 불린다. 이 또한 하임인스펠트(Goldast Haiminsfeld)에 의해 편집되었다. 팔라디누스의 버전은 널리 번역되어 18세기에 매우 인기가 있었으며, 보마르셰(Beaumarchasis)와 가극의 가사작가인 로렌조 다 폰테(Lorenzo da Ponte)에게도 영향을 미쳤다. Bloomsfield, pp.92-93; E. von Petersdorff, *Dämonologie*, 2vols.(Munich, 1956-1957), vol.1, pp.290-292; D. Colombani, "La chute et la modofication: Le renversement diaboloque chez Gautier de Coïnci," in *Le diable au moyen âge*, pp.133-154; P. B. Salmon, "Jacobus de Theramon and Belial," *London Medieval Studies*, 2(1951), 101-115; K. Frick, *Das Reich Satans*(Graz, 1982), pp.140-142 참조.

50) H. von Fehr, "Gottesurteil und Folter: Eine Studie zur Dämonologie des Mittelalters und der neueren Zeit," *Festgabe für Rudolf Stammler*(Berlin and Leipzig, 1926), pp.231-254.

51) C. DeClercq, *La législation religieuse franque de Clovis à Charlemagne*(Louvain, 1936).

52) 악마의 편지는 그리스도가 하늘나라에서 부친 것으로 여겨지는 천상의 편지와 유사하다. 천상의 편지라는 개념은 8세기로 거슬러 올라간다. W. R. Jones, "The Heavenly Letter in Medieval England," *Medievalia et Humanistica*, n. s. 6(1975), pp.163-178; J. B. Russel, "Saint Boniface and the Eccentrics," *Church History*, 33(1964), pp.238-240 참조.

53) 악마의 편지에 대한 일반적인 논의는 팽(H. Feng)의 완벽한 논문 "Devil's Letters: Their History and Significance in Church and Society, 1100-1500"(1982년 노스웨스턴 대학 박사논문) 참조. 펭 박사의 논문을 볼 수 있도록 해준 것에 대해 펭 박사와 그녀의 조언자인, 러너(Robert Lerner) 교수에게 감사를 표한다. 또한 P. Lehmann, *Die Parodie in Mittelalter*, 2d ed.(Stuttgart, 1963), pp.57-64; R. R. Raymo, "A Middle English Version of the Epistola Luciferi ad Cleros," in D. A. Pearsall and R. A. Waldron, eds., *Medieval Literature and Civilization*(London, 1969), pp.233-248; W. Wattenbach, "Uber erfundene Briefe in Handschriften des Mittelalters, besonders Teufelsbriefe," Sitzungsberichte der königlich-preussischen Akademie der Wissenschaften zur Berlin, 1, no.9(FEb, 11, 1892), pp.91-123; G. Zippel, "La lettera del diavolo al clero, dal secolo XII alla Riforma," Bullettino dell'Istituto storico italiano per il medio evo e Archivio Muratoriano, 70(1958), 125-179.

54) Lehmann, pp.61-63.

55) Zippel, pp.163-166. 지펠(Zippel)은 또한 "Sermo de quolibet statu hominum," pp.166-175 와 "Epistola missa Clementi Papae Sexto," pp.175-179를 준다.

56) Caesarius, 5.2, 5.16.

57) Müller, 782-786; Thompson, G 303.16; 303.25.7; I. Goldziher, "Eisen als Schutz gegen Dämonen," *Archiv für Religionswissenschaften*, 10(1907), pp.41-46. 다른 전설들: 신은 자신의 그림자 혹은 자신의 침으로부터 악마를 만들어낸다(Thompson, G 303.1.1.1 and 303.1.1.2); 악마는 신의 은총으로 돌아갈 것이 확실해지면, 참회할 것이다(Tubach, 1664). 신은 이 세상의 좋은 것들을 만들어내지만, 악마는 박쥐, 모기, 우박 같은 것들을 만들어낸다(UCLA). H. Lixfeld, *Gott und Teufel als Weltschöpfer*(Munich, 1971); J. Bolte, "Der Teufel in der Kirche," *Zeitschrift für vergleichende Literaturgeschichte*, 11(1897), pp.249-266; Thompson, A 63-64, A 2286.2.1 참조.

5장 중세 초기의 악마론

1) 악마론에서 그레고리우스 1세의 특히 중요한 작품은 *Moralia*(이하 *Mor.*)와 *Dialogues*(이하 *Dial.*)이다.

2) 카시아누(c. 265-c. 435)는 베들레헴과 이집트, 콘스탄티노플, 로마 등지에서 수도사로 지낸 후, 마르세유에 동방의 수도원 제도를 들여왔다. 그의 위대한 두 저작, *Institutions*와 *Talks*(Collationes), ed. E. Pichery, SC 42, 54, 64는 에바그리우스와 다른 동방의 교부들의 사상에 기원을 두고 있다. P. Christophe, *Cassien et Césaire: Prédicateurs de la morale monastique*(Paris, 1969), pp.67-68 참조. 특히 악마론에 대해서는 *Collationes*, 7장과 8장 참조.

3) 가장 의미있는 이시도루스의 저작은 *Sentences*(이하 *Sent.*)와 *Etymologies*(이하 *Ety.*)이다.

4) 바드의 가장 유용한 저작으로는 *Ecclesiastical History*(이하 *Hist.*), *Life of Cuthbert*(이하 *LC*), *Commentary on Luke*(이하 *CL*)이 있다.

5) 엘퀸의 저작 중 가장 도움이 되는 것은 성서주석인데, 특히 「창세기」(*Comm. Gen.*), 「시편」(*Comm. Ps.*), 「요한복음」(*Comm. John*), 「요한계시록」(*Comm. Apoc.*)에 대한 주석서가 유용하다.

6) *Mor.* 32.23: "신은 맨 처음 천사를 창조하였으니, 그를 다른 천사들보다 더 훌륭하게 만드셨다." *Mor.* 9.5: "가장 높은 계급의 그 천사는 신에게 복종하는 채로 남아 있었다면 꼭대기에 머무를 수 있었을 것이다." 그러나(*Mor.* 34.21) "그가 신의 영광에 반항하면 할수록, 그는 더욱 더 추락했다." 이 책의 제2장 참조: 디오니시우스는 악마가 가장 높은 계급의 천사였다고 생각할 수 없었다. 그러나 디오니시우스를 수정했고, 오해한 듯한 그레고리우스 1세는 이러한 생각을 하는데 아무런 어려움이 없었다. 그레고리우스 1세는 지위를 다음과 같이 배열했다: 세라핌, 케루빔, 트론즈, 도미네이션스, 버츄즈, 파워스, 프린시펄리티스, 엔젤스, 아켄젤스. 이 순서는 디오니시우스의 배열과 달리, 버츄즈와 프린시펄리티스의 위치를 바꾸었다. 피트 롬바르드(Peter Lombard)를 비롯한 많은 학자들이 그레고리우스의 순서를 따랐다. 그레고리우스 1세의 천사의 열번째 계급에 대한 논의는 슬라브의 「에녹2(2 Enoch)」 29:3-4에 나타나는 전통을 따른 듯하다(R. H. Charles, ed., *The Apocrypha and Pseudepigrapha of the Old Testament*, 2vols.(Oxford, 1913) vol.2, p.447). 에녹은 "형체 없는 천사의 무리 10개"가 창조되었다

고 주장하나, 이는 드니가 주장한 천사의 아홉 계급과 상충한다. 그레고리우스 1세는 열 개의 은화를 지닌 여성의 이야기(「누가복음」15:8-10)를 논의에 끌어들인다. 그 여성은 자신의 은화 하나를 잃어버렸다. 그레고리우스 1세는 이것이 타락한 열 번째 천사의 무리를 해당한다고 생각했다. 그레고리우스 1세, 설교 34(「누가복음」15에 관한 것): 6-11, 특히 6-7 참조: "한 여성이 열 개의 드라크마 은화를 가지고 있었다. 아홉 개는 천사의 아홉 등급에 해당하며, 그 수를 채우기 위해 인류가 창조되었다…). 따라서 그레고리우스 1세는 천사의 열 번째 무리를 가정했는데, 이는 다음과 같은 두 가지 방식으로 해석될 수 있다: 그 천사의 무리는 죄를 짓고 타락했거나 혹은 성인(聖人)들이 하늘나라로 올라가 그들의 자리를 채웠다. 그레고리우스 1세는 그러나 이 열 번째 무리는 실제 계급을 이루지는 않는다는 점을 명확히 함으로써 디오니시우스와 모순되는 점을 피한다. 오히려 이들은 다른 아홉 계급의 천사들 중에 뽑힌 무리이다. 선택된 인간들은 하늘 나라로 올라가 그들의 공적에 따라 다양한 천사들의 계급 속으로 들어간다." 이러한 견해는 *Commentary on Sentences*에서 앨프릭(아래 6장 참조), 아벨라르(Abelard)(Sic et non, 49), 피터 롬바드(Sent. 2.9.6(아래 7장 n. 32 참조)), 아퀴나와 둔스 스코투스 등이 논의한 것이다. 랭글런드는 이 견해를 독특한 방식으로 이용했는데, 그레고리우스보다는 에녹의 견해에 가까운 듯하다(아래 8장 참조)

7) *Sent.* 1.10: "천지 창조 이전에 천사들이 만들어졌고, 천사들이 만들어지기 전에, 악마가 만들어졌다. 따라서 악마는 천사들 중 으뜸을 차지한다."

8) H. Chadwick, *Priscillian of Avila*(Oxford, 1976).

9) Mansi 9. 774; Hefele-Leclercq, vol.3, p.177. H. Denzinger, *Enchiridion symbolorum*, 31st ed.(Rome, 1960), nos. 237, 238, 242, 243 참조. 제4회 라테란(1215), Denzinger, nos. 428-430. Trent(June 17, 1546), Denzinger, no. 788. 보다 소규모의 몇몇 공의회에서도 악마를 간단히 언급한다. 즉, *Statuta ecclesiae antiqua*(Gaul, c. 275); C. Munier, Concilia Galliae A. 314-A. 506, CCSL 148, p.165; C. Munier, Concilia Africae A. 245-A. 525, CCSL 149, pp.8, 62, 70-75, 264.

10) *Mor.* 14.18: "그는 자신의 높은 본질로부터 전락했으므로, 그리고 그의 결함은 나날이 커져만 가므로, 그는 비존재에 가까이 간다." 보에티우스(Boethius, c. 480-524)는 그의 "Consolation of philosophy"에서 이러한 결성(缺性)에 찬성하는 의견을 폈다. 이시도루스, Sent. 1.9: "악마는 악을 만들어냈다기보다는 발견했다. 신은 존재하는 모든 것을 만들었으며, 신은 악한 것을 만들지 않았으므로, 악은 존재하지 않는 것이다. 따라서

악은 선이 그와 대비되어 빛날 수 있도록 우주 속으로 섞여들어왔다. 악은 본질적으로 무(無)이다. 신은 모든 것을 완벽하게 선하게 만들었으므로, 악은 본질적으로 존재하지 않는다." G. R. Evans, *Augustine on Evil*(Cambridge, 1982), pp.91-98 참조.

11) *Mor.* 2. 10, 4 서문, 4.13, 5.38, 15.4, 32.13, 34.21. L. Kurz, *Gergors des Grossen Lehre von den Engeln*(Rome, 1938), p.27 참조. 이시도루스는 이 점에 있어서 그레고리우스 1세를 열심히 따랐다: *Sent.* 1.10; *Sent.* 2.34와 *Ety.* 7.5. 참조

12) J. M. Evans, *Paradise Lost and the Genesis Tradition*(Oxford, 1968), p.83.

13) J. F. O'Donnell, *The Vocabulary of the Letters of Saint Gregory the Great*(Washington, D. C., 1934), p.142에서는 이러한 이름들의 목록을 속속들이 길게 제시하고 있다. 또한 F. Gastaldelli, "Il meccanismo psicologico del peccato nei Moralia in Job di San Gregorio Magno," *Salesianum*, 27(1965), 577 참조. 그레고리우스 1세는 악마의 그림을 채우기 위해, 비히모스와 리바이어던의 이미지를 이용한다: 비히모스는 악어 및 뱀과 관련되므로, 악마와도 관련된다. 「욥기」 41에 나오는 리바이어던은 「요한계시록」 12에 나오는 것과 동일시되므로, 비히모스, 고래, 지옥의 입구, 악마와 연관된다(Mor. 4. 9, 32. 23, 34.6). 그레고리우스는 다시 한번 교부학의 전통을 끌어들여 자신의 영향력 하에서 이들을 표준적인 이미지로 만들었다. 그는 루시퍼라는 이름의 사용을 제한했는데, 루시퍼가 또한 그리스도의 이름도 될 수 있다는 것을 알고 있었기 때문이다(Mor. 29. 32). G. J. M. Bartelink, "Les dénominations du diable chez Grégoire de Tours," *Revue des études latines*, 48(1970), 411-432는 투르의 그레고리우스가 악마에게 준 이름들에 대한 철저히 연구 결과를 제공하는데, 그 이름들 역시 전통적이다. 이시도루스는 *Ety.* 8. 11에서 그리스 로마나 히브리로부터 유래된 악마의 다양한 이름의 목록을 기록했는데, 예를 들면, 피버스, 다이아나, 새턴, 벨, 벨파고, 바알세붑, 벨리알, 비히모스, 리바이어던이 있다. 이 이름들은 근대 신비문학에까지 계속 이어져 내려오고 있다. *Ety.*의 이 단락은(Sent. 3. 8과 비교해볼 것) 그 잘못된 파생어들로 잘 알려져 있다. 이시도루스가 주장하기를 Diabolus는 하늘나라에서 타락했으므로, 히브리어의 "미끄러짐"에서 파생되었다: "Diablous는 '미끄러짐'을 뜻하는 히브리어에서 유래되었는데, 왜냐하면 그는 하늘나라의 가장 높은 곳에서 평온하게 머무는 것을 경멸하고, 대신에 자만심에 짓눌려 미끄러져 타락했기 때문이다." 이러한 오류는 에우체리오와 제롬이 쓴 *Commentarium in Ephesios* 3.6; *Commentarium ad Titum* 2.6, in MPL 26.544에 근거한 것이다. 그리고 나서 그는 계속해서 Satan이라는 이름의 보다 정확한 해석을

제공한다: "사탄은 라틴어로 adversarius인데, 이는 죄인, 진리의 적, 거짓말쟁이, 유혹자를 의미한다."

14) *Dial.* 4.30; *Mor.* 29.30; 이시도루스, *Ety.* 8.11. 천사가 보다 물질적인 존재가 된다고 해도, 그로 인해 그들의 천사 지위가 박탈당하지는 않는 듯하다. 예를 들면 루시퍼는 타락 후 육체를 갖게 된 이후에도 계속해서 세라핌으로 남아 있다.

15) *Mor.* 2.20, 2.47; 26.17.

16) 그레고리우스 1세는 그럴듯한 설명을 빠뜨렸다: 신은 공간과 시간 밖에 머무르기 때문에, 그의 모든 행위는 공간과 시간을 초월한다. 그리스도가 아우구스투스의 지배하에 있는 유대에 나타났다고 해서, 성육신의 행위가 그 시간, 그 장소에만 제한되는 것은 아니다. 따라서 그리스도의 구원이라는 사명은 연대기적 위치에 관계없이 모든 인간에게 영향을 미친다고 이야기할 수 있다. 즉, 인간의 행동이 예수 이전보다 이후에 반드시 더 나아지는 것은 아니다. 아우구스티누스의 견해에 대해서는 Evans, pp.130-132, 162, 170 참조.

17) Bede, *Hist.* 5.15; In *2 Epistolam Sancti Petri*, 2.

18) *Mor.* 2.4-7, 2.12, 2.16, 2.20-21; 3.4-5, 3.17; 33.12; P. Catry, "Epreuves du juste et mystère de Dieu," *Revue des études augustiniennes*, 18(1972), 127 참조. 이시도루스는 악마가 오직 신의 허락하에서만 작용한다는 데 동의했다. 악마는 결코 선민들을 유혹하는 것을 멈추지 않는다. 그러나 신은 그들에게 저항할 수 있는 은총을 끊임없이 준다: *Sent.* 1.10; 3.5-6.

19) 「요한복음」 4:23. 「요한복음」 6:35: 루시퍼는 모든 창조물의 군주가 아니라, 죄인들의 군주일 뿐이다. 「요한계시록」 4:6: 세계는 두 개의 왕국으로 나뉘는데, 그리스도의 왕국과 사탄의 왕국이다. 「요한복음」 4:7: 엘퀸은 "오랜 적의 무리"이자 네 개의 거대한 역사적 제국, 아시리아, 페르시아, 마케도니아, 로마를 통치하는 사악한 네 천사를 묘사한다.

20) Cassian, Collationes 7-9; Leo the Great, Sermons 47.9와 89.3 참조.

21) *Mor.* 2.8, 2.18, 2.22-23, 2.27; 4.23, 4.27; 16.18; 32.19, 32.21; 33.3; P. Boglioni, "Miracle et nature chez Grégoire le Grand," *Cahiers d'études médiévales*, 1(1974), p.43; Gastaldelli; *Mor.* 2. 18: "우리는 날마다 전선에 서서, 그의 유혹의 공격을 받는다." 이시도루스, *Sent.* 3.5-6은 그레고리우스 1세를 따른다.

22) *Mor.* 2.17-19; 3.5; 4.16; 7.16; 8.39; 32.22. *Mor.* 2.10: "사탄의 의지는 항상 악하지만,

그의 힘은 결코 부당하지 않다는 것을 우리는 깨달아야 한다. 왜냐하면 그의 의지는
그 자신의 것이지만 그의 힘은 신으로부터 왔기 때문이다. 그가 부정의를 위해 하고자
하는 일은 모두 신이 오직 정의를 위해 하려는 일이다."

23) *Mor.* 34.3-6; 12.36: "Quis vero alienus nisi apostata angelus vocatur?" G. Ladner, "Homo
Viator," *Speculum*, 42(1967), pp.234-235; Boglioni, p.46 참조.

24) C. Dagens, *Saint Grégoire le Grand*(Paris, 1977), pp.168-191; P. Aubin, "Intériorité et
extériorité dans les Moralia in Job de Saint Grégoire le Grand," *Recherches de science religieuse*,
62(1974), pp.117-166. 에덴 동산의 뱀을 악마와 연결시키는 것은 더 이상 문제가
되지 않지만, 엘퀸의 견해는 그것이 문학에 미친 영향을 고려할 때, 언급할 가치가
있다. 한편으로, 에덴동산의 유혹자는 뱀의 형태를 띤 악마였다. *Comm. Gen.* 60에는
악마가 자신의 대변자로 뱀을 이용했다고 나와 있다.

25) *Mor.* 3.15-16; 4.11; 9.28-29; 12.43; 13.8; 13.34; 27.26; 28.7; 32.13; 32.16; 33.13-28;
34.4. *Mor.* 3.16; *Mor.* 4.11; *Mor.* 13.34. 이러한 생각은 죄인 뿐 아니라 거짓말 그 자체를
"악마의 아들"이라는 용어를 사용했던 엘퀸에 의해 되풀이된다. 엘퀸은 「요한복음」
(4:22)에서, 「요한복음」 8:44에 대해 설명하며, 신이 진실된 말, 그리스도를 생겨나게
하는 것처럼 악마가 거짓말-거짓된 말-을 생겨나게 한다고 주장한다.

26) *Sent.* 1.14-17; 1.25. *Comm. on Hebreus* 2. 이후에 고트샬크는 죄인을 사탄의 무리에
속한 것으로 이야기했으며(*Confessio brevior*, p.52), 에우리게나는 다시 고트샬크를 사탄
의 자녀인 이교도라고 불렀다. 여기에 인용된 고트샬크의 저작들은 *Confessio brevior*(이
하 *CB*), *Copnfessio prolixior*(이하 *CP*), *Responsa de diversis*(이하 *Resp.*), *De Praedestinatione*(이하
Praed.)이다. 모든 인용문은 C. Lambot, *Oeuvres théologiques et grammaticales de Godescalc
d'Orbias*(Louvain, 1945)에서 가져온 것이다.

27) *Mor.* 4.9; 14.21; 15.15; 15.58; 27.26; 32.15. *Mor.* 15.5. *Degens*, p.353 참조. Isidore, *Ety.*
8.11. Gottschalk, *Praed.* 5.31, p.256. D. verhelst, ed., *Adso Dervensis*에서 아드소의 영향력
있는 논문, De ortu et tempore Antichristi, *CCCM* 45 참조. 현재 이 주제에 대한 가장
뛰어난 저작들은 R. K. Emmerson, *Antichrist in the Middles Ages*(Seattle, 1981); B. McGinn,
ed., *Apocalyptic Spirituality*(New York, 1981); B. McGinn, Ed., *Visions of the End*(New York,
1979); H. D. Rauh, *Das Bild des Antichrist im Mittelalter*, 2d ed.(Munich, 1979)이다. 또한
K. Aichele, *Das Antichristdrama des Mittelalters, der Reformation und Gegenreformation*(The Hague,
1974) 참조. 나는 에머슨 교수와 맥긴 교수에게 그들의 유용한 충고에 대해 감사를

표한다. 에머슨 교수는 이 페이지에서 적그리스도에 대한 논의가 좀더 이루어지기를 바랐다. 그러나 비록 적그리스도가 때로 악마의 인간화한 모습으로 여겨지며, 이는 악의 기원과 본성에 대한 근본 질문에서 상당히 중심적인 것이기는 하지만, 에머슨 교수의 뛰어난 연구나 적그리스도에 대한 질문을 여기에 그대로 옮겨놓는 것은 별 의미가 없을 것이다. 적그리스도에 대한 가장 중요한 초기 글은 *Rev.* 13:17; Hippolytus, *Treatise on Christ and the Antichrist*(c. 200); Lactantius, *Devine Institutes*(c. 300); Tyconius, *Commentary on Revelation*(c. 385)이다. 피오레의 요하킴의 종말에 대한 중요한 논의는 McGinn, Visions, pp.126-141, 158-167 참조. 적그리스도에 대한 관심은 특히 종교개혁기에 종말론에 대한 관심과 더불어 꾸준히 증가했으며, 16-17세기에 이르러 절정에 달했다. 중세 후기와 종교개혁기에는 적그리스도를 특정 인물이나 기관과 동일시하는 일이 흔했는데, 예를 들면, 신교도들은 로마 교황을 적그리스도로 보고자 했다. 인간을 괴롭히는 "세계, 육체, 악마"의 3인조는 9세기에 처음 연관되어, 11세기부터 흔한 개념이 되었다. S. Wenzel, "The Three Enemies of Man," *Medieval Studies*, 29(1967), 47-66 참조.

28) 전체 개요는 J. Rivière, *Le dogme de la rédemption au début du moyen âge*(Paris, 1934) 참조. 아담과 이브의 유혹이라는 시나리오는 이 시기에 설정되었다. Avitus, *De Mosaicae historiae gestis*, 2. 135-143 참조. 사탄은 아담이 자신의 말을 듣지 않을까 두려워하며, 뱀의 형상을 하고 이브에게 접근한다. 그는 이브를 "아름다운 최초의 어머니"라고 부르며, 아첨으로 이브의 마음을 사로잡는다; 이브는 굴복하여, 아담을 나쁜 길로 이끈다.

29) Haymo, Homily 35. Rivière, *Dogme···moyen âge*, p.8에서는 악마의 힘을 묘사하기 위한 공통된 언어를 요약하고 있다.

30) Leo Ⅰ, Sermon 23. Paschasius Radbert, In Matthaeum, 3과 비교해볼 것. 파스카시우스 (Paschasius)는 좀더 전형적인 입장을 취한다. 즉 우리의 죄로 인해, 악마가 우리를 유혹할 합법적인 권리를 갖게 되었다는 것이다. 라바누스 마우루스(Rabanus Maurus) 는 *De Laudibus sanctae crucis*, 2.21에서 권리라는 개념에 반대한다. "모든 권리와 정의에 반하여, 사악한 하인들과 반역하는 도둑들은 다른 사람의 업무에 대해 통제권을 빼앗는다." 대개 신학자들은 악마의 권리를 quia iuste나 quaedam iustitia 같은 단어로 설명함으로써 적당히 꾸며댄다.

31) Gregory, *Mor.* 17.30: "악마의 성공은 외부적인 것에만 제한되고, 신의 형상이 머물고

있는 내부로는 들어갈 수 없다." Alcuin, *Libri carolini* 2.28: "악마는 지배에 의해서라기보다는 이성에 의해, 그리고 힘보다는 정의에 의해 자신의 전리품을 포기하도록 강요되었다." Rivière, *Dogme … moyen âge*, pp.13-14 참조.

32) Haymo, Homily 28.

33) Bede, *Homily*, 2.1: "그가 우리를 위해 자신의 피와 살을 하느님에게 제물로 바쳤을 때, 그는 악마의 힘을 손상시켰다."

34) Rivière, *Dogme … moyen âge*, Rivière, "Le dogme de la rédemption au XIIe siècle d'après les dernières publications," *Revue du moyen âge latin*, 2(1946), pp.101-112, 219-230; J. Turmel, *Histoire du diable*(Paris, 1931).

35) 성경의 인용문은 「이사야서」 9:2, 42:6-7; 「시편」 3:3-13; 「호세아서」 13:14; 「마태복음」 27:52-53; 「마가복음」 3:27; 「베드로서」 3:19, 4:6; 「에베소서」 4:8-10; 「요한계시록」 20:1-2이다. 표준 영어번역은 "지옥으로의 하강(descent into hell)"이지만, 그것은 원어인 descensus ad inferos 혹은 inferna보다 훨씬 더 많은 조합의 가능성을 지닌다. 원어에서 inferna 혹은 inferos는 "지하세계로" 혹은 "죽은 자들 사이로"라고 번역할 수 있다. 하강에 대해서는 C. A. Bouman, "'Descendit ad inferos'," *Nederlands katholieke stemmen*, 55(1959), pp.44-51; J. J. Campbell, "To Hell and Back," *Viator*, 13(1982), pp.107-158; M. M. Gatch, "The Harrowing of Hell," *Union Seminary Quarterly Review*, 36, supp.(1981), pp.75-88; J. N. D. Kelly, *Early Christian Creeds*, 3d ed.(London, 1972), pp.378-383; H. C. Kim, ed., *The Gospel of Nicodemus*(Toronto, 1973) 참조. "Gospel of Nicodemus"의 번역본은 M. R. James의 *The Apocryphal New Testament*(Oxford, 1924), pp.94-146 참조. J. Kroll, *Gott und Hölle: Der Mythos vom Descensuskampfe*(Leipzig, 1932); C. I. Smith, "Descendit ad inferos-Again," *Journal of the History of Ideas*, 27(1966), pp.173-194 참조.

36) Gregory, *Mor*. 32.15; 3.20; Kurz, pp.30-36.

37) Cassiodorus, *Expositions on the Psalms*, 9.5: 타락한 천사들의 이름은 생명책에서 영원히 지워졌다.

38) Gregory, *Mor*. 2.3; 4.2-9.8; 8.50; 9.50; 17.22; 34-55. *Mor*. 4.4: "배신한 천사는 자신이 신에게 빚진 존경을 염두에 두지 않을 것이므로, 회개의 빛으로 돌아오지 않을 것이다." *Mor*. 4.7: "오랜 적은 결코 천상의 빛이나 계급으로 돌아오지 않을 것이다." Isidore, *Sent*. 1.10도 Alcuin, *Comm. Gen*. 3-4. *Comm. Gen*. 3과 마찬가지 내용을 담고 있다.

"신은 인간의 상처와 마찬가지로, 천사의 상처도 치유받지 못하도록 운명짓지 않았다." *Comm. Gen.* 4: "천사는 자신의 죄를 만들어낸 장본인이지만, 인간은 다른 존재에 의해 잘못 인도되었다. 천사는 그의 영광이 더 크기 때문에 더 멀리 떨어질 것이고, 인간의 본성은 보다 나약하므로, 용서받기 쉽다."

39) 논쟁에 대해서는 M. Cappuyns, *Jean Scot Erigène*(Louvain, 1933), pp.102-112; Hefele-Leclercq, vol.4:1, pp.137-235; J. Pellikan, *The Christian Tradition*, vol.3: *The Growth of Medieval Theology*(Chicago, 1978), pp.80-98 참조.

40) *Resp.*, pp.160-161; *Praed.*, p.185.

41) Pelikan, pp.87-89.

42) *CB.*, p.52: "신은 배신한 천사들과 악마의 몸을 형성하는 모든 사악한 인간들뿐 아니라 모든 마귀들의 우두머리인 악마의 운명도 영원한 죽음으로 미리 예정하였다. 그들은 이러한 운명에 처해 마땅한데, 신은 그들이 저지른 죄악과 그들이 받아야 할 심판을 영원히 알고 있기 때문이다."

43) *CP.*, p.56: 달리 어떻게 될 수 있겠는가? "만약 당신이 그들에게 그러한 벌을 받도록 미리 예정하지 않았다면, 당신은 이유없이 이들에게 영원한 죽음의 벌을 운명짓지는 않을 것이다. 이들은 그들이 지옥에 갈 운명이 아니라면 지옥에 가지 않을 것이다. 만약 그렇지 않다면 신은 변덕스러울 것이다."

44) *Praed.*, p.218. 고트샬크는 또한 루시퍼가 처음 창조된 순간 타락한 것이 아니라 잠시 동안의 불명예 후에 타락했다는 점에서 아우구스티누스와 의견을 같이했다(이 시도루스에는 반대함).

45) 가장 유용한 에리게나의 저작으로는 *The Division of Nature*(이하 *Div.*), the *Commentary on John*(이하 *Comm. John*), *Divine Predestination*(이하 *Pred.*), 그리고 *Expositions on the Heavenly Jerusalem*(이하 *Ier.*)이 있다. 이는 I. Sheldon-Williams, ed. , *Johannis Scotti Eriugenae Periphyseon*, 2 vols.(Dublin, 1968-1972)(SW)로부터 번역한 것이다. 인용문은 B. Stock, "Observations on the Use of Augustine by Johannes Scotus Eriugena," *Harvard Theological Review*, 60(1967), 213-220에서 가져온 것이다.

46) 실제로 에리게나는 삼위일체의 신성한 빛에 대한 은유로 Lucifer라는 용어를 사용했다(*Ier.* 2.3). *Div.* 2.20도 볼 것: "그러나 다윗왕의 샛별은 어떤 이들에게는 악을 표상하는 것처럼 보였지만, 다른 이들에게는 일출에 앞서 등장하는 매우 밝은 별을 나타내는 듯했다. 지평선 위로 나타나는 그 별은 전통적으로 동정녀에게서 탄생한 예수와

관련되었다"(SW, vol.2, p.79).

47) *Div.* 2.28; SW, vol.2, p.142; Cappuyns, p.204; *Div.* 2.28; SW, vol.2, p.138; Cappuyns, p.199; *Div.* 1.14, SW, vol.1, pp.76-77.

48) *Div.* 1.14; SW, vol.1, pp.80-84; *Div.* 4.16.

49) J. J. O'Meara, *Eriugena*(Dublin, 1969), p.51.

50) *Div.* 2.2(SW, vol.2, p.12).

51) 현대에 요한의 견해는 범신론으로 잘못 기술되었다.

52) *Div.* 1.1.

53) 나는 이 구절의 시적 특성으로 인해, 외람되게도 이 구절을 시로 해석했다. *Div.* 3.17; *Div.* 3.4.

54) 이것은 신이 맨 처음 무로부터 사물을 창조하기 위해, 무로부터 무를 창조했다는 것을 의미할 것이다. 이는 말도 안 된다. 무(nothing)는 절대적으로 아무것도 아닌 것(no thing)이다.

55) Cappuyns, p.205; *Div.* 3.16; Cappuyns, p.205; *Div.* 3.14; Cappuyns, p.206; *Div.* 3.17. 신은 그의 창조물 안에 스스로를 창조한다. *Div.* 1.12. SW, vol.a, pp.58-62

56) *Div.* 1.8, SW vol.1, p.50.

57) Cappuyns, p.211; *Div.* 5.26.

58) *Div.* 4.20.

59) Cappuyns, p.208; 212; *Div.* 4.11, 4.14, 5.36.

60) *Div.* 4.14-15.

61) Cappuyns, p.212; *Div.* 5.29-36.

62) *Div.* 5.26-29.

63) *Div.* 5.8; *John* 1.21.23; *Div.* 3.20.

64) 예배식에서의 악마에 대한 저작은 참고문헌을 참고할 것.

65) G. M. Lukken, *Original Sin in the Roman Liturgy*(Lieden, 1973), pp.232-234.

66) D. M. Jones, "Exorcism before the Reformation"(1978년, 버지니아 대학교 석사논문), pp.2-18; H. A. Kelly, *The Devil, Demonology, and Witchcraft*, 2d ed.(New York, 1974), p.81.

67) 높은 신분의 사제: *Mt.* 26:63; 마귀 들린 사람: *Mk.* 5:7.

68) A. Angenendt, "Der Taufexorzismus und seine Kritik in der Theologie des 12. und 13. Jahrhunderts," in A. Zimmermann, ed., *Die Mächte des Guten und Bösen*(Berlin, 1977),

pp.388-409.

69) E. Bartsch, *Die Sachbeschwörungen der römischen Liturgie*(Münster, 1967), pp.118-121; Lukken, pp.231-253.

70) Lukken, p.254.

71) R. Béraudy, "Scrutinies and Exorcisms," in *Adult Baptism and the Catechumenate*(New York, 1967), pp.57-61.

72) J. M. Neale and G. H. Forbes, *The Ancient Liturgies of the Gallican Church*(London, 1855), pp.160-161. Kelly, *Devil*, pp.81-84; Lukken, pp.232-238; Mohlberg, *Gelasianum*, pp.44-46, 67, 249 참조. 나는 예배식에서의 악마에 대해 유익한 설명을 해준 켈리(H. A. Kelly) 교수에게 감사를 표한다.

73) Lukken, pp.227-255. 엑서플레이션(입김을 내뿜어 행하는 엑소시즘의 유형)은 20세기 까지도 가톨릭의 세례 의식에 남아 있었다. 사탄 포기의 대표적인 방식은 젤라시오 성사집(Gelasinum) 68에 나와 있다. 743년, 프랑크의 렙틴느 공의회의 법규집에 세례 식에서 악마를 공공연하게 버리기 위해 다음과 같은 방식이 덧붙여졌다: "튜튼 민족 들에게 맞게 만들어진 이러한 악마의 포기는 다른 튜튼 신들뿐 아니라 토르, 보탄(오 딘), 작스놋에 대한 구체적인 폐기를 포함하였다." Hefele-Leclercq, vol.3:2, p.835.

74) Burchard, *Decretum*, 4.20. William of Auvergne, *Summa aurea*, ed. P. Pigouchet(Frankfurt am Main, 1964), p.ccliii. Angenendt, pp.402-408 참조.

75) 예배식은 그 창시자들이 과장된 모욕을 통해 악마를 쫓아내기를 바랬다는 인상을 준다. 즉, Gelasianum 250: "피문은 날고기 한 덩어리, 여러 형태를 띤 죄의 유혹자, 진실의 반대자, 텅 진 그림자, 숨결 없는 죽은 물체, 어둠의 자식, 천사의 죄." M. Férotin, Le "Liber mozarabicus sacramentorum" *et les manuscrits mozarabes*(Paris, 1912), p.1029 에는 예배식에서 악마를 부르는 이름의 목록이 나와 있다: 조롱하는 자, 영리한 뱀, 오랜 전염병 운반자, 쫓겨난 천사, 사기꾼, 용, 오랜 적, 오만한 적, 파괴하는 적, 이 세상의 지배자, 오만의 왕자, 가장 사악한 뱀, 불결한 영혼, 우리를 학대하는 자.

6장 초기 중세의 예술과 문학에 등장하는 루시퍼

1) 초기 중세 예술에 등장하는 악마에 대해서는 B. Brenk, "Teufel," *Lexikon der christlichen Ikonographie*, 4(1972), cols. 295-300; B. Brenk, *Tradition und Neuerung in der christlichen Kunst des ersten Jahrtausends*(Vienna, 1966); O. A. Erich, *Die Darstellung des Teufels in der christlichen Kunst*(Berlin, 1931); R. Hughes, *Heaven and Hell in Western Art*(New York, 1968); A. Köppen, *Der Tuefel und die Hölle in der darstellenden Kunst von den Anfängen biszum Zeitalter Dante's und Giotto's*(Berlin, 1895); the *Princeton Index of Christian Art*(이하 ICA)로부터 이 장에 나오는 많은 예들이 이용되었다. San Apollinare Nuovo에 대해서는 특히 E. Kirschbaum, "L'angelo rossoel'angelo turchino," *Rivista di archeologia cristiana*, 17(1940), pp.209-248 참조.

2) Stuttgart Psalter, in SATAN, pp.41, 75, 86, 136, 189. Brenk, *Tradition*, 102. Brenk, *Tradition*, pp.196-197에는 9세기와 1세기에 가장 흔한 마귀의 두 유형과 꼬마도깨비, 힘센 원인(原人)들의 표본이 나열되어 있다.

3) 노인: ICA(Moscow, Historical Museum: Chludov Psalter, ninth century). 크고 벌거벗은: Stuttgart Psalter(ninth century). 거인: ICA(Utrecht, Bibliotheek der Universiteit: ninth-century psalter). 흰 옷을 입은: ICA(Oxford, Bodleian Library: Caedmonian poems, eleventh century). 벌거벗은 마귀들: ICA(Paris, Bibliothèque Nationale: tenth or eleventh-century miscellany). 간단한 옷: ICA(Vatican City, Biblioteca Vaticana: eleventh-century psalter). 인간에 가까움/짐승 같은: ICA(Montecassino Monastery library: illumination of Rabanus Maurus, De universo, c. 1023).

4) ICA(Amiens, Bibliothèque de la Ville: Corbie psalter, 10세기 경으로 추정). 캐드먼의 시집(Oxford: Bodleian Library Junius 11)에 나오는 삽화에 대해서는, T. Ohlgren, "The Illustrations of the Caedmonian Genesis," *Medievalia et Humanistica*, 3(1972), 199-212; T. Ohlgren, "Five New Drawings in the Ms. Junius 11," *Speculum*, 47(1972), 227-233 참조. 올그렌은 앵글로색슨 시대의 채색 사본에 나타나는 도상학적 주제에 대한 색인을 준비하고 있다.

5) ICA(Einsiedeln, Stiftsbibliothek: Illumination of Jerome, "Adversus Jovinianum," 10세기); ICA(Munich, Bayerische Staatsbibliothek: Gospel Book of Otto III, c. 1000); ICA(Hildesheim: bronze doors of the cathedral, 1008-1015).

6) 꼬리: ICA(London, British Library: Aelfric paraphrase, 11세기?). 새의 날개와 긴 꼬리를 가졌으나, 뿔은 없는 벌거벗은 남자: ICA(London, British Library: 11세기 시편서). 뿔, 수염, 뾰족하거나 타는 듯한 머리카락: ICA(Florence, Laurenziana: 11세기 복음서). Köppen, pp.51-55 참조.

7) ICA(Rome, Biblioteca Casanatense: Benedictio fontis, 10세기); ICA(Vatican City, Bibliotheca Vaticana: 11세기 시편서).

8) ICA: London, British library); ICA(Utrecht, Bibliotheek der Universiteit). 4세기 아타나시우스(Athanasius)가 쓴 "Life of Anthony"의 라틴어판에는 사탄의 머리카락이 불꽃을 나타낸다는 해석을 뒷받침하는 사탄의 모습에 대한 묘사가 나와 있다.

9) Köppen, pp.51-55. 긴 코, 짧은 꼬리, 깃달린 날개를 가진 꼬마도깨비: ICA(London, British Library, 11세기). 브렝크는 이 꼬마도깨비가 6세기, 엑소시즘 장면에 처음 나타난다고 말한다.

10) 삼지창이나 갈퀴: ICA(London, British Library: 도구를 가지고 저주받은 이들을 불타는 호수로 찔러넣는 날개달린 마귀들, Harley 603). 지옥에 묶인: ICA(Rome, Bib. Casanatense; Paris, Biboiothè que Nationale: Roda Bible, 11세기); 라벤나의 산 아폴리나리우스 누오보 교회. J. Galpern, "The Shape of Hell in Anglo-Saxon England"(캘리포니아 버클리대학교의 박사논문, 1977), p.37에서는 입 벌리고 있는 지옥의 입구가 12세기 영국에서 창안된 것이라고 주장한다.

11) 검은 색: ICA(Paris, Bibliothèque Nationale: 9세기 sacramentary of Drogo; London, British Library: Bristol Psalter, 11세기). 푸른 색: 커시바움(Kirschbaum)은 보라색/푸른색이 또한 밤의 색이자 햇빛이 사라졌을 때 공기의 본래 색깔이라고 주장한다. 루스페의 풀겐티우스(Fulgentius of Ruspe, 468-533)는 De Trinitate에서 다음과 같이 주장했다: "타락한 천사들은 공기로 만들어진 몸을 가지고 있는 반면, 천사들은 천상의 불로 만들어진 몸을 가지고 있다." 1. 토르첼로(Torcello)에 있는 모자이크에는(Köppen, pp.47-49), 악마가 흐트러진 흰 머리카락과 수염을 가진 푸른색 악마로 나타난다. 그는 힘센 뱀들 위에 세워진 왕좌에 앉아 유다를 무릎 위에 올려놓고 있다. 그의 아래에는 죄인들이 심한 고통을 겪고 있고, 그의 하인인 마귀들은 날개를 달고, 사티로스의 머리를 가지고 있다. 이 푸른색 악마와 로마의 강의 신이 관련되었다는 암시가 있었으나, 명확히 설명되지는 않았다. 갈색: 올그렌은 주니어스 11 필사본(Junius 11 manuscript)에서 악마가 선한 천사로 변장했을 때를 제외하고는 갈색으로 그려졌음을 보여주었다.

선한 천사로 변장했을 때, 악마는 붉은 색으로 변했다. 옅은 회색: London, British Library; Moscow, Historical Museum; Stuttgart, Landesbibliothek. 고대영어에서, blac은 검은색(black), 납빛(livid), 혹은 창백한 색(pale)을 의미할 수 있다. 현대 영어에서, livid 는 불어의 livide와 마찬가지로 또한 여러 가지 뜻으로 해석될 수 있다. Brenk, Tradition, pp.42-49 참조.

12) 일반적인 고대 영어 문학의 서지는 어마어마하다. S. Greenfield and F. Robionson, *A Bibliography of Publications on Old English Literature to the End of 1972*(Toronto, 1980); s. Greenfield, *A Critical History of Old English Literature*(New York, 1965) 참조. 버크호트(C. T. Berkhout)는 *Old English Neuletter, Neuphilologische Mitteilungen*, 그리고 *Anglo-Saxon England* 에서 그러한 서지의 목록을 정기적으로 갱신한다. 올드 색슨은 또한 이 시기의 중요한 자국어 작품인 *Heliand*를 제시하였는데, 이는 9세기에 쓰여진 작자미상의 그리스도에 대한 서사시이다. 그러나 이 작품에서 악마는 중요치 않은 역할을 담당한다. M. Scott, *The Heliand*(Chapel Hill, 1966). 라이트(C. Wright)는 캘러머 주, 웨스턴 미시건 대학교에서 1983년 5월에 개최된 중세문학에 대한 제18회 연례회의에서 논문, "The Fall of Lucifer in an Hiberno-Latin Genesis Commentary(MS. St. Gall 908)를 발표했다.

13) 악마나 마귀들이 주요하게 등장하는 또 다른 고대영어 저작들에는 다음과 같은 것들이 있다: (1) Cynewulf's *Juliana*, 이 작품에서 사탄은 신을 포기함으로써 고문을 피하도록 설득하기 위해 감옥에 갇힌 성자를 방문한다; 줄리아나는 신에게 기도하고, 신의 명령에 따라 악마를 장악한다. 그러자 악마는 자신의 죄를 고백한다(G. P. Krapp and E. V. K. Dobbie, eds., *The Exeter Book*(New York, 1936), pp.113-133), (2) Cynewulf's *Elene*, 이 작품에서 마왕은 진정한 수난을 발견한 성자에게 나타난다(Krapp, *The Vercelli Book*(New York, 1932), pp.602-102), (3) *Guthlac A*로 알려진 시. 사막의 선조들과 마찬가 지로 마귀들에 의해 괴롭힘을 당하는 구틀락의 일대기(Krapp and Dobbie, pp.49-88), (4) *Guthlac B*, 이 작품에서, 죽어가는 성자가 죄악에 의해 왜곡된 세계에 아름다움과 균형을 회복하도록 도와준다(ibid.), (5) 산문으로 쓰여진 구틀락의 일생(Felix, in C. W. Jones, *Saints' Lives and Chronicles in Early England*(Ithaca, 1947), (6) 앨드헬름(Aldhelm)의 수수께끼 81번, 여기에서 그는 타락한 천사 루시퍼와 샛별 루시퍼를 동일시한다(R. Ehwald, ed., *Aldhelmi opera, MGH auctores antiquissimi XV*(Berlin, 1919), pp.134-135), (7) 시집, Christ(Krapp and Dobbie, pp.3-49), Christ III에서는 천사와 마귀들을 영리함과 우둔함, 흰색과 검정색으로 대비시킨다, (8) "Judgement Day I"(Krapp and Dobbie,

pp.212-215)와 "Judgement Day Ⅱ"(E. V. K. Dobbie, ed., *The Anglo-Saxon Minor Poems*(New York, 1942), pp.58-67. *Guthlac A*에 대해서는 F. Lipp, "Guthlac A: An Interpretation," *Mediaeval Studies*, 33(1971), pp.46-62 참조. *Guthlac B*에 대해서는 D. Calder, "Theme and Strategy in Guthlac B," *Papers on Language and Literature*, 8(1972), pp.227-242 참조. A. Olsen, *Guthlac of Croyland*(Washington, D. C., 1981) 참조.

14) 몇몇 세부사항들은 순전히 튜튼적이다. R. Woolf, "The Devil in Old English Poetry," *Review of English Studies*, n.s. 4(1953), 3에서는 창세기B의 417과 444에서 발견되는 feðerhama와 haeleðhelm이라는 용어가 기독교 전통에 뿌리를 둔 것이 아님을 지적한다.

15) Woolf, pp.1, 11.

16) Woolf, pp.6-10.

17) 지옥의 정복에 대한 고대 영어의 산문과 시는 아마도 "니고데모 복음서"를 포함한 광범위한 전통에 의존하고 있다. 그러나 이것은 12세기가 시작될 때까지, 영국에서 아무런 직접적인 영향력을 갖지 못했을지도 모른다. 고대영어 자료의 연대에 대해 최근 학자들은 의문을 제기하고 있는데, 예를 들면, 『베오울프(Beowulf)』는 빠르게는 7세기 후반, 늦게는 8세기 후반의 것으로 추정될 수 있다. 확실한 것은 대부분의 고대 영어 문헌들이 7세기에서 8세기 사이의 작품이라는 것이다. "지옥의 정복"을 기록한 두 개의 고대영어 원문은 W. Hulme, ed., "The Old English Version of the Gospel of Nicodemus," *Publications of the Modern Language Association*, 13(1898), pp.457-542; S. Crawford, ed., *The Gospel of Nicodemus*(Edinburgh, 1927)에 들어 있다. 또 다른 "하강"은 A. Luiselli Fadda, "Descensus Christi ad inferos," *studi medievali*, 3d ser., 13(1972), pp.989-1011 에 발표되었다. Krapp and Dobbie가 편집한 책, p.219-223의 '하강'에 대해서는 R. Trask, "The Descent into Hell of the Exerter Book," *Neuphilologische Mitteilungen*, 72(1971), pp.419-435 참조. 또한 G. Crotty, "The Exeter Harrowing of Hell: A Reinterpretation," *PMLA*, 54(1939), pp.349-358; P. Conner, "The Liturgy and the Ond English Descent into Hell," *Journal of English and Germanic Philology*, 79(1980), pp.179-181; J. J. Campbell, "To Hell and Back: Latin Tradition and Literary Use of the 'Descensus ad Inferos' in Old English," *Viator*, 13(1982), pp.107-158 참조. 또한 Blickling homily "Dominica pascha," in R. Morris, ed., *The Blickling Homilies of the Tenth Century*, 2d, ed.(Oxford, 1967), pp.82-97 참조.

18) Luiselli Fadda, citing MS Junius 121, 1541: "Eala Þu deað ic beo Þin deað, and Þu hell, ic beo Þin bite."

19) Hulme 500: 영원히 지속되는 고통. Hulme 500: 사탄은 지옥에게 그리스도가 그들의 노예가 될 것이라는 희망을 불어넣는다. Hulme 502: 지옥은 그의 근위병들에 대해 말한다. Hulme 506: 그리스도가 사탄을 묶는다.

20) 창세기 시들에 대한 가장 흥미로운 추측 중 하나는 『그리스도와 사탄(Christ and Satan)』과 더불어 이들이 밀턴에게 영향을 미쳤을 가능성이다. 밀턴은 네덜란드의 학자, 프란키스쿠스 유니우스(Franciscus Junius)의 친구인데, 그는 "밀턴이 눈이 멀기 전, 런던에서 필사본을 가지고 있었다"(Greenfield, p.150). 그리고 1654년 암스테르담에서 그들을 출간했다. 성격묘사, 분위기, 어법의 유사성으로 인해 밀튼이 적어도 그 시들을 어느 정도 알고 있었을 것이라는 추측이 가능했는데, 11세기와 17세기 사이에 어디에서도 반란을 일으킨 지옥의 왕자가 그토록 힘세고 보이지 않은 연민을 불러일으킨 경우가 없었기 때문이다.

21) Genesis A(GA) 29: 시기와 오만(aefst and oferhygd; GA 22와 비교해볼 것). GA 24: 그들 자신의 욕망. GA 32: 북쪽의 왕좌(in norðdaele; Genesis B(GB) 275와 비교해볼 것).

22) 민담과 성서에 나오는 북쪽에 대해서는 이 책의 제4장 참조. 루시퍼의 왕좌가 있는 위치에 대한 교부학의 기원은 P. Salmon, "The Site of Lucifer's Throne," Anglia, 81(1963), pp.118-123; T. Hill, "Some Remarks on the Site of Lucifer's Throne," Anglia, 87(1969), pp.303-311 참조. GB 264: 루시퍼는 하느님을 섬길 필요가 없다고 큰소리친다. GB 265-266: "그는 자신의 몸이 아름답고 투명하며, 희고 밝게 빛난다고 말했다." GB 272-275: 자신의 왕좌를 북서쪽에 세우다. 신이 스스로의 자리를 남동쪽에 세운 GB 667-668과 비교해볼 것. 루시퍼의 허풍(GB 283).

23) GB 304-305: 그를 지옥으로 던지면, 그곳에서 그는 악마가 된다. GB 307-309: 사흘 밤낮을 떨어졌다. GB 370: 겨울날의 한 시간. 고대 영어 창세기는 이후 중세에 쓰여진 몇몇 희곡작품들과 달리, 루시퍼와 사탄을 구분하지 않는다(GB 347 참조). 타락에 대해서는 T. Hill, "The Fall of Angels and Man in the Old English Genesis B," in L. Nicholson and D. Frese, eds., Anglo-Saxon Poetry(Notre Dame, Ind., 1975), pp.279-290 참조. K. Malone, "Satan's Speech: Genesis 347-370," Emory University Quarterly, 19(1963), pp.242-246 참조. 악마의 craeft(힘, 교활함, 그릇된 추리력)가 신의 창조적 행위인 handmaegen, handgeweorc, 혹은 handgescaeft와 대비된다. R. E. Finnegan, "God's Handmaegen versus the Devil's craeft in Genesis B," English Studies in Canada, 7(1981), pp.1-14 참조.

24) *GB* 406-407: 인간을 유혹하여 지옥에 가게 하다. *GB* 409: 근위병에게 준 보물. *GB* 414: 나의 근위병들. *GB* 434: 그들이 신의 왕국을 잃는다면 행복할 것이다.

25) 에덴 동산으로의 이동에 대해서는 Hill, "Fall;" J. F. Vickery, "The Vision of Eve in Genesis B," *Speculum*, 44(1969), pp.86-102; R. Woolf, "The Fall of Man in Genesis B and the Mystère d'Adam," in S. Greenfield, ed., *Studies in Old English Literature*(Eugene, Ore., 1963), pp.187-199; J. M. Evans, *Paradise Lost and the Genesis Tradition*(Oxford, 1968). GB 444: 전투 헬멧.

26) GB 538-539: 그가 지금까지 본 천사들과 전혀 달랐다. GB 600-609: 이브의 아름다움. 비크리(Vickrey)는 이것이 실제 모습이라는 견해를 버리고, 시의 청중들은 주인에게 반항하는 행위 이후에 진실한 아름다움이 나타날 수 없다는 사실을 즉각 알 것이라고 주장한다. 물론 시인은 전 구절에 걸쳐, 이브가 악마의 거짓말에 속았다는 사실을 자주 명확히 언급한다(즉, GB 630). GB 587: 그의 아무렇지 않은 거짓말, "나는 악마 같은 존재가 아니야". GB 724-725: 그는 웃고 뛰어다닌다. GB 760-762: 사탄에게 돌아갈 계획을 세우다. Evans, p.159 참조.

27) 시인은 사탄이 타락의 결과 지옥에 묶여 있으면서도 세상을 돌아다니는 오래된 모순을 메신저인 마귀를 이용하여 해결하려고 했을지도 모른다. 여기에서 사탄은 지옥에 묶인 채로 남아 있으나 소마귀들에게는 더 많은 자유가 허락된다.

28) 다른 고대영어 작품들과 마찬가지로, *Christ and Satan*(*CS*)의 날짜와 출처는 알려져 있지 않다. 그러나 C. R. Sleeth, Studies in "Christ and Satan"(Toronto, 1981)과 R. Finnegan, ed., *Christ and Satan: A Critical Edition*(WAterloo, Ont., 1977)은 9세기 초기라는 데 의견을 같이한다. 시 안에서의 시간의 경과이론은 Finnegan, *Christ and Satan*, p.33 참조. 창세기 B와 마찬가지로, 비평가들은 이 시의 독창성과 이설을 과장했다. 누구도 이따금씩 등장하는 이 시의 극적 장식을 신학의 대상으로 잘못 생각할 수는 없다.

29) 오만: *CS* 50, 69, 113, 196, 304, 359. 악마는 그리스도의 자리를 차지하기를 원한다: *CS* 83-88, 173-174, 186-188. 지옥은 지하에 있는 무시무시한 동굴이다: *CS* 26-31.

30) "늙은이"(*CS* 34). *CS*에서 악마를 지칭하는 다른 용어들: 악마들의 왕(76), 비열한 영혼(125), 죄의 군주(159), 신의 적(190, 279), 검은(혹은 창백한) 악마(195), 저주받은 이(315), 비열한 놈(446, 578, 712), 잔인한 놈(160), 악의 정령(681). 그는 사탄(370, 445, 691, 711), 루시퍼, 혹은 횃불을 들고 있는 자(366)로 불린다. 365-374행은 시인이 루시퍼와 사탄을 같은 뜻으로 사용했다는 것을 분명히 해준다.

31) *CS* 53-55.

32) 잔인한 정령(*CS* 51-52).

33) 시인은 신이 사악한 정령들을 위해 지옥을 준비했다는 일반적인 설명에서 벗어나, 단지 그들이 그곳에 거처를 정한 것뿐이라고 보고한다(*CS* 25).

34) 사탄의 추종자들은 그의 가신들이다(*CS* 191). 그리스도가 하늘나라의 군주인 것처럼 그는 지옥의 군주이다(*CS* 47, 69, 108, 217); 그는 왕, 근위병의 군주이지만 또한 그 자신이 지옥의 하인이기도 하다(*CS* 483).

35) *CS* 63-64. 사탄은 그리스도가 자신의 부하였다는 신학적 주장을 하는 것이 아니라, 그리스도와 사탄 간의 형제 같은 경쟁을 그린 민담에서 힌트를 얻은 것이다. 이 구절은 특별히 적그리스도를 언급하는 것이 아니다. "그 거짓말"은 정확한 것처럼 보이도록 의도된 것이라는 것이 힐(Hill)의 주장이다("Fall," p.324).

36) 비평가들은 이 구절과 이어지는 절들(*CS* 81-87, 168-175, 340-347)을 필요 이상으로 이상한 신학이론으로 해석했다. 사탄은 물론 그리스도에게 반란을 일으켰다. 그러나 시인은 결코 하느님에 대한 반란과 그리스도에 대한 반란을 구분하려 하지 않았다(*CS* 190-193, 256-258). CS 83-88과 173-174에서 사탄은 그리스도를 하늘나라에서 몰아내고, 자신이 그 자리를 차지하고 싶다는 바람을 이야기한다. 그러나 이것은 하느님이 그리스도에게 준 영광을 사탄이 시기한다는 의미로, 보편적이진 않지만 전통적인 견해이다. 에리게나의 견해와 같은 정교한 견해는 반란을 창조 이후의 순간에 발생한 것으로 여기는데, 그렇게 함으로써, 그것을 우주 안에 존재하는 소원함에 대한 은유로 만드는 것이다. 시인이 하느님보다 그리스도를 강조한 것은 사탄을 그리스도와 경쟁시키는 시의 극적 통일성을 위해 당연하다는 것이 힐(Hill)의 설명(p.322)이다. 이 설명은 시인 특유의 표현에 대한 가장 훌륭한 설명인 듯하다. 죄 많은 천사들을 하늘나라에서 몰아낸 것이 그리스도라는 것 또한 지극히 전통적이다. 이 과업은 하느님, 그리스도, 혹은 미가엘이 행한 것으로 생각될 수 있는데, 구조적으로는 모두 마찬가지이다.

37) 내뿜으며(*CS* 78). 이 구절에 대해서는 T. D. Hill, "Satan's Fiery Speech," *Notes and Queries*, 217(1972), pp.2-4; H. Keenan, "Satan Speaks in Sparks," *Notes and Queries*, 219(1974), pp.283-284; R. E. Finnegan, "Three Notes on the Junius XI Christ and Satan," *Modern Philology*, 72(1974/5), pp.175-181 참조. 이러한 사료들은 교부학의 선례를 제공한다.

38) *CS* 96. Finnegan, *Christ and Satan*, p.52는 사탄의 탄식이 6세기까지 거슬러 올라가는

전통이라는 것을 보여준다: Avitus of Vienne(d.c. 519), De originali peccato, bk.2 참조.

39) 시인은 신학적 전통에 내재되어 있는 모순을 서투르게 얼버무린다(109-111). 신을 볼 수 없다: CS 100, 169.

40) CS 144-146. 이것은 지옥의 정복을 이야기하는 것이라기보다는, 오히려 신이 도덕적 죄를 짓지 않은 선민들을 시험하기 위해 사탄으로 하여금 죄인들을 유혹하도록 허락했다는 전통적 견해에 관한 것이다.

41) CS 163-167.

42) CS 401-402.

43) 그를 올려놓는다: CS 679-682. Arnoul Gréban, Passion, 10, 605-10, 608행과 비교해볼 것. 여기에서는, 사탄이 예수를 신전의 꼭대기로 데려가기 위해, 자신의 어깨 위로 올라오라고 한다. 그에게 하늘과 땅을 주겠노라고 제안한다: CS 684-688.

44) CS 698-699, 705-707(grim graefhus), 720-721. 지옥의 크기는 시인이 꾸며낸 듯하다.

45) 『베오울프』의 유일한 사본은 British Library Cotton Vitellius A XV로, 10세 후반이나 11세기 초반의 것이다. 이 시가 쓰여진 것으로 추정되는 시기는 7세기 초반까지도 거슬러 올라가나, 8세기라는 데 의견이 주로 모아진다. 최근에는 11세기라는 주장도 제기되었다. 이 시는 이교도의 시에 기독교도가 수정어구를 써넣은 것으로 간주되었다. 그러나 1911-1912년, 클레버(Klaeber)는 기독교적 요소가 시의 절대적인 구성요소라는 것을 보여주었으며, 톨킨(J. R. R. Tolkien)은 그의 논문 "Beowoul: The Monsters and the Critics," Proceedings of the British Academy, 22(1936), 245-295에서 『베오울프』가 일관된 기독교 시라는 견해를 확립했다.

46) N. Chadwick, "The Monsters in Beowulf," in P. Clemoes, ed., The Anglo-Saxons(London, 1959), pp.171-203.

47) 사악한 삼위일체: 이 책의 제4장. 운페르스: lines 499ff . C. Berkhout, "Beowulf 3123b: Under the Malice-roof," Papers on Language and Literature, 9(1973), 428-431에서는 베오울프에 나오는 용과 「요한계시록」 20:2에 나오는 용 간의 유사성을 옹호한다.

48) 카인과 베오울프에 대해서는 R. Mellinkoff, The Mark of Cain(Berkeley, 1981); D. Williams, Cain and Beowulf(Toronto, 1982) 참조.

49) Wiersma, "A Linguistic Analysis of Words Referring to Monsters in Beowulf"(1961년, 위스콘신 대학교 박사논문), pp.456-458 참조. 이러한 단어들에는 다음과 같은 것들이 있다. 지옥의 죄수(cf. 788행); 죽음의 그림자(160; cf. Gregory, Mor. 4.5; 저주받은 영혼

(1747), 소외된 영혼(1349; 1621); 특히 소외된 존재로서의 악마에 대해서는 이 책의
제5장 참조; 오랜 적; 사악한 존재(120), 영혼의 살해자(177); 잔인한 악마(592: CS에서
사탄에게 자주 쓰이는 단어); 인류의 적(164, 1276), 지옥의 악마(101); 지옥의 정령
(1274); 대담한 영혼(86); 신의 적(786, 1682); 냉혹한 영혼(102); 악마, 괴물, 혹은 마귀
(159, 425, 1000; CS에서 사탄에게 자주 쓰임); 악마(439, 1273); 어둠 속을 걷는 자(703);
사악한 적(707); 잔인한 영혼(1331).

50) 어둠 속에서(87); 마귀들과 숨다(755-756); 신과의 전투(811)(he fag wið God; cf. CS
96, ic eom fah wið god); 지옥과 같은 연못(852); 발톱이 달리고 피묻은(984-990).

51) 그녀는 무시무시한 여성이다(1259), 카인의 친척(1261).

52) 이 책의 제4장 참조. 악마론에서 마녀와 여자마술사의 위치에 대해서는, Chadwick,
p.174; J. B. Russell, *Witchcraft in the Middle Ages*(Ithaca, 1972); J. B. Russell, *A History
of Witchcraft*(London, 1980); 이 책의 제10장 참조. 그렌델의 아버지는 알려져 있지
않다(1355-1357).

53) 또한 악마의 기술을 이용해 용의 가죽으로 만든 장갑도 있다(2088).

54) 1745-1747행. 이 이미지는 펠릭스(Felix)의 *Life of Guthlac*, 제29장에 나타난다.

55) 이들을 모아 만든 중요한 책으로는 R. Morris, ed., *The Blickling Homilies*, 3 vols.(London,
1874-1880); M. Förster, ed., *Die Vercelli-Homilien*(Hamburg, 1932); D. Bethurum, ed., *The
Homilies of Wulfstan*(Oxford, 1957); 그리고 앨프릭의 저작들이 있다. 앨프릭의 관련 저작
들은 세 권의 설교집(HomⅠ, HomⅡ, HomⅢ)과 성인들의 삶에 관한 글을 모아놓은
책(LS), 그리고 창세기에 나오는 창조이야기를 번역하고 부연설명한 『헥사메론
(Hexameron; Hex)』으로 구성되어 있다. 헥사메론은 고대 영어로 쓰여진 구약성서의
처음 7서에 대한 설명에 나타난다. 앨프릭은 첫 번째 「창세기」의 첫부분과 「민수기」,
「여호수아서」, 그리고 판관기의 마지막 부분의 책임을 맡았다. 설교집을 인용하면서,
나는 HomⅠ에 대해서는 소프(Thorpe)가 붙인 번호를, HomⅡ에 대해서는 고든
(Godden)의 번호를, 그리고 HomⅢ에 대해서는 포프(Pope)의 번호를 인용했다. 975년
경 만들어진 *Blickling Book*에는 악마와 관련된 설교9가 있으며, 1000년경에 만들어진
Vercelli Book의 설교1 또한 흥미롭다. Gatch, *Preaching and Theology in Anglo-Saxon
England*(Toronto, 1977) 참조.

56) 전통에서는 타락한 천사의 비율을 정해놓지 않았으나 대부분의 사람들은 그것이
약 1/3 가량 된다고 생각했다. 열 번째 무리에 관한 앨프릭의 견해는 독특한 것이다.

Hom I . Hom I . 24와 Hom I . 36을 비교해볼 것. 앨프릭은 이 견해를 그레고리우스 1세로부터 받아들였다(이 책의 5장 참조). 그러나 앨프릭은 열 번째 계급의 존재를 단호히 주장한 몇 안 되는 중세 작가들 중 하나였다. 천사의 열 번째 무리를 「누가복음」 10:8에 나오는 우화 속의 여성이 잃어버린 열 번째 은화와 비교한 것은 그의 입장을 명백히 말해준다. 여기에서 그는 아홉 개의 무리를 나열한다. 인류는 열 번째 무리의 자리를 채우기 위해 창조되었다. 열번째 무리는 오만의 죄를 범하여, 모두 사악한 마귀들로 변했기 때문이다. 이제 아홉 무리들의 이름이 지명되었다. 열번째 무리는 사라졌다. 따라서 인류는 잃어버린 계급의 자리를 채우기 위해 창조되었다). 오만 (Hom I .3); 반항(Hom I .1); 악의(Hom I .1). 이러한 견해는 희년서(禧年書, Book of Jubilees)에 처음 나타난다.

57) 하늘나라를 신과 공유하다: Hom I .1.

58) 앨프릭은 사탄이 특정 사물을 창조하고, 신은 다른 것들을 만들어낸다고 말하는 이교도들 혹은 성서를 잘못 해석하는 자들에게 반박한다. 이것은 마니교도들이나 프리스킬리아누스파를 이야기하는 듯한데, 앨프릭은 그레고리우스 1세로부터 그들에 대해 배웠다.

59) Hom I .1; Hex. 297-300행, 297행은 정확하다. 전통적인 연대기는 일관되지 않다. 예를 들면, 창세기A에서는, 전체 물질세계의 창조를 루시퍼의 타락 이후로 두는 반면 앨프릭은 인간을 제외한 물질의 창조를 타락 이전에 두었다. 여러 개의 전통적인 시나리오가 있다. (1) 신은 (아담과 천사들을 제외한)모든 것을 동시에 창조하고, 루시퍼와 아담의 타락은 창조와 동시에 일어난다; (2) 신은 다른 모든 것에 앞서 천사들을 창조한다. 천사들은 창조되는 순간 타락하고, 신은 계속해서 물질세계를 만들어낸다; (2a), 천사들이 창조되고 난 잠시 후 타락한다는 점을 제외하고는 (2)와 같다. 이 시간적 간격은 천사들에게 자유의지를 발휘할 기회를 준다; (3) 신은 천사들을 창조하고 난 후, 물질세계를 창조하고, 천사들은 나중에 타락한다. 그후 신은 인간을 만든다; (4) 천사들은 아담이 창조되고 난 후, 그에 대한 시기로 인해 타락한다; (5) 천사들은 노아의 시대에 이르러서야 타락한다(파수꾼 천사들의 이야기에 기반하고 있는 이 시대에 뒤떨어진 견해는 앨프릭의 시대에 이르러서는 더 이상 지지자를 찾지 못했다). (2), (2a), (3) 중에서 한 가지 혹은 다른 해석이 상당히 표준적인 해석이 되었다. 왜냐하면 이들은 적어도 원죄에 대한 비난의 일부를 루시퍼에게 돌릴 수 있도록 하기 때문이다.

60) Hom I .1. 이상하게도, 앨프릭은 아담과 이브를 천국에 위치시킨다. 그는 신과 인간 간의 친밀함, 타락 이전의 소원함이 없는 상태를 강조하고자 했을지도 모른다. 혹은 단지 천국이라는 단어를 지상 낙원과 같은 뜻으로 사용했을 수도 있다. 악마는 죄를 짓도록 강요할 수 없다: Hom I .1, 11. 햇빛 속의 눈 먼 사람: Hom II .30, 앨프릭은 이 이미지를 그레고리우스 1세로부터 빌려왔다. 앨프릭이 악마를 부른 이름에 대해서는 Nelius H. Halvorson, *Doctrinal Terms in Aelfric's Homilies*(Iowa City, 1932), p.28 참조. 거기에는 다음과 같은 이름이 포함된다: 무시무시한 정령(Hom I .1); 무시무시한 악마(Hom I .32); 어둠의 지배자(Hom I .4); 늙은 악마(Hom I .6); 늙은 정령(Hom II .20); 배반하는 악마(Hom I .1; Hom II .19); 잔인한 악마(Hom I .13; Hom II .23); 비열한 악마(Hom I .19); 잔인한 악마(Hom I .17); 힘센 악마(Hom I .14); 유혹자(Hom I .11; Hom I .24; Hom II .11); 불결한 악마(Hom I .31); 불결한 정령(Hom III.4); 저주받은 악마(Hom I .31; Hom II .4; Hom II .23; Hom II .34); 저주받은 정령(Hom II .11); 날아다니는 마귀(Hom II .6); 비천한 악마(Hom II .11); 보이지 않는 악마(Hom II .11); 보이지 않는 마귀(Hom II .25); 보이지 않는 용(Hom II .11); 검은 악마(Hom III.27); 대항하는 악마(Hom II .12); 괴롭히는 악마(Hom II .19); 오랜 비난자(Hom II .20); 무시무시한 악마(Hom II .30); 경계하는 마귀(Hom II .38); 배반하는 자(Hom II .34); 잔인한 악마(Hom III.4); 심술궂은 악마(Hom III.11; Hom III.19); 음모를 꾸미는 악마, 잔인한 마귀(Hom III.11).

61) Hom I .31.

62) Hom I .11; Hom I .14; Hom I .36; Hom II .33.

63) 이 세상의 지배자인 악마: 이 지구의 지배자, 사악한 지배자(Hom III.10). LS, "Life of Saint Maur"에서, 신은 두려워하는 성인을 다음과 같이 안심시킨다, 신이 가장 사랑하는 자여, 왜 너는 그렇게 슬퍼하는가, 신이 모든 것을 지배하고 있는데.

64) Hom III.18. 울프스턴, 4에서는 적그리스도가 악마의 화신이라는 앨프릭의 견해를 공유한다(Bethurum, p.128). 울프스턴은 심지어 132쪽에서 더욱 명확히 밝힌다: 지옥에 있는 바로 그 악마가 적그리스도 안에서 진짜 사람이 된다. 보다 일반적인 설명은 (이 책의 제5장 참조) 모든 죄 많은 존재가 적그리스도가 되거나, 혹은 만약 적그리스도가 한 사람이라면, 그는 악마가 숨결을 불어넣은 존재라는 것이다. 영국인들은 다시 시작된 덴마크인들의 약탈에서, 세상의 종말이 가까이 있다는 추가적인 증거를 가지고 있었다. 울프스턴, 20에서는 덴마크인들을 영국인들의 죄에 대한 징벌일 뿐

아니라 적그리스도의 무리라고 여겼다.

65) Hom Ⅱ.44: 끊임없이 죄를 짓는 자들은 마귀처럼 되어서, 악마와 함께 지옥불의 고통 속에 영원히 머물 것이다.

66) Sulpicius Severus, *Vita Martini Turonensis*, ed. J. Fontaine, SC 133-135, chaps. 21-24.

67) Gregory of Tours, *Historiarum libri X*, 215. 성인 전기에 나타나는 엑소시즘에 대해서는 E. G. Rüsch, "Dämonenaustreibung in der Gallus-Vita und bei Blumhardt dem Alteren," *Theologische Zeitschrift*, 34(1978), 86-94 참조. 마귀들과 관계된 모든 기적들 중에서, 엑소시즘만이 세례식에서 파생된 예배식에 뿌리를 두고 있다는 점을 주목하라. 이적기사에 대해서는 R. Swinburne, *The Concept of Miracle*(London, 1970); M. Melinsky, *Healing Miracles*(London, 1968); B. Ward, *Miracles and the Medieval Mind*(Philadelphia, 1982); B. Ward, "Miracles and History: A Reconsideration of the Miracle Stories Used by Bede," in G. Bonner, ed., *Famulus Christi*(London, 1976), pp.70-76; N. Partner, *Serious Entertainments*(Chicago, 1977) 참조. 베데(Bede)의 Hist. 3.11, 4.18, 5.12(Dryhthelm's vision of hell)와 그의 *LC* 13, 15, 17, 41에 나오는 이적기사들을 비교해볼 것.

68) *Dial.* 1.4.7, 1.4.21, 1.10.2-5, 1.10.6-7, 1.10, 8, 2.1.5, 2.8-13, 2.16.1, 2.16.2, 2.37.4, 3.6-7, 3.20-21, 3.28, 3.32, 그외 다른 여러 곳.

69) *Dial.* 1.4.7.

70) *Dial.* 3.7. 우두머리 마귀가 그의 추종자들이 행한 사악한 행위에 대해 검사하는 것은 악마의 연회의 표준적인 요소가 되었다. Dial., 3.28에서도, 동물 주위에서 춤을 추고, 그것을 숭배하고 난 뒤, 의식에 따라 악마에게 염소를 바치는 있을 법하지 않은 관습을 아리우스파의 롬바르드족의 것으로 여기고 있다.

71) *Dial.* 3.32.

72) 이것은 하우(J. M. Howe)가 "Greek Influence on the Eleventh-Century Western Revival of Monasticism"(1979년, 로스앤젤레스 캘리포니아 대학교 박사논문)에서 주장한 것이다. 나는 하우 박사에게 이 문제에 대한 그의 유용한 조언에 대해 감사의 뜻을 표한다. 하우 박사는 970년에서 1070년 사이에 살았던 그리스와 라틴의 은자들의 생애에서 자주 언급되는 (악마가 아닌)마귀들에 대해 통계적으로 연구한 결과, 북쪽의 국가보다는 이탈리아-그리스와 이탈리아-라틴 문헌에서 마귀를 훨씬 더 자주 언급한다는 사실을 발견했다. 또한 E. Rüsch, "Dämonenaustreibung in der Gallus Vita und bei Blumhardt dem Alteren," *Theologische Zeitschrift*, 34(1978), 86-94 참조.

73) Felix's Life of Guthlac, chaps. 31-32, 36은 Johns, p.139를 개작한 것이다. B. Colgrave, ed., *Felix's Life of Guthlac*(Cambridge, 1956)와 T. Wolpers, *Die englischen Heiligenlegende des Mittelalters*(Tübingen, 1964) 참조.

74) Hom II .27

75) 그를 경멸하다: LS, "On Auguries." 앨프릭은 또한 LS "Basilius"에서 바질 성인에 대한 오래 된 이야기를 전한다. LS에서 악마와 마귀들이 주요하게 등장하는 다른 것들로는 "Eugenia," "Maur," "The Forty Soldiers Martyrs" 등이 있다.

7장 악마와 학자

1) 일반적인 스콜라 철학에 대해서는 M. D. Chenu, *La théologie au douzième siècle*(Paris, 1957); R. Blomme, *La doctrine du péché dans les écoles théologiques de la première moitié du XIIe siècle*(Louvain, 1958); G. R. Evans, *Old Arts and New Theology: The Beginning of Theology as an Academic Discipline*(Oxford, 1980); G. R. Evans, *Anselm and a New Generation*(Oxford, 1980); E. Gilson, *History of Christian Philosophy in the Middle Ages*(New York, 1955); D. Knowles, *The Evolution of Medieval Thought*(Baltimore, 1962); G. Leff, *Medieval Thought*(Baltimore, 1958); O. Lottin, *Psychologie et morale aux XIIe et XIIIe siècles*, 2d ed., 4 vols.(Louvain, 1957-1960; Gembloux, 1957-1959); A.-D. Sertillanges, *Le problèm du mal*, 2 vols.(Paris, 1948-1951) 참조. 식자층(literacy)에 대해서는 B. Stock, *The Impact of Literacy*(Princeton, 1983) 참조.

2) 스콜라 철학자들은 성서의 원문이 정확하고, 완전하며, 사실을 기록했다는 점에서 문자 그대로 진실이라고 생각했다. 그러나 성서가 모든 의미, 즉 역사적이나 과학적인 맥락에서 절대적으로 옳은 것은 아니라고 생각했다. 그러한 어리석음은 19세기와 20세기 특유의 것이다. 에반스(Anselm, p.69)는 이성을 성서에 적용한 예를 보여준다. 악마가 늙은 뱀이라는 구절을 읽으면서(「요한계시록」 12:9), 스콜라 철학자들은 악마가 뱀을 이용했거나, 뱀의 형태를 띠고 있었을지 몰라도, 진짜 뱀은 아니라고 생각했다. 더 나아가 이 구절에서 "늙은(ancient)"이라는 단어는 신에게 적용되는 "태고적(ancient of days)"(「다니엘서」 7:9)이라는 구절에 쓰인 단어와 같은 의미를 가질 수

없다. 따라서 늙은 뱀이라는 단어는 시적인 비유적 표현으로 쓰인 것이지, 물리적으로 정확한 표현은 아니다.

3) 나는 원죄나, 일곱 가지 주요 죄악, 인간의 도덕성과 아리스토텔레스의 윤리학, 지옥, 연옥, 적그리스도와 같은 접점들을 탐구할 수 없다. 이들 주제에 관한 가장 유용한 책들은 다음과 같다. M. Bloomfield, *The Seven Deadly Sins*(East Lansing, Micn., 1952); R. W. Southern, *Medieval Humanism*(Oxford, 1970); J. LeGoff, *The Birth of Purgatory*(Chicago, 1983); A. Bernstein, "Esoteric Theology: William of Auvergne on the Fires of Hell and Pugatory," *Speculum*, 57(1982), 509-531; A. Bernstein, "Theology between Heresy and Folklore: William of Auvergne on Punishment after Death," *Studies in Medieval and Renaissance History*, 5(1982), 5-44; R. Emmerson, *Antichrist in the Middle Ages*(Seattle, 1981).

4) J. Ehlers, "Gut und Böse in der hochmittelalterlichen Historiographie," in A. Zimmermann, ed. *Die Mächte des Guten und Bösen*(Berlin, 1977), p.47; G. Evans, *Anselm*, p.11.

5) 여기에 사용된 안셀무스의 저작들의 약자들은 다음과 같다. The Fall of the Devil(Fall); Cur Deus Homo(CDH(Why God Became Man)); The Virgin Conception(Virg.); The Congruity of Predestination and Free Will(Cong.(De concordia praescientiae et praedestintionis)).

6) M. J. Charlesworth, *Saint Anselm's "Proslogion"*(Oxford, 1965), pp.40-43 참조.

7) Cf. *Monologion*, 8, 19(F. S. Schmitt, ed., *Sancti Anselmi opera omnia*, 2 vols.(Stuttgart, 1968), vol.1(1), pp.22-24, 33-35).

8) *Fall*, 10-11; *Fall*, 11: "quasi-aliquid." D. P. Henry, "Saint Anselm and Nothingness," *Philosophical Quarterly*, 15(1965), pp.243-246에서는 말의 사용에 따른 being secundum formam loquendi와 실재에 따른 being secundum rem을 구분한 안셀무스의 분석이 타당한 것이라고 주장한다. 전자에서는 악이 어떤 것 혹은 적어도 존재하는 것에 유사한 것이 될 수 있지만, 후자에서는 그렇지 못하다. 아퀴나스는 *Summa Theologiae*(이하 ST), Ia. 48.2에서 비슷한 방식을 따랐다. 악의 실재하는 결과: Fall, 26. S. Vanni Rovighi, "Il problema del male in Anselmo d'Aosta," *Analecta Anselmiana*, 5(1976), 179-188에서는 오늘날의 '악'이라는 단어와 안셀무스 시대의 '악'이라는 단어의 일반적인 사용에 있어서의 주된 차이를 지적한다. 예를 들면, 나는 악은 어떤 상태-고통으로 가장 잘 이해할 수 있다는 주장으로 '악마'를 시작한 반면, 안셀무스는 악은 죄악—나쁜 짓을 행하기로 한 의식적인 선택—으로 가장 잘 이해할 수 있다고 생각했다. 아퀴나

스는 poena와 culpa를 조심스럽게 구분했는데, 이들은 대략 '고통'과 '잘못'으로 해석할 수 있다. 악은 둘 중 어떤 것, 혹은 둘 다로 생각될 수 있다. 그리고 우리 시대에 강조하는 것은 분명 안셀무스나 아퀴나스 시대에 강조했던 것과는 다르다.

9) *Fall*, 2-3. 신이 선물을 주려 했으나, 루시퍼가 거절했으므로 신이 그것을 주지 않았다고 말하는 것이 더 간단할 것이다. 물론 신에게, 이 모든 일은 영원 속에서 발생한다. 그는 선물을 주는 순간, 사탄이 거절할 것임을 알고 있다.

10) *Fall*, 4: "그는 신의 의지에 기대지 않고, 자기 자신의 의지로 무언가를 얻고자 했다는 점에서, 온당치 못한 방법으로 신과 비슷해지기를 원했다." 성 알베르투스(Albert the Great, c.1200-1280)는 그의 *Commentary on the Sentences*(Comm. Sent.) 2.5.3에서 비슷한 입장을 택했으며, 아퀴나스는 ST Ia. 63.3에서 이 논의를 확장, 수정하였다.

11) *Fall*, 4: "그 당시 스스로에게 온당치 못한 무언가를 바라면서(즉, 신이 그것을 주기 전에 그가 지복(至福)을 얻고자 노력한 것은 온당치 못했다), 그는 정의를 버렸고, 그로 인해 죄를 지었다." 그 죄는 다음과 같다. "그는 마음대로 자신이 바라야 하는 것을 바라지 않기로 선택했고, 그럼으로써 그가 잃어야 할 것을 정당하게 잃었다. 왜냐하면 그는 바랄 필요도 없었고, 바래서도 안 되는 것을 마음대로 부당하게 택했기 때문이다." *Fall*, 13-16을 또한 볼 것.

12) *Fall*, 7.

13) *Fall*, 9: "그는 자신의 원래 위치라고 불릴 수 있는 곳에 머무르지 않았다."

14) *Fall*, 20: "신이 자유의지로 행해지는 사악한 행위들을 만들어냈다고 우리가 말하는 것은 당연하다."; 그러나 신이 악을 야기하는 것이 아니라 허락한다는 것은 "신의 죄를 완전히 면하는 것인 동시에 악마의 죄도 면하게 된다".

15) *Fall*, 27.

16) *CDH* 2.17.

17) *Cong.* 2.3; *Cong.*3.14: 선한 사건들에서, 신은 그 사건과 선 모두를 의도한다; 악한 사건들에서, 신은 그 사건은 의도하지만 악은 의도하지 않는다.

18) *Virg.* 1-4, 9-10, 26-27. *CDH* 1.11: "죄는 신에게 마땅히 바쳐져 할 권리를 바치지 않는 것에 다름 아니다." *CDH* 1.15: "우리는 신에게 적합한 어떤 것을 신에게서 뺏거나 더해줄 수 없다. 왜냐하면 신의 영예는 불멸하며, 불변하기 때문이다."

19) *CDH* 1.15: "우리가 바래야 하는 것을 바랄 때, 우리는 신에게 뭔가를 줌으로써가 아니라, 자유의지로 그의 의지와 계획에 복종하고 가능한 한 그의 질서와 우주의

아름다움을 보호함으로써 신에게 영예를 돌린다. 그러나 우리가 바라야 하는 것을 바라지 않는 자는 그가 할 수 있는 한 신의 명예를 손상시킨다."

20) *CDH* 1.23: "죄인은 신으로부터 그가 인류에게 제안한 것을 빼앗지 않는가? 이 사실은 부인할 수 없다."

21) 이 책과 관련되지 않은 주제인 원죄의 전달에 대해서는 안셀무스의 *Virg.* 여러 곳 참조.

22) *CDH* 1.7, 2.19: "신은 악마에게 벌을 제외하고는 아무것도 빚진 것이 없다. 그리고 인간은 악마에게 그를 물리치고 그가 빼앗은 것을 되찾아올 대리인을 제외하고는 빚진 것이 없다. 신이 그 대리인에게 요구하는 것은 신에게 진 빚이지, 악마에게 진 빚이 아니다."

23) 이 시기의 구원론(구원이론)에 대해서는, 특히 J. Rivière, *Le dogme de la rédemption au début du moyen âge*(Paris, 1934); J. P. Burns, "The Concept of Satisfaction in Medieval Redemption Theory," *Theological Studies*, 36(1975), pp.285-304; D. E. De Clerk, "Questions de sotériologie médiéval," *Recherches de théologie ancienne et médiévale*, 13(1946), pp.150-184; J. Pelikan, *The Christian Tradition*, vol.3: *The Growth of Medieval Theology*(Chicago, 1978), pp.129-138. 특히 안셀무스의 이론에 대해서는 A. Atkins, "Caprice: The Myth of the Fall in Anselm and Dostoevsky," *Journal of Religion*, 47(1967), pp.295-312; J. Hopkins, *A Companion to the Study of St. Anselm*(Mineapolis, 1972), pp.122-212; B. P. McGuire, "God, Man and the Devil in Medieval Theology and Culture," *Université de Copenhague: Institut du moyen âge grec et latin: Cahiers*, 18(1976), pp.18-79; J. McIntyre, *St. Anselm and His Critics: A Re-interpretation of the Cur Deus Homo*(Edinburgh, 1954); R. W. Southern, *Saint Anselm and His Biographer*(Cambridge, 1963), pp.77-121, 특히 pp.92-93의 훌륭한 요약본 참조.

24) 이전 시기의 제물설의 중요성에 대해서는 F. M. Young, "Insight or Incoherence," *Journal of Ecclesiastical History*, 24(1973), pp.113-126 참조.

25) *CDH* 1.7 안셀무스가 구원론에서 '만족'이라는 용어를 처음 사용한 것은 아니지만, 그는 그것을 일관된 이론으로 만든 최초의 인물이다. Rivière, p.161 참조. G. R. Evans, "The Cur Deus Homo," *Studia theologica*, 31(1977), 33-50에서는 안셀무스의 추론 방법을 잘 설명하고 있다. 안셀무스의 『대어록(*Proslogion*)』에 나온 신의 존재에 대한 유명한 존재론적 논쟁은 당시 학자들 사이에서 그 논쟁이 악마의 존재를 증명한 것인지, 반증한 것인지 여부에 대한 논란을 발생시켰는데, 그러한 논쟁에서 보다 큰 관심사는

신에 대한 논쟁의 타당성을 시험하는 데 있었다. P. E. Devine, "The Perfect Island, the Devil, and Existent Unicorns," *American Philosophical Quarterly*, 12(1975), pp.255-260; W. L. F. Gombocz, "St. Anselm's Disproof of the Devil's Existence in the Proslogion: A Counter Argument against Haight and Richman," *Ratio*, 15(1973), pp.334-337; W. L. F. Gombocz, "St. Anselm's Two Devils but One God," *Ratio*, 20(1978), pp.142-146; W. L. F. Gombocz, "Zur Zwei-Argument-Hypothese bezüglich Anselms Proslogion," *Quarante-septième bulletin de l'Académie St. Anselme*, 75(1974), pp.95-98; C. K. Grant, "The Ontological Disproof of the Devil," *Analysis*, 17(1957), pp.71-72; D. and M. Haight, "An Ontological Argument for the Devil," *The Monist*, 54(1970), pp.218-220; R. J. Richman, "The Ontological Proof of the Devil," *Philosophical Studies*, 9(1958), pp.63-64; R. J. Richman, "The Devil and Dr. Waldman," *Philosophical Studies*, 11(1960), pp.78-80; R. J. Richman, "A Serious Look at the Ontological Argument," *Ratio*, 18(1976), pp.85-89; J. B. Stearns, "Anselm and the Two-Argument Hypothesis," *The Monist*, 54(1970), pp.221-223; T. Waldman, "A Comment upon the Ontological Proof of the Devil," *Philosophical Studies*, 10(1959), pp.49-50. 악마의 존재에 대한 논증은 신에 대한 논증에 뒤따른다. 있을 법한 모든 존재 가운데 가장 악한 존재는 분명 존재한다. 왜냐하면 당신의 마음속에만 존재하는 악은 실재하는 악보다 덜 악하기 때문이다. 당신은 존재하는 모든 존재 가운데 가장 사악한 것을 상상할 수 있으므로, 그것은 당신의 마음속에 존재한다. 그리고 그것이 가장 악한 것이므로, 외부의 실재에도 또한 존재해야만 한다. 악마의 존재에 대한 반증: 만약 악이 비존재라면, 있을 법한 모든 존재 가운데 가장 악한 것도 완전한 비존재이므로, 존재할 수 없다. 곰보츠(Gombocz)가 말했듯이, 가정에 따라 어느 한쪽의 주장이 가능하다. 만약 악이 비존재라면, 논증은 id quod nihil minus cogitari potest의 존재를 반증한다. 만약 악이 존재라면, 논증은 id quod nihil peius cogitari potest의 존재를 증명한다. 둘 중 어떤 논쟁도 안셀무스의 악마에는 영향을 미치지 않는다. 그는 실재하는 존재로 만들어졌으므로, 전혀 가능한 존재가 아니다. 그리고 가능한 최악의 존재일 수도 있고, 그렇지 않을 수도 있다. 더 나아가, 가능한 최악의 존재는 존재할 필요가 없다. 안셀무스가 지적했듯이, 존재론적 논쟁은 절대적으로 존재한다고 말할 수 있는 유일한 존재인 신에게만 적용된다. 다른 사물들의 완전성은 제한되게 마련이다. 가장 완벽한 섬은 침식의 우려가 있고, 가장 완벽한 유니콘은 상상의 동물일 뿐이다. 그리고 가장 완벽한 악은 선을 조건으로 하나, 가장 중요한 존재는 조건을

필요로 할 수 없다. 논쟁은 계속해서 이어지지만, 그것의 미묘한 구별은 이 책의 내용과 관련되지 않는다.

26) 안셀무스가 신의 영예를 어떤 뜻으로 이해했는지 알아볼 필요가 있다. 그것은 신의 오만함이라기보다는 우주를 완벽한 질서의 상태로 유지하는 신의 속성이나, 우리가 신에게 바쳐야 하는 복종, 혹은 우주에 대한 신의 계획의 완전성이다. 그러나 이는 분명 당시의 봉건적 개념, 특히 가신이 영주에게 바쳐야 하는 servitium debitum의 개념에 영향을 받았다. Southern, Saint Anselm, pp.107-114; J. F. Niermeyer, *Mediae Latinitatis lexicon minus*(Leiden, 1976), honor라는 단어하에, 특히 의미 1, 2 참조.

27) *CDH* 1.7; 1.9; 1.12; 1.24; 2.8-9. 어떤 의미에서, 신은 자신에게 적절하고 타당한 일이 아니면 할 수가 없다. 왜냐하면 그것은 그의 본성에 모순될 것이기 때문이다. *CDH* 1.19.

28) *CDH* 1.15: "배상이나 처벌이 모든 죄에 뒤따르는 것은 필연적이다."; *CDH* 1.11-14; *CDH* 1.19: "신은 누구에게도 빚진 것이 없다. 오히려, 모든 창조물들이 그에게 빚지고 있다."; *CDH* 1.10-21; 2.6; *CDH* 1.22: "원죄로 인해 입은 상처 때문에, 우리는 죄 안에서 잉태되고 태어난다."

29) *CDH* 2.6: "배상은 신-인간에 의해 이루어져야만 한다."

30) *CDH* 1.8: "신이 죽고 싶어하지 않는 그에게 강요한 것이 아니라, 그가 스스로의 자유의지로 죽음을 견뎠다."; 그 죽음이 적절했던 이유에 대해서는 *CDH* 1.19; 2.11과 C. Armstrong, "St. Anselm and His Critics," *Dounside Review*, 86(1968), pp.354-376 참조.

31) *CDH* 2.21.

32) Peter Lombard, *Sentences*(*Sent.*), *Libri IV Sententiarum studio et cura patrum collegii Sancti Bonaventurae in lucem editi*, 3d ed., 2vols.(Grattaferrata, 1971-1981). D. Van den Eynde, "Essai chronologique sur l'oeuvre de Pierre Lombard," in *Miscellanea Lombardiana*(Novara, 1957), pp.45-63; P. Delhaye, *Pierre Lombard*(Paris, 1961) 참조.

33) Abelard, *Sic et non*, 143; B. Boyer and R. McKeon, eds., *Peter Abailard Sic et non*(Chicago, 1977); 또한 *Sic et non*, 29-31, 37, 46-47, 54, 77, 143을 참조할 것. 또한 Alan of Lille(d. 1203), *Contra haereticos libri quattuor*, 1.4 참조.

34) Sens, canon 17: "quod Deus nec debeat nec possit mala impedire." H. Denzinger and K. Rahner, *Enchiridion symbolorum*, 31st ed.(Rome, 1960), no. 375. 또한 J. Rivière, "Les 'capitula' d'Abélard condamnés au concile de Sens," *Recherches de théologie ancienne et médiévale*,

5(1933), pp.5-22, at p.16; G. Delagneau, "Le Concile de Sense de 1140: Abélard et Saint Bernard," *Bulletin de la Société archéologique de Sens*, 37(1933), pp.80-116; E. Buytaert, ed., *Abailardi opera theologica*, 2vols. , CCCM 11-12, pp.455-480 참조. 아벨라르에 대해서는, L. Grane, *Peter Abelard: Philosophy and Christianity in the Middle Ages*(New York, 1970) 참조.

35) 샤르트르의 이브(Yvo of Chartres, c. 1040-1116)는 그의 저서 『파노르미아(*Panormia*)』 8.68에서 전통적인 견해를 유지했다. 13세기 파리에서, 폴란드 학자인 비텔로(Witelo; Vitellio)는 특이한 견해를 가지고 있었다. 마귀들이 인간과 신의 중간 존재라는 고대 플라톤의 교리에 근거하여, 비텔로는 그들을 인간보다는 우월하지만 천사보다는 열등한 자연적인 존재, mediae potestates로 취급했다. 그들은 육체와 영혼으로 이루어져 있으며 수명을 가지고 있다. 그들 본성의 자연적인 완벽함에 따라, 그들은 죄를 지을 수 없었다. 그러나 교의는 그들이 죄를 지었다고 가르치므로, 그들의 죄는 초자연적인 것임에 틀림없다. A. Biekenmajer, *Etudes d'histoire des sciences en Pologne*(Warsaw, 1972), pp.122-136; E. Paschetto, "Il 'De natura daemonum' di Witelo," *Atti dell'Academia delle Scienze di Torino: Filosofia e storia della filosofia*, 109(1975), pp.231-271 참조.

36) 가장 높은 계급의 천사인 사탄: Peter Lombard, *Sent.* 2.6.1; Hugh of Saint Victor, *Summa sententiarum*, 2.4; Albert the Great, *Commentary on the Sentences*, 2.6.1. 알베르투스에 대해서는 B. Geyer, ed., *Opera omnia Alberti Magni*, 8vols. to date(Munster, 1951-); A. Borgnet, ed., *Opera omnia*, 38vols.(Paris, 1890-1899); T. F. O'Meara, "Albert the Great: A Bibliographical Guide," *The Thomist*, 44(1980), pp.597-598; J. Auer, "Albertus Magnus als Philosoph und Theologe," *Beiträge zur Geschichte des Bistums Regensburg*, 14(1980), pp.41-62 참조. 로버트 풀런(Robert Pullen)은 루시퍼가 케루빔이나 세라핌이었다고 주장했다: *Liber sententiarum*, 6.45-48. *ST* Ia.63.7에서, 아퀴나스는 루시퍼가 가장 높은 계급의 천사라는 논리적 주장을 제시한다. 가장 높은 계급의 천사는 그의 높은 계급으로 인해, 오만이라는 죄에 빠지기가 가장 쉬우므로, 가장 타락할 가능성이 높다. 둔스 스코투스(Duns Scotus, 1266-1308)는 일정한 계급 안에 있는 천사들이 모두 동등한 것은 아니라고 주장했다: *Commentary on the Sentences*, 2.9. 둔스의 저작들은 워딩(L. Wadding)에 의해 편집되었다, *Opera omnia*, 12 vols.(Lyon, 1639); 특히 vol.6:1-2, *Commentary on the Sentences*와 vol.11:1, *Reportata Parisiensia* 참조; E. Gilson, *Jean Duns Scot: Introduction à ses positions fondamentales*(Paris, 1952) 참조. 사탄은 아담과 이브에게 나타날 때, 잘생기고 매력적인 모습을 하고 싶어했을 것이다. 그러나 신은 그가 제공한 유혹에 저항할 수 있도록,

그것을 허락하지 않았다; 신은 또한 그가 본래의 괴상한 모습을 하는 것도 허락지 않았는데, 그 모습은 너무나 혐오감을 주었기 때문이다. 따라서 그는 뱀을 통해 말해야만 했다. Peter Lombard, *Sent.* 2.21.2 참조: "그러나 그는 폭력을 통해 그를 해칠 수 없었으므로, 인간을 힘으로 지배하는 대신 그를 해치기 위해 사기행위에 의지했다. 자신을 숨기기 위해, 그는 본래의 모습으로 나갈 수 없었다. 그를 알아보고 물리치지 않도록 하기 위해서였다. 그러나 그의 사기행위가 너무나 완벽하게 교묘해서 인간은 경계할 방법이 없어 해를 입었다는 것은 적합하지 못했다. 따라서 악마는 그의 악의가 손쉽게 드러날 수 있는 형태만을 취하도록 허락되었다. 그리하여 그는 뱀의 형태를 하고 인간에게 다가갔는데, 그는 비둘기의 모습으로 나타나는 것을 더 좋아했지만 이것만이 그에게 허락되었기 때문이다. 악마는 뱀을 통해 이야기함으로써 인간을 유혹했다."

37) Albert, *Comm. Sent.* 2.5.3; Albert, *ST* 5.21.1; Honorius, *Elucidarium*, 1.7-8; Hugh, *Summa sententiarum*, 2.4; Peter Lombard, *Sent.* 2.6.1: "그는 신을 흉내내고 싶어했다기보다는 동등한 힘을 갖고 싶어했다." Rupert of Deutz(c. 1070-1129), De victoria verbi Dei, ed. *Rhaban Haack*(Weimar, 1970), 1.6-27; Alexander of Hales(c. 1186-1245), *Comm. Sent.* 2.6.2. 다음 참조. I. Herscher, "A Bibliography of Alexander of Hales," *Franciscan Studies*, 26(1945), 435-454. Bonaventure(1217-1274), *Comm. Sent.* 2.5.1.2. 보나벤투라의 저작들은 콰라치의 프란체스코 수도사들(Franciscans of Quaracchi)에 의해 편집된다, *Sancti Bonaventurae Opera omnia*, 11vols.(Quaracchi, 1882-1902); E. Gilson, *La philosophie de Saint Bonaventure*, 2d ed.(Paris, 1943) 참조.

38) Petrus Comestor(d. 1178), *Historia scholastica Liber Genesis*, 21; Peter Lombard, *Sent.* 2.3.6; Duns Scotus, *Reportata*, 2.4.

39) Abelard, *Ethica*, ed. D. E. luscombe, *Peter Abelard's Ethics*(Oxford, 1971), trans. J. R. McCallum, *Abailard's Ethics*(Oxford, 1935). J. G. Sikes, *Peter Abailard*(Cambridge, 1932), pp.179-189 참조.

40) Rupert, *De victoria*, 1.6-27; Alexander of Hales, *Summa theologia*, 2a2ae. 3.2; Albert, *ST* 5.20.2.

41) Hildebert of Le Mans(1056-1133), *Sermon 49*; *Tractatus theologicus*, 19-21; Williams of Auvergne(c. 1180-1249), *De universo*, 2.2.6-13, 2.3.8, in Guilelmi Alverni. *opera omnia*, 2vols.(Paris, 1674). William's De bono et malo, ed. J. R. O'Donnell, *Mediaeval Studies*,

8(1946), 245-299, and 16(1954), 219-271 참조. Albert, *ST* 10.42.1-5에서는 지옥의 계급제
도라는 개념을 반대하고, 마귀들은 하늘나라의 계급제도가 정비되기 전에 타락했으
므로, 계급이 없다고 주장한다.

42) Abelard, *Sic et non*, 46-47; Peter Lombard, *Sent.* 2.3.4; William of Auvergne, *De universo*,
2.2.48, 23.1-26: book 3에서는 오로지 마귀에 대해서만 다룬다; Albert, *Summa de creaturis*,
4.62-69; Aquinas, *ST Ia.* 63.5. 파리 대학교에서는 1241년과 1244년, 그러한 지체가
신의 선함을 보존하기 위해 필요했다고 주장함으로써, 이 문제를 해결했다. 보나벤투
라는 천사들이 최고천(最高天), 물질, 시간과 더불어 첫날 창조되었다고 주장했다.
Gilson, *Saint Bonaventure*, p.196. Duns Scotus, *Reportata*, 2.4와 비교해볼 것. 도덕적인
죄의 변형을 우주에 도입하는 문제는 흥미롭게도 근대 우주론의 문제와 유사성을
지닌다. 물리학에서는 최초의 순간, 우주의 초기 상태가 완벽하게 균형을 이루고
있었다고 가정한다. 불균형이나 왜곡은 (어떻게 그랬는지는 알려져 있지 않지만)
최초의 순간 이후에 약간의 시간적인 불일치(moracula)가 발생함으로써, 시작된 듯하
다. 우주 초기에 이러한 최초의, 작은 불균형이 없었다면, 우주는 얼어붙은 완벽한
수정처럼, 다양성, 생명, 지성이나 자유가 없이 완벽한 균형을 가지고 발전했을 것이
다. 불균형은 우주에 일종의 소란을 만들어내는데, 이 소란은 일단 시작되면 자연적으
로 확대되고, 증가하고, 증식되어 생명과 지성의 발전에 필요한 명백한 무작위성과
일탈을 산출한다. 나는 친절하게도 이 문제를 나와 논의해주신 뮤즈(Charles Musès)
박사와 슈리퍼(Robert Schrieffer) 교수를 비롯한 자연과학자들에게 감사를 표한다. 이
들은 이 책의 과학적인 부정확함에 대해서 아무런 책임이 없다. 이러한 근대의 자연과
학 문제는 중세의 윤리적 문제와 비슷하다. 일단 우주의 완전함을 파괴하기 위해,
죄가 들어오면, 그것은 계속해서 확장되는 원을 따라 퍼진다―루시퍼는 다른 천사들
에 이어 인간까지도 타락시킨다―그러나 악의 존재는 우주의 다양성과 자유가 존재
하기 위해 반드시 필요하다. 스콜라 철학자들은 어떻게 해석되더라도, 일순간에 이루
어진 창조와 7일간의 창조 사이에서 아무런 모순도 발견하지 못했다. 창조는 최초의
단 한순간에 이루어졌으며, 이후 그 과정을 완성시키기 위해 얼마간의 시간이 필요하
다.

43) Bonaventure, *Comm. Sent.* 2.4.12에서는 이에 동의했다. Aquinas, *Commentary on the
Sentences*(CS), 2.4.1.3; Aquinas, *ST* Ia 62.3; Duns, *Comm. Sent.* 2.4-6; Duns, *Reportata*, 2.4를
비교해볼 것.

44) Albert, *ST* 2.7.1-5; Peter Lombard, *Sent.* 2.7.5. 스콜라 철학자들은 우리가 자유의지를 가지고 있으나, 선과 악 사이에서 선택할 수는 없다고 믿었다. 예를 들면, 신은 자유의 지를 가지고 있으나, 악을 택할 수 없다. 반면 저주받은 자들은 자유의지를 가지고 있으나 선을 택할 수 없다.

45) Hildebert, *Sermon* 49; Peter Lombard, *Sent.* 2.21 and *Commentarium in Psalmum* 118. 릴의 알랭(Alan of Lille)은 하늘의 예루살렘을 장식하기 위해 어쨌든 창조되었을 것이라고 주장했다.

46) Ralph, *Sententias excerptas*, 31, ed. G. Lefevre, *Anselmi Laudensis et Radulfi fratris eius sententias excerptas*(Evreux, 1895): "악마는 인간을 정당하게 소유한 것으로 알려지는데, 왜냐하면 신이 정당하게 그것을 허락했을 뿐 아니라, 인간은 정당하게 받아야 할 고통을 받는 것이기 때문이다." Anselm, *Sent.* 9: 신은 악마가 인간에 대한 힘을 잃도록 인간이 되었다. 또한 *Sent.* 8 참조. 랑 학파가 존재했다는 견해에 대한 최근 도전은 V. Flint, "The School of Laon," *Recherches de théologie ancienne et médiévale*, 43(1976), pp.89-110이다.

47) Innocent III, Sermon 29: "낚시바늘, 낚싯줄, 추, 글자 그대로 옮기면, 낚싯대, 낚싯줄, 낚시바늘, 미끼." 또한 다음 참조. Rivière, *Le dogme*, pp.224-225, citing a sermon in Paris Bibliothèque Nationale Lat. 14958 fol. 115r-v.

48) 베르나르두스는 인간이 정당하게 고통을 받으며, 신이 그 고통을 정당하게 허락했고, 악마 자신에게는 아무런 정당한 권리가 없다는 견해에 기울어져 있었다. 그러나 베르나르두스는 때로 다른 방향으로 기울기도 했는데, 이는 안셀무스에 반대해서라기보다는 아벨라르에 대한 반작용이었다. Peter, *Sent.* 3.19-20; Bernard, *Tractatus de erroribus Petri Abelandi* 5.14: "따라서 악은 인류에 대해 일정한 권리를 지닌다. 비록 그것이 정당하게 얻은 것이 아니라 부당하게 빼앗은 것일지라도, 그럼에도 불구하고, 그것은 정당하게 허락되었다. 따라서 인류는 정당하게 포로로 잡힌다. 그러나 정의는 인간이나 악마에게 있는 것이 아니라 오직 신에게만 있다." Rivière, *Le dogme*, pp.206-221 참조.

49) Robert, *Sententiae* 4.13-14: "물론 악마는 인류에 대해 아무런 권리도 갖지 않는다. 그는 사악한 속임수로 인류를 속였다." Rivière, *Le dogme*, pp.164, 416; Burns, pp.293-295 참조.

50) Abelard, *Commentaria in epistolam Pauli ad Romans*, 2; *Theologia Christiana*, 4, ed. E. Buytaert, *Petri Abelardi opera theologica*(Turnhout, 1969), vol.2. 상스에서 정죄받은 주장, no. 4

(Denzinger no. 371): "그리스도는 악마의 지배에서 우리를 풀어주기 위해 인간의 육신을 취한 것이 아니다."

51) Hildebert, *Tractatus theologicus*, 19-20; William of Auvergne, *De universo*, 2.3.11; Peter Lombard, *Sent*. 2.6.2-3; Aquinas, *CS* 2.6.1.3 and *ST* Ia. 64.4; 보나벤투라는 때때로 일부 마귀들이 저주받은 자들을 고문하기 위해 지하세계로 내려오기는 하지만, 마귀들은 지하세계가 아닌 공중에서 살고 있다고 확신했다. *Comm. Sent*. 2.6.2.

52) Peter Lombard, *Sent*. 2.7: 신은 충실한 자들을 시험하고 경고하고, 부정한 자들을 현혹시키기 위해 마귀들로 하여금 마술을 사용하도록 허락한다; Abelard, *Ethics* 4; Willliam of Auvergne, *De universo*, 2.3.6-7; Peter Lombard, *Sent*. 2.8.4: "마귀들은 실체로서가 아니라, 자유의지의 영향을 통해 인간의 마음 속으로 들어온다. 따라서 그들은 우리의 육체를 해할 수 없다고 알려져 있다." Peter Lombard, *Commentarium in Psalmum* 77: 신은 마귀로 하여금 유혹하는 것에 그치지 않고 벌할 수도 있도록 허락한다.

53) Albert, *Comm. Sent*. 2.43.3: "악마는 다양한 종류의 형상을 만들어내어 그것을 눈이나 다른 감각 앞에 들이댈 수 있다. 그러면 감각은 그러한 것들을 목격하도록 강요된다." William of Auvergne, *De universo*, 2.3.12-13; Honorius, *Liber quaestionum*, 11; Walter Map, *De nugis curialium*, 5.6; Abelard, *Concil of Sens*, no. 16(Denzinger no. 383).

54) Guibert, *De vita sua*, ed. and trans. J. Benton, *Self and Society in Medieval France: The Memoirs of Abbot Guibert de Nogent*(New York, 1970); J. Paul, "Le démoniaque et l'imaginaire dans le 'De vita sua' de Guibert de Nogent," in *Le diable au moyen âge*(Paris, 1979), pp.373-379. R. Colliot, "Rencontres du moine Raoul Glaber avec le diable d'après ses histoires," in *Le diable au moyen âge*, pp.119-132.

55) 개인구성심리학자(personal construct psychologist)들은 이 사실을 이해하고 있다. 예를 들면, D. Rowe, *The Costruction of Life and Death*(New York, 1982) 참조.

56) William of Auvergne, *De universo*, 2.3.2; Albert, *Comm. Sent*. 2.7.5. J. Russell, *Witchcraft in the Middle Ages*(Ithaca, 1972), pp.115-119 참조.

57) R. W. Southern, *Western View of Islam in the Middle Ages*(Cambridge, Mass., 1962).

58) 일반적인 이단에 대해서는 C. T. Berkhout and J. B. Russell, *Medieval Heresies: A Bibliography*(Toronto, 1981) 참조. 개괄적인 내용을 다룬 최고의 저작은 M. D. Lambert, *Medieval Heresy*(London, 1977)이다. 14세기에 실존했던 것으로 여겨졌던 루시퍼파 (Luciferans)가 실제로는 허구라는 데 주목할 것. 이 시기의 정통파 저술가들은 4세기

칼리아리(Cagliari)의 주교였던 루시퍼(그는 악마와는 아무 관련이 없다)의 추종자들을 일컬었던 루시퍼파에 대한 아우구스티누스의 설명을 받아들여, 어떤 이단이든 악마의 추종자들이며 루시퍼파라고 불려야 마땅하다는 근거로, 그것을 당시 왈도파의 특정 집단에 적용했다. R. Lerner, *The Heresy of the Free Spirit in the Later Middle Ages*(Berkeley, 1972) 참조.

59) G. R. Evans, *Anselm and a New Generation*(Oxford, 1980), p.146.

60) 카타르파보다 앞선 보고밀파 선조들에 대해서는 이 책의 제3장 참조. 카타르파의 주장을 다룬 가장 훌륭한 책은 A. Borst, *Die Katharer*(Stuttgart, 1953)이다. 또한 Berkhout and Russell, nos. 290-709 참조.

61) 카타르파의 교리에 대해서는 특히 Borst; M. Loos, *Dualist Heresy in the Middle Ages*(Prague, 1974); G. Schmitz-Valckenberg, *Grundlehren katharischer Sekten des 13. Jahrhunderts*(Munich, 1971) 참조.

62) 가장 잘 알려진 절대적 카타르파의 설명은 13세기 롬바르두스의 논문인 *Liber de duobus principiis*이다. C. Trhouzellier, ed., *Le livre des deux principes*(Paris, 1973). 보고밀파에서 나왔지만 여러 종류의 판(version)으로 남아 있는 "The Secret Supper"도 그 중 하나이다. E. Bozóky, ed., *Le livre secret des cathares*(Paris, 1980); R. Reitzenstein, ed., *Die Vorgeschichte der christlichen Taufe*(Leipzig, 1929), pp.297-311; W. Wakefield and A. Evans, *Heresies of the High Middles Ages*(New York, 1969), pp.458-465.

63) Manifestatio heresis, ed. A. Dondine, "Durand de Huesca et la polémique anti-cathare," *Archivum fratrum praedicatorum*, 29(1959), 228-276; Loos, pp.34-35 참조. 또한 F. Talmage, "An Hebrew Polemical Treatise, Anti-Cathar and Anti-Orthodox," *Harvard Theological Review*, 60(1967), 323-348. 루시퍼의 신성한 태생을 입증하기 위해 카타르파가 이용한 성구(聖句)들:「에스라」35.3;「시편」46.10; 80.9-10; 81.1; 95.5;「말라기서」2.11;「마태복음」2.21-28;「요한복음」8.44; 14.30;「고린도후서」4.3-4;「에베소서」2.3 등. "루시퍼"는 카타르파가 악마를 부를 때 선호했던 이름이다. 이 이름이 그의 신성한 태생을 암시하기 때문이다. 이러한 카타르파의 선택이 프랑스와 독일의 희곡에도 영향을 미쳐, 루시퍼가 지옥의 왕으로, 사탄이 그의 하인으로 나타난 듯하다(이 책의 8장 참조).

64) 구약성서가 어느 정도로 악한지에 대한 카타르파의 의견은 차이가 있다. 모세 5경은 사악하며, 모세를 비롯한 유대민족의 조상들은 마귀들이거나 마귀로부터 영감을 받았다는 것, 그리고 율법이 악마의 농간이라는 것에 대해서는 의견이 일치했다.

그리스도가 모세를 인용했다는 사실을 극복하기 위해, 몇몇은 두 명의 서로 다른 모세라는 장치에 의지했다. 그러한 믿음은 11세기 후반부터 증가해온 반-유대주의를 촉진했다. 카타르파의 회의론은 신약성서의 일부분에도 확대되었다. 세례자 요한은 때로 또 다른 악마적 인물로 여겨졌다.

65) 제4회 라테란의 법규 1, Denzinger nos. 428-430. 근대의 몇몇 편향적인 작가들은 이 공의회가 실제로 악마의 존재를 확인하기 위한 것이 아니라 단지 신이 유일한 조물주임을 확인하기 위한 것이라고 주장했다. 신성한 신의 유일성은 분명 주된 논점이긴 했지만, 오제타(Ozaeta)는 교황 이노센트 3세가 악마의 존재에 대해 일말의 의심도 없이 그의 저작에서 악마를 자주 언급했음을 보여주었다. 이는 그다지 놀라운 일이 아닌데, 그 당시까지는 어떤 신학자도 악마의 존재에 대한 의구심을 표현한 적이 없기 때문이다. 따라서 그 교리는 분명 공의회의 법규에 함축되도록 의도되었다 (J. M. Ozaeta, "La doctrina de Innocencio III sobre el demonio," *Ciudad de Dios*, 192(1979), 319-336). 키(Quay)는 악의 원천은 인간과 신 모두의 외부에 위치해야 한다는 점을 지적하며, 교황과 공의회는 실제로 악마의 존재를 정의하기 위한 것이었다고 설득력 있게 주장한다(P. Quay, "Angels and Demons: The Teaching of IV Lateran," *Theological Studies*, 42(1981), pp.20-45). 키의 논문은 또한 근대의 관점을 훌륭히 요약해서 보여준 다. 공의회에 대해서는 J. Alberigo, J. Dossetti, P. Joannou, et. al., *Conciliorum oecumenicorum decreta*, 3d ed.(Bologna, 1973) 참조.

66) Anselm, *Monologion*, 4; Aquinas, *ST* Ia. 2.3, 5.3, 48.3, 49.3, 65.1; Aquinas, *Summa contra gentiles*(*SCG*), 3.7, 3.15.

67) 악마와 유대인들에 대해서는 M. Barber, "Lepers, Jews, and Muslims: The Plot to Overthrow Christendom in 1321," *History*, 66(1981), pp.1-17; B. Blumenkranz, "La polémique antijuive dans l'art chrétien du moyen âge," *Bolletino dell'Istituto Storico Italiano per il medio evo e archivio Muratoriano*, 77(1965), pp.21-43; N. Cohn, *Europe's Inner Demons*(London, 1975); G. Langmuir, "From Ambrose of Milan to Emicho of Leiningen: The Transformation of Hostility Against Jews in Northern Christendom," in *Gli Ebrei nell'Alto Medioevo*(Spoleto, 1978), pp.313-373; G. Langmuir, "Medieval Anti-Semitism," in H. Friedlander, ed., *The Holocaust: Ideology, Bureaucracy, and Genocide*(Millwood, N. Y, 1980), pp.27-36; R. Mellinkoff, "Cain and the Jews," *Journal of Jewish Art*, 6(1979), pp.16-38; R. Mellinkoff, *The Horned Moses in Medieval Art and Thought*(Berkeley, 1970); R. Mellinkoff, *The Mark of Cain*(Berkeley,

1981); R. Mellinkoff, "The Round-Topped Tablets of the Law: Sacred Symbol and Emblem of Evil," *Journal of Jewish Art*, 1(1974), pp.28-43; L. Poliakov, *The History of Anti-Semitism*, vol.1(New York, 1974), esp, pp.124-169; F. Raphael, "Le juif et le diable dans la civilisation de l'Occident," *Social Compass*, 19(1972), pp.549-566; "La représentation des juifs dans l'art médiéval en Alsace," *Revue des sciences sociales de la France de l'Est*, 1(1972), pp.26-42; J. Trachtenberg, *The Devil and the Jews*(New Haven, 1943) 참조. 마녀광란 시대의 악마화에 대해서는 이 책의 제10장 참조. 또한 B. Blumenkranz, *Juifs et Chrétien dans le monde occidental 430-1096*(Paris, 1960); B. Blumenkranze, *Le juif médiéval au miroir de l'art chrétien*(Paris, 1966); I. Schachar, *The Judensau*(London, 1974); D. Iancu-Agou, "Le diable et le juif," in *Le diable au moyen âge*(Paris, 1979), pp.261-276 참조. 이슬람교도의 악마화에 대해서는 H. Backes, "Teufel, Götter, und Heiden in geistlicher Ritterdichtung," in A. Zimmermann, ed., *Die Mächte des Guten und Bösen*(Berlin, 1977), p.417-441 참조. 이슬람교 도들은 이교도로 간주되었으므로 불합리하게도 우상숭배로 고발당했다. 코르도바의 에울로지오(Eulogius of Córdoba)는 마호메트를 "사탄의 천사이자 적그리스도의 선구 자"라고 불렀다(Backes, p.426).

68) 아퀴나스의 저서 목록은 아우구스티누스와 루터의 목록처럼 방대하다. 『신학대전』 은 1266-1273년에 씌어진 것이다. 『이단논박대전』이 쓰여진 연대에 대해서는 의견이 분분하다. 그것은 빠르게는 1259년, 늦게는 1270년에 시작되었을 것이다. T. Murphy, "The Date and Purpose of the Contra Gentiles," *Heythrop Journal*, 10(1969), pp.405-415 참조. 『악마에 관하여』(*DM*)는 이르게는 1259-1268년, 늦게는 1269-1272년으로 추정된다. O. Lottin, "La date de la question disputée 'De malo' de saint Thomas d'Aquin," *Revue d'histoire ecclésiastique*, 24(1928), pp.378-388 참조.

69) *SCG* 4.39; 4.95; *ST* Ia. 5.1: "선과 존재라는 단어는 동일한 것을 나타낸다."

70) *SCG* 3.11: "모든 악은 선한 것 안에 있다."; *SCG* 3.7: "악에는 본질이 없다." *SCG* 1.71: "악은 그들이 머물고 있는 선을 통해서만 알려진다."; *ST* Ia. 5.1-3, *Ia* 47-49, *IaIIae*. 19, *Ia*. 2.3; *ST* Ia 5.3.2: "어떤 실체를 가지고 있는 것은 악이라고 불릴 수 없다. 그러나 무언가를 결여하고 있는 것은 악이라 불린다. 사람에게 미덕이 없으면 악하다고 말하고, 시력을 부족하면 눈이 나쁘다고 하는 것과 마찬가지이다."

71) 만물은 신 안에서 존재를 갖는다. *ST* Ia. 48.1. 악은 선에 대한 갈망으로부터 나온다. *SCG* 2.162, 3.10, 3.13-14; *ST* Ia. 49.2, *IaIIae*. 19.

72) *SCG* 3.11; 4.7; *ST* Ia. 48.2: 악은 "단순한 부정이 아니라 결성과 같은 것이다." *ST* Ia. 48.5: "악은 선의 결여이다." *ST* Ia. 48.3: "선의 결핍이 모두 악인 것은 아니다. 왜냐하면 선의 결핍은 결성과 부정 두 가지 모두로 이해될 수 있기 때문이다. 부정의 의미에서의 선의 결핍은 악하지 않다. 그렇지 않다면 단지 존재하지 않는 모든 것은 악할 것이며, 어떤 것들은 다른 것들에 있어야 할 특성을 결여하고 있다는 이유만으로 악이 되기 때문이다. 그러나 결성의 의미에서의 선의 결핍은 악이다. 눈이 먼다는 것은 빛을 결여한 것이라고 볼 수 있는 것처럼 말이다."

73) *SCG* 3.71; *ST* Ia. 48.2.

74) *ST* Ia. 48.3, *SCG* 3.3-15; *SCG* 1.71: "우리는 어떤 것이 선을 결여하고 있는 경우를 제외하고는 그것을 악이라 부르지 않는다."; *DM* 1.1: "악은 그 자체로 아무것도 아니다. 그것은 특정한 선의 결여이다."; *ST* Ia. 49.1: "악은 창조물이 자신의 본성에 따라 가져야만 하는 선의 결여이다."

75) *ST* Ia. 2.3: "신은 존재하지 않는 듯하다. 만약 상반되는 것 중 한쪽이 완전무결하다면, 그것은 그 반대편을 파괴할 것이기 때문이다. 그러나 신은 완전무결한 선으로 정의된다. 따라서 만약 신이 존재한다면, 악은 존재할 수 없을 것이다. 그러나 악은 존재한다. 따라서 신은 존재하지 않는다."

76) *SCG* 3.15; *ST* Ia. 49.2-3.

77) *ST* Ia. 22.2. 아퀴나스는 무작위적인 운동에 대한 근대의 이론을 아인슈타인처럼 해석했을 것이다. 즉 무작위적으로 보이는 것 안에, 일정한 인과법칙이 있다는 것이다. 이것은 양자이론의 가정은 아니지만, 양자이론의 어떤 것도 무작위성이 질서와 양립할 수 없다고 주장하지 않는다. 무작위성의 개념은 다른 모든 개념들과 마찬가지로, 인간의 정신의 산물이며 단지 관찰자가 특정 사건들(예를 들면, 원자핵으로부터 알파입자들의 방사)의 인과관계를 현재(그리고 아마도 결코) 과학적으로 관찰할 수 없기 때문에 그들을 무작위적이라고 묘사하고, 통계적으로만 처리하는 상황을 나타내는 것이다. 무작위성은 우주의 본질에 대한 진술이라기보다는 관찰자의 능력의 한계에 관한 진술이다. 세계는 질서정연하고 목적이 있다는(a cosmos) 진술과 그렇지 않다는 진술(a chaos)은 모두 무작위성과 병존할 수 있다. 더 나아가, 카이스퀘어 연산을 이용하는 사람은 누구나 아는 것처럼, 겉보기에 무작위적인 사건들이 반향을 만들어냄으로써, 미미한 수준에서의 무작위성이 더 높은 수준에서는 항상 질서를 만들어내는 듯하다. 과학은 무작위성으로 보이는 것 뒤에서 작동하는 원리를 찾아낼

수도 있고, 그렇지 못할 수도 있다. 어쨌든, 신학에서는 무작위성과 관련된 아무런 문제가 없다. 왜냐하면 그것은 지배적인 원리라는 개념이 모순되지도, 모순될 수도 없기 때문이다. 이 문제를 나와 함께 논의해준 뮤즈(Charles Musès)와 다르워즈(David Darwazeh)에게 감사를 표한다.

78) *ST* Ia. 49.1.

79) *ST* Ia. 49.1.3: "대리인이나 물질에 다른 악이 존재하지 않고서는 어떤 악도 만들어질 수 없다." *CS* 2.46; *ST* Ia. 19.9: "신은 악이 행해지기를 바라지도 않고 행해지지 않기를 바라지도 않는다. 그러나 그는 악이 더 위대한 선을 위해 행해지도록 허락한다." Cf. *ST* Ia. 2.3.

80) *ST* Ia. 46.1.3, Ia. 47.1, Ia 65.21; *CS* 1.39.2; 1.46.1.3.

81) E. Harris, *The Problem of Evil*(Milwaukee, 1977), pp.4-5: "가치있는 목적의 달성을 추구하는 인류를 만들어내지만, 그들의 욕구를 무자비하게 좌절시키는 세상(은 불합리하다). 인간의 열망이 어리석고 자연스럽지 못하거나, 아니면… 세상이 잘못된 것이다."

82) 아퀴나스는 선택에 기인하지 않은 도덕적으로 자유로운 존재의 결성, 즉 해부적인 능력의 결여인 poena와 자유의지의 선택과 관련된 culpa를 구분했다. *ST* Ia. 48.5: "culpa는 poena보다 더욱 명백한 악이다." 한편 아퀴나스의 poena는 이성을 가진 창조물들의 결함에만 적용될 뿐 하등한 창조물들에게는 적용되지 않는다.

83) *DM*. 1.3-4, 16.2; *SCG* 3.4, 3.16.2; *ST* IaIIae. 1-5, IaIIae. 75-80.

84) *ST* IaIIae. 6-17(esp.13.6), IaIIae. 78.1, IaIIae. 79.1.2; *SCG* 3.10.

85) *DM* 1.3, 16.2.4-7; *SCG* 3.71-73, 159, 163; *ST* Ia. 22-23. 아퀴나스는 여기에서 아벨라르의 주관론인 관점에 반대하고 죄는 동기만으로 이루어지기보다는 행동과 본질적으로 사악한 어떤 것을 포함한다고 주장했다(*ST* IaIIae. 19-20). J. F. Dedek, "Intrinsically Evil Acts: An Historical Study of the Mind of St. Thomas," *The Thomist*, 43(1979), 385-413 참조.

86) 그러나 천사들은 육체를 가지고 있지 않으므로, 정욕에 의해 유혹받지는 않는다. *ST* Ia. 59.4, 63.1; *CS* 2.5.1.1, 2.3.1.1-2, 2.8, 4.44.3; *SCG* 4.90.

87) 마귀들(타락한 천사들)은 죄를 지을 수 있다. *SCG* 3.108-110. 1950년대, 토마스주의자들 사이에서는 천사가 죄를 지을 수 있는지에 대해 작은 폭풍이 불었으며, 몇몇은 저변에 깔려 있는 일관성을 발견하려고 꾸준히 노력했다. 그러나 아퀴나스는 서로 상반되는 경향의 두 가지 생각을 주장했다. 예를 들면, C. Courtès, "La peccabilité

de l'ange chez Saint Thomas," *Revue thomiste*, 53(1953), pp.133-163; A. Hayen, "Le péché de l'ange selon Saint Thomas d'Aquin," *Teoresi*, 9(1954), pp.83-176; Philippe de la Trinité, "Du péché de Satan et de la destinée de l'esprit," in Bruno de Jésus-Marie, ed., *Satan*(Paris, 1948), pp.44-97; Philippe de la Trinité, "Réflexions sur le péché de l'ange," *Ephemerides carmeliticae*, 8(1957), pp.44-92; J. de Blic, "Saint Thomas et l'intellectualisme moral à propos de la peccabilité de l'ange," *Mélanges de science religieuse*, 1(1944), pp.241-280; J. de Blic, "Peccabilité de l'esprit et surnatural," ibid., 3(1946), p.163. 악마는 아마도 가장 높은 계급의 천사였다. *DM* 16.3-4; *CS* 2.3-11; *ST* Ia. 63.7. 순수하게 지적인 실체를 가진 그는 선한 본성과 자유의지를 가지고 창조되었다.

88) *SCG* 3. 108-110.

89) *ST* Ia. 58.5: "천사들은 자연적으로 죄를 지을 수 없다. 그러나 그들은 초자연적인 것들에 관해서는 죄를 범할 수 있다." *DM* 16.3: "악마의 죄는 자연의 질서와 관련된 것이 아니라, 초자연적인 질서에 관련된 것이었다." 아퀴나스는 (오늘날에는 모호하게 사용되지만) 초자연적인 것을 명백하게 정의했다. 그것은 창조물의 본성에 적합한 것을 넘어서는 무엇이다. 천사와 마귀들은 초자연적이 아닌, 자연의 일부이다. 그럼에도 신은 그들에게 초자연적인 은총, 즉 그들의 자연적인 능력을 초월하는 은총을 줄 수 있다.

90) *ST* Ia. 6.3.1.4: "정당한 한도의 질서 내에서가 아닌."

91) 오만은 신과 인간에 대한 시기심을 불러일으켰다. *ST* Ia. 63.2, *ST* Ia. 63.3: "그는 신이 그랬던 것처럼, 신의 도움 없이 자신이 가지고 있는 본연의 힘으로 행복을 얻고자 했다." *ST* Ia. 13: 천사들이 천성적으로 범할 수 있는 두 가지 유일한 죄는 오만과 시기이다. *CS* 2.5.1, 2.21.1: 오만과 시기. 신과 대등해지고자 하는 사탄의 바람에 대한 둔스의 논의는 *Reportata Parisiensia*, 2.6.1과 그의 *Commentary on the Sentences*, 2.4-7에 나와 있다. 둔스는 의지 행위를 두 종류로 구분했다. (1) simplex는 스스로 달성할 수 있다고 믿는 행위를 바라는 것이다. 이것은 효력이 있는 행위이다. (2) cum conditione, 이것은 스스로 달성할 수 없거나 달성할 수 없다고 생각하는 행위를 바라는 것이다. Reportata 2.6.2에서, 둔스는 루시퍼의 죄의 주된 요인은 스스로를 지나치게 사랑한 정욕이었다고 주장한다.

92) *ST* Ia. 56.3: *ST* Ia. 63.5-6: "최초의 순간에 모든 천사들은 선했다. 그러나 다음 순간, 선한 천사들과 악한 천사들이 서로 분리되었다."

93) *ST* Ia. 63-68. S. P. Revard, *The War in Heaven*(Ithaca, 1980) 참조.

94) *ST* Ia. 114.3; *ST* IaIIae. 80: "악마가 어떤 방법으로도 인간으로 하여금 죄를 짓도록 만들 수 없었다는 것은 분명하다."

95) *ST* IIIa. 8.7: "악마는 그를 따르는 모든 악인들의 우두머리이다." *ST* IIIa. 8.8: 이는 악마의 현시인 적그리스도에게도 또한 적용되는데, 이들 둘은 실제로는 하나인 악의 우두머리이다.

96) *ST* Ia. 63.8; 루시퍼는 다른 천사들로 하여금 죄를 짓도록 만들지 않는다. 그들에게 죄를 짓도록 설득하기는 하지만, 선택은 그들 자신이 하는 것이다. 마귀가 된 타락 천사들: *CS* 2.6.1, 2.8.1. 그들은 지옥에서도 계급을 이룬다: *ST* Ia. 109; *CS* 2.6, 2.9. 루시퍼는 인간들에게 원죄를 짓도록 권유하기는 했지만, 원죄를 발생시키지는 않았다: *ST* IaIIae. 81-85, *IIaIIae*. 163.1. J. B. Kors, *La justice primitive et le péché originel d'après S. Thomas*(Paris, 1930); O. Magrath, "St. Thomas' Theory of Original Sin," *The Thomist*, 16(1953), 161-189.

97) *ST* Ia. 64.3-4. 몇몇은 현재 저주받은 자들을 고문하기 위해 지옥에 머물고 있고, 몇몇은 인간을 유혹하기 위해 공중에 머문다. 최후의 심판 후, 세상의 마지막 날 그들은 모두 지옥에 감금될 것이다. *SCG* 4.90; *CS* 2.8.4.43: 마귀들은 형체가 없음에도 불구하고, 불로 인해 고통을 받을 수 있다. 왜냐하면 신이 그들을 불의 영향력 아래에 두었기 때문이다. 이 모든 점들에 대해 토마스는 다행히도 거의 관심을 기울이지 않는 듯하며, 그의 주장들은 피상적이다.

98) *ST* Ia. 62.8; *ST* Ia. 64.2: "죄를 지은 사악한 천사들은 그들의 죄에 묶여 꼼짝 못하게 된다."

99) *ST* Ia. 64.2. 이러한 점에서 그들은 사후 인간의 영혼과 유사하다. 사후의 인간들 또한 마찬가지로 선택에 있어 불변인데, 어떤 새로운 감각적 혹은 이성적 정보들도 이제 순수한 영혼이 되어버린 이들에게 들어올 수 없기 때문이다(*SCG* 4.93-95). 이전의 주장들에 대해서는, *ST* IaIIae. 80.4 참조: "누구도 악마를 유혹하지 않았으며, 그에 앞선 어떤 원인도 없었다. 마귀들 또한 그리스도에 의해 구원받을 수 없는데, 그리스도의 공로는 오직 같은 종인 인간에게만 적용되기 때문이다."

100) *CS* 4.50.2.1: "저주받은 이들 가운데 더할 나위 없는 증오가 존재한다. 악한 자들은 모든 선한 것들에 대해 분개하며, 특히 성인들의 행복은 그들의 감정을 상하게 한다."

101) *ST* IIIa. 49.2; *CS* 3.19.1; *SCG* 4.39-42; *ST* IIIa. 48.4: "인간은 악마에 대해서가 아니라,

신의 정의에 대해서 구원받아야만 한다. 대가는 악마가 아닌 신에게 치러야 한다. 따라서 그리스도는 우리를 구원한 대가로 악마가 아닌, 신에게 자신의 생명을 바쳤다."

102) G. Gulén, *Christus victor*(Paris, 1949).

103) *Sic et non* 84. R. V. Turner, "Descendit ad Inferos: Medieval View on Christ's Descent into Hell and the Salvation of the Ancient Just," *Journal of the History of Ideas*, 27(1966), pp.173-194 참조.

104) *ST* IIIa. 52. 지옥의 변방은 지옥의 최상위 집단이다.

105) *ST* IIIa. 49; *CS* 3.19.1.

106) *ST* Ia. 114, IaIIae. 80.2-3; *ST* Ia. 65.1: 마귀는 우주의 의미에서가 아니라, 세속적인 삶을 영위하는 사람들이 그를 섬긴다는 점에서, 이 세상의 지배자이다.

107) *CS* 2.8.1 몽마와 여자 몽마에 대해서는 *SCG* 2.154; *ST* Ia. 57, Ia. 110-114, IIIa. 43.2; *DM* 16.9. 12세기 초, 아퀴나스설이 가톨릭 교회의 반공식적인 철학이었을 때, 마녀광란에 대한 아퀴나스의 책임 문제에 관해, 아퀴나스주의자들과 반가톨릭주의 자들의 논쟁이 고조되었다. 혼란이 사라진 지금, 그 논쟁은 분명 시작부터 어리석은 것이었다. 아퀴나스가 어리석을 정도로 장황하게 마귀들의 활동을 묘사한 것은 사실이나, 그는 초기 교부들에게로 거슬러올라가는 오랜 전통을 따른 것일 뿐, 마녀에 대한 믿음을 지지했던 기독교 신학은 아퀴나스가 만들어낸 것이 아니었다.

8장 전성기 중세 예술과 문학에 등장하는 루시퍼

1) 1100년에서 1500년에 해당하는 시기의 예술과 문학에서는 악마를 연구하고도 남을 만큼 엄청나게 많은 자료들이 실제로 존재한다. 대표적인 사례들만을 취할 수 있을 뿐이고 이러한 작업은 예술이나 시가, 극 자체를 연구하는 일이 아니라 악이 인격화되는 역사를 살피는 일이라는 것을 명심해야 한다. 보쉬의 예술, 지옥, 지옥의 변방, 연옥, 안티그리스도, 환시문학의 전통과 같은 연관된 주제들의 정글 속으로 들어가 탐험을 할 여지는 없다. 안티그리스도에 대해서는 R. Emmerson, *The Antichrist in the Middle Ages*(Seattle, 1981), 4장, "Antichrist in Meadieval Art," 그리고 5장 "Antichrist in

Medieval Literature를 보라. 환상문학에 대해서는 D. D. R. Owen, *The Vision of Hell*(Edinburge, 1970), 그리고 연옥에 대해서는 J. LeGoff, *The Birth of Purgatory*(Chicago, 1982)를 보라.

2) 미술사 분야에서 나보다 더 탁월하게 연구해온 작가들의 견해를 따른다. 조이스 갈페른, 크리스 헤이니, 엘렌 쉬펠 그밖의 작가들에게 특별히 감사한다.

3) M. Lazar, "Caro, mundus, et demonia dans les premières oeuvres de Bosch," *Studies in Art*, 24(1972), pp.106-137 참조.

4) Galpern, pp.29-31 참조. 수도원이나 탁발 수도원의 설교사들 같은 중세 예술가들은 관람자들을 놀라게 하는 무서운 장면을 이용해 선한 삶으로 인도하려 했다. 아우구스티누스도 일찍이 지옥의 장면들을 강조해서 평신도들을 교화하라고 추천하였다.

5) R. Hammerstein, *Diabolus in musica*(Bern and Munich, 1974), pp.16-19; Seidlmayr, pp.105-113 참조.

6) 괴물 같은 모습을 가졌다고 해서 항상 악마를 의미하지는 않는다. 괴물의 형상을 한 악마는 인간 중에서 "기괴한 인종들"(4장 참조), 추한 외양을 가진 사람들, 그리고 단순히 우스꽝스러운 기괴하게 생긴 사람들과 명확하게 구분되지 않는다. 악마가 왕관을 썼든 쓰지 않았든, 열 개의 뿔이 났든 7개의 머리를 가지고 있다면, 이러한 표상은 「요한계시록」 12장 3절에서 곧바로 가져온 것이다. 가끔씩 악마는 헤카테(악마, p.130 참조)처럼 성 삼위일체를 흉내 내어 세 개의 머리나 얼굴을 가지게 된다.

7) 4장과 6장 참조. 문학적인 유비에 대해서는, 체자리우스 하이스터바흐(Caesarius of Heisterbach), *Dialogus miraculorum*, ed. J. Strange(Cologne, 1851), 5.2(창백), 그리고 5.5, 5.8(어두움) 참조.

8) Brenk, *Tradition*, pp.178-179.

9) J. K. Bonnell, "The Serpent with a Human Head in Art and in Mystery Play," *American Journal of Archeology*, 21(1917), pp.255-291. 악마가 처녀의 얼굴을 한 뱀의 모습을 택하게 된 피터 코메스터의 설명에 대해서는, 보넬과 J. M. 에반스, *Paradise Lost and the Genesis Tradition*(Oxford, 1968), p.170 참조. 피터가 처음으로 이러한 생각을 자신의 저작 *Historical scholastics: Liber Genesis*, 21에서 사용하였던 듯 하다. 무대 위에 등장하는 뱀에 대해서는 9장 이하를 보라.

10) 중세에 이르기까지 계속해서 권력을 상징하는 뿔의 도상학적 의미에 대해서는, R. 멜린코프, *The Horned Moses in Medieval Art and Thought*(Berkeley, 1970)를 보라. 모세의

뿔이 유대인들의 악을 상징하는 것으로 생각되었기 때문에, 안타깝게도, 이러한 상징은 광범위하게 오해를 받았다. 그리고 유대인들 자체도 뿔을 가지고 있는 것으로 묘사되었다.

11) 초기 기독교 미술에서 빙의된 사람들은 가끔씩 머리카락이 위로 뻗쳐 있는 모습으로 나타난다. 브렝크, *Tradition*, pp.132, 176 참조. 이러한 주제는 유럽 이외에서도 나타난다. 일본의 악령들은 위로 빗어 올린 머리 모양을 하고 있다. 악마, p.100 참조.

12) 브렝크, *Tradition*, p.177.

13) 미출간 원고, "Theology and Popular Belief: Confession in the Later Thirteenth Century"를 읽게 허락해주시고 이 글을 바탕으로 수많은 영감을 갖게 해주신 A. 번스타인 교수에게 감사한다.

14) 환시 문학에 대해서는, M. Dods, *Forerunners of Dante*(Edinburgh, 1903); H. R. Patch, *The Other World*(Cambridge, Mass., 1950), 특히 pp.89-120 참조. 이러한 환시 문학에서 가장 영향력 있는 작품은 *The Vision of Saint Paul*인데, 원래는 3세기에 그리스어로 씌어졌다가 6세기에 라틴어로 번역이 되었다.

15) 중세 문학 전반이나 특히 단테 그리고 랭글런드에 대해서는 참고문헌 참조. 궁정 연애나 서정시가 단테에게 미친 영향에 대해서는, T. Bergin, *Dante*(New York, 1965), 스콜라 철학의 영향에 대해서는 E. Gilson, *Dante et la Philosophie*(Paris, 1939), 이슬람의 영향에 대해서는 M. Asin Palacios, *Islam and the "Divine Comedy"*(New York, 1926) 등 참조. 인도가 미칠 수 있는 영향에 대해서는 A. de Gubernaitis, "Le type indien Lucifer chez le Dante," *Giornale Dantesco*, 3(1895), pp.49-58 참조.

16) J. Freccero, "Satan's Fall and the Quaestio de aqua et terra," *Italica*, 38(1961), pp.112-113.

17) 아우구스티누스, 고백록, 13-9.

18) 중립을 지키며 기회주의적인 천사에 대해서는, "반란에 참여하지도 신에게 충성하지도 않았던 사악한 계급의 천사들." M. Dando, "Les anges neutres," *Cahiers d'études cathares*, 27, no. 69(1976), pp.3-28; J. Freccero, "Dante and the Neutral Angels," *Romanic Review*, 51(1960), pp.3-14; M. Rossi, "Sur un passage de la Chanson d'Esclarmonde(vs. 2648-2826)," *Le diable au moyen âge*(Paris, 1979), p.465를 보라. 이러한 관념은 기독교 문헌에서도 그 전례가 있었다고 밝히면서 로시는 그 예로 *Chanson d'Esclarmonde*를 인용한다. 이 세 번째 부류의 천사들은 세상을 방랑하거나 기회주의자들이 사는 구역에 거주해야만 한다(단테). 아마도 이러한 생각은 연옥에 대한 믿음이 커지면서 힘을

얻게 된 듯했다. 세 번째 지위를 가진 천사들은 사후에 인간의 영혼이 갖게 되는 세 번째 상태와 유사하게 볼 수도 있다.

19) *Conv.* 3.13: "자신들의 고향 천국에서 추방당한 지적인 존재들."

20) *Inf.* 34.122-126: "여기 있던 땅은 사탄이 두려워서 스스로 장막을 만들었고 북반구로 퇴각했다. 그리고 사탄에게서 달아나려고 지구의 중심부에 있던 땅은 지옥이 될 텅 빈 공간을 남겨두고 표면으로 올라왔다. 『연옥』 12.25-27; 『실낙원』 29.55-57 참조 프레체로, "Satan's Fall" 참조. 사탄이 타락하기 이전에 신은 우주 전체를 창조했음을 단테는 암시하고 있다. 만일 사탄이 더 먼저 타락했다면, 지구는 자기 위치에서 사탄을 받아들이지 못했을 것이다.

21) 싱글턴의 판본 vol.1:2, p.634.

22) 단테와 밀턴의 관계에 대해서는, I. Samuel, *Dante and Milton*(Ithaca, n.d.) 참조.

23) F. Fergusson, *Dante*(New York, 1966), p.119.

24) 초기 교부들의 시대 이래로, 이교도의 신들을 관습적으로 악령으로 묘사했었지만, 단테는 고대 문명을 사랑했기 때문에 고대의 정신 그 자체에서도 사악한 존재였었던 신화에 나오는 등장인물들을 이교의 신들로 대체하였다. 다른 중세의 작가들도 사정은 마찬가지였다. 아놀 그레방의 수난극에는 케르베로스라는 이름을 가진 악령이 나오고 아에네이드를 불어로 번안한 에네아스에서는 카론이나 케르베로스와 같은 수많은 고대의 신화적 존재들이 악령과 동일시되었다. Owen, pp.142-143 참조.

25) 악령들은 부정한 사람들이 감금되어 있는 지옥의 여덟 번째 구역에 있는 악의 구덩이 가운데 다섯 번째에 등장한다. 여기에서 악령들은 다소 희극적인 악령의 요소를 가지고 있다. 비록 악마의 어리석음은 너무 차가워 모든 웃음까지도 얼려버리지만, 작은 악령들은 우둔해서 우스운 구석이 있다. 단테는 "악령"을 일컫는 말로 demonio라는 낱말을 자주 사용했지만, 「지옥편」(28.37)에서처럼 diavolo라는 말은 가끔씩 같은 의미로 사용했다. 대체로 단테는 악마를 일컬을 때, 「지옥편」(31.143; 34.89)에서와 같이 루시퍼라고 하고 있지만, 사탄(「지옥편」 7.1) 그리고 바알세불(Belzebù; 「지옥편」 24.127)이라고도 부른다. 애초부터 유대교에 대해서 알지 못했던 베르길리우스가 말할 때, 지하세계의 왕에 대해서 고전적 이름 Dis(Dite)를 사용한다(「지옥편」, 11.65; 12.39; 34.20).

26) 루시퍼의 무덤은 성묘(聖廟), 그리스도 무덤의 패러디이다. A. Cassell, "The Tomb, the Tower, and the Pit: Dante's Satan," *Italica*, 56(1979), pp.331-351 참조.

27) 또한 호수를 나타내는 lago(「지옥편」 32.23)라는 말은 라틴어 lacus로 거슬러 올라간다. 이 말은 "호수"뿐만 아니라 "구덩이"라는 뜻도 된다. 그리고 이 말은 불가타(Is. 14.15)에서 사탄이 빠진 곳을 지칭하기 위해서 제롬이 사용하였다.

28) 「지옥편」 34.46; 34.49-50.

29) 그(사탄)는 심지어 죽은 자의 몸에도 생명을 불어 넣는다(「지옥편」 33.139-148). 단테는 도리아(Branca Doria)와 잔케(Michel Zanche)가 지상에서 살아 있다고 믿었지만, 실제로 그들은 죽어 있고 사탄의 꼭두각시 노릇을 했다는 소리를 듣는다.

30) 선례들 가운데는 그리스 로마 종교의 타이탄들, 묵시록 문헌에 나오는 감시천사들의 가대한 자식들, 베르길리우스의 폴리페모스,

31) 「지옥편」 34.28, 35; 「천국편」 19.46-48. 악마에 대한 다른 언급들은 「천국편」 9.127-128, 「연옥편」 8.98-99; 32.32, 「지옥편」 6.96; 23.143-144 등에 나온다.

32) 그리스어 tropaia처럼 vexilla도 군기라는 의미를 가지고 있지만, 기독교 문헌에서 대체로 이 말의 의미는 십자가를 암시하는 것으로 바뀌었다.

33) J. Freccero, "The Sign of Satan," *Modern Language Notes*, 80(1965), pp.11-26. G. Busnelli, *I tre colori di Lucifero Dantesco*(Rome, 1910)과 비교해보라.

34) 부두의 농부의 판본들과 연구 성과에 대해서는 "서지 목록" 참조. 카산드라 포츠라는 대학원생에게 감사를 표한다. 그녀의 세비만 연구는 부두의 농부에 대해서 이 장을 진척시키는 데 많은 도움을 주었다.

35) B. 1.128-129.

36) T. P. Dunning, *Piers Plowman*, 2판(Oxford, 1980), pp.54, 126. 라버리(강도)가 "루시퍼의 백모"라고 나와 있는 C.6.330과 비교하라. L. K. Little, "Pride Goes before Avarice," *American Historical Review*, 76(1971), pp.16-49를 보라.

37) B.2.69-114; C.2.69-115. D. J. Burton, "중세 영어로 된 *농부 피어스의 환시*에 나타난 악마와의 계약 B. II," California Folklore Quarterly, 5(1946), 179-184, 이것을 악마와의 협약이라고 잘못 이해하고 있지만 사실은 탐욕과 법률에 대한 패러디이다.

38) C.1.120. B.1.111-129, C.1.103-128, C.16.210-211 참조. 또한 A. Kellogg, "Satan, Langland, and the North," *Speculum*, 24(1949), pp.413-414 그리고 R. Risse, Jr., "The Augustinian Paraphrase of Isaiah 14.13-14 in *Piers Plowman* and the Commentary on the *Fables* of Avianus," *Philological Quarterly*, 45(1966), pp.712-717 참조. C.1.111과 B.1.119에서 랭그란드는 「시편」 47장에 나오는 Ennaratio의 문장을 "나는 북쪽에 나의 왕좌를

두리라"에서 "ponam *pedem* meam"로 바꾸어 결국 '자리' 또는 "왕좌"가 "발"로 의미가 달라지게 되었다. 켈로그와 라이즈는 *pedem*을 자만심이나 자기애라는 의미로 설명한다. 천사들은 다양한 수준으로 강등한다.

39) C.16-79-85; C.18.111-117; C.18.115, 그리고 made of holy men his hoerd in limbo inferni. 참조. B.10.423-425: 사탄이 아담, 예언자들 그리고 이사야를 가두어두었다.

40) 신의 네 딸이라는 관념은 「시편」 84:11에 근거해서 만들어진 오래된 생각이다. 이러한 관념은 중세 후기의 시인들이나 극작가들이 빈번하게 사용하였다. 예를 들면 *The Castle of Perseverance*의 9장 이하를 보라.

41) J. A. Alford, "중세 영국의 문학과 법," *Publications of the Modern Language Association*, 92(1977), pp.941-951; W. J. Birnes, "중재자로서의 그리스도: 농부 피어스의 법률적 메타포," *Annuale medievale*, 16(1975), pp.71-93.

42) C.20.261-263

43) C.20.443-444: 이때에 그리스도가 오기 전에 자신을 믿는 자만을 지옥에서 데려오려고 왔지만, 그리스도는 최후의 심판 때에 모두를 구원하리라고 약속한다.

44) 초서의 서지 목록은 방대하다. 특히, F. N. Robinson, *The Works of Geoffrey Chaucer*, 2판.(Oxford, 1957); E. T. Donaldson, *Chaucer's Poetry*, 2판.(New York, 1975)를 보라. 초서의 작품에 나타난 악마에 대해서는, J. de Caluwe-Dor, "Le diable dans les Contes de Cantorbéry: Contribution à l'étude sémantique du terme Devil," in *Le diable au moyen âge*, pp.97-116 참조. 컬루웨-도르(Caluwe-Dor)는 악마에 대한 106 개의 참고문헌을 모았다. 케이퍼(R. Kaeuper)는 곧 나올 예정인 *Studies in the Age of Chaucer*에 유용한 논문을 게제한다.

45) 161-168줄, 204-216줄. 위에 나오는 단테에 관한 논의를 보라.

46) 이 이야기 속에서 악마는 초록색 외투(courtepy)를 입고 있다. 4장 첫 부분(또한 민간전승에 나오는 이루어진 저주의 모티프에 관해서도 4장 참조)과 D. W. Robertson, Jr., "왜 악마는 초록색 옷을 입는가," Modern Language Notes, 69(1954), pp.470-472를 보라.

47) R. P. Clark, "Squeamishness and Exorcism in Chaucer's *Miller's Tale*," Thoth 14(1973/1974), 37-43; 완고한 프로이트주의 때문에 클락이 연구한 사례가 주목을 덜 받았지만, 그는 악마와 분변학과의 상관성에 주목을 끌게 하는 데 상당한 역할을 한다.

48) 5장 참조.

9장 연극에 나타난 루시퍼

1) 악마와 중세의 연극에 대한 서지에 대해서는 참고문헌 참조.

2) 교훈극에 대한 모범적인 작품은 R. Potter, *The English Morality Play*(London, 1975)이다.

3) 중세의 관점에서는, 진정한 세계의 역사는 왕위의 계승이나 농업 기술의 발전이 아니라 세상에 대한 신의 구원과 이에 대한 피조물들의 대응을 일관되게 기술한 것이다.

4) Rupert of Seutz, "De trinitate et opera eius," *CCCM* 21, p.215는 그 이름의 기원을 lucus a non lucendo에 둔다. "Ille autem cum sit tenebrarum potitor, per contraiam Lucifer appellatus est"(그는 어둠의 지배자이므로, 그와 반대로 빛을 가진 자로 불린다"). H. Spilling, *Die Visio Tngdali*, 2(Mubich, 1982), pp.216-225를 보라.

5) W. Rice, "Le livre de la diablerie d'Eloy d'Amerval," *Cahiers de l'association internationale des études françaises*, 3/4/5(1953), pp.115-126; C. S. Lewis, *The Screwtape Letters*(London, 1842).

6) P. Dustoor, "Lesends of Lucifer in Early English and in Milton," *Anglia*, 54(1930), pp.211-268.

7) J. Subrenat, "Lucifer et sa mesnie dans le 'Pelerinage de l'ame' de Guillaume de Digulleville," in *Le diable au moyen âge*, pp.507-525. 그레방에 대해서는 G. Paris and G. Raynaud, eds. *Le mystère de la Passion d'Arnoul Gréban*(Paris, 1878) 참조.

8) M. Rudwin, *Der Teufel in den deutschen geistlichen Spielen*(Göttingen, 1915), pp.83-86 그리고 실제로 자신의 모든 작품에서 라자르(M. Lazar)는 차이점을 강조한다. 프랑스나 독일의 수난극에서 가장 빈번하게 발견된다. 독일의 연극에 대해서는, R. Froning, ed., *Das Drama des Mittelalters*, 3(Stuttgart, 1891) 참조.

9) M. W. Bloomfield, *The Seven Deadly Sins*(East Lansing, Mich., 1952), pp.134-136.

10) Bloomfield, pp.214-215.

11) "바알세불"과 "베리알"이라는 이름에 대해서는 A. B. Gomme, "The Character of Beelzebub in the Mummers' Play," *Folk-lo*, 40(1929), pp.292-293 참조. "아스타로트"라는 이름은 아쉬토레트, 아쉬토로트 또는 아스타르테라고 하는 근동의 다산을 상징하는 여신들에게서 유래한다. 히브리어로 "파괴"를 의미하는 "아바돈"이나 "아밧돈"이라는 이름은 「욥기」 26:6에서는 세올(Sheol)로 「요한계시록」 9:11절에서는 악마로 지칭되었다. "마몬"은 신약에서 유래하여 부를 의인화하는 데 사용된다(「마태복음」 6:24,

「누가복음」 16:11). "벨페고르"는 "페고르 산의 주(「민수기」 25:3)"라는 모아브(유대인과 싸웠던 고대 셈족) 신 이름의 그리스어 형태이다. "베리트"는 「사사기」 8:33에 나오는 "바알베리트"에서 유래한다. "몰로크"(아모나이트의 신), "바알"(가나안어로 "주"), 그리고 자불론(diabolos에서 유래) 등도 사용되었다. W. Arndt, *Die Personennamen der deutschen Schauspiele des Mittelalters*(Breslau, 1904), pp.27-30 참조.

12) M. Jennings, *Tutivillus*(Chapel Hill, 1977).

13) T. McAlindon, "The Emergence of a Comic Type in Middle-English Narrative: The Devil and Giants as Buffoon," *Anglia*, 81(1963), pp.365-371. V. Kolve의 *The Play Called Corpus Christi*(Stanford, 1966)라는 책에는 124에서 144페이지에 걸쳐 유머에 관한 멋진 글이 들어 있다. 민간전승에 나온 악마의 이름에 대해서는 4장 앞부분 참조.

14) R. Griffin, "The Devil and Panurge," *Studi francesi*, 47/48(1972), pp.329-336 참조.

15) 타운리(Towneley) 연극에서, 모든 장면은 단 하나의 소박하도록 우아한 무대 연출로 축약된다. (여기 신이 자리를 비우면 루시퍼는 그 자리를 차지하리라).

16) 15세기 *Mistère du Vieil Testament*, ed. J. de Rotschild(Paris, 1878)에서 루시퍼의 타락이 상연되는 대부분의 연극과 비교해 보라.

17) 울프(R. Woolf)가 번역한 Egerer Fronleichnamspiel, *English Mystery Plays*(Berkeley, 1972), p.371에서 가져옴.

18) J. Bonnell, "The Serpent with a Human Head in Art and in Mystery Play," *American Journal of Archeology*, 21(1917), pp.255-291. 중세 문학에서 아담과 이브의 타락을 처리하는 방식에 대해서는, J. Evans, *"Paradise Lost" and the Genesis Tradition*(Oxford, 1968) 참조. Ignatius Diaconus, *Drama de primi parentis lapsu*, MLP 117.1163-1174를 보라.

19) M. Lazar, "Les diables," *Tréteaux*, Ⅰ(1978), pp.56-69; M. Anderson, *Dramas and Imagery in English Medieval Churches*(Cambridge, 1963), pp.143-177 그리고 노리치 성당 부조의 도판들(예를 들면 12B).

20) 무대 지시: 그때, 기계 장치로 만들어진 뱀이 금지된 나무줄기 옆으로 나온다.

21) 대부분의 연극에서 악마는 곧 바로 이브에게로 가는데, 여인들은 감각적인 열정에 사로잡혀 있으므로 자신의 유혹이 먹혀들 것이라고 확신했기 때문이다(체스터, "아담," 199).

22) Richard Axton, *European Drama of the Early Middle Age*(London, 1974), p.125.

23) E. Auerbach, *Mimesis*(Princeton, 1953), pp.124-151.

24) M. Lazar, "Diables"; T. McAlindon, "Comedy and Terror in Middle English Literature: The Diabolical Game," *Modern Language Review*, 60(1965), pp.323-332; McAlindon, "Emergence"; A Wünsche, *Der Sangenkreis vom geprellten Teufel*(Leipzig, 1905).

25) McAlindon, "Emergence," pp.367-371.

26) S. Kahrl, *Traditions of Medieval English Drama*(London, 1974), pp.111-112.

27) D. D. R. Owen, *The Vision of Hell*(Edinburgh, 1970), pp.206-207.

28) L. Schuldes, *Die Teufelsszenen im deuschen geistlichen Drama des Mittelalters*(Göppingen, 1974), pp.33. B. Spivack, *Shakespeare and the Allegory of Evil*(New York, 1958) 참조.

29) A, Valensin, Bruno de Jésus-Marie, ed., *Satan*(New York, 1952), pp.366-378에 나오는 "The Devil in the Divine Comedy."

30) Luzerner Osterspiel; Rudwin, p.47 참조.

31) Job: Heidelberger Passionspiel; Sodom and Gomorrah: Künzelsauer Fronleichnamspiel; 요셉 과 그의 형들, 황금 송아지, 그리고 느부갓네살: Luzerner Osterspiel. Rudwin, pp.47-48 참조.

32) 14세기의 시에는 악령들의 어리석음이 가장 분명하게 나온다.

33) J. Taylor와 A. H. Nelson, eds., *Medieval English Drama*(Chicago, 1972), pp.218-229에 실린 A. H. Nelson, "The Temptation of Christ; or the Temptation of Satan."

34) M. C. Pilkinton, "The Raising of Lazarus: A Prefiguring Agent to the Harrowing of Hell," *Medium Aevum*, 44(1975), pp.51-53; N. Denny, ed., *Medieval Drama*(London, 1973), pp.155-171에 실린 K. Roddy, "Epic Qualities in the Cycle Plays."

35) 빌라도의 아내는 여러 이름을 가지고 있어서, 프로큘라, 필라티사, 포르튤라 또는 단순히 "욱소르 빌라티"라고 불렸다.

36) T. N. Grove, "Light in Darkness: The Comedy of the York 'Harrowing of Hell' as Seen against the Backdrop of the Chester Harrowing of Hell," *Neuphilologische Mitteilungen*, 75(1974), pp.115-125.

37) Rudwin, pp.59-61.

38) Gréban, 23,270-275.

39) Gréban, 33.451-454.

40) M. Eccles, ed., The Marco Plays에 실린 *The Castle of Perseverance: The Castle of Perseverance; Wisdom; Mankind*(London, 1969), pp.1-111.

41) K. Roddy, "Mythic Sequence in the Man of Law's Tale," *The Journal of Medieval and Renaissance Studies*, 10(1980), pp.1-22, *Speculum humanae salvationis*(p.18) 인용: "그리스도가 수난을 통해 악마를 이겼듯이 마리아는 동정심을 동해서 악마를 이겼다."악마와 성모 마리아가 벌이는 투쟁의 전통에 대해서는, Lazar, "Satan and Notre Dame" 참조. 마리아가 악마를 패배시키는 것은 고티에르의 *Miracles de Notre Dame*에서처럼 가장 흔한 주제이다. 예를 들면, "Dou jovencel que li dyables ravi, mais il ne le pot tenir contre Nostre Dame," 2권, pp.205-223; "De un moigne que Nostre Dame delivra dou Dyable," 2권, pp.114-121; "De celui qui se tua par l'amonestement dou dyable," 2권, pp.237-245를 보라.

42) Lazar, "Satan and Notre Dame," p.6. Rutebeuf, 대사 2471-2473 참고

43) K. Aichele, *Das Antichristdrama des mittelalters, der Reformation und Gegenreformation*(The Hague, 1974); R. K. Emmerson, *Antichrist in the Middle Ages*(Seattle, 1981); L. U. Lucken, *Antichrist and the Prophets of Antichrist in the Chester Cycle*(Washington, D.C., 1940); J. Wright, ed., *The Play of Antichrist*(Toronto, 1967).

44) York, "Last Judgement," 143.

45) M. Lazar, ed., *Le Jugement dernier(Lo Jutgamen General)*(Paris, 1971), 대사 281-288

10장 유명론자, 신비주의, 그리고 마법사

1) 전반적인 시대에 대해서는 특히 다음의 저작들을 보라. G. Leff, *The Dissolution of the Medieval Outlook*(New York, 1976); F. Oakley, *The Western Church in the Later Middle Ages*(Ithaca, 1979); H. Oberman, *Forerunners of the Reformation*(new York, 1966); H. Oberman, "Fourteenth-Century Religious Thought," *Speculum*, 53(1978), 80-93; C. Trinkaus와 H. Oberman, eds., *The Pursuit of Holiness in Late Medieval and Renaissance Religion*(Leiden, 1974), pp.3-25에 실린 H. Oberman, "The Shape of Late Medieval Thought"; S. Ozment, *The Age of Reform*, 1250-1550(New Haven, 1980).

2) 유명론에 대해서는 특히 다음을 보라. Trinkaus와 Oberman, pp.26-59에 실린 W. Courtenay, "Nominalism and Late Medieval Religion,"; W. Courtenay, "Nominalism and

Late Medieval Thought: A bibliographical Essay," *Theological Studies*, 33(1972), pp.716-734; Trinkaus와 Oberman, pp.59-65에 실린 C. Davis, "Ockham and the Zeitgeist"; Trinkaus와 Oberman, pp.65-66에 실린 P. Kristeller, "The Validity of the Term:Nominalism"; F. Oakley, "Pierre d'Ailly and the Absolute Power of God," *Harvard Theological Review*, 56(1963), pp.59-73; H. Oberman, "Some Notes on the Theology of Nominalism," *Harvard Theological Review*, 53(1960), pp.47-76; Trinkaus와 Oberman, pp.67-92에 실린 S. Ozment, "Mysticism, Nominalism, and Dissent".

3) 오컴에 대해서는 다음을 보라. L. Baudry, *Guillaume d'Ockham: Sa vie, ses oeuvres, ses idées sociales et politiques*, 1권, *L'homme et les oeuvres*(Paris, 1949); L. Baudry, *Lexique philosophique de Guillaume d'Ockham*(Paris, 1958); R. Guelluy, *Philosopphie et théologie chez Guillaume d'Ockham*(Louvain, 1947); G. Leff, *William of Ockham: The Metamorphosis of Scholastic Discourse*(Manchester, 1975).

4) Ockham, *Commentary on the Sentences*, 2.19; 또한 3.12와 4.9를 보라.

5) *De docta ignorantia {Ig.}* 라는 책은 1440년경에 씌어졌다. 호프먼(E. Hoffmann)과 클리반 스키(R. Klibansky)가 이 책을 편집한 적이 있었다. *Nicolai de Cusa: De Docta ignorantia*(Leipzig, 1932). 또한 니콜라스에 대해서는 H. Bett, *Nicholas of Cusa*(London, 1932); M. de Gandillac, *La Philosophie de Nicolas de Cusa*(Paris, 1941); E. Meutchen, *Nikolaus von Kues 1401-1464; Skizze einer Biographie*(Munster, 1964); E. Meffert, *Nikolaus von Kues: Sein Lebensgang; Seine Lehre vom Geist*(Stuttgart, 1982); P. M. Watts, *Nicolaus Cusanus: A Fifteenth-Century Vision of Man*(Leiden, 1982)을 보라.

6) *Ig.* 2.3: "모든 것들이 신안에 존재한다는 점에서 신은 자신 안으로 모두를 끌어들이고 자신으로부터 모든 것을 끌어내서 신은 모든 것 안에 존재하게 된다."

7) *Apologia divinae ignorantiae*, ed. R. Klibansky(Leipniz, 1932)에서 니콜라스는 범심론을 거부하느라 상당히 애를 쓴다.

8) Bett, pp.150-157.

9) 유죄 선고를 받은 논문 "Deus debet oboedire diabolo"는 1382년 공의회에서 6차례, 1418년 공의회에서 6차례 선고를 받았다. Denzinger, no. 586; J. Dahmus, *The Prosecution of John Wyclif*(New Haven, 1952), pp.93-98; R. L. Poole, *Illustrations of the History of Medieval Thought*(London, 1884), p.301; H. Workman, *John Wyclif*, 2vol.(Oxford, 1926), pp.268, 283 참조 몇몇 위클리프의 추종자들은 모든 피조물에게 그랬듯이 신은 악마에게도 사랑

을 줄 의무가 있었다는 의미로만 이 명제를 불완전하게 설명하려 했다.

10) 신비주의를 다룬 저작과 기독교 신비주의자의 목록에 대해서는 참고문헌 참조.

11) 근본적인 불완전성이라는 생각은 필립 휠라이트(Philip Wheelwright) 교수가 창안해 냈다.

12) F. Happold, *Mysticism*, 2판(Harmondsworth, 1970), pp.20-21에서 개작됨.

13) R. Petry, *Late Medieval Mysticism*(Philadelphia, 1957), p.200.

14) B. Hoffman의 의역판, *The Theologia Germanica of Martin Luther*(New York, 1980), chaps. 44-45.

15) S. Ozment, *Mysticism and Dissent*(New Haven, 1973), pp.1-9.

16) A. Combes, ed., *Ioannis Carlerii de Gerson: De Mystica theologia*(Lugano, 1958)에 실린 Jean Gerson, "On Speculative Mystical Theology."

17) 히테르토 디오니시우스의 영향은 간접적이었다. 그의 저작은 원본이 알려지지 않았을 뿐더러 여러 세기에 걸쳐 기독교 사상가들에 의해서 전달될 수밖에 때문이다. 그러나 베르첼리, 성 안드류의 대수도원장 토마스 갈루스는 13세기에 디오니시우스를 라틴어로 번역하였고 이어서 자국어본이 나왔다. 무지의 구름을 쓴 저자는 자신의 번역본, *Deonise hid divinite*, ed. P. Hodgson, 2판(Oxford, 1955)을 갈루스에 의존했다.

18) 완전한 무: *unum purum nihil*. 피조물이라고 하는 우연적인 존재(esse)와는 반대되는 신이라는 절대적인 존재: *esse simpliciter*.

19) K. Weiss, ed., *Meister Eckhart: Die deutschen und lateinischen Werke*(Stuttgart, 1936-), 4권(1964), pp.211-229에 실린 Meister Eckhart, Sermon 24.

20) Eckhart, *Commentary on Genesis*. B. McGinn and E. Colledge, eds., *Meister Eckhart*(New York, 1981), p.90에서 인용됨. 맥긴은 *ST* Ia. 22.2, 48.1, 48.3에 나타난 아퀴나스의 견해와 이런 견해가 일치한다고 본다. 에크하르트에 대해서는 J. Caputo, "Fundamental Themes in Meister Eckhart's Mysticism," *The Thomist*, 42(1978), pp.197-225; E. Colledge, "Meister Eckhart: His Times and His Writings," *The Thomist*, 42(1978), pp.240-258; V. Lossky, *Théologie négative et connaissance de Dieu chez Maître Eckhart*, 2d ed.(Paris, 1973); B. Mcginn, "The God beyond God: Theology and Mysticism in the Thought of Meister Eckhart," *Journal of Religion*, 61(1981), pp.1-19; B. Mcginn, "Eckhart's Condemnation Reconsidered," *The Thomist*, 44(1980), pp.390-414; T. O'Meara, R. Schürmann, J. Campell, P. Stein 그리고 T. McGonigle, "An Eckhart Bibliography," *The Thomist*, 42(1978), pp.313-

21) E. Colledge, ed., *A Book of Showings to the Anchoress Julian of Norwich*, 2vol.(Toronto, 1978), the Long Version, 11장과 35장. 나는 Julian of Norwich(New York, 1978), pp.198, 237에 나온 월시(J. Walsh)의 번역을 사용하였다.

22) MeGinn and Colledge, p.31.

23) Walsh, p.233; Julian, 32장

24) *Theologia Germanica*, 48장.

25) Phyllis Hodgson, ed., *The Cloud of Unknowing and the Book of Privy Counseling*(London, 1944), Cloud, 55장; Bruno de Jé년-Marie, ed., *Satan*(New York, 1952), pp.97-102에 실린 M. Lépée, "St. Teresa of Jesus and the Devil."; E. Cousins, ed., *Bonaventure*(New York, 1978), "Life of Saint Francis," pp.177-327; Julian, 67장; 69장 참조. C. S. Nieva, *This Transcending God: The Teaching of the Author of the Cloud of Unknowing*(London, n.d.).

26) Johann Tauler, *Spiritual Conferences*, ed., 그리고 E. Colledge와 M. Jane(Chicago, 1961) 번역, pp.37-48; *Cloud*, 8장.

27) Walter Hilton, *The Scale of Perfection*, 2.26, M. L. Del Mastro(New York, 1979). J. Milosh, *The Scale of Perfection and the English Mystical Tradition*(Madison, Wis., 1966) 참조.

28) Hilton, 1.10; *Cloud*, 48장.

29) Walsh, p.329; Julian, 77장. 또한 *A Study of Wisdom*(Oxford, 1980), pp.43-45에 실린 *Cloud*의 저자가 쓴 "Discernment of Spirits"를 보라.

30) Julian, 33장, 76-77; *Cloud*, 3장, 9-11장, 23장, 44-46장, 50-52장.

31) Hilton, 1.38; Tauler, pp.39-47.

32) Tauler, p.44.

33) Hilton, 2.45.

34) Walsh, pp.201-202; Julian, 13장.

35) Aquinas, *ST* IIaIIae.96.2. J. B. Russell, *Witchcraft in the Middle Ages*(Ithaca, 1972), pp.111-116, 142-144.

36) D. Walker, *Spiritual and Demonic Magic: From Ficino to Campanella*(London, 1958); D. Walker, *Unclean Spirits: Possession and Exorcism in France and England in the Late Sixteenth and Early Seventeenth Centuries*(Philadelphia, 1981); F. Yates, *Giordano Bruno and the Hermetic Tradition*(London, 1964).

37) Desiderius Erasmus, *Handbook of the Militant Christian*, J. P. Dolan(Notre Dame, Ind., 1962), 2.4-19, pp.99-145; p.99에서 인용.

38) Thomas More, *Utopia, and A Dialogue of Comfort*(London, 1951), Dialogue, 2.9-17.

39) 마법에 관해서는 Russell, *Witchcraft in the Middle Ages*; Russell, *A History of Witchcraft*(London, 1980); C. T. Berkhout와 J. B. Russell, *Medieval Heresies: A Bibliography 1960-1979*(Toronto, 1981), 1809-1868 항목들.

40) 비슷한 개요가 J. B. Russell과 M. Wyndham, "Witchcraft and the Demonization of Heresy," *Medievalia*, 2(1976), 1-22, pp.1-2, 그리고 Russell, *A History of Witchcraft*, p.37에도 나온다.

41) J. Marx, *L'inquisition en Dauphiné*(Paris, 1914), p.53.

42) 이러한 죄과의 역사에 대해서는 러셀(Russell)과 윈덤(Wyndham) 참조.

43) 4장 참조.

44) R. Kieckhefer, *Repression of Heresy in Medieval Germany*(Philadelphia, 1979)

45) Russell, *A History of Witchcraft*, pp.78-79.

46) A. Bernstein, "Theology and Popular Belief: Confession in the Later Thirteenth Century," 미간행 논문. 아리조나 대학의 번스타인 교수는 중세 후기의 설교를 다룬 중요한 작업을 준비하고 있다.

11장 악마의 존재

1) 더 깊은 차원에서 신의 "존재"는 악마의 "존재"와 같지 않다. 인간은 우주 안에서 창조된 실체로서 존재한다(아닐 수도 있지만). 하지만 신은 창조된 실체가 아니다. "신은 존재한다"라는 명제에서 동사 exits는 다른 창조물에 붙어 다니는 동사 exits와는 근본적으로 다른 의미를 가지고 있다. 라틴어는 자국어에서 구별할 수 없는 차이를 표현한다. credere Deo 그리고 credere diabolo라고 말하면 신이나 악마의 존재를 믿는다는 뜻이다. 신을 믿는다고 할 때 credere in Deum이라고 할 수 있지만 악마를 믿는다고 할 때는 credere in diabolum이라고 할 수 없다.

2) 예를 들면, R. Panikkar, *The Unknown Christ of Hinduism*, 2판.(Maryknoll, 1981) 참조.

3) R. S. Jones, *Physics as Metaphor*(Minneapolis, 1982)

4) L. Urban and D. Walter, *The Power of God: Readings on Omnipotence and Evil*(New York, 1978).

5) 이 문제를 복잡하게 제시하고 수정하고 분석한 사람은 D. R. Griffin, *God, Power and Evil*(Philadelphia, 1976)이다.

6) Urban and Walter, pp.6-8.

7) Urban and Walter, pp.8-13.

8) 전능한 신과 전지(全知)한 신으로 다르게 정의된다고 가정해보자. 신이 우주의 원리를 조직하는 의식으로만 정의된다고 가정해보자. 그렇다면 이런 것은 악의 존재와 양립할 수 있는가? 그렇다. 다음과 같은 신에 대한 진술은 악의 존재와 모순되지 않기 때문이다. 즉, 신은 악하다. 신은 전능하지는 않지만 선하다. 신은 선하기도 하고 악하기도 하다. 신은 선하지도 악하지도 않다. 우주의 원리를 조직하는 어떠한 의식도 존재하지 않는다고 주장된다면 어떠한 가치도 절대적일 수 없고 악도 절대적인 것이 아니다. 그리고 악이 신의 존재를 부정하는 예증이 될 수도 없다. 그러므로 악에서 무신론에 이르는 주장들은 의미가 없다. 이 주장이 오래되고 변론의 여지가 없는 전통적인 용어로 계속 논의된다고 어떤 무신론자들은 주장해왔다. 하지만 이것은 허수아비와 싸워야 한다는 주장이고, 유신론자들에게 신과 악의 문제를 더욱 이해하기 쉽게 만들 권리가 있다는 점을 부인하는 것이다.

9) 과정 신학이 가장 잘 설명된 것은 그리핀의 저작이다.

10) 이는 신플라톤주의에서 말하는 유출설이나 범신론이 아니다. 이는 디오니시우스나 에리우게나 그리고 여러 기독교 신비주의자들이 선구자인 만유내재신론이다.

11) 이는 제한적인 의미에서 유효할 수도 있는 결핍론을 부정하지 않는다. 악은 신이라는 존재의 완전성을 결여하고 있을 수도 있기 때문이다. 하지만 이 우주 안에 존재하는 악에 신은 책임이 없다고 주장하기 위해서 결핍론을 들먹인다면 핑계에 불과하다.

12) 특히 E. Neumann, *Depth Psychology and a New Ethic*(New York, 1969) 참조.

13) 나는 항상 감추어져 있는 신의 진정한 본성에 대해서 말해야 한다고 주장하지 않는다. 악이 신 안에 있다고 말할 때 나는 신의 본질 안에 악을 두지 않는다. 누군가가 그렇게 하려고 했을 때 그것이 무슨 의미가 있는지조차도 모르겠다. 하지만 디오니시우스의 판별법을 이용해보면, 악은 우주를 포함하는 신의 에네르게이아, 신의 현실태 안에 존재하는 것 같다.

참고문헌

악과 악마에 대한 문헌은 실로 방대하다. 그러나 아쉽게도 쓸모없는 것이 대부분이다. 그중 가장 도움이 된다고 판단한 목록을 여기에 수록했다.

Aichele, Klause. *Das Antichristdrama des Mittelalters der Reformation und Gegenreformation*. The Hague, 1974.

Allard, Guy, ed. *Aspects de la marginalité au moyen âge*. Montreal, 1975.

Andrus, Toni Wulff. "The Devil on the Medieval Stage in France." Ph.D. diss., Syracuse University, 1979.

Angenendt, Arnold. "Der Taufexorzismus und seine Kritik in der Theologie des 12. und 13. Jahrhunderts." In A. Zimmermann, ed., *Die Mächte des Guten und Bösen*. Berlin, 1977. Pp. 388–409.

Ashby, Ginette, "Le diable et ses représentations dans quelques chansons de geste." In *Le diable au moyen âge*. Paris, 1979. Pp. 9–21.

Ashley, Kathleen, M. "The Specter of Bernard's Noonday Demon in Medieval Drama." *American Benedictine Review*, 30 (1979), 205–221.

Atkins, Anselm. "Caprice: The Myth of the Fall in Anselm and Dostoevsky." *Journal of Religion*, 47 (1967), 295–312.

Aubin, Paul. "Intériorité et extériorité dans les Moralia in Job de Saint Grégoire le Grand." *Recherches de science religieuse*, 62 (1974), 117–166.

Awn, Peter J. *Satan's Tragedy and Redemption: Iblīs in Sufī Psychology*. Leiden, 1983.

Backes, Herbert. "Teufel, Götter, und Heiden in geistlicher Ritterdichtung: Corpus Antichristi und Märtyrerliturgie." In A. Zimmermann, ed., *Die Mächte des Guten und Bösen*. Berlin, 1977. Pp. 417–441.

Baird, Joseph L. "The Devil in Green." *Neuphilologische Mitteilungen*, 69 (1968), 575–578.

Baltrušaitis, Jurgen. *Réveils et prodiges: Le gothique fantastique*. Paris, 1960.

Bamberger, Bernard J. *Fallen Angels*. Philadelphia, 1952.

Bandy, Stephen C. "Cain, Grendel, and the Giants of *Beowulf*." *Papers on Language and Literature*, 9 (1973), 235–249.

Bartelink, G. J. M. "Les dénominations du diable chez Grégoire de Tours." *Revue des études latines*, 48 (1970), 411–432.

Bartsch, Elmar. *Die Sachbeschwörungen der römischen Liturgie: Eine liturgiegeschichtliche und liturgietheologische Studie*. Münster, 1967.

Batelli, Guido. "Il 'De pugna daemonum' di S. Romualdo e una scultura simbolica a Valdicastro." *Rivista Camaldolese*, 2 (1927), 298–299.

Bazin, Germain. "The Devil in Art." In Bruno de Jésus-Marie, ed., *Satan*. New York, 1952. Pp. 351–367.

Beck, Edmund. "Iblis und Mensch, Satan und Adam: Der Werdegang einer koranischen Erzählung." *Le muséon*, 89 (1976), 195–244.

Bekker, Hugo. "The Lucifer Motif in the German Drama of the Sixteenth Century." *Monatshefte für deutsche Sprache und Literatur*, 51 (1959), 237–247.

Béraudy, Roger. "Scrutinies and Exorcisms." In *Adult Baptism and the Catechumenate*, Series Consilium vol. 22. New York, 1967. Pp. 57–61.

Berkhout, Carl T., and Jeffrey B. Russell, *Medieval Heresies: A Bibliography, 1960–1979*. Toronto, 1981.

Bernheimer, Richard. *Wild Men in the Middle Ages*. Cambridge Mass., 1952.

Bernstein, Alan E. "Esoteric Theology: William of Auvergne on the Fires of Hell and Purgatory." *Speculum*, 57 (1982), 509–531.

——. "Theology between Heresy and Folklore: William of Auvergne on Punishment after Death." *Studies in Medieval and Renaissance History* (1983), 3–42.

Besserman, Lawrence L. *The Legend of Job in the Middle Ages*. Cambridge, Mass., 1979.

Bieder, Werner. *Die Vorstellung der Höllenfahrt Jesu Christi*. Zurich, 1949.

Birnes, William J. "Christ as Advocate: The Legal Metaphor of *Piers Plowman*." *Annuale medievale*, 16 (1975), 71–93.

Blangez, Gérard. "Le diable dans le *ci-nous-dit*: La théorie des sièges de paradis." In *Le diable au moyen âge* (Paris, 1979), 25–35.

Blic, Jacques de. "Peccabilité de l'esprit et surnaturel." *Mélanges de science religieuse*, 3 (1946), 163.

——. "Saint Thomas et l'intellectualisme moral à propos de la peccabilité de l'ange." *Mélanges de science religieuse*, 1 (1944), 241–280.

Blomme, Robert. *La doctrine du péché dans les écoles théologiques de la première moitié du XIIe siècle*. Louvain, 1958.

Bloomfield, Morton W. *The Seven Deadly Sins: An Introduction to the History of a Religious Concept with Special Reference to Medieval English Literature*. East Lansing, Mich., 1952.

Bober, Phyllis Fray. "Cernunnos: Origin and Transformation of a Celtic Divinity." *American Journal of Archeology*, 55 (1951), 13–51.

Bolte, Johannes. "Der Teufel in der Kirche." *Zeitschrift für vergleichende Literaturgeschichte*, n.s. 11 (1897), 247–266.

Bonnell, John K. "The Serpent with a Human Head in Art and in Mystery Play." *American Journal of Archeology*, 21 (1917), 255–291.

Bouman, C. A. " 'Descendit ad inferos': Het thema van de nederdaling ter helle in de liturgie." *Nederlands katholieke Stemmen*, 55 (1959), 44–51.

Bourget, Pierre du. "La couleur noire de la peau du démon dans l'iconographie chrétienne a-t-elle une origine précise?" *Actas del VIII congresso internacional de arqueologia cristiana*. Barcelona, 1972. Pp. 271–272.

Bowker, John. "The Problem of Suffering in the Qur'ān." *Religious Studies*, 4 (1969), 183–202.

_____. *Problems of Suffering in Religions of the World*. Cambridge, 1970.

Brenk, Beat. "Teufel." *Lexikon der christlichen Ikonographie*, 4 (1972), cols. 295–300.

Brucker, Charles. "Mentions et représentations du diable dans la littérature française épique et romanesque du XIIe et du début du XIIIe siècle: Quelques jalons pour une étude évolutive." In *Le diable au moyen âge*. Paris, 1979. Pp. 39–69.

Bruno de Jésus-Marie, ed. *Satan*. New York, 1952.

Bucher, Gisela. "Le diable dans les polémiques confessionelles." In *Diables et diableries*. Geneva, 1977. Pp. 39–53.

Burns, J. Patout. "The Concept of Satisfaction in Medieval Redemption Theory." *Theological Studies*, 36 (1975), 285–304.

Burton, Dorothy Jean. "The Compact with the Devil in the Middle-English *Vision of Piers the Plowman*, B. II." *California Folklore Quarterly*, 5 (1946), 179–184.

Buschinger, Danielle. "Le diable dans le *Gregorius* de Hartmann von Aue." In *Le diable au moyen âge*. Paris, 1979. Pp. 73–95.

Busnelli, Giovanni. *I tre colori del Lucifero Dantesco*. Rome, 1910.

Calasso, Giovanna. "Intervento d'Iblīs nella creazione dell'uomo: L'ambivalente figura del 'nemico' nelle tradizioni islamiche." *Rivista degli studi orientali*, 45 (1970), 71–90.

Caluwe-Dor, Juliette de. "Le diable dans les Contes de Cantorbéry: Contribution à l'étude sémantique du terme *Devil*." In *Le diable au moyen âge*. Paris, 1979. Pp. 99–116.

Camerlynck, Eliane. "Féminité et sorcellerie chez les théoriciens de la démonologie à la fin du moyen âge: L'étude du *Malleus Maleficarum*." *Renaissance et Reformation*, n.s. 7 (1983), 13–25.

Campbell, Jackson J. "To Hell and Back: Latin Tradition and Literary Use of the 'Descensus ad inferos' in Old English." *Viator*, 13 (1982), 107–158.

Carmody, Francis. "Le diable des bestiaires." *Cahiers de l'association internationale des études françaises*, 3/4/5 (1953), 79–85.

Cassell. Anthony. "The Tomb, the Tower, and the Pit: Dante's Satan." *Italica*, 56 (1979), 331–351.

Castelli, Enrico. *Il demoniaco nell'arte*. Milan, 1952.

Cawley, F. Stanton. "The Figure of Loki in Germanic Mythology." *Harvard Theological Review*, 32 (1939), 309–326.

Cazenave, Annie. "Bien et mal dans un mythe cathare languedocien." In A. Zimmermann, ed., *Die Mächte des Guten und Bösen*. Berlin, 1977. Pp. 344–387.

Chadwick, Nora K. "The Monsters in Beowulf." In Peter Clemoes, ed., *The Anglo-Saxons*. London, 1959. Pp. 171–203.

Champneys, A. C. "The Character of the Devil in the Middle Ages." *National and English Review*, 11 (1888), 176–191.

Ciérvide, Ricardo. "Notas en torno al libro de Miseria de Omne: Lo demoniaco e infernal en el códice." *Estudios de Duesto*, 22 (1974), 81–96.

Clark, Roy Peter. "Squeamishness and Exorcism in Chaucer's *Miller's Tale*." *Thoth*, 14 (1973–1974), 37–43.

Cohn, Norman. *Europe's Inner Demons*. New York, 1975.

Colliot, Régine. "Rencontres du moine Raoul Glaber avec le diable d'après ses *Histoires*." In *Le diable au moyen âge*. Paris, 1979. Pp. 119–132.

Colombani, Dominique. "La chute et la modification: Le renversement diabolique chez Gautier de Coinci." In *Le diable au moyen âge*. Paris, 1979. Pp. 135–154.

Combarieu, Michelin de. "Le diable dans le *Comment Theophilus vint à pénitence* de Gautier de Coinci et dans le *Miracle Théophile* de Rutebeuf (1)." In *Le diable au moyen âge*. Paris, 1979. Pp. 157–182.

Conner, Patrick W. "The Liturgy and the Old English 'Descent into Hell.'" *Journal of English and Germanic Philology*, 79 (1980), 179–191.

Courtenay, William J. "Necessity and Freedom in Anselm's Conception of God." In Helmut Kohlenberger, ed., *Analecta Anselmiana*. Vol. 4/2. Frankfurt am Main, 1975. pp. 39–64.

Courtès, C. "La peccabilité de l'ange chez saint Thomas." *Revue thomiste*, 53 (1953), 133–163.

Crawford, J. P. W. "The Devil as a Dramatic Figure in the Spanish Religious Drama before Lope da Vega." *Romanic Review*, 1 (1910), 302–312; 374–383.

Crook, Eugene J., and Margaret Jennings. "The Devil and Ranulph Higden." *Manuscripta*, 22 (1978), 131–140.

Culianu, Ioan Petru. "Magia spirituale e magia demonica nel Rinascimento." *Rivista di storia e letteratura religiosa*, 17 (1981), 360–408.

Cushman, L. W. *The Devil and the Vice in English Literature before Shakespeare*. London, 1900.

Dalbey, Marcia A. "The Devil in the Garden: Pluto and Proserpine in Chaucer's 'Merchant's Tale.'" *Neuphilologische Mitteilungen*, 75 (1974), 402–415.

Dando, Marcel. "Les anges neutres." *Cahiers d'études cathares*, 27, no. 69 (1976), 3–28.

———. "Satanaël." *Cahiers d'études cathares*, 30, no. 83 (1979), 3–11; 30, no. 84 (1979), 3–6; 31, no. 85 (1980), 14–32; 31, no. 86 (1980), 3–16.

D'Ardenne, Simone T. R. O. "The Devil's Spout." *Transactions of the Philological Society* (London, 1946), 31–54.

De Clerck, D. E. "Droits du démon et nécessité de la rédemption: Les écoles d'Abélard et de Pierre Lombard." *Recherches de théologie ancienne et médiévale*, 14 (1947), 32–64.

———. "Questions de sotériologie médiévale." *Recherches de théologie ancienne et médiévale*, 13 (1946), 150–184.

DeCourcey, Mary E. *Theory of Evil in the Metaphysics of Saint Thomas and Its Contemporary Significance*. Washington, D.C., 1948.

Dedek, John F. "Intrinsically Evil Acts: An Historical Study of the Mind of St. Thomas." *The Thomist*, 43 (1979), 385–413.

Delatte, A., and Ch. Josserand. "Contribution à l'étude de la démonologie byzantine." *Mélanges J. Bidez*. Vol. 2. Brussels, 1934. Pp. 207–232.

Deschaux, Robert. "Le livre de la diablerie d'Eloy d'Amerval." In *Le diable au moyen âge*. Paris, 1979. Pp. 185–193.

Devine, Philip E. "The Perfect Island, the Devil, and Existent Unicorns." *American Philosophical Quarterly*, 12 (1975), 255–260.

Le diable au moyen âge: Doctrine, problèmes moraux, représentations. Paris, 1979.

Diables et diableries: La représentation du diable dans la gravure des 15e et 16e siècles. Geneva, 1977.

Dölger, Franz-Josef. *Der Exorzismus im altchristlichen Taufritual: Eine religionsgeschichtliche Studie*. Paderborn, 1909.

———. "Teufels Grossmutter.: Magna Mater Deum, Magna Mater Deorum: Die Umwertung der Heidengötter im christlichen Dämonenglauben." *Antike und Christentum*, 3 (1932), 153–176.

Donati, Umberto. *Lucifero nella Divina Commedia*. Rome, 1958.

Dreyer, Max. *Der Teufel in der deutschen Dichtung des Mittelalters: Von den Anfängen bis in das XIV. Jahrhundert*. Rostock, 1884.

DuBruck, Edelgard. "The Devil and Hell in Medieval French Drama: Prolegomena." *Romania*, 100 (1979), 165–179.

———. "Thomas Aquinas and Medieval Demonology." *Michigan Academician*, 7 (1974), 167–183.

Ducellier, Andre. "Le diable à Byzance." In *Le diable au moyen âge*. Paris, 1979. Pp. 197–212.

Düchting, Reinhard. "Titivillus. Dämon der Kopisten und solcher, die sich versprechen: Ein Beitrag zur Geschichte des Lapsus linguae." *Ruperto Carola*, 58/59 (1976/1977), 69–73.

Dumézil, Georges. *Loki*. Darmstadt, 1959.

Dustoor, P. E. "Legends of Lucifer in Early English and in Milton." *Anglia*, 54 (1930), 213–268.

Eickmann, Walther. *Die Angelologie und Dämonologie des Koran im Vergleich der Engel- und Geisterlehre der Heiligen Schrift*. New York and Leipzig, 1908.

Emmerson, Richard Kenneth. *Antichrist in the Middle Ages: A Study of Medieval Apocalypticism, Art, and Literature*. Seattle, 1981.

Erich. Oswald A. *Die Darstellung des Teufels in der christlichen Kunst*. Berlin, 1931.

Evans, Gillian R. *Augustine on Evil*. Cambridge, 1982.

———. "Why the Fall of Satan?" *Recherches de théologie ancienne et médiévale*, 45 (1978), 130–146.

Evans, J. M. *"Paradise Lost" and the Genesis Tradition*. Oxford, 1968.

Faggin, Giuseppe. *Diabolicità del rospo*. Venice, 1973.

Farrell, P. M. "Evil and Omnipotence." *Mind*, 67 (1958), 399–403.

Fehr, Hans von. "Gottesurteil und Folter: Eine Studie zur Dämonologie des Mittelalters und der neueren Zeit." *Festgabe für Rudolf Stammler*. Berlin and Leipzig, 1926. Pp. 231–254.

Feng, Helen C. "Devil's Letters: Their History and Significance in Church and Society, 1110–1500." Ph.D. diss., Northwestern University, 1982.

Finnegan, Robert Emmett. "*Christ and Satan:* Structure and Theme." *Classica et mediaevalia*, 30 (1974), 490–551.

———. "God's *Handmaegen* versus the Devil's *Craeft* in *Genesis B.*" *English Studies in Canada*, 7 (1981), 1–14.

———. "Three Notes on the Junius XI *Christ and Satan:* Lines 78–79; Lines 236–42; Lines 435–38." *Modern Philology*, 72 (1974–1975), 175–181.

Frappier, Jean. "Châtiments infernaux et peur du diable d'après quelques textes français du XIIIe et du XIVe siècle." In Frappier, *Histoire, mythes et symboles.* Geneva, 1976. Pp. 129–136.

Frascino, Salvatore. "La 'terra' dei giganti ed il Lucifero dantesco." *La cultura*, 12 (1933), 767–783.

Freccero, John. "Dante and the Neutral Angels." *The Romanic Review*, 51 (1960), 3–14.

———. "Infernal Inversion and Christian Conversion (Inferno XXXIV)." *Italica*, 42 (1965), 35–41.

———. "Satan's Fall and the *Quaestio de aqua et terra.*" *Italica*, 38 (1961), 99–115.

———. "The Sign of Satan." *Modern Language Notes*, 80 (1965), 11–26.

Freytag, Gustave. "Der deutsche Teufel im sechzehnten Jahrhundert." In Freytag, *Gesammmelte Werke.* Berlin, 1920. Ser. 2, vol. 5. Pp. 346–384.

Frick, Karl. *Das Reich Satans: Luzifer/Satan/Teufel und die Mond- und Liebesgöttinen in ihrer lichten und dunklen Aspekten.* Graz, 1982.

Friedman, John Block. "Eurydice, Heurodis, and the Noon-day Demon." *Speculum*, 41 (1966), 22–29.

———. *The Monstrous Races in Medieval Art and Thought.* Cambridge, Mass., 1981.

Gallardo, Próspero G. "Rutas Compostelanos: El demonio del Languedoc." *Boletín del Seminario de Estudios de Arte e Arqueología*, 20 (1953–1954), 217–219.

Galpern, Joyce Manheimer. "The Shape of Hell in Anglo-Saxon England." Ph.D. diss., University of California, Berkeley, 1977.

Gandillac, Maurice de. "Anges et hommes dans le commentaire de Jean Scot sur la 'Hiérarchie céleste.'" *Jean Scot Erigène.* Paris, 1977. Pp. 393–403.

Garidis, Miltos. "L'évolution de l'iconographie du démon dans la période postbyzantine." *L'information d'histoire de l'art*, 12 (1967), 143–155.

Gaston, L. "Beelzebul." *Theologische Zeitschrift*, 18 (1962), 247–255.

Gatch, Milton McC. "The Harrowing of Hell: A Liberation Motif in Medieval Theology and Devotional Literature." *Union Seminary Quarterly Review*, 36, suppl. (1981), 75–88.

Geister, Otto E. *Die Teufelszenen in der Passion von Arras und der Vengenace Jhesucrist.* Greifswald, 1914.

Gerest, Régis-Claude. "Le démon en son temps: De la fin du moyen âge au XVIe siècle." *Lumière et vie*, 78 (1966), 16–30. Giacomo, Vittorio di. *Leggende del diavolo.* 2d ed. Bologna, 1962.

Gobinet, D. "Sur les membres inférieures d'un démon." *Revue du moyen âge latin*, 15 (1959), 102–104.

———. "Sur les membres inférieurs d'un démon (note complémentaire)." *Revue du moyen âge latin*, 23 (1967), 131–132.

Goddu, André. "The Failure of Exorcism in the Middle Ages." In A. Zimmermann, ed., *Soziale Ordnungen im Selbstverständnis des Mittelalters*. Berlin, 1980. Pp. 540–557.

Goldziher, I. "Eisen als Schutz gegen Dämonen." *Archiv für Religionswissenschaften*, 10 (1907), 41–46.

Gombocz, Wolfgang L. F. "St. Anselm's Disproof of the Devil's Existence in the *Proslogion*: A Counter Argument against Haight and Richman." *Ratio*, 15 (1973), 334–337.

———. "St. Anselm's Two Devils but One God." *Ratio*, 20 (1978), 142–146.

———. "Zur Zwei-Argument Hypothese bezüglich Anselms Proslogion." *Quarante-septième bulletin de l'Académie St. Anselme*, 75 (1974), 95–98.

Gomme, Alice B. "The Character of Beelzebub in the Mummers' Play." *Folk-lore*, 40 (1929), 292–293.

Goulet, Jean. "Un portrait des sorcières au XVe siècle." In Guy Allard, ed., *Aspects de la marginalité au moyen âge*. Montreal, 1975. Pp. 129–141.

Gouttebroze, Jean-Guy. "Le diable dans le Roman de Rou." In *Le diable au moyen âge*. Paris, 1979. Pp. 215–235.

Graf, Arturo. "La demonologia di Dante." In Graf, *Miti, leggende e superstizioni del medio evo*. Vol. 2. Turin, 1925. Pp. 80–112.

Grant, C. K. "The Ontological Disproof of the Devil." *Analysis*, 17 (1957), 71–72.

Griffin, Robert. "The Devil and Panurge." *Studi francesi*, 47/48 (1972), 329–336.

Grivot, Denis. *Le Diable dans la cathédrale*. Paris, 1960.

Gros, Gérard. "Le diable et son adversaire dans l'Advocacie nostre dame (poème du XIVe siècle)." In *Le diable au moyen âge*. Paris, 1979. Pp. 258–260.

Grosdidier de Matons, José. "Démonologie, magie, divinisation, astrologie à Byzance." *Annuaire de l'Ecole Pratique des Hautes Etudes, IVe section: Sciences historiques et philologiques*, 107 (1974–1975), 485–491.

Grove, Thomas N. "Light in Darkness: The Comedy of the York 'Harrowing of Hell' as Seen against the Backdrop of the Chester 'Harrowing of Hell.'" *Neuphilologische Mitteilungen*, 75 (1974), 115–125.

Grunebaum, Gustav von. "The Concept of Evil in Muslim Theology." *Middle East Studies Association Bulletin*, 2, no. 3 (1968), 1–3.

———. "Observations on the Muslim Concept of Evil." *Studia islamica*, 31 (1970), 117–134.

Haight, David, and Marjorie Haight. "An Ontological Argument for the Devil." *The Monist*, 54 (1970), 218–220.

Hammerstein, Reinhold. *Diabolus in Musica: Studien zur Ikonographie Musik im Mittelalter*. Berne, 1974.

Harris, Errol E. *The Problem of Evil*. Milwaukee, 1977.

Haslinghuis, Edward Johannes. *De Duivel in het Drama der Middeleeuwen*. Leiden, 1912.

Haubst, Rudolf. "Anselms Satifaktionslehre einst und heute." *Trierer theologische Zeitschrift*, 80 (1971), 88–109.

Hayen, André. "Le péché de l'ange selon Saint Thomas d'Aquin: Théologie de l'amour divin et métaphysique de l'acte de l'être." *Teoresi*, 9 (1954), 83–176.

Heinemann, Franz. "Die Rolle des Teufels bei den Auferstehungsspielen der luzerner Landschaft." *Innerschweizerisches Jahrbuch für Heimatkunde*, 11–12 (1947–1948), 117–136.

Helg, Didier. "La fonction du diable dans les textes hagiographiques." In *Diables et diableries*. Geneva, 1977. Pp. 13–17.

Henry, Desmond P. "Saint Anselm and Nothingness." *Philosophical Quarterly*, 15 (1965), 243–246.

Hill, Joyce M. "Figures of Evil in Old English Poetry." *Leeds Studies in English*, 8 (1976), 5–19.

Hill, Thomas D. "The Fall of Angels and Man in the Old English *Genesis B*." In Lewis B. Nicholson and Dolores W. Frese, eds., *Anglo-Saxon Poetry: Essays in Appreciation for John C. McGalliard*. Notre Dame, 1975. Pp. 279–290.

——. "The Fall of Satan in the Old English *Christ and Satan*." *Journal of English and German Philology*, 76 (1977), 315–325.

——. "Satan's Fiery Speech: 'Christ and Satan' 78–79." *Notes and Queries*, 217 (1972), 2–4.

——. "Some Remarks on 'The Site of Lucifer's Throne.'" *Anglia*, 87 (1969), 303–311.

Hourani, George F. "Averroes on Good and Evil." *Studia islamica*, 16 (1962), 13–40.

Hübener, Wolfgang. "'Malum auget decorem in universo': Die kosmologische Integration des Bösen in der Hochscholastik." In A. Zimmermann, ed., *Die Mächte des Guten und Bösen*. Berlin, 1977. Pp. 1–26.

Iancu-Agou, Daniel. "Le diable et le juif: Représentations médiévales iconographiques et écrites." In *Le diable au moyen âge*. Paris, 1979. Pp. 261–276.

Iersel, Bastiaan M. F. van, A. A. Bastiaensen, J. Quinlan, and P. J. Schoonenberg. *Engelen en Duivels*. Hilversum, 1968.

Jadaane, Fehmi. "La place des anges dans la théologie cosmique musulmane." *Studia islamica*, 41 (1975), 23–61.

Jennings, Margaret. *Tutivillus: The Literary Career of the Recording Demon*. Studies in Philology, 74, no. 5. Chapel Hill, 1977.

Jones, David M. "Exorcism before the Reformation: The Problems of Saying One Thing and Meaning Another." Master's thesis, University of Virginia, 1978.

Jordans, Wilhelm. *Der germanische Volksglaube von den Toten und Dämonen im Berg und ihrer Beschwichtigung: Die Spuren in England*. Bonn, 1933.

Jourjon, "Qu'allait-il voir au désert? Simple question posée au moine sur son démon." *Lumière et vie*, 78 (1966), 3–15.

Kably, Mohammed. "Satan dans l'Ithia' d'Al-Ghazalī." *Hespéris Tamuda*, 6 (1965), 5–37.

Kappler, Claude. "Le diable, la sorcière, et l'inquisiteur d'après le 'Malleus Maleficarum.'" In *Le diable au moyen âge*. Paris, 1979. Pp. 279–291.

Kaske, Robert E. "Beowulf and the Book of Enoch." *Speculum*, 46 (1971), 421–431.

——. "The *Eotenas* in Beowulf." In Robert Creed, ed., *Old English Poetry: Fifteen Essays*. Providence, 1967. Pp. 285–310.

Kasper, Walter, and Karl Lehmann. *Teufel—Dämonen—Besessenheit: Zur Wirklichkeit des Bösen*. 2d ed. Mainz, 1978.

Keenan, Hugh T. "Satan Speaks in Sparks: *Christ and Satan* 78–79a, 161–162b, and the 'Life of Saint Anthony.'" *Notes and Queries*, 219 (1974), 283–284.

Kellogg, Alfred L. "Satan, Langland, and the North." *Speculum*, 24 (1949), 413–414.

Kelly, Henry Ansgar. *The Devil, Demonology, and Witchcraft*. 2d ed. New York, 1974.

_____. "The Devil in the Desert." *Catholic Biblical Quarterly*, 26 (1964), 190–220.

_____. "The Metamorphoses of the Eden Serpent during the Middle Ages and Renaissance." *Viator*, 2 (1971), 301–328.

Kiessling, Nicholas. *The Incubus in English Literature: Provenance and Progeny*. Pullman, Wash., 1977.

Kirschbaum, E. "L'angelo rosso e l'angelo turchino." *Rivista di archeologia cristiana*, 17 (1940), 209–248.

Kirsten, Hans. *Die Taufabsage*. Berlin, 1960.

Köppen, Alfred. *Der Teufel und die Hölle in der darstellenden Kunst von den Anfängen bis zum Zeitalter Dante's und Giotto's*. Berlin, 1895.

Kretzenbacher, Leopold. *Teufelsbünder und Faustgestalten im Abendlande*. Klagenfurt, 1968.

Kroll, Josef. *Gott und Hölle: Der Mythos vom Descensuskampfe*. Leipzig, 1932.

Lafontaine-Dosogne, Jacqueline. "Un thème iconographique peu connu: Marina assommant Belzébuth." *Byzantion*, 32 (1962), 251–259.

Lampe, Hans-Sirks. *Die Darstellung des Teufels in den geistlichen Spielen Deutschlands: Von den Anfängen bis zum Ende des 16. Jahrhunderts*. Munich, 1963.

Langton, Edward. *Satan, a Portrait: A Study of the Character of Satan through All the Ages*. London, 1945.

Larmat, Jean. "Perceval et le chevalier au dragon: La croix et le diable." In *Le diable au moyen âge*. Paris, 1979. Pp. 295–305.

Lazar, Moshé, "Caro, mundus, et demonia dans les premières oeuvres de Bosch." *Studies in Art*, 24 (1972), 106–137.

_____. "Les diables: Serviteurs et buffons (répertoire et jeu chez les comédiens de la troupe infernale)." *Tréteaux*, 1 (1978), 51–69.

_____. "L'enfer et les diables dans le théâtre médiéval italien." *Studi di filologia romanza offerti a Silvio Pellegrini*. Padua, 1971. Pp. 233–249.

_____. "The Saint and the Devil: Christological and Diabological Typology in Fifteenth Century Provençal Drama." In Norris J. Lacey and Jerry C. Nash, eds., *Essays in Early French Literature Presented to Barbara M. Craig*. York, S.C., 1982. Pp. 81–92.

_____. "Satan and Notre Dame: Characters in a Popular Scenario." In Norris J. Lacey, ed., *A Medieval French Miscellany*. Lawrence, Kans., 1972. Pp. 1–14.

_____. "Theophilus, Servant of Two Masters: The Pre-Faustian Theme of Despair and Revolt." *Modern Language Notes*, 87, no. 6 (1972), 31–50.

Lebègue, Raymond. "Le diable dans l'ancien théâtre religieux." *Cahiers de l'association internationale des études françaises*, 3–5 (1953), 97–105.

Legros, Huguette. "Le diable et l'enfer: Représentation dans la sculpture romane (étude faite à travers quelques exemples significatifs: Conques, Autun, Saint-Benoît-sur-Loire)." In *Le diable au moyen âge*. Paris, 1979. Pp. 309–329.

Lionel, Frédéric. "Le bien et le mal et la foi cathare." *Cahiers d'études cathares*, 25 (1974), 51–57.

Lixfeld, Hannjost. *Gott und Teufel als Weltschöpfer: Eine Untersuchung über die dualistische Tiererschaffung in der europäischen und aussereuropäischen Volksüberlieferung.* Munich, 1971.

Lo Castro, Antonino. *Lucifero nella "Commedia" di Dante.* Messina, 1971.

Lohr, Evelyn. *Patristic Demonology in Old English Literature.* Abridged. New York, 1949.

Loofs, Friedrich. "Christ's Descent into Hell." *Transactions of the Third International Congress for the History of Religions*, 11 (1908), 290–301.

Loos, Milan. "Satan als Erstgeborener Gottes (ein Beitrag zur Analyse des bogomilischen Mythus)." *Byzantinobulgarica*, 3 (1969), 23–35.

Lukken, G. M. *Original Sin in the Roman Liturgy: Research into the Theology of Original Sin in the Roman Sacramentaria and the Early Baptismal Liturgy.* Leiden, 1973.

Maag, Victor. "The Antichrist as a Symbol of Evil." In Curatorium of the C. G. Jung Institute, *Evil.* Evanston, 1967. Pp. 57–82.

MacCulloch, John A. *The Harrowing of Hell: A Comparative Study of an Early Christian Doctrine.* Edinburgh, 1930.

Maeterlinck, Louis. "Le rôle comique du démon dans les mystères flamands." *Mercure de France*, 41 (1940), 385–406.

Malmberg, Lars. "Grendel and the Devil." *Neuphilologische Mitteilungen*, 78 (1977), 241–243.

Malone, Kemp. "Satan's Speech: Genesis 347–440." *Emory University Quarterly*, 19 (1963), 242–246.

Margoliouth, D. S. "The Devil's Delusion by Ibn al-Jauzi." *Islamic Culture*, 9 (1935), 1–21.

——. "The Devil's Delusion: *Talbīs Iblīs* of Abu'l-Faraj ibn al-Jawsī." *Islamic Culture*, 19 (1945), 69–81.

Marieb, Raymond E. "The Impeccability of the Angels Regarding Their Natural End." *The Thomist*, 28 (1964), 409–474.

Maritain, Jacques. *St. Thomas and the Problem of Evil.* Milwaukee, 1942.

McAlindon, T. "Comedy and Terror in Middle English Literature: The Diabolical Game." *Modern Language Review*, 60 (1965), 325–332.

——. "The Emergence of a Comic Type in Middle-English Narrative: The Devil and Giant as Buffoon." *Anglia*, 81 (1963), 365–371.

McGuire, Brian Patrick. "God, Man and the Devil in Medieval Theology and Culture." Université de Copenhague, Institut du moyen âge grec et latin, *Cahiers*, 18 (1976), 18–82.

Mellinkoff, Ruth. "Cain and the Jews." *Journal of Jewish Art*, 6 (1979), 16–38.

——. "Cain's Monstrous Progeny in *Beowulf*: Part I, Noachic Tradition." *Anglo-Saxon England*, 8 (1979), 143–162.

——. "Cain's Monstrous Progeny in *Beowulf*: Part II, Post-Diluvian Survival." *Anglo-Saxon England*, 9 (1980), 183–197.

——. *The Horned Moses in Medieval Art and Thought.* Berkeley, 1970.

——. "Judas's Red Hair and the Jews." *Journal of Jewish Art*, 9 (1983), 31–46.

——. *The Mark of Cain.* Berkeley, 1981.

_____. "Riding Backwards: Theme of Humiliation and Symbol of Evil." *Viator*, 4 (1973), 153–176.

_____. "The Round-Topped Tablets of the Law: Sacred Symbol and Emblem of Evil." *Journal of Jewish Art*, 1 (1974), 28–43.

Menage, René. "La mesnie infernale dans la *Passion* d'Arnoul Greban." In *Le diable au moyen âge*. Paris, 1979. Pp. 333–349.

Menjot, Denis. "Le diable dans la 'Vita Sancti Emiliani' de Braulio de Saragosse (585?–651?)." In *Le diable au moyen âge*. Paris, 1979. Pp. 355–369.

Mirarchi, Giovanni. "Osservazioni sul poema anglossassone *Cristo e Satana*." *Aion: Filologia germanica*, 22 (1979), 79–106.

Montano, Edward J. *The Sin of the Angels: Some Aspects of the Teaching of St. Thomas*. Washington, D.C., 1955.

Montgomery, John Warwick. *Demon Possession: A Medical, Historical, Anthropological, and Theological Symposium*. Minneapolis, 1976.

Müller, Carl Detlef G. "Geister (Dämonen): Volksglaube." *Reallexikon für Antike und Christentum*, 9 (1975), 761–797.

Nardi, Bruno. *La caduta di Lucifero e l'autenticità della "Quaestio de Aqua et terra."* Rome, 1959.

_____. "Gli Angeli che non furon ribelli nè fur fedeli a Dio." In Nardi, *Dal "Convivio" alla "Commedia": Sei saggi danteschi*. Rome, 1960. Pp. 331–350.

Naselli, Carmelina. "Diavoli bianchi e diavoli neri nei leggendari medievali." *Volkstum und Kultur der Romanen*, 15 (1941–1943), 233–254.

Nelli, R. *La nature maligne dans le dualisme cathare du XIIIe siècle, de l'inégalité des deux principes*. Toulouse, Université, Travaux du Laboratoire d'ethnographie et de civilisation occitanes, 1. Carcassonne: Editions de la revue *Folklore*, 1969.

Nelson, Alan H. "The Temptation of Christ: Or the Temptation of Satan." In Jerome Taylor and Alan H. Nelson, eds., *Medieval English Drama*. Chicago, 1972. Pp. 218–229.

Obrist, Barbara. "Les deux visages du diable." In *Diable et diableries*, pp. 19–29.

Oliver, Gabriel. "El diable, el sagristà i la Burguesa: Fragmento de un texto Catalán del siglo XIV." *Miscellanea Barcinonensia*, 36 (1973), 41–62.

Orr, John. "Devil a Bit." *Cahiers de l'association intérnationale des études françaises*, 3/4/5 (1953), 107–113.

Owen, Douglas D. R. *The Vision of Hell: Infernal Journeys in Medieval French Literature*. Edinburgh, 1970.

Ozaeta, J. M. "La doctrina de Innocencio III sobre el demonio." *Ciudad de Dios*, 192 (1979), 319–336.

Padellaro de Angelis, Rosa D. *Il problema del male nell'alta scholastica*. Rome, 1968.

Palgen, Rudolf. *Dantes Luzifer: Grundzüge einer Entstehungsgeschichte der Komödie Dantes*. Munich 1969.

Paschetto, Eugenia. "Il 'De natura daemonum' di Witelo." *Atti dell'Accademia delle Scienze di Torino: Filosofia e storia della filosofia*, 109 (1975), 231–271.

Patch, Howard R. *The Other World: According to Descriptions in Medieval Literature*. Cambridge, Mass., 1950.

Patrides, C. A. "The Salvation of Satan." *Journal of the History of Ideas*, 28 (1967), 467–478.

Paul, Jacques. "Le démoniaque et l'imaginaire dans le 'De vita sua' de Guibert de Nogent." In *Le diable au moyen âge*. Paris, 1979. 373–399.

Payen, Jean-Charles. "Pour en finir avec le diable médiéval, ou pourquoi poètes et théologiens du moyen-âge ont-ils scrupulé à croire au démon?" In *Le diable au moyen âge*. Paris, 1979. Pp. 403–425.

Penco, Gregorio. "Sopravvivenze della demonologia antica nel monachesimo medievale." *Studia monastica*, 13 (1971), 31–36.

Perrot, Jean-Pierre. "Le diable dans les légendiers français du XIIIe siècle." In *Le diable au moyen âge*. Paris, 1979. Pp. 429–442.

Petersdorff, Egon von. *Dämonologie*. 2 vols. Munich, 1956–1957.

Philippe de la Trinité. "Du péché de Satan et de la destinée de l'esprit." In Bruno de Jésus-Marie, ed., *Satan*. Paris, 1948. Pp. 44–97.

———. "Evolution de Saint Thomas sur le péché de l'ange dans l'ordre naturel?" *Ephemerides Carmeliticae*, 9 (1958), 44–85.

———. "La pensée des Carmes de Salamanque et de Jean de Saint-Thomas sur le péché de l'ange." *Ephemerides Carmeliticae*, 8 (1957), 315–375.

———. "Réflexions sur le péché de l'ange." *Ephemerides Carmeliticae*, 8 (1957), 44–92.

Pitangue, François. "Variations dramatiques du diable dans le théâtre fançais du moyen âge." In *Etudes médiévales offertes à M. Le Doyen Augustin Fliche de l'Institut*. Montpellier, 1952. Pp. 143–160.

Poly, Jean-Pierre. "Le diable, Jacques le Coupe, et Jean des Portes, ou les avatars de Santiago." In *Le diable au moyen âge*. Paris, 1979. Pp. 445–460.

Psellos, Michael. *Démonologie populaire, démonologie critique au XIe siècle: La vie inédite de S. Auxence, par M. Psellos*. Edited by Perikles-Petros Joannou. Wiesbaden, 1971.

Quay, Paul M. "Angels and Demons: The Teaching of IV Lateran." *Theological Studies*, 42 (1981), 20–45.

Räisänen, Heikki. *The Idea of Divine Hardening: A Comparative Study of the Notion of Divine Hardening, Leading Astray, and Inciting to Evil in the Bible and the Qu'rān*. Helsinki, 1972.

Raphael, Freddy. "Le juif et le diable dans la civilisation de l'Occident." *Social Compass* 19 (1972–1974), 549–566.

———. "La représentation des juifs dans l'art médiéval en Alsace: La 'truie aux juifs de la Collégiale Saint-Martin de Colmar' et le 'diable aux juifs de l'église paroissiale de Rouffach.'" *Revue des sciences sociales de la France de l'Est*, 1 (1972), 26–42.

Rauh, Horst Dieter. *Das Bild des Antichrist im Mittelalter: von Tychonius zum deutschen Symbolismus*. 2d ed. Münster, 1979.

Raymo, Robert R. "A Middle English Version of the *Epistola Luciferi ad Cleros*." In D. A. Pearsall and R. A. Waldron, eds., *Medieval Literature and Civilization: Studies in Memory of G. N. Garmonsway*. London, 1969. Pp. 233–248.

Rice, Winthrop H. "Le livre de la diablerie d'Eloy d'Amerval." *Cahiers de l'association internationale des études françaises*, 3/4/5 (1953), 115–126.

Richman, Robert J. "The Devil and Dr. Waldman." *Philosophical Studies*, 11 (1960), 78–80.

———. "The Ontological Proof of the Devil." *Philosophical Studies*, 9 (1958), 63–64.

———. "A Serious Look at the Ontological Argument." *Ratio*, 18 (1976), 85–89.

Risse, Robert G., Jr. "The Augustinian Paraphrase of Isaiah 14.13–14 in *Piers Plowman* and the Commentary on the *Fables* of Avianus." *Philological Quarterly*, 45 (1966), 712–717.

Rivière, Jean. *Le dogme de la rédemption au début du moyen âge*. Paris, 1934.

———. "Le dogme de la rédemption au XIIe siècle d'après les dernieres publications." *Revue du moyen âge latin*, 2 (1946), 100–112.

Robertson, D. W., Jr. "Why the Devil Wears Green." *Modern Language Notes*, 69 (1954), 470–472.

Robinson, Fred C. "The Devil's Account of the Next World." *Neuphilologische Mitteilungen*, 73 (1972), 362–371.

Roché, Déodat. "Le rôle des entités sataniques et l'organisation du monde matériel." *Cahiers d'études cathares*, 17 (1966), 39–46.

Rodari, Florian. "Où le diable est légion." *Musées de Genève*, n.s. 18 (Jan. 1977), 22–26.

Roos, Keith L. *The Devil in 16th Century German Literature: The Teufelsbücher*. Frankfurt am Main, 1972.

Roskoff, Gustav. *Geschichte des Teufels*. 2 vols. Leipzig, 1869.

Rousseau, O. "La descente aux enfers dans le cadre des liturgies chrétiennes." *La Maison-Dieu*, 43 (1955), 104–123.

Rudwin, Maximilian. *The Devil in Legend and Literature*. La Salle, Ill., 1931.

———. *Der Teufel in den deutschen geistlichen Spielen des Mittelalters und der Reformationszeit*. Göttingen, 1915.

Rüsch, Ernst Gerhard. "Dämonenaustreibung in der Gallus-Vita und bei Blumhardt dem Älteren." *Theologische Zeitschrift*, 34 (1978), 86–94.

Russell, Jeffrey Burton. *The Devil: Perceptions of Evil from Antiquity to Primitive Christianity*. Ithaca, 1977.

———. *Satan: The Early Christian Tradition*. Ithaca, 1981.

Russell, Jeffrey B., and Mark W. Wyndham. "Witchcraft and the Demonization of Heresy." *Mediaevalia*, 2 (1976), 1–21.

Salmon, P. B. "Jacobus de Theramo and Belial." *London Mediaeval Studies*, 2 (1951), 101–115.

Salmon, Paul. "The Site of Lucifer's Throne." *Anglia*, 81 (1963) 118–123.

Salvat, Michel. "La représentation du diable par un encyclopédiste du XIIIe siècle: Barthélemi l'Anglais (vers 1250)." In *Le diable au moyen âge*. Paris, 1979. Pp. 475–492.

Saly, Antoinette. " 'Li Fluns au deable.' " In *Le diable au moyen âge*. Paris, 1979. Pp. 495–506.

Schade, Herbert. *Dämonen und Monstren: Gestaltungen des Bösen in der Kunst des frühen Mittelalters*. Regensburg, 1962.

Schimmel, Annemarie. "Die Gestalt Satans in Muhammad Iqbals Werk." *Kairos*, 5 (1963), 124–137.

Schmidt, Philipp. *Der Teufels- und Daemonenglaube in den Erzählungen des Caesarius von Heisterbach*. Basel, 1926.

Schmitz, Kenneth L. "Shapes of Evil in Medieval Epics: A Philosophical Analysis." In Harold Scholler, ed., *The Epic in Medieval Society: Aesthetic and Moral Values*. Tübingen, 1977. Pp. 37–63.

Schuldes, Luis. *Die Teufelsszenen im deutschen geistlichen Drama des Mittelalters.* Göppingen, 1974.

Schulz, Hans-Joachim. "Die Höllenfahrt als 'Anastasis': Eine Untersuchung über Eigenart und dogmengeschichtliche Voraussetzungen byzantinischer Osterfrömmigkeit." *Zeitschrift für katholische Theologie* 81 (1959), 1–66.

Sedlmayer, Hans. "Art du démoniaque et démonie de l'art." In Enrico Castelli, ed., *Filosofia dell'arte.* Rome, 1953. Pp. 99–114.

Seiferth, Wolfgang S. "The Concept of the Devil and the Myth of the Pact in Literature Prior to Goethe." *Monatshefte,* 44 (1952), 271–289.

Silber, Patricia. "'The Develis Perlament': Poetic Drama and a Dramatic Poem." *Mediaevalia,* 3 (1977), 215–228.

Sleeth, Charles R. *Studies in "Christ and Satan."* Toronto, 1982.

Smith, Constance I. "Descendit ad Inferos—Again." *Journal of the History of Ideas,* 28 (1967), 87–88.

Stapff, Heribert. "Der 'Meister Reuaus' und die Teufelsgestalt in der deutschen Dichtung des späten Mittelalters." Ph.D. diss., University of Munich, 1956.

Stearns, J. Brenton. "Anselm and the Two-Argument Hypothesis." *The Monist,* 54 (1970), 221–233.

Steidle Basilius. "Der 'schwarze kleine Knabe' in der alten Mönchserzählung." *Erbe und Auftrag,* 34 (1958), 329–348.

Subrenat, Jean. "Lucifer et sa mesnie dans le 'Pèlerinage de l'âme' de Guillaume de Digulleville." In *Le diable au moyen âge.* Paris, 1979. Pp. 509–525.

Svoboda, K. *La démonologie de Michel Psellos.* Brno, 1927.

Tervarent, Guy de, and Baudouin de Gaiffier. "Le diable voleur d'enfants: A propos de la naissance des saints Etienne, Laurent, et Barthélemy." *Homenage a Antoni Rubiò I Lluch.* Vol. 2. Barcelona, 1936. Pp. 33–58.

Thouzellier, Christine. "Controverse médiévale en Languedoc relative au sens du mot 'nihil': Sur l'égalité des deux dieux dans le catharisme." *Annales du Midi,* 82 (1970), 321–347.

Thraede, Kurt. "Exorzismus." *Reallexikon für Antike und Christentum.* Vol. 3, cols. 44–117.

Trachtenberg, Joshua. *The Devil and the Jews.* New Haven, 1943.

Trask, Richard M. "The *Descent into Hell* of the Exeter Book." *Neuphilologische Mitteilungen,* 72 (1971), 419–435.

Turmel, Joseph. "L'angélologie depuis le faux Denys l'Aréopagite." *Revue d'histoire et de littérature religieuses,* 4 (1899), 217–238, 289–309.

———. "Histoire de l'angélologie des temps apostoliques à la fin du cinquième siècle." *Revue d'histoire et de littérature religieuses,* 3 (1898), 289–308, 407–434, 533–552.

———. *Histoire du diable.* Paris, 1931.

Turner, Ralph V. "Descendit ad Inferos: Medieval Views on Christ's Descent into Hell and the Salvation of the Ancient Just." *Journal of the History of Ideas,* 27 (1966), 173–194.

Valensin, Auguste, S. J. "The Devil in the Divine Comedy." In Bruno de Jésus-Marie, ed., *Satan.* New York, 1952. Pp. 368–378.

Vandenbroucke, François, S. Lyonnet, J. Daniélou, A. Guillaumont, and C.

Guillaumont. "Démon." In *Dictionnaire de spiritualité ascétique et mystique*. Vol. 3.
Pp. 142–238.

Van Gelder, J. G. "Der Teufel stiehlt das Tintenfass." In A. Rosenauer and G.
Weber, eds., *Kunsthistorische Forschungen Otto Pächt zu seinem 70. Geburtstag*. Sal-
zburg, 1972. Pp. 173–188.

Vanni Rovighi, Sofia. "Il problema del male in Anselmo d'Aosta." *Analecta ansel-
miana*, 5 (1976), 179–188.

Van Nuffel, Herman. "Le pacte avec le diable dans la littérature médiévale."
Anciens Pays et Assemblées d'Etats, 39 (1966), 27–43.

Van Riet, Georges. "Le problème du mal dans la philosophie de la religion de saint
Thomas. *Revue philosophique de Louvain*, 71 (1973), 5–45.

Vatter, Hannes. *The Devil in English Literature*. Bern, 1978.

Verduin, Kathleen. "Dante and the Sin of Satan: Augustinian Patterns in Inferno
XXXIV, 22–27." *Italianistica*, 12 (1983).

Wagner, Werner-Harald. *Teufel und Gott in der deutschen Volkssage: Ein Beitrag zur
Gemeinschaftsreligion*. Greifswald, 1930.

Waldman, Theodore. "A Comment upon the Ontological Proof of the Devil."
Philosophical Studies, 10 (1959), 49–50.

Walker, Dennis P. *Spiritual and Demonic Magic: From Ficino to Campanella*. London,
1958.

Walzel, Diana Lynn. "Sources of Medieval Demonology." *Rice University Studies*,
60 (1974), 83–99.

Warkentin, A. *Die Gestalt des Teufels in der deutschen Volksage*. Bethel, Kans., 1937.

Watté, Pierre. *Structures philosophiques du péché originel: S. Augustin, S. Thomas, Kant*.
Gembloux, 1974.

Wattenbach, Wilhelm. "Uber erfundene Briefe in Handschriften des Mittelalters,
besonders Teufelsbriefe." *Sitzungsberichte der königlich-preussischen Akademie der
Wissenschaften zu Berlin*, 1, no. 9 (Feb. 11, 1892), 91–123.

Wéber, Edouard-Henri. "Dynamisme du bien et statut historique du destin créé:
Du traité sur la chute du diable de S. Anselme aux questions sur le mal de
Thomas d'Aquin." In A. Zimmermann, ed., *Die Mächte des Guten und Bösen*.
Berlin, 1977. Pp. 154–205.

Wee, David L. "The Temptation of Christ and the Motif of Divine Duplicity in
the Corpus Christi Cycle Drama." *Modern Philology*, 72 (1974), 1–16.

Wellnhofer, Matthias. "Die thrakischen Euchiten und ihr Satanskult im Dialoge
des Psellos Τιμόθεος ἢ περὶ τῶν δαιμόνων." *Byzantinische Zeitschrift*, 30 (1929–
1930), 477–484.

Wensinck, A. J., and L. Gardet. "Iblis." In *The Encyclopedia of Islam*. Vol. 3, pp.
668–669.

Wenzel, Siegfried. "The Three Enemies of Man." *Mediaeval Studies*, 29 (1967), 47–
66.

White, Lynn, Jr. "Death and the Devil." In Robert S. Kinsman, ed., *The Darker
Vision of the Renaissance*. Berkeley, 1974. Pp. 25–46.

Wieck, Heinrich. "Die Teufel auf der mittelalterlichen Mysterienbühne Frank-
reichs." Ph.D. diss., University of Marburg, 1887.

Wienand, Adam. "Heils-Symbole und Dämonen-Symbole im Leben der Cister-
cienser-Mönche." In Ambrosius Schneider, A. Wienand, W. Bickel, and Ernst

Coester, eds., *Die Cistercienser: Geschichte, Geist, Kunst.* Cologne, 1974. Pp. 509–552.

Wirth, Jean. "La démonologie de Bosch." In *Diables et diableries.* Geneva, 1977. Pp. 71–85.

Withington, Robert. "Braggart, Devil, and Vice." *Speculum,* 11 (1936), 124–129.

Woods, Barbara Allen. *The Devil in Dog Form: A Partial Type-index of Devil Legends.* Berkeley, 1959.

Woolf, Rosemary E. "The Devil in Old English Poetry." *Review of English Studies,* n.s. 4 (1953), 1–12.

Wünsche, A. *Der Sangenkreis vom geprellten Teufel.* Leipzig, 1905.

Zieren, Helene. "Studien zum Teufelsbild in der deutschen Dichtung von 1050–1250." Ph.D. diss., University of Bonn, 1937.

Zimmermann, Albert. *Die Mächte des Guten und Bösen: Vorstellungen im XII. und XIII. Jahrhundert über ihr Wirken in der Heilsgeschichte.* Berlin and New York, 1977.

Zippel, Gianni. "La lettera del Diavolo al clero, dal secolo XII alla Riforma." *Bulletino dell'Istituto storico italiano per il medio evo e Archivio Muratoriano,* 70 (1958), 125–179.

Addenda:

Bausani, Alessandro. "La liberazione del male nella mistica islamica." In Panikkar, *Liberaci del male.* Bologna, 1983. Pp. 67–83.

Ferré, André. "Il problema del male e della sofferenza nell'Islam." In Panikkar, *Liberaci del male.* Bologna, 1983. Pp. 53–65.

Panikkar, Raimundo, ed. *Liberaci del male: Male e vie di liberazione nelle religioni.* Bologna, 1983.

Rudwin, Maximilian. "Dante's Devil." *The Open Court,* 35 (1921), 513–523.

역자후기

제프리 버튼 러셀은 20여 년 동안 인류의 문명사에서 악의 문제를 줄기차게 탐구해왔다. 저자는 인류 문명의 저 깊숙한 지하 속에서 켜켜이 먼지를 뒤집어쓰고 빛을 보지 못했던 또 하나의 유산을 마치 고고학자가 지층 속 유물을 탐사하듯 세심한 지성의 등불을 밝혀 우리 앞에 그 전모를 펼쳐 보인다. 고대로부터 초기 기독교, 중세와 근대를 아우르는 러셀의 지적 여정은 이전에 단편적으로 또는 산발적으로 흩어져 있던 악과 악마에 관한 문헌과 지식들을 총망라한 셈이다.

　네 권의 저작을 통해서 러셀은 고대로부터 현재에 이르기는 악의 역사를 구체적인 개념 을 통해 규명하고자 했다. 고대로부터 기독교 시대, 그리고 중세를 거치면서 악의 상징은 그 시대의 상황과 맞물리면서 변용되어왔다. 악마의 개념은 종교개혁을 거치면서 다소 주춤하다가 합리론의 발흥으로 더욱 힘을 잃게 되었다. 그러다가 19세기에 접어들어 구체제에 대한 도전의 상징으로 강력하게 부상하면서 타락하고 어리석은 인간의 모습을 역설적으로 비춰주는 거울이 되었다. 러셀은 객관적인 역사학자의 시각으로 악과 악마의 개념을 추적했으며, 그가 참조한 분야는 신학과 철학, 문학, 미술 더 나아가 대중 예술에 이르기까지 전방위로 확대되면서 연구의 폭과 깊이를 넓혀나갔다. 명실상부하게 인간이 손댄 모든 분야의 이면을 뒤집어, 문명과 문화의 참모습을 남김없이 드러낸 것이다.

전권을 통해서 저자는 가장 극명한 악의 상징들이 역사 속에서 변용되어온 과정을 파고들면서도 탐구의 대상들이 단순히 학문의 영역으로만 제한되지 않고 인간의 삶 속에서 생생하게 경험하게 되는 엄연한 현실임을 줄곧 강조하고 있다.

빛이 그 밝음을 더할수록 그 이면엔 더 짙은 어둠이 드리워지는 법. 그저 멀리하며 들여다보기 꺼려 했던 인간 역사의 다른 한쪽이 드러나면서, 비로소 인류 문화사는 온전한 양 날개를 펼치게 되었다. 두려움과 무지가, 역사적 문맥과 지성으로 진실을 밝혀보려는 용기를 통해 극복된다면, 러셀의 이 도저한 작업은 우리에게 문명을 이해하는 균형감각을 갖게 해주리라 생각한다.

2006년 3월
김영범

찾아보기

LUCIFER 루시퍼
중세의 악마

지은이 | 제프리 버튼 러셀
옮긴이 | 김영범
펴낸이 | 최미화
펴낸곳 | 도서출판 르네상스

초판 1쇄 인쇄 | 2006년 3월 13일
초판 1쇄 펴냄 | 2006년 3월 22일

주소 | 121-801 서울시 마포구 공덕1동 105-225
전화 | 02-3273-5943
팩스 | 02-3273-5919
메일 | re411@hanmail.net
등록 | 2002년 4월 11일, 제13-760

ISBN 89-90828-33-3 03900
ISBN 89-90828-30-9 (세트)